Pedro Paulo T. Manus

Direito do Trabalho

Aplicação da Norma Trabalhista
Dinâmica do Contrato de Trabalho
Trabalho da Mulher e do Menor
Negociação em Conflitos Coletivos
Salário
Direito de Greve
Direito Sindical
Direito Constitucional do Trabalho

14ª Edição

SÃO PAULO
EDITORA ATLAS S.A. – 2012

1. ed. 1986; 2. ed. 1989; 3. ed. 1993; 4. ed. 1995; 5. ed. 1999;
6. ed. 2001; 7. ed. 2002; 8. ed. 2003; 9. ed. 2005; 10. ed. 2006;
11. ed. 2007; 12. ed. 2009; 13. ed. 2011; 14. ed. 2012

Capa: Zenário A. de Oliveira
Composição: Lino-Jato Editoração Gráfica

Dados Internacionais de Catalogação na Publicação (CIP)
(Câmara Brasileira do Livro, SP, Brasil)

Manus, Pedro Paulo Teixeira
Direito do trabalho / Pedro Paulo T. Manus. – 14. ed. – São Paulo : Atlas, 2012.

Bibliografia.
ISBN 978-85-224-7387-8

1. Brasil – Constituição (1988) 2. Direito do trabalho – Brasil 3. Justiça do trabalho – Brasil 4. Trabalho – Leis e legislação – Brasil I. Título.

92-2615 CDU-34:331(81)

Índice para catálogo sistemático:

1. Brasil : Direito do trabalho 34:331(81)

Depósito legal na Biblioteca Nacional conforme Lei nº 10.994, de 14 de dezembro de 2004.

Impresso no Brasil/*Printed in Brazil*

Editora Atlas S.A.
Rua Conselheiro Nébias, 1384 (Campos Elísios)
01203-904 São Paulo (SP)
Tel.: (011) 3357-9144
atlas.com.br

Dedico este livro a meus amigos.

Quando eu tiver bastante pão
para meus filhos
para minha amada
para os meus vizinhos
quando eu tiver
livros para ler
então eu comprarei
uma gravata colorida
larga
bonita
e darei um laço perfeito
e ficarei mostrando
a todos os que gostam
de gente engravatada. . .

SOLANO TRINDADE

OBRAS DO AUTOR

Livros:

Negociação coletiva e contrato individual de trabalho. São Paulo: Atlas, 2001.

Direito do trabalho na nova Constituição. São Paulo: Atlas, 1989.

Os créditos trabalhistas na insolvência do empregador. 2. ed. São Paulo: Ibrart/LTr, 1995.

Despedida arbitrária e sem justa causa: aspectos do direito material e processual do trabalho. São Paulo: Malheiros, 1996.

Duração do trabalho. Coedição com Odonel Urbano Gonçales. São Paulo: LTr, 1996.

Recursos no processo do trabalho. Coautoria com Odonel Urbano Gonçales. São Paulo: LTr, 1997.

CLT Universitária. 8. ed. São Paulo: LTr, 1998.

CLT anotada. Coedição com Carla Teresa Martins Romar. 7. ed. São Paulo: Atlas, 2009.

Execução de sentença no processo do trabalho. 3. ed. São Paulo: Atlas, 2008.

Competência da justiça do trabalho e EC nº 45/2004. Coedição com Carla Teresa Martins Romar e Suely Ester Gitelman. São Paulo: Atlas, 2006.

Artigos:

Remuneração do aviso-prévio. *Revista de Direito do Trabalho*, São Paulo: Revista dos Tribunais, nº 17, 1979.

Autonomia do processo do trabalho. *Revista de Direito do Trabalho*, São Paulo: Revista dos Tribunais, nº 17, 1979.

Isonomia salarial. *Revista de Direito do Trabalho*, São Paulo: Revista dos Tribunais, nº 28, 1980.

O recurso adesivo e o processo do trabalho. *Revista de Direito do Trabalho*, São Paulo: Revista dos Tribunais, nº 30/31, 1981.

A força maior e a revelia: aspectos do direito processual do trabalho. *Revista de Direito do Trabalho*, São Paulo: Revista dos Tribunais, nº 43, 1983.

A redução salarial e o salário-condição. Dissertação de Mestrado aprovada pela Banca Examinadora da Faculdade de Direito da USP. *Revista de Direito do Trabalho*, São Paulo: Revista dos Tribunais, nº 56, 1985.

Legislação trabalhista: proteção e incentivo ao trabalho do menor. *Em Aberto*, Brasília: Ministério da Educação, nº 28, 1985.

Constituinte, Separata do Boletim do Instituto Cultural do Trabalho, São Paulo.

Legislação trabalhista: proteção e incentivo ao trabalho do menor. *Transformação,* ano II, Brasília, Secretaria de Mão de Obra do Ministério do Trabalho, nº 5, 1986.

A prescrição no direito do trabalho. *Revista do TRT da 15ª Região*, São Paulo: LTr, 1992.

Da garantia de emprego do acidentado do trabalho. *Revista de Previdência Social*, São Paulo: LTr, nº 162, 1994.

Substituição processual no processo do trabalho. *Revista do Programa de Pós-Graduação da PUCSP*, São Paulo, 1995.

Justiça do trabalho: evolução histórica. *Revista da Associação dos Juízes Classistas da 2ª Região*, 1995.

Justiça do trabalho e poder normativo no Brasil. *Revista Relasur, Revista de Relaciones Laborales en America Latina – Cono Sur* – OIT, Montevidéu, nº 8, 1995.

Substituição processual no processo do trabalho. *Processo do trabalho*: estudos em homenagem ao professor José Augusto Rodrigues Pinto. São Paulo: LTr, 1997.

Revisão da sentença normativa. *Curso de direito coletivo do trabalho*: estudos em homenagem ao Ministro Orlando Teixeira da Costa. São Paulo: LTr, 1997.

Estabilidade e garantia de emprego, estabilidade provisória. *Manual didático de direito do trabalho*: estudos em homenagem ao professor Cássio de Mesquita Barros Jr. São Paulo: LTr, 1997.

O salário e as transformações do direito do trabalho. *A transição do direito do trabalho no Brasil*: estudos em homenagem a Eduardo Gabriel Saad. São Paulo: LTr, 1999.

O direito do trabalho e os dez anos da Constituição Federal. *Constituição Federal de 1988 – dez anos 1988-1998*. São Paulo: Juarez de Oliveira, 1999.

A intuição no campo do Direito. *Revista da Associação dos Magistrados do Trabalho da 2ª Região – Amatra – SP*, São Paulo, out. 1999.

Vínculo de emprego e cooperativas de trabalho. In: DINIZ, Maria Helena (Coord.). *Atualidades jurídicas*. São Paulo: Saraiva, 1999.

A dignidade da pessoa humana, o dano moral e o direito do trabalho. In: MIRANDA, Jorge; MARQUES DA SILVA, Marco Antonio (Coord.). *Tratado luso-brasileiro da dignidade humana*. São Paulo: Quartier Latin, 2008.

A Intuição no campo do direito. In: MARTINS, Sergio Pinto; MESSA, Ana Flávia (Coord.). *Empresa e trabalho*: estudos em homenagem a Amador Paes de Almeida. São Paulo: Saraiva, 2010.

Extinção do contrato de trabalho. Formas de garantia de emprego pela norma constitucional e legal no Brasil. In: *Análise Contemporânea do Direito em face da Globalização e da Crise Econômica* – II Congresso Internacional de Direito (Brasil – Europa). Coimbra, Portugal: Almedina, 2010.

Direito do Trabalho e os Tribunais – Crise Econômica e reflexos na Justiça do Trabalho. In: *Análise Contemporânea do Direito em face da Globalização e da Crise Econômica* – II Congresso Internacional de Direito (Brasil – Europa). Coimbra, Portugal: Almedina, 2010.

SUMÁRIO

APRESENTAÇÃO

ESTA OBRA, SUA UTILIDADE E SEU AUTOR

A obra de objetivo didático-pedagógico oferece mais de uma dificuldade. Para que atinja escopo educativo, deve ser acessível, simples, elementar no melhor sentido do termo.

Ao mesmo tempo, cumpre-lhe ser científica até a medula. Esses componentes da comunicação eficaz no rigor científico devem equilibrar-se, num todo homogêneo. E quando se trata de obra versando sobre o Direito do Trabalho, para uso dos acadêmicos de Administração, Economia, Contábeis, Comércio Exterior e áreas afins, o caso se complica. Os leitores não têm, por serem de outras especialidades, base jurídica prévia em que se apoie o autor para se comunicar no específico campo trabalhista.

Todas essas dificuldades o Dr. Pedro Paulo Teixeira Manus superou, em muito, com este excelente *Direito do trabalho.* Apresentou em linguagem acessível, correta, exata nos conceitos tudo o que interessa aos programas de Direito do Trabalho para os cursos de Administração, Ciências Contábeis, Comércio Exterior e afins. E serve também aos estudantes de Direito, sem dúvida, pelo alto nível da abordagem. Os juristas, em geral, irão ganhar, ao percorrer suas páginas, produto da melhor doutrina e jurisprudência juslaboralistas.

Voltado para o ensino, Pedro Paulo Teixeira Manus completa seu trabalho com bem montados exercícios, permitindo o debate dos temas abordados e a própria verificação de aprendizagem.

Fugiu em boa hora o Autor ao jurídico formal exclusivista, torre de marfim dos preciosismos, para se apoiar na realidade corrente. Os fatos da vida afloram em mais de um momento, como a indicar a importância do grupo empresarial, e a da contratação coletiva, nos dias em que vivemos.

Conheço Pedro Paulo Teixeira Manus em diversas situações. Como excelente aluno do Curso de Pós-Graduação da "Velha e sempre nova Academia" do Largo de São Francisco, onde se laureou, com méritos, Mestre em Direito do Trabalho.

Juiz do Trabalho, é respeitado pelo seu saber, pelos seus julgados e pelo tratamento cordial dispensado às partes e aos advogados.

Junto com Pedro Paulo Teixeira Manus, que é Professor da Faculdade de Direito da PUC, da USP e de outras instituições, dedicamos parcela de nosso tempo escasso à Educação Sindical, nos cursos do Instituto Cultural do Trabalho de São Paulo. Testemunho o desvelo e a eficiência do Autor deste livro na tarefa de contribuir para a formação de sindicalistas autênticos.

Estou seguro do êxito desta obra, que traz a marca da vitória, como todas as demais iniciativas do seu jovem autor, como vitorioso é na Magistratura e no Magistério Superior.

Anníbal Fernandes

Professor Assistente do
Departamento de Direito do Trabalho da
Faculdade de Direito da USP

NOTA DO AUTOR

Esta nova edição do *Direito do trabalho* traz importantes inovações. Além da adequação do texto à Emenda Constitucional nº 45/04 e às inovações legais e jurisprudenciais, agrega importante fonte de informação ao leitor, relativamente à jurisprudência trabalhista. Trata-se do texto das Súmulas do Tribunal Superior do Trabalho, em notas de rodapé, bem como das Orientações Jurisprudenciais e Precedentes Normativos das Seções que integram o Tribunal Superior do Trabalho.

As Súmulas do Tribunal Superior do Trabalho, antigos enunciados, tiveram sua denominação e conteúdo alterados pela Resolução nº 174/2011 do TST e alterações subsequentes até a Resolução nº 182/2012, cujo fundamento encontra-se nos arts. 159 a 166 do seu Regimento Interno; consistem, na realidade, nos "Enunciados de Súmula de Jurisprudência do Tribunal" e que expressam o entendimento cristalizado pelo órgão julgador sobre os variados temas de que se ocupam, valendo como orientação para todos os que militam no Direito do Trabalho, bem como para balizar o posicionamento dos juízes e tribunais trabalhistas.

Não têm caráter vinculante, mas, sem dúvida, norteiam o procedimento a respeito de cada tema, ainda porque só serão adotados Enunciados, a teor do que dispõe o art. 166 do Regimento Interno quando aprovados pela maioria absoluta dos integrantes do Tribunal.

Eis por que decidimos nesta edição encartar as Súmulas pertinentes aos variados temas como notas de rodapé, a fim de subsidiar o leitor com informação imediata sobre o posicionamento do Tribunal Superior do Trabalho a respeito de cada questão tratada ao longo do texto.

Já os Precedentes Normativos, bem como as Orientações Jurisprudenciais das Subseções do Tribunal Superior do Trabalho, cuja edição é objeto de disciplina pelos arts. 167 a 173 do Regimento Interno do Tribunal, não obstante representem sinalizações do entendimento do Tribunal, igualmente às Súmulas, são frutos de processos decorrentes de iniciativa da Comissão de Jurisprudência, calcados sempre em número mínimo de julgados antecedentes, como dispõe a regra regimental, daí por que espelham entendimento uniforme do próprio Tribunal.

Assim, dada a relevância das Orientações Jurisprudenciais e dos Precedentes Normativos, esta edição traz o texto completo das Orientações de direito material (exceção feita àquelas da SDI-II, cujo conteúdo é matéria processual de que o livro não cuida) como anexo, o qual permite a pesquisa do posicionamento jurisprudencial sobre outras questões não objeto de enunciados, fornecendo valiosa informação ao leitor.

Além de agregar novas informações sobre a Organização Internacional do Trabalho, no item 3.2, quando cuidamos das fontes de origem internacional, igualmente em matéria de direito sindical novas informações são aduzidas.

Assim, no item 16.3, que cuida da estrutura sindical, foram acrescentados os itens 16.3.1 e 16.3.2, que cuidam respectivamente das centrais sindicais e do chamado sistema "S", mantidos pelas entidades empresariais que se ocupam da aprendizagem e do aspecto cultural para os trabalhadores, mediante as contribuições incidentes sobre a folha de pagamento das empresas e que desempenham entre nós importantes funções auxiliares ao Estado.

Parte I
PARTE GERAL

Introdução

É essencial para a compreensão de qualquer tema que o leitor tenha presente o universo em que se situa o objeto que se propõe a estudar. Além disso, é importante para o estudioso que tenha presentes os limites de atuação da área em que se concentra, assim como das relações deste ramo com os ramos afins. Ademais, a trajetória histórica do objeto de seu estudo dá a dimensão da evolução e o norte a seguir, assim como explica a posição em que se coloca, exatamente pelas razões de sua origem. Os princípios interpretativos são de extrema relevância, porque têm por base o que acima referimos e porque fundamentam o raciocínio a seguir ao enquadrar as várias situações que se apresentam.

Dentro desta perspectiva é que se insere a Parte I deste livro. Tem por objetivo fixar os conceitos necessários para o aprendizado dos vários institutos do Direito do Trabalho, fornecendo o instrumental para que possamos equacionar os vários problemas que enfrentamos no trabalho diário, bem como no estudo do tema.

Iniciando com o conceito de Direito do Trabalho, temos, desde logo, a noção correta do universo em que nos detemos, bem como de seus limites de atuação.

A evolução histórica tem grande importância porque faz ver as origens do Direito do Trabalho, fundamentando, assim, as premissas em que se apoia, além de explicar determinadas posições adotadas que só se compreendem sabendo da história do Direito do Trabalho.

As fontes e sua natureza são capítulos de realce, pois por meio deles é que podemos iniciar a equação necessária para solução de eventual conflito, sabendo onde buscar os fundamentos para tanto.

A denominação da disciplina completa o capítulo inicial relativo ao conceito, demonstrando que ao longo do tempo foi o Direito do Trabalho encontrando seu real espaço de atuação, à medida que evoluiu a realidade socioeconômica, que reflete o posicionamento da disciplina.

O capítulo das relações com outros ramos do Direito ganha importância quando, no dia a dia, temos questões que envolvem não só conceitos trabalhistas, mas também de outras áreas. É nesta situação que necessitamos dos princípios que norteiam esta relação e o caminho a seguir para solucionar o problema.

Por fim, como conclusão da Parte I, temos a interpretação no Direito do Trabalho, que é, afinal, o ponto mais importante. Isso porque aí estão as regras básicas a serem seguidas no trabalho de solução dos conflitos trabalhistas. É preciso que tenhamos claro o mecanismo de adequação das fontes do Direito do Trabalho, de aplicação da lei, bem como a solução de problemas não raros de conflitos entre estas mesmas fontes.

1 Conceito de Direito do Trabalho

O estudo do Direito do Trabalho, compreendendo o exame de seus vários institutos, pressupõe, de início, a conceituação da própria disciplina, a fim de entendermos o espaço que ocupa no universo do conhecimento e da realidade.

Com efeito, sem essa preocupação inicial, ainda que possamos ter uma visão razoável desse universo jurídico com o exame das relações entre empregados e empregadores, faltará a clareza necessária para a exata compreensão desse aspecto da vida social. Não basta o simples conhecimento da dinâmica do contrato de trabalho para que possamos lidar com os variados problemas que surgem das relações entre empregados e empregadores. É essencial ampliar essa visão, de modo a podermos situar, exatamente, aquela controvérsia no plano mais amplo em que se desenvolve.

A discussão sobre o vínculo que une aquele que presta serviços ao tomador desses serviços, as consequências da ruptura de um contrato de trabalho, a tentativa de negociação sobre aumento de salário e condições de trabalho são situações específicas do universo do Direito do Trabalho que solicitam análises e soluções técnicas. Todavia, sem a visão ampla dos reflexos de cada um desses problemas no contexto social, político e econômico, não haverá efetiva solução de cada um desses conflitos que atenda aos interesses da comunidade.

O Direito, como ramo do conhecimento humano que compreende além das leis os princípios, a doutrina, a jurisprudência, enfim, todo este conjunto, é um instrumento de que se vale o Estado para manter a vida social ordenada (Manus, 1979:86-87).

Essa estreita vinculação que há entre o direito e a vida social exige daquele que lida com os problemas jurídicos o conhecimento dos vários fatores que são a causa de um determinado problema que exigiu sua disciplina por meio da lei. Isto porque, sempre que determinado fato exige um tratamento jurídico, significa que o grupo social necessita da disciplina jurídica das relações entre as pessoas, naquele aspecto, a fim de se atingir o equilíbrio social. Por outras palavras, toda lei e todo princípio jurídico têm uma causa anterior de ordem social, econômica, política etc. Eis por que é essencial que cada um de nós tenha conhecimento dessa causa, de modo a compreender o espírito de determinada lei e sua melhor aplicação.

De outra parte, analisando uma questão jurídica dentro do universo social em que se insere, temos condições de avaliar os efeitos de sua aplicação, sabendo se aquela disposição legal é justa, injusta, atual ou ultrapassada, o que nos permite, além de solucionar o problema específico, dar o adequado tratamento de modo a manter o equilíbrio social.

É bem verdade que cada um de nós tem uma visão pessoal dos vários problemas que nos cercam, visão esta que é fruto de nossas convicções culturais, políticas, profissionais etc. e que interferem, de modo decisivo, na análise e solução de cada uma das questões que se nos apresentam. Tal fato, porém, é característico do ser humano e não nos preocupa. Todavia, o essencial de cada um é ter visão ampla o suficiente para que possa analisar cada problema com todas as suas implicações, de modo a solucioná-lo com a certeza de uma análise universal tanto quanto possível.

Retornemos, pois, ao conceito de Direito do Trabalho. É ele necessário para que comecemos a situar as relações de que se ocupa dentro do contexto social.

Inúmeros são os conceitos que encontramos entre os doutrinadores trabalhistas e que, afinal, se assemelham na essência. Há, todavia, diferenças quanto à amplitude.

Evaristo de Moraes Filho (1971:17) afirma como definição de Direito do Trabalho:

> "O Direito do Trabalho é o conjunto de princípios e normas que regulam as relações jurídicas oriundas da prestação de serviço subordinado e outros aspectos deste último, como consequência da situação econômico-social das pessoas que o exercem."

Veja-se como é ampla a definição, mostrando, inicialmente, que o Direito do Trabalho compreende além das normas também os princípios. Ademais, faz ver que o universo do Direito do Trabalho compreende a prestação de serviço subordinado, como veremos adiante. No entanto, abrange, além do trabalho subordinado, outros aspectos, incluindo também a ação do Estado nas relações de trabalho, como informa o autor (1971:18). Por fim, remete a definição aos problemas socioeconômicos que, como nos referimos, embasam as relações de que se ocupa.

Octávio Bueno Magano (1980:50) assim define o Direito do Trabalho:

> "O conjunto de princípios, normas e instituições, aplicáveis à relação de trabalho e situações equiparáveis, tendo em vista a melhoria da condição social do trabalhador, através de medidas protetoras e da modificação das estruturas sociais."

Esta definição, que igualmente contém os elementos essenciais que interessam ao Direito do Trabalho a que já nos referimos, dá ênfase ao caráter dinâmico da disciplina, sendo protecionista em relação ao empregado, por força da desigualdade real existente entre empregado e empregador e que a seguir examinaremos detidamente.

Ainda a título de exemplo, tomemos a definição de Orlando Gomes e Elson Gottschalk (1984:11):

> "Direito do Trabalho é o conjunto de princípios e regras jurídicas aplicáveis às relações individuais e coletivas que nascem entre os empregadores privados – ou equiparados – e os que trabalham sob sua direção e de ambos com o Estado, por ocasião do trabalho ou eventualmente fora dele."

Também nesta definição encontramos presente o sistema jurídico, formado pelos princípios e demais regras, além da menção expressa à figura do Estado, que atua no sentido de intervir nessas relações, dado o caráter protecionista no Direito do Trabalho. Enfim, como dissemos, todas as definições da disciplina, que são formuladas pelos doutrinadores, têm estreita semelhança, daí por que, partindo dos elementos essenciais que caracterizam o contrato de trabalho, o que importa é que cada um de nós tenha todas as condições para formular um conceito próprio. Entretanto, importante é compreender que as regras aplicáveis no âmbito do Direito do Trabalho são organizadas, formando um sistema ordenado e composto pelas leis, pelos princípios e pelas instituições (entendidas estas como o Estado por meio de seus órgãos e a jurisprudência dos tribunais), cuja finalidade é garantir o sentido protecionista do Direito do Trabalho. Além disso, é essencial lembrar que tais regras visam sempre às relações entre empregados e empregadores e, eventualmente, situações semelhantes, que recebem tratamento análogo. Por derradeiro, visa o Direito do Trabalho à melhoria das condições sociais do trabalhador, atendendo, exatamente por isso, ao caráter dinâmico da disciplina.

Uma vez fixado o conceito de Direito do Trabalho, importa examinar seu surgimento e evolução histórica, para que possamos, efetivamente, situá-lo no plano das relações sociais. Em consonância com o que até aqui afirmamos, resulta evidente a necessidade de relacionar o desenvolvimento do Direito do Trabalho com os vários movimentos sociais, pois só assim é possível entender sua estreita ligação com a questão socioeconômica, que imprime tratamento diverso às suas normas, se comparado com os demais ramos do Direito.

Não obstante a real importância da compreensão exata da noção de Direito do Trabalho, esta só se completa por meio da análise do processo histórico por que passou a sociedade, a fim de demonstrar como é o Direito e em especial o do Trabalho, fruto das próprias relações sociais.

Verificação de aprendizagem

Questões para debate

1. *Qual a importância da conceituação de Direito do Trabalho?*
2. *É possível solucionar um conflito do trabalho sem atentar para os reflexos econômicos e sociais deste mesmo conflito? Por quê?*

3. *Formule uma definição de Direito do Trabalho, justificando-a.*
4. *Pode-se dizer que Direito é sinônimo de lei? Por quê?*
5. *Qual a relação do Direito com a vida social?*
6. *Existe algum vínculo entre a situação econômica e o Direito do Trabalho?*

2 *Evolução Histórica do Direito do Trabalho*

Como afirma Amauri Mascaro Nascimento (1982a:29-31), quando se cogita da evolução histórica do Direito do Trabalho retornamos à Revolução Industrial no século XVIII. E assim é porque, entendida aquela revolução com as significativas alterações no processo de produção, em decorrência do aparecimento da máquina a vapor e sua utilização para a produção em larga escala, torna-se esse momento histórico aquele de importância maior para o Direito do Trabalho.

É verdade que anteriormente, no início daquele século, em 1712, se deu o invento da máquina a vapor, por Thomas Newcomen, cuja finalidade era criar um engenho que pudesse bombear água nas minas de carvão inglesas. Todavia, somente na segunda metade do século XVIII é que o invento recebeu importantes aperfeiçoamentos, por obra de James Watt, sendo, então, utilizado pela indústria. Assim informam Orlando Gomes e Elson Gottschalk (1984:1). E prosseguem os autores demonstrando que a máquina a vapor, em realidade, não foi a causa da Revolução Industrial, mas um efeito. Isto porque à época, já inventadas grandes e pesadas máquinas para a indústria têxtil, necessitava-se de uma força motriz para aquelas máquinas, de modo que pudessem ser utilizadas com efetivo aproveitamento industrial.

Após o invento da máquina a vapor e com aquelas importantes alterações aperfeiçoando-a, como referimos, é que se acelera o processo industrial, caracterizando o que se denominou Revolução Industrial.

Entenda-se como revolução a mudança radical no modo de produção, em decorrência da utilização da máquina como fonte energética, em substituição à força humana, à força animal e à força hidráulica, usadas até então.

As unidades produtivas conhecidas até o advento da Revolução Industrial eram as pequenas corporações; nelas havia diminutos grupos de pessoas produzindo certos bens.

A partir da introdução da máquina, à sua volta passaram a ser reunidos os meios de produção e, junto a esses, o contingente cada vez maior de pessoas, que passou a trabalhar em função e no ritmo determinado pela própria máquina.

Examinaremos, a propósito, a síntese dessa transformação que foi elaborada por Délio Maranhão (1976:14-15).

> "A Revolução Industrial, com o surgimento das grandes empresas, das grandes concentrações de capital, trouxe ao cenário da História um novo personagem: o assalariado, cônscio de sua insignificância como indivíduo e de sua realidade social como classe. O Direito do Código napoleônico – tradução, em termos jurídicos, do liberalismo econômico consagrado pelo triunfo da burguesia depois da Revolução Francesa – fundava-se na autonomia da vontade, na liberdade de contratar. 'Quem diz contratual, diz justo.' Ao *laissez-faire* no mundo econômico correspondia o *laissez-faire* no mundo jurídico."

O que afirma Délio Maranhão é que a introdução da máquina no processo industrial cria, por meio daquelas enormes concentrações de trabalhadores em redor da própria máquina, a figura do assalariado e, juridicamente, instaura-se o princípio da ampla liberdade de contratação, sem qualquer limite à vontade das partes. Afirma ainda que, embora o indivíduo continuasse a ser solicitado ao trabalho, não mais importavam sua capacidade pessoal e sua habilidade, que eram fundamentais ao artesão. Deveria ser, apenas, treinado para operar a máquina, o que era possível igualmente às crianças de dez, oito e até seis anos (1976:15). Com essa nova realidade, o trabalhador passou a se encontrar em evidente desigualdade perante o patrão, além de socialmente perder a importância de que desfrutava até então como profissional.

Aquela hipotética igualdade entre empregado e empregador, tendo em conta a evidente disparidade entre ambos – o patrão detinha os meios de produção, a máquina, além do poder de dirigir a prestação de serviços –, representava na realidade uma desigualdade alarmante. Era claramente a liberdade de o patrão explorar sem limites e de o empregado ser explorado sem defesa.

Este é o cenário em que nasce o Direito do Trabalho. A produção industrial cria aquelas grandes concentrações de trabalhadores ao redor da máquina, de que já falamos, e a superexploração desses mesmos trabalhadores pelos patrões, sem qualquer limite, tornando insuportável a vida que passam a levar e estimulando a procura de uma solução para esses graves problemas.

Evaristo de Moraes Filho, citado por Délio Maranhão (1976:14), afirma que o Direito do Trabalho é um produto típico do século XIX, pois apenas neste século é que surgiram as condições necessárias para seu aparecimento como ramo autônomo e com características próprias em relação à ciência jurídica.

Lembre-se de que o embrião do Direito do Trabalho encontra-se na segunda metade do século XVIII, a partir dos grandes aglomerados na indústria nascente. Todavia, relembrando a citação de Délio Maranhão, veja-se que àquela época, sob a inspiração da Revolução Francesa, imperava a ideia do liberalismo econômico, que influía na postura jurídica, igualmente liberal. Isto significa que por meio deste liberalismo ocorria total omissão do Estado no que se refere às relações entre as pessoas, dando-se total ênfase à autonomia da vontade.

A situação dos trabalhadores, nesse período dito liberal, como frisa Octávio Bueno Magano (1980:17), por exemplo, era de abandono à própria sorte, sem qualquer apoio de grupos sociais intermediários ou do Estado. Com efeito, estavam sujeitos os trabalhadores ao trabalho por jornadas diárias estafantes em troca de ínfimos salários, além da exploração do trabalho de mulheres e menores, igualmente sem qualquer limite. Inexistia em tal período respeito aos mínimos direitos do trabalhador, como hoje concebidos, sendo uma verdadeira violência a condição em que se encontravam esses empregados, quer no local de trabalho, quer em relação à moradia, alimentação e à própria subsistência.

Fruto dessa superexploração no trabalho, começam a aparecer movimentos de associação entre os vários trabalhadores, como forma de defesa contra a ação do empregador. É importante notar que a concentração dos operários num só local de trabalho, que dá origem a esta mesma exploração, é que cria as condições para esse associacionismo.

Evidentemente, esses movimentos são duramente reprimidos, com verdadeiros massacres de seus integrantes, à medida que os empregadores percebem que começa a surgir uma força que os ameaça no seu poder destemido de exploração. No plano jurídico, a repressão acompanha a ideologia dominante, configurando até um delito a associação dos operários na defesa de seus interesses. É a doutrina do individualismo servindo como fundamento jurídico para a repressão do que, posteriormente, passou a ser considerado um direito inalienável dos trabalhadores: a associação para defesa de seus direitos.

Em 1848, com a revolução popular francesa, fruto da situação insuportável decorrente do individualismo pregado pela revolução de 1789 e com a publicação do Manifesto Comunista, de Marx e Engels, que estimula os trabalhadores à união, inicia-se um segundo período na história do Direito do Trabalho, que é aquele da contestação do liberalismo, como informa Bueno Magano (1980:18). Eis o motivo da afirmação acima mencionada, de Evaristo de Moraes Filho, de que o Direito do Trabalho é produto típico do século XIX. Somente a partir daí passam a existir as reais condições de luta pelo reconhecimento dos direitos do trabalhador.

Este segundo período, que se caracteriza pela contestação ao liberalismo, tem como marco final o início da Primeira Grande Guerra Mundial, em 1914. Assinala ainda Bueno Magano que o referido período, mercê da revolução popular francesa de 1848 e da publicação e divulgação do Manifesto Comunista, constitui-se num período de efetiva crítica e desafio à livre atuação da burguesia, fazendo com que esta percebesse que para a manutenção do poder haveria de, forçosamente, limitar a atuação dos patrões em relação a seus empregados. A partir dessa fase assiste-se a uma crescente intervenção do Estado nas relações trabalhistas, restringindo, paulatinamente, a autonomia da vontade e reconhecendo alguns direitos aos trabalhadores.

Mas a efetiva intervenção estatal nas relações entre empregados e empregadores dá-se com o final da Primeira Grande Guerra, quando, internacionalmente, é reconhecida a necessidade dessa intervenção, a fim de ser solucionada a questão social, como informa Bueno Magano (1980:19). O Tratado de Versalhes, cuja assinatura assinala o fim da guerra, prevê a criação da Organização Internacional do Trabalho, em seu título XIII, como organismo que se ocupa da proteção das relações entre empregados e empregadores, internacionalmente, a partir dos princípios básicos consagrados daquela Carta. Igualmente, a Encíclica *Rerum Novarum*, do Papa Leão XIII, datada de 1890, traça diretrizes no sentido da intervenção estatal nas relações patrão-empregado. Relembrem-se, ademais, das Constituições do México, de 1917, e de Weimar, de 1919, que abrigam preceitos de natureza trabalhista.

Este último período, fortemente marcado pela intervenção estatal, torna universais o reconhecimento dos direitos básicos do trabalhador frente ao empregador, e os mecanismos que visam coibir os abusos deste no desenvolvimento da relação de trabalho.

Assim, nesta fase intervencionista da história do Direito do Trabalho, após intensas lutas, passam os empregados a ter reconhecidos seus direitos, bem como os meios hábeis a fazer valer esses direitos, quando não respeitados.

Importa salientar que o nascimento do Direito do Trabalho deveu-se à formação das associações de trabalhadores, embora duramente reprimidas, como forma de defesa dos direitos individuais. Tanto assim que, mesmo no período de contestação ao liberalismo, de que falamos, e quando surgiu o reconhecimento de alguns direitos, estes eram apenas de natureza individual, já que aos empregadores sempre desagradou o reconhecimento legal daquelas associações, que afinal deram origem aos atuais sindicatos.

Somente após a Primeira Grande Guerra e, posteriormente, com o advento da Declaração Universal dos Direitos do Homem, em 1948, e com a atuação da Organização Internacional do Trabalho, por meio de suas convenções e recomendações, é que foram as entidades sindicais efetivamente reconhecidas como interlocutoras em nome dos trabalhadores.

Neste último período da história do Direito do Trabalho, não obstante mantidas as garantias legais aos trabalhadores, assistimos ao constante crescimento das entidades sindicais na defesa e coordenação dos interesses de seus associados, registrando-se, nos países de maior desenvolvimento econômico, onde os sindicatos são mais fortes, uma substituição da ação estatal pela ação sindical.

O exame do nascimento e da evolução do Direito do Trabalho dá-nos a visão necessária para entender por que os interesses entre empregado e patrão são diversos. É exatamente da diversidade desses interesses que surge a necessidade da criação deste ramo do Direito, como forma de regulamentação daquelas relações que são sempre antagônicas, no plano da prestação de serviços e da remuneração correspondente.

Ainda por força do antagonismo que há entre o interesse patronal e o do empregado é que compreendemos a amplitude necessária ao conceito de Direito do Trabalho, a fim de que se possa dar a necessária abrangência aos problemas de que se ocupa.

2.1 O direito do trabalho no Brasil

No plano nacional o desenvolvimento do Direito do Trabalho, como era de esperar, acompanhou aquele desenvolvimento experimentado internacionalmente.

Para facilitar nossa compreensão desse desenvolvimento, tomemos, ainda uma vez mais, a divisão apontada por Bueno Magano (1980:21). Ele divide a evolução brasileira do Direito do Trabalho em três fases, a saber: o liberalismo durante o regime de monarquia, que tem início com a Independência do Brasil, em 7 de setembro de 1822, e se estende até a Abolição da Escravatura, em 13 de maio de 1888; o liberalismo republicano, que vai desde a Proclamação da República, em 15 de novembro de 1889, até a Revolução de 1930; e, por fim, a fase intervencionista, desde 1930 até os dias de hoje.

As duas fases iniciais, que se caracterizam pelo liberalismo, situam-se no período do início do século XIX até o início do nosso século, isto é, em 1930. Tanto a Constituição Brasileira de 1824, do Império, quanto a Constituição Republicana em 1891 fundaram-se nos princípios liberais que dominavam a Europa. Era o período em que inexistia qualquer intervenção estatal nas relações entre empregados e empregadores.

Lembre-se, ainda, de que o trabalho executado no Brasil, nessa fase do liberalismo, salvo poucas exceções, era aquele desenvolvido pelos escravos, que, considerados como "coisa", não eram sujeitos de qualquer direito. Eis um dos motivos do retardamento da industrialização brasileira: o desprezo de que era alvo o trabalho pelos homens livres que aqui viviam e que guarda raízes até os nossos dias. A propósito dessa postura, lembramos as palavras de Joaquim Nabuco, em *O abolicionismo*, citado por Aluysio Sampaio (1974:57):

> "Trata-se de uma população sem meios, nem recurso algum, ensinada a considerar o trabalho como ocupação servil, sem ter onde vender seus produtos, longe da região do salário – se existe esse El-Dorado em nosso País – e que por isso tem que resignar-se a criar os filhos nas condições de dependência e miséria que se lhe consente vegetar."

Como vimos no plano internacional, mesmo durante o período liberal, várias leis de natureza trabalhista foram editadas, já que era o modo de preservação daquele sistema econômico. Do mesmo modo ocorreu no plano nacional, como nos mostram os doutrinadores.

De qualquer forma, porém, a característica principal do liberalismo prevaleceu no Brasil até 1930, isto é, o não intervencionismo do Estado nas relações empregado-empregador.

Registram-se movimentos operários no país, de maior vulto, no início deste século, por força da atividade industrial, existente principalmente em São Paulo. Tais movimentos tiveram origem na atuação de trabalhadores imigrantes, de origem europeia, e que trouxeram consigo as ideias associacionistas difundidas na Europa.

Como não poderia deixar de ocorrer, também entre nós o associacionismo dos trabalhadores foi duramente combatido, gerando prisões, espancamentos e até mortes sob inspiração dos princípios jurídicos liberais que impediam o direito de associação.

Ainda assim os operários resistiram e criaram as condições necessárias à implantação no Brasil dos ideais oriundos do final da Primeira Grande Guerra Mundial, por meio da intervenção do Estado nas relações decorrentes do trabalho.

A Revolução de 1930 leva ao poder Getúlio Vargas, quebrando a tradição dos governos liberais havidos até então. A partir daí inúmeras são as leis editadas que se referem à questão trabalhista, tanto em nível do direito individual do trabalho, quanto no nível do direito coletivo do trabalho.

Experimenta a classe trabalhadora, no início dos anos trinta, o regime da pluralidade sindical que, com o golpe de Estado de 1937, é abolido e substituído pelo regime da unidade sindical, por força de lei, inspirada no regime corporativo-fascista italiano e que resiste até os dias de hoje, não obstante as mudanças havidas com a Constituição Federal de 1988.

A partir de 1º de maio de 1943, por meio do Decreto-lei nº 5.452, entra em vigor a Consolidação das Leis do Trabalho (CLT), que incorpora na parte do direito coletivo do trabalho aquelas ideias corporativas acima mencionadas e submete as organizações sindicais ao controle estatal.

Ainda que sob o regime corporativo, a atuação sindical entre nós é cada vez mais frequente, trazendo sempre melhoria nas condições de vida e de salário dos trabalhadores. Vejam-se a propósito a Lei nº 605, de 5 de janeiro de 1949, que instituiu o repouso semanal remunerado, e a Lei nº 4.090, de 13 de julho de 1962, que instituiu a Gratificação Natalina, conhecida como o décimo terceiro salário, estas que são frutos da ação sindical entre nós.

Além do mais, mesmo submetida à rigidez da legislação sindical, a classe trabalhadora cria uma entidade de representação nacional, a CGT, que mesmo estando à margem da lei passa a representar os trabalhadores nas questões de interesse geral.

Essa evolução persiste até o golpe militar de 1964, quando, por meio de violenta repressão à classe trabalhadora, o governo dissolve a CGT, passando a intervir nos sindicatos existentes e mais combativos, com apoio na legislação vigente desde a década de trinta.

Devido a intervenções e rígidos controles da atuação sindical e à edição da Lei de Greve nº 4.330, de 1º de junho de 1964, que torna ainda mais difícil sua deflagração, a classe trabalhadora brasileira é submetida ao pior período desde a abolição da escravatura entre nós.

Esta fase, que se caracterizou pelo arrocho salarial, pelas prisões de trabalhadores, de líderes sindicais e até pela morte de dirigentes do movimento sindical brasileiro, só começou a se alterar efetivamente no final dos anos setenta, com o recrudescimento dos movimentos grevistas e a criação de entidades sindicais em nível nacional, como a Conclat e a CUT, revigorando a atuação sindical no país, como forma de defesa dos interesses dos trabalhadores brasileiros, e dando início a um novo período de solução de conflitos do trabalho, pela negociação direta a que hoje assistimos.

Ainda prevalece entre nós o rígido intervencionismo estatal nas relações de trabalho, o que se constata do exame da legislação trabalhista vigente. Sem dúvida, o movimento sindical tem assumido nos últimos anos e mormente com o fim do governo militar um papel preponderante na solução dos conflitos do trabalho, embora, também no aspecto legal, esteja ainda atrelado ao Estado, mercê da legislação ainda em vigor.

Com o advento da Constituição Federal de 5 de outubro de 1988, houve progresso legislativo em âmbito sindical, como se vê do exame do art. 8º da Carta. Não obstante, ficou o legislador a meio caminho da efetiva liberdade e autonomia sindicais, à luz da Convenção 87 da Organização Internacional do Trabalho (OIT).

Consagra a Constituição a liberdade sindical, impedindo a intervenção e interferência do Estado nas organizações sindicais, mas mantém a unidade sindical, o que por si só já representa restrição ao direito de associação. Ademais, o inciso IV do referido art. 8º mantém a contribuição sindical obrigatória, outrora denominada imposto sindical. Isso significa filiar todos ao sindicato, ainda que a associação seja espontânea. Quer a pessoa seja ou não filiada, assim como determinada empresa, é obrigatória a contribuição sindical. O que é facultada é a mensalidade de associado, mas ainda entre nós o sindicato representa toda a categoria profissional ou patronal, mesmo que ínfimo seu quadro associativo.

Paralelamente a estas colocações e, por consequência, a revogação de inúmeros artigos da CLT, mantida a ideia de unicidade sindical, em âmbito nacional temos ainda uma só confederação de trabalhadores para cada setor, como dispõe o art. 535 da CLT. Note-se, a propósito, que o citado inciso IV do art. 8º da Carta Constitucional menciona expressamente o sistema confederativo sindical. Não obstante, já antes do advento da nova Carta o governo vem reconhecendo como interlocutores dos trabalhadores as entidades que ainda estão à margem do texto constitucional que são a CGT, CUT e USI. Estas entidades, que congregam inúmeros sindicatos, têm negociado com governo e empresários, ao lado das Confederações e Federações reconhecidas pela lei. Isso significa, sem dúvida, que a realidade sindical anda bem à frente da legislação.

Verificação de aprendizagem

Questões para debate

1. *Em que momento histórico surge o Direito do Trabalho e quais os motivos deste surgimento?*
2. *Quais as dificuldades para o reconhecimento dos direitos trabalhistas aos operários no curso do século XIX, na Europa?*
3. *Quando e por meio de que instrumentos o Direito do Trabalho obtém reconhecimento legal?*
4. *Qual o papel das organizações sindicais nas lutas dos trabalhadores por seus direitos?*
5. *Existe alguma vinculação entre a intervenção do Estado nas relações econômicas e o Direito do Trabalho? Qual?*
6. *Como se desenvolveu o Direito do Trabalho no Brasil?*

7. *Qual o fato histórico que marca no Brasil o reconhecimento dos direitos trabalhistas formalmente? Por quê?*
8. *As organizações sindicais exercem algum papel relevante em nosso país, ao longo da História, no Direito do Trabalho? Qual?*
9. *Há outras organizações sindicais entre nós, além daquelas legalmente mencionadas? Justifique a resposta.*
10. *O regime corporativo impediu a ação sindical? Exemplifique.*

3 Fontes do Direito do Trabalho

Entende-se por fonte a origem, a causa de alguma coisa. Nesse sentido, diz-se que a fonte de um rio está situada no sopé da montanha, querendo-se dizer, com tal afirmação, que a nascente, o início daquele rio, situa-se no sopé da montanha.

Para o Direito em geral, e particularmente ao Direito do Trabalho, interessa bastante o estudo de suas fontes. Isso porque a interpretação das variadas situações que o Direito do Trabalho experimenta está diretamente ligada à fonte da obrigação. Exemplificativamente, uma vantagem concedida ao empregado por um artigo de lei tem interpretação diferente de outro benefício de origem contratual. Com efeito, pode-se dar interpretação ampliativa a determinado benefício legal, ao procurar estabelecer a real intenção do legislador. Mas, de forma diversa, não se pode ampliar a vontade do empregador, por exemplo, ao interpretar determinada cláusula contratual, que expressa a vontade de conceder certo benefício em determinadas circunstâncias claramente fixadas, desde que não exista lei regulamentando aquela situação, nem se trate de ato discriminatório.

Em síntese, o que se vê é que em função da origem da obrigação, ou da vantagem, tem-se um posicionamento jurídico diverso, o que significa, em outras palavras, que a fonte do direito é determinante da interpretação que se deve dar, gerando, assim, consequências diversas.

Os autores, como não poderia deixar de ser, preocupam-se com o tema das fontes do Direito do Trabalho. Cada um, sob sua ótica, discorre sobre as fontes de modo particular.

Délio Maranhão (1976:19-25) faz uma distinção básica, afirmando que as fontes se classificam em materiais e formais. As materiais são os fatores sociais que contribuem para a formação da norma jurídica. Já as formais, segundo o autor, são os meios pelos quais se estabelece a norma jurídica. Assevera que fonte material diz respeito à origem do conteúdo e fonte formal, à forma jurídica.

Questão relevante diz respeito à origem das fontes no Direito do Trabalho. Diz-nos Octávio Bueno Magano (1980:83-84) que a doutrina a propósito divide-se entre a corrente monista, para a qual o Estado é a única fonte de direito, e a corrente pluralista, para a qual as fontes emanam não só do Estado, mas também dos diversos grupos sociais existentes. Filia-se o autor à corrente pluralista, dando ênfase à convenção coletiva de trabalho como fonte de Direito do Trabalho.

Atento à posição de Délio Maranhão mencionada, entendemos relevante, neste momento, o estudo das chamadas fontes formais do Direito do Trabalho. Razão assiste a Bueno Magano quando se posiciona ao lado da corrente pluralista, postura que também adotamos.

Assim, examinemos quais as fontes do Direito do Trabalho e como devem ser elas agrupadas.

Cremos, com apoio na doutrina, que podemos agrupar as fontes em três blocos distintos, em razão de sua origem: as fontes de origem estatal, as fontes de origem internacional e as fontes de origem contratual.

As fontes de origem estatal, como evidente, emanam do Estado, mas é preciso verificar, em cada caso, qual seu processo específico de elaboração.

3.1 Fontes de origem estatal

Constituição Federal: trata-se da fonte de maior importância também para o Direito do Trabalho, porque dela emanam todas as normas, independentemente de sua origem e formação. No mundo jurídico só tem validade e eficácia o ato praticado de acordo com as regras básicas ditadas pela Constituição Federal. Assim, a Constituição estabelece, em seus arts. 7º a 11, os direitos básicos dos trabalhadores e de suas entidades representativas, que constituem regras básicas a serem observadas pelas fontes hierarquicamente inferiores.

Leis complementares: há vários dispositivos constitucionais que não têm aplicação imediata, isto é, não são autoaplicáveis. Assim, dependem de outra norma que lhes venha dar aplicação prática. Estas normas são as leis complementares à Constituição.

Leis delegadas: trata-se de leis elaboradas pelo Presidente da República, por delegação do Congresso Nacional, a quem compete originariamente elaborar a lei. Restringem-se as hipóteses ao que determina o art. 68 da Constituição Federal.

Medidas provisórias: são instrumentos da iniciativa do Presidente da República, nos casos relevantes e urgentes, com força de lei, nos termos do art. 62 da Constituição Federal. Vêm substituir os decretos-leis da Constituição Federal anterior, mas com a garantia democrática do parágrafo único do citado art. 62, de que têm de ser convertidas em lei pelo Congresso Nacional, em 30 dias de sua edição, sob pena de perderem sua eficácia.

Leis ordinárias: trata-se das leis cujo processo de elaboração, tramitação e aprovação é ordinário, nos termos do art. 61 da Constituição Federal. Lembre-se, ademais, de que é da competência privativa da União legislar sobre Direito do Trabalho, a teor do que dispõe o art. 22 da Constituição Federal.

Decretos: são os instrumentos legais aptos a regulamentar as leis, explicando-as e detalhando-as, mas, como é sabido, não podem alterá-las.

Sentenças normativas: trata-se de decisões judiciais, dos Tribunais Regionais do Trabalho ou do Tribunal Superior do Trabalho, dependendo do âmbito das entidades sindicais envolvidas no processo judicial. Fundamentam-se no art. 114 da Constituição Federal e são fruto de tentativas de negociação coletiva entre entidades sindicais profissionais e patronais, que se frustram, não levando a acordo, devendo ser submetidas a decisão judicial entre nós. Chamam-se decisões normativas, pois são decisões judiciais que contêm normas aplicáveis a empregados e empregadores envolvidos no processo de negociação.

Jurisprudência: é o conjunto das decisões dos tribunais sobre determinado tema. Para alguns a jurisprudência não é fonte de direito, porque não tem aplicação obrigatória. Não obstante, entendemos não ser esta característica obrigatória da fonte, além do que o chamado entendimento jurisprudencial norteia o posicionamento do Poder Judiciário, bem como orienta as autoridades administrativas e o público em geral.

3.2 Fontes de origem internacional

São as **CONVENÇÕES** e **RECOMENDAÇÕES** da Organização Internacional do Trabalho (OIT), organismo de âmbito internacional, que edita estas convenções e recomendações periodicamente. A OIT é composta por vários países, dentre eles o Brasil, os quais se obrigam não a adotar suas resoluções, mas sim a submetê-las ao órgão interno competente, para que as aprecie, ratificando-as ou não.

Entre nós, por força do art. 49, I, da Constituição Federal, é da competência exclusiva do Congresso Nacional a ratificação, ou não, das convenções da Organização Internacional do Trabalho.

Eis por que, para alguns, tais documentos internacionais não seriam fontes propriamente ditas, porque dependem, sempre, para ter eficácia interna, da aprovação do Poder Legislativo, convertendo-se, na prática, em fontes de origem estatal internas.

3.2.1 A organização internacional do trabalho

A OIT – Organização Internacional do Trabalho, ou ILO – International Labor Organization, é composta da **Conferência**, do **Conselho de Administração** e do **Bureau Internacional do Trabalho**.

A **Conferência** compõe-se de todos os países-membros e é o órgão supremo da Organização, reunindo-se no mínimo uma vez por ano em sua sede, na cidade de Genebra, na Suíça. Cada delegação de um país-membro compõe-se de dois representantes do governo, um representante dos trabalhadores e um representante dos empregadores, o que significa uma representação tripartite.

O **Conselho de Administração** é integrado por 48 membros, com mandato de três anos, sendo 12 representantes dos trabalhadores, 12 representantes dos empregadores e 24 representantes do governo. Dentre estes últimos, 10 representantes são indicados pelos países de maior influência e os demais 14 são eleitos. O Conselho é dirigido por 1 presidente e 2 vice-presidentes, sendo os 3 eleitos e obrigatoriamente representando cada um dos segmentos (trabalhadores, empregadores e governo), reunindo-se ao menos 3 vezes por ano.

O **Bureau Internacional do Trabalho**, também designado por Escritório ou Repartição, é dirigido por um diretor nomeado pelo Conselho de Administração e se ocupa das funções executivas da Organização.

As relações entre os diversos países podem produzir *tratados*, que são acordos internacionais, celebrados por escrito entre Estados e regidos pelas regras de direito internacional. Podem constar de um só documento, ou de dois ou mais documentos conexos, podendo receber denominações particulares. Existem tratados bilaterais, entre dois Estados, e multilaterais. O Brasil tem tratados previdenciários com Portugal, Itália, Espanha e Argentina. Temos inclusive um tratado mais amplo com o Paraguai, que versa sobre Itaipu.

A convenção, que é o instrumento mais importante decorrente da atuação da OIT, é um instrumento destinado a criar obrigações internacionais. Trata-se de um acordo internacional discutido e votado pela Conferência da OIT.

A Constituição da Organização, em seu art. 19, afirma que, se a Conferência pronunciar-se pela aceitação de propostas relativas a um assunto na sua ordem do dia, deverá decidir se estas propostas tomarão a forma de uma convenção internacional, ou de uma *recomendação*, quando o assunto tratado ou algum de seus aspectos não permitir a adoção imediata de uma convenção.

A ratificação é o processo interno pelo qual o governo de cada país-membro aprova uma convenção ou tratado, admitindo sua eficácia interna. No Brasil a competência para tanto é do Congresso Nacional, nos termos do art. 49, I, da Constituição Federal.

Cada país-membro tem liberdade para ratificar ou não as convenções, em respeito a sua soberania. Ratificada, porém, tem a convenção força obrigatória, até que o país resolva denunciá-la, se for o caso.

3.3 Fontes de origem contratual

Convenção coletiva de trabalho: são as tentativas de negociação entre entidades sindicais de empregados e empregadores, que chegam a bom termo e estabelecem regras salariais e de conduta aos que a ela estão submetidos, em função dos sindicatos que celebram a convenção.

Acordo coletivo de trabalho: são também formas de negociação coletiva de trabalho, mas de âmbito mais restrito que as convenções, envolvendo parte de uma categoria, apenas, ou mesmo uma ou algumas empresas. Há casos, até, de acordos coletivos que dizem respeito a determinados setores apenas de uma empresa, tudo em função do tipo de problema que se discute.

Regulamento de empresa: são as normas internas de uma empresa, que determinam a conduta de empregados e empregador na estruturação interna da empresa, procedimentos, vantagens e obrigações de ambas as partes.

Contrato individual de trabalho: é o instrumento que celebra a negociação individual entre empregado e empregador, fixando direitos e obrigações de ambas as partes, sendo, também, fonte de Direito do Trabalho.

Usos e costumes: trata-se do procedimento usual em determinada comunidade, o que acaba por se tornar, na prática, a norma jurídica que este mesmo grupo acredita existir, embora não faça parte do ordenamento jurídico formal.

Há quem afirme que os usos e costumes não são fonte de Direito do Trabalho, assim como o direito comparado, a equidade, a jurisprudência, a analogia e os princípios gerais de direito, mas sim regras de interpretação e solução de problemas jurídicos.

Cremos, como já dito, que tanto a jurisprudência quanto os usos e costumes são fontes de Direito do Trabalho, estatal e contratual, respectivamente. Quanto aos demais mencionados, como faz o art. 8º da Consolidação das Leis do Trabalho, são, de fato, meios de interpretação e não fontes de direito, porque não se constituem em conjunto de regras a nortear a conduta daqueles envolvidos com as relações que emanam do Direito do Trabalho, o que caracteriza uma fonte de direito. E a questão da interpretação será objeto de estudo detido mais à frente.

Verificação de aprendizagem

Questões para debate

1. *Qual o significado do termo fontes?*
2. *Explique a importância do estudo das fontes para o Direito do Trabalho.*
3. *Qual a distinção que se faz entre fontes formais e materiais?*
4. *Do ponto de vista da origem das fontes do Direito do Trabalho, o que significa fonte estatal e contratual?*
5. *Qual a importância da Constituição Federal no âmbito das fontes do Direito do Trabalho?*
6. *Os usos e costumes e a jurisprudência, na sua opinião, constituem fontes de Direito do Trabalho? Por quê?*
7. *As Convenções da OIT são fontes de Direito do Trabalho?*
8. *Cite duas fontes de origem estatal.*
9. *Qual a importância das fontes de origem contratual?*
10. *Que tipo de fonte é o contrato individual de trabalho?*

4 Natureza do Direito do Trabalho

Questão que tem gerado polêmicas é aquela relacionada com a natureza do Direito do Trabalho. Trata-se da taxinomia do Direito do Trabalho, como denominam Orlando Gomes e Elson Gottschalk (1984:28), assim entendida a localização da disciplina jurídica no conjunto do Direito.

Dada a posição mais corrente, pode-se afirmar que a indagação diz respeito a saber se o Direito do Trabalho pertence ao direito público ou ao direito privado.

Em primeiro lugar cumpre saber se tem importância tal divisão. E já aí tem início a polêmica na doutrina. Orlando Gomes e Elson Gottschalk (1984:28) afirmam que muitos autores negam a validade do próprio enquadramento, postura com a qual não concordam.

Ademais, o próprio enquadramento é tarefa extremamente difícil. Para se ter uma ideia, Evaristo de Moraes Filho (1971:69), citando Gurvitch, afirma que Holliger, ao desenvolver uma tese de doutoramento, conseguiu reunir 104 teorias que procuravam distinguir o direito público do direito privado. Não obstante, também Evaristo de Moraes Filho afirma ser relevante o estudo da natureza jurídica do Direito do Trabalho.

O que temos por relevante, daí decorrendo a importância da distinção, é que tanto a eficácia quanto a interpretação das normas de direito público e direito privado são reguladas por princípios diversos, como afirma Chiovenda, citado por Evaristo de Moraes Filho (1971:70).

Assim, faz-se necessário precisar a natureza jurídica do Direito do Trabalho, a fim de poder equacionar a questão da interpretação, que é o passaporte para solucionar os problemas que surgem nas relações trabalhistas. Sem que tenhamos um correto enquadramento não lograremos propor soluções adequadas e que satisfaçam aos envolvidos na questão a resolver.

Vejamos, de início, algumas das posições gerais assumidas pela doutrina.

Dá-nos notícia Amauri Mascaro Nascimento (1990:44-46) de cinco teorias que buscam explicar a natureza jurídica do Direito do Trabalho. A *teoria do direito público*, fundada na natureza administrativa de algumas normas, no caráter imperativo e estatutário de suas normas, em sentido geral. A *teoria do direito privado*, que tem em mira a origem do vínculo entre empregado e empregador, trazida da locação de serviços do direito civil. A *teoria do direito social*, que assim denomina um outro gênero de direito, de caráter mais amplo, que engloba todas as normas de proteção ao hipossuficiente, no dizer de Cesarino Júnior (1957). A *teoria do direito misto*, segundo a qual o Direito do Trabalho contém normas tanto de direito público quanto de direito privado. Por fim, a *teoria do direito unitário*, correspondente à fusão do direito público e privado, como defende Evaristo de Moraes Filho (1971).

Muitas são as críticas que cada uma destas teorias recebe, quer porque para os que criticam não servem as mesmas para explicar a natureza jurídica do Direito do Trabalho, quer porque se transforma a crítica num modo de reforçar a teoria adotada pelo próprio crítico. Vejamos algumas, de modo resumido, como ainda nos informa Amauri Mascaro Nascimento (1990:40-46).

Assim, quanto à teoria do direito público, diz-se que não serve para explicar a natureza do Direito do Trabalho porque a relação entre empregado e empregador é de natureza contratual e não administrativa. Assim, sendo o eixo central do Direito do Trabalho o contrato de trabalho, não há como situá-lo no âmbito do Direito Público, não obstante existam no seu conjunto muitas normas de ordem pública mas, principalmente, de ordem instrumental e não material.

Quanto à teoria do direito social, sabido que não obstante a relevância de sua construção e defesa, esbarraria na ideia de que todo direito é social, daí por que não se poderia dar só ao do trabalho esta natureza.

A teoria do direito misto, mesmo reconhecendo a coexistência de normas de direito privado e público, deixa de lado a preponderância do caráter privado de suas normas.

Por fim, quanto à teoria do direito unitário, o mesmo se pode dizer relativamente à teoria do direito misto, à medida que entende haver simples coexistência, sem dar relevo àquelas normas de direito privado.

Não aponta Amauri M. Nascimento críticas à teoria do direito privado, o que nos leva a crer que adote esta como a mais correta.

E nesse mesmo sentido posiciona-se Délio Maranhão (1976:10-14), que afirma claramente ser o Direito do Trabalho um direito privado. Com efeito, reconhece que tanto no Direito do Trabalho quanto no Direito Civil coexistem normas de direito público e privado, unitariamente, como afirma, mas é ramo do direito privado.

A argumentação de Délio Maranhão passa pela crítica que faz aos que pretendem resolver o problema em termos abstratos, apenas, deixando de lado o direito positivo. Assim, afirma que já a Constituição Federal diz que a organização e a exploração das atividades econômicas competem preferencialmente às empresas privadas, agindo o Estado apenas supletivamente, sujeitando-se, quando tal ocorrer, às normas aplicáveis às empresas privadas, inclusive quanto ao Direito do Trabalho, daí resultando concretamente a natureza de direito privado.

E a Constituição Federal de 1988 manteve tal princípio, como se vê do art. 173, com as alterações da Emenda Constitucional nº 19/1998:

> "Ressalvados os casos previstos nesta Constituição, a exploração direta de atividade econômica pelo Estado só será permitida quando necessária aos imperativos da segurança nacional ou a relevante interesse coletivo, conforme definidos em lei.
>
> § 1º A lei estabelecerá o estatuto jurídico da empresa pública, da sociedade de economia mista e de suas subsidiárias que explorem atividade econômica de produção ou comercialização de bens ou de prestação de serviços, dispondo sobre:
>
> I – [...]
>
> II – A sujeição e o regime jurídico das empresas privadas, inclusive quanto aos direitos e obrigações civis, comerciais, trabalhistas e tributárias;"

Com efeito, tal dispositivo reproduz a ideia a que se refere Délio Maranhão e que vinha expressa no art. 170 e seus parágrafos da Constituição Federal de 1967, com a redação que lhe deu a Emenda de 1969.

E entendemos correta a teoria do direito privado, exatamente porque, ainda que haja várias normas de direito público no âmbito do Direito do Trabalho, prevalecem as de direito privado. Ademais, como visto, a própria norma constitucional atribui-lhe o caráter privado. Relevante, ademais, a nosso ver, o fato de a relação empregado-empregador ser de natureza contratual, de origem civilista, o que reforça a tese da natureza jurídica de direito privado.

É oportuno salientar, contudo, que dia a dia uma nova realidade entre nós vai tomando corpo. Trata-se da importância que assumem as negociações coletivas no Direito do Trabalho no Brasil. Todos sabemos que há vinte anos havia uma prática incipiente de convenções e acordos coletivos entre nós e restrita às regiões Sul e Sudeste do país, na sua grande maioria.

Exatamente pela quase nenhuma expressão das negociações coletivas é que toda a questão relacionada com Direito do Trabalho era equacionada sob a ótica do direito individual. Sempre que se deparava com um problema decorrente do contrato de trabalho a interpretação que se dava era do ponto de vista da situação desigual entre patrão e empregado e do caráter imperativo das normas de proteção ao trabalho. E, diga-se, correto tal enfoque, tendo em conta os princípios de Direito do Trabalho e o próprio texto legal. Era, e ainda é, uma realidade ao Direito do Trabalho a necessidade de proteger o empregado contra os atos praticados pelo empregador que visem a impedir a aplicação da Consolidação das Leis do Trabalho, ou mesmo desvirtuar e fraudar sua aplicação. Neste sentido o art. 9º da Consolidação.

Hoje, porém, pode-se dizer que a negociação coletiva é uma realidade viva entre nós. Inúmeras as categorias que têm nas suas normas contratuais coletivas verdadeiras regulamentações especiais para empregados e empregadores, dispensando, em muitos aspectos, a utilização da Consolidação das Leis do Trabalho.

Daí decorre que a prática da negociação coletiva traz consigo uma nova visão da interpretação no campo do Direito do Trabalho. Tantas e quantas questões específicas de certas categorias, de algumas empresas dentro de uma mesma categoria, e até de determinados setores dentro de uma empresa, são solucionadas por meio de convenções ou acordos coletivos de trabalho, conforme o caso.

Tanto a prática da convenção coletiva quanto a do acordo coletivo passam, obrigatoriamente, para ter validade, pela assembleia de empregados e pelas tratativas e negociações da diretoria do sindicato profissional e patronal, ou da empresa ou empresas (conforme se tratar de convenção ou acordo coletivo).

Eis por que ao examinar uma questão derivada de uma negociação coletiva não se pode dar a mesma interpretação que se dá num caso de direito individual. No primeiro caso não existe submissão do órgão de representação dos empregados ao empregador, nem se pode cogitar de aceitação de uma proposta por ignorância ou temor. Já no segundo caso, de negociação individual, tais vícios de vontade podem ocorrer.

É importante, neste tema da interpretação das normas individuais e coletivas do trabalho, ter presentes o conceito e o significado da autonomia privada coletiva, de que cuidaremos na seção 14.1. Trata-se da faculdade que têm os grupos sociais, por autorização constitucional, de autorregulamentação, podendo criar normas que regulem suas próprias relações, como ocorre, no mundo do trabalho, com as convenções e acordos coletivos, a que ora nos referimos.

Eis por que o legislador consolidado busca proteger o empregado, individualmente considerado, de forma efetiva, não cabendo o mesmo cuidado no campo da negociação coletiva, como já visto.

E, retornando ao tema da natureza jurídica do Direito do Trabalho, ao raciocinar em termos de direito coletivo aí fica mais evidente, a nosso ver, a natureza jurídica de direito privado do Direito do Trabalho.

De fato, não obstante a existência de normas de ordem pública, mesmo no âmbito do direito coletivo, trata-se de negociação em que as partes se encontram no mesmo nível, daí por que o contrato que venham a fazer tem nítidos contornos de direito privado, não obstante suas peculiaridades quanto à aplicação.

É claro que não se está a pretender que as negociações coletivas possam desrespeitar a lei, ou mesmo ignorá-la. Mas dúvida não há de que, ao interpretar uma cláusula de um contrato individual de trabalho e uma cláusula de uma convenção coletiva de trabalho, teremos critérios diversos, porque diversas as situações.

Temos, portanto, afinal, que se insere o Direito do Trabalho no direito privado, não obstante suas características sem dúvida especiais.

Verificação de aprendizagem

Questões para debate

1. *O que significa natureza jurídica de uma disciplina?*
2. *Qual a importância do estudo da natureza jurídica do Direito do Trabalho?*

3. *Quais as teorias que procuram explicar a natureza jurídica do Direito do Trabalho? Sintetize cada uma delas.*
4. *Na sua opinião, qual a natureza jurídica do Direito do Trabalho?*
5. *Existe distinção entre relações individuais e coletivas em Direito do Trabalho, para efeito de interpretação? Por quê?*
6. *Qual a crítica básica à teoria do direito social?*
7. *A Constituição Federal ocupa-se de questão relativa ao tema? Em qual artigo?*
8. *A interpretação em Direito do Trabalho é afetada pela atuação sindical? Justifique.*

5 Denominação da Disciplina

Questão de grande importância é a denominação de nossa disciplina. E tanto assim é que veremos a multiplicidade de nomes que recebeu, valendo ressaltar que há, ainda, quem discorde da denominação Direito do Trabalho, hoje aceita pela grande maioria.

A precisão do nome de cada ramo do Direito tem como importância o fato de que realça os contornos de cada ramo, mostrando a todos a que se refere aquela área do Direito, evitando equívocos, facilitando a procura de solução para as diversas questões. Assim como a precisão terminológica, de modo geral, a denominação adequada da disciplina gera ganho e segurança para todos na solução dos variados problemas.

É claro que para alcançar tais objetivos é necessário que a terminologia seja precisa, unívoca, além de ter o atributo da universalidade, para proporcionar exatamente a segurança que se busca. Desse modo, basta pensar que uma expressão utilizada com mais de um significado, ou mesmo uma expressão sobre a qual exista controvérsia em sua utilização, cumpre exatamente o papel inverso ao desejado, criando confusão entre as pessoas e gerando dúvida, em vez de auxiliar a todos, como é sua real finalidade.

Eis aí a demonstração da necessidade da precisão terminológica. Relembre-se, porém, de que só se torna precisa, efetivamente, quando universal. É claro que para o leigo haverá sempre a dificuldade de convivência com a terminologia científica, mas é para os profissionais da área que ela é destinada. Estes, por sua vez, é que devem assumir a postura de explicar aos demais o real significado de cada expressão.

Tudo o que se disse até aqui tem inteira aplicação à questão da denominação da nossa disciplina. Com efeito, cumpre encontrar uma denominação que por si só já defina os contornos deste ramo do Direito. É necessário que ao depararmos com a simples denominação já possamos identificar a área do Direito de que se ocupa determinado ramo, de forma a podermos distingui-lo dos demais, bem como possamos saber em que espaço específico se encontra determinada questão que nos é colocada no dia a dia.

Esta é a função básica da denominação de cada um dos ramos do Direito: identificar desde logo, pelo próprio nome, a abrangência deste ramo identificado, a área de sua abrangência, dentro do universo do Direito.

Eis por que, ao longo do tempo, vários os nomes que foram dados à nossa disciplina, sempre com a preocupação de identificá-lo e distingui-lo das demais.

Passemos, portanto, ao exame de cada uma das denominações propostas.

Direito Industrial foi desde logo uma forma de procurar identificar o novo ramo do Direito, que emergia da Revolução Industrial, de que já tratamos em capítulo precedente. De fato, tendo surgido este recente ramo da reunião dos operários ao redor da máquina, procurou-se identificar o mesmo como direito industrial. Sucede, como sabemos, que sua aplicação transcende o âmbito da indústria, aplicando-se aos demais aspectos da vida econômica e social, daí por que não foi aceita a denominação.

Direito Operário também foi uma das denominações propostas pelos mesmos motivos acima mencionados, mas, como vimos, não só aos operários tem aplicação o Direito do Trabalho, razão por que também abandonou-se este nome.

Direito Social constitui uma das denominações propostas, cujos adeptos defendem de forma incisiva. Entre nós Cesarino Júnior é representante dos mais ilustres dos que a defendem. No capítulo anterior, quando cogitamos da natureza jurídica, fizemos referência a esta denominação. Critica-se, porém, a mesma, porque tem sentido muito amplo, de tal forma que até deixa de cumprir sua função principal que é identificar seu exato âmbito de ação.

Direito Corporativo deriva do período de ascensão do fascismo italiano, momento político-econômico em que se alterou a fisionomia do Direito do Trabalho, especificamente no âmbito sindical e coletivo, a fim de servir aos propósitos daquele Estado. De um lado o termo "corporativo" é equívoco, por ter mais de um significado; de outro, ainda que assim não fosse, designa apenas parte do Direito do Trabalho, daí por que também não é aceito.

Direito Sindical igualmente é denominação insuficiente, pois, ainda que de grande relevância a questão sindical no Direito do Trabalho, é apenas parte do mesmo, motivo por que não serve para designá-lo.

Direito Econômico é expressão atualmente utilizada para designar outra disciplina que, ainda que tenha laços com o Direito do Trabalho, dele distingue-se nitidamente.

Direito Profissional do mesmo modo não serve para designar o Direito do Trabalho, pois, imprecisa e insuficiente, não o identifica.

Legislação industrial, legislação operária, legislação social, legislação do trabalho são todas denominações que experimentou o Direito do Trabalho, mas que padecem de um vício intransponível, que é o termo *legislação*. Este designa apenas um conjunto de leis, sem sistematização, o que não ocorre com o Direito do Trabalho. Ademais, quando tratamos do conceito da disciplina vimos que o Direito do Trabalho não é sinônimo só de leis, mas também de princípios e instituições, o que revela a insuficiência de tais denominações propostas.

Direito do Trabalho, afinal, constitui a denominação aceita universalmente pela doutrina, na sua quase totalidade, exatamente porque, além de identificar nosso ramo do

Direito, tem como característica importante abranger todos os seus aspectos, requisitos que, como vimos, não se encontram nas denominações precedentes.

Adotamos, como é sabido, a denominação que encontra a maioria dos adeptos, que é "Direito do Trabalho", porque completa, porque individualiza nosso ramo do estudo do Direito, porque goza do atributo da universalidade, o que a torna mais adequada do que as demais, sendo difundida nos variados idiomas e porque, entre nós, do ponto de vista do direito positivo, é aquela adotada a principiar pelo legislador constitucional.

Verificação de aprendizagem

Questões para debate

1. *Qual a importância da denominação da disciplina que estudamos?*
2. *Existe relação entre a questão da precisão terminológica e a denominação da disciplina? Qual?*
3. *Qual a crítica que se faz à denominação Direito Industrial?*
4. *Por que a doutrina não aceita a denominação Direito Sindical?*
5. *Qual a origem e que crítica se faz à denominação Direito Corporativo?*
6. *Por que a doutrina não aceita as expressões Legislação industrial, operária, social e do trabalho?*
7. *Qual a crítica que se faz à denominação Direito Social?*
8. *Por que a denominação "Direito do Trabalho" é aquela aceita pela maioria dos doutrinadores?*

6 *Relações do Direito do Trabalho com Outros Ramos do Direito e Áreas Afins*

Como dissemos anteriormente, não é possível compreender totalmente o Direito do Trabalho sem situá-lo corretamente no plano do conhecimento e da realidade. Assim, após buscar uma visão real da origem e do desenvolvimento fazendo uso da retrospectiva histórica, é necessário examinar o relacionamento do Direito do Trabalho com os outros ramos do Direito, a fim de situá-lo corretamente no plano jurídico.

Quanto ao Direito Civil, é estreita a ligação entre ambos. Afirma a doutrina que o contrato de trabalho tem origem na locação de serviços regulada, até hoje, pelo Código Civil Brasileiro, como se vê dos arts. 593 e seguintes. Daí teria originado o contrato de trabalho que, com o tempo, foi adquirindo características próprias, até criar um ramo do Direito independente. O referido art. 593 refere-se expressamente à prestação de serviço não submetida às leis trabalhistas como sendo aquela regulada pelo Código. O texto anterior da lei civil (art. 1.216) não fazia tal referência porque antecedeu o advento da CLT.

Ademais, a empreitada, de que trata o Código Civil nos arts. 610 e seguintes, pode dar origem a uma ação trabalhista, daquele pequeno empreiteiro, operário ou artífice que, mesmo mantendo relação de direito civil com o tomador dos serviços, aciona-o perante a Justiça do Trabalho, dada sua situação assemelhada ao empregado, como dispõe o art. 652, *a*, III, da CLT.

Lembre-se, ainda, de que toda a parte geral do Direito Privado encontra sua raiz no Direito Civil, que regula as relações entre as pessoas e os bens no mundo jurídico, sendo estas noções de importância para o Direito do Trabalho.

Ademais, a Emenda Constitucional nº 45/04, como tratamos no item 20.2, trouxe considerável ampliação da competência da Justiça do Trabalho, com várias ações civis para nosso âmbito, daí por que reforça o relacionamento do Direito do Trabalho com o Direito Civil.

Relativamente ao Direito Comercial, enquanto disciplina as várias sociedades mercantis, mantém contato com o Direito do Trabalho, isto porque na solução de um conflito do trabalho há de se estabelecer, de início, a eventual responsabilidade solidária de outras empresas que possuam vínculo com o empregador. Além disso, quanto à garantia de satisfação de um crédito trabalhista, pode ser chamado à responsabilidade um ex-sócio do antigo empregador. Essas questões, que interessam ao Direito do Trabalho, encontram-se no âmbito do Direito Comercial, havendo, pois, relação estreita entre ambos.

Mas, além desses ramos do Direito denominado privado, há relacionamento do Direito do Trabalho com as várias áreas do Direito Público.

Do ponto de vista externo, o Direito Internacional empresta subsídios quer em termos de normas internacionais (a Organização Internacional do Trabalho), quer em termos individuais, relativamente a empregados que prestam serviços a um mesmo grupo econômico em vários países. Tanto na aplicação de princípios consagrados internacionalmente a nossa legislação quanto na solução de problemas individuais, vale-se o Direito do Trabalho do Direito Internacional.

O Direito Constitucional dá ao Direito do Trabalho os elementos necessários, no plano do Direito Público interno, para a solução de questões relacionadas com a hierarquia das leis. A Constituição Federal ocupa-se, em seu art. 7º, dos direitos assegurados ao trabalhador, além de outras normas trabalhistas que contém. É o Direito Constitucional o ramo do Direito que se ocupa da disciplina entre as várias normas jurídicas e a norma constitucional, subsídio essencial ao Direito do Trabalho.

Como veremos mais adiante, pode haver trabalho subordinado não regulado pelo Direito do Trabalho, na hipótese, por exemplo, daquele prestado ao Estado. Tais relações entre o prestador de serviços e o Estado são reguladas pelo Direito Administrativo, daí surgindo seu relacionamento com o Direito do Trabalho.

Envolvendo a existência de um contrato de trabalho, decorre o pagamento de tributos, e constata-se uma relação entre o Direito Tributário e o do Trabalho.

Com o Direito Penal mantém, igualmente, o Direito do Trabalho certo vínculo. Isto porque a prática de um delito penal influi na manutenção e no desenvolvimento de um contrato de trabalho. Ademais, o procedimento de apuração de certo crime, para os efeitos penais, impõe a paralisação do processo trabalhista em que se apure o mesmo fato, nos termos do art. 935 do Código Civil, para que não cheguemos ao absurdo de conclusões diversas sobre um mesmo evento.

Ainda devemos lembrar o relacionamento do Direito do Trabalho com o Direito Processual, que se ocupa das formas relativas à apuração de eventual transgressão da lei, sem o que a norma jurídica perderia seu poder de coerção, que se encontra exatamente na imposição de sanção ao transgressor. Tal regra é válida para todos os ramos do Direito, surgindo daí o vínculo entre o Direito Processual e o do Trabalho.

Como vemos, todos os ramos do Direito mantêm estreita vinculação, não obstante se ocupem de áreas diversas entre si. E tal se dá porque os vários fatos que ensejam tratamento jurídico têm, também, relacionamento próprio, não havendo no mundo real fatos que ocorram isoladamente, sem determinada causa nem deixando de projetar efeitos.

Para que o Direito se aproxime da realidade é essencial que trate os vários fenômenos dentro do universo em que se inserem.

E para tanto, além dos vínculos entre os vários ramos do Direito e o Direito do Trabalho, este se relaciona igualmente com outras áreas do conhecimento humano.

As relações entre empregado e empregador têm causa econômica e projetam efeitos no plano da Economia, tornando-se essencial, para a solução de determinado conflito de natureza trabalhista, o exame do aspecto econômico da questão.

O mesmo se diga em relação à Sociologia, pois, do mesmo modo que os fatos sociais dão origem às relações trabalhistas, estas refletem o mundo social.

Assim, para a efetiva solução de uma questão trabalhista, é essencial a visão do mesmo problema sob a óptica da Economia e da Sociologia, sob pena de, ao procurar resolver um dissídio do trabalho, sem atentar para a realidade que o envolve, não se lograr êxito.

Como vimos anteriormente, a fim de compreendermos o real espaço do Direito do Trabalho no mundo, é vital o exame de sua trajetória através dos tempos, após situar o momento histórico de seu surgimento e sua evolução. E essa visão só é possível por meio da História, que tem, também, vínculo estreito com o Direito do Trabalho. Por seu turno, a Ciência Política dá-nos a perspectiva do tratamento ideológico de cada fenômeno do mundo do trabalho.

Aquele que se ocupa das questões trabalhistas necessita, também, do auxílio das Ciências Contábeis, quer no que se refere aos cálculos dos haveres dos empregados, quer no trabalho de projeção contábil dos vários encargos do empregador. Aqui entrelaçam-se, forçosamente, os subsídios emprestados pela Administração, a fim de equacionar com acerto os problemas de ordem salarial com o desenvolvimento da atividade empresarial, tendo em conta os mandamentos do Direito do Trabalho.

Relativamente às questões ligadas à segurança e à medicina do trabalho, são fundamentais as contribuições da Biologia, da Física, da Química e da Matemática, como da própria Medicina, em seus aspectos atinentes ao trabalho, de modo a preservar a saúde e a integridade física e psíquica dos trabalhadores.

O desenvolvimento da tecnologia impõe medidas a serem tomadas pelos empregadores, de forma a adequar tanto o modo de produção quanto as questões trabalhistas ao mundo moderno, daí por que hoje em dia a Informática passa a ocupar espaço de destaque no trato dos problemas relacionados com o Direito do Trabalho.

Como vemos, todos os setores do conhecimento humano dizem respeito à nossa disciplina, o que ocorre, efetivamente, com outras áreas de nossa atividade. Isto porque, sublinhando ainda uma vez, os fenômenos sociais estão sempre intimamente ligados, razão pela qual, para compreendê-los e solucioná-los, impõe-se uma visão ampla e integrada da realidade.

Verificação de aprendizagem

Questões para debate

1. *Qual a importância de estabelecer relações do Direito do Trabalho com outros ramos do conhecimento humano?*
2. *Quais os pontos de contato do Direito do Trabalho com o Direito Civil?*
3. *Existe relação do Direito do Trabalho com a Medicina? Justifique a resposta.*
4. *É possível compreender as questões de Direito do Trabalho com o Direito Constitucional? Por quê?*
5. *Quais os pontos de contato do Direito do Trabalho com o Direito Constitucional?*
6. *A Informática relaciona-se com o Direito do Trabalho? Justifique.*
7. *A Economia e a Sociologia têm pontos de contato com o Direito do Trabalho? Exemplifique.*

7 Interpretação no Direito do Trabalho

Entende-se pelo vocábulo *norma* a regra de conduta ou de procedimento. Entre nós há vários tipos de norma, em função do campo a que se refira. Há normas de natureza ética, moral e jurídica. Todas elas indicam o comportamento a ser observado.

Há, porém, uma distinção básica entre as normas éticas e morais em relação à norma jurídica. Reside essa diferença na existência de sanção pelo descumprimento da norma jurídica, o que não ocorre com aquelas. Com efeito, impondo o Direito determinado procedimento, dada uma situação específica, uma vez ocorrendo o descumprimento existe uma sanção prevista. A Ética e a Moral igualmente determinam um proceder diante de certa situação. Todavia, ainda que socialmente reprovável o descumprimento da norma ética ou moral, aquele que a transgride não está sujeito, obrigatoriamente, a uma sanção.

Temos, pois, que por meio da sanção a norma jurídica adquire o caráter de coercitividade, isto é, torna-se obrigatória. Eis um atributo essencial às normas jurídicas: a obrigatoriedade de sua observância e de seu cumprimento, sob pena de sanção.

Parte-se do princípio de que a vida social exige uma disciplina das ações dos vários sujeitos, a fim de manter-se a convivência entre esses mesmos participantes da sociedade. Para tanto, por meio da lei, reconhecem-se direitos e impõem-se obrigações às pessoas.

À ideia de que a vida em grupo só é possível com a restrição da liberdade de cada um em benefício do todo agrega-se outra ideia, igualmente aceita, que consiste na possibilidade de um outro participante desse mesmo grupo desrespeitar o direito alheio. Se tal não ocorresse seria desnecessário editar leis, pois, não havendo quem as desrespeitasse, seriam inócuas.

Assim, a simples existência de uma lei pressupõe em tese seu descumprimento. Não havendo uma penalidade para o descumpridor, igualmente não faria sentido a existência daquela lei.

Eis por que é atributo essencial da norma jurídica a sanção pelo seu desrespeito. Pode-se mesmo dizer que a norma que não contém sanção não pertence ao mundo jurídico.

De outra parte, a vida em sociedade torna obrigatório o respeito à lei. Não há possibilidade de alguém viver em sociedade sem estar sujeito ao cumprimento da lei. Não se confunda essa afirmação com o eventual desrespeito à norma jurídica. Todos são obrigados a respeitar a lei, tanto assim que aquele que não a respeita é penalizado, por meio da sanção contida na própria lei desobedecida.

A obrigatoriedade do cumprimento da lei tem aplicação igualmente no âmbito do Direito do Trabalho, o que significa dizer que as normas trabalhistas são obrigatórias a todos que se encontrem a elas sujeitos.

As normas legais são genéricas e abstratas, impondo um comando. Elas se aplicam apenas aos que venham a se colocar nas situações contempladas pelo legislador. Assim, no campo do Direito do Trabalho, todas as normas que encontramos são aplicáveis, em tese, a todos os que mantenham um vínculo de natureza trabalhista, como empregado ou empregador. Em contrapartida, nada têm a ver com essas mesmas normas aqueles que não mantêm uma relação na órbita do Direito do Trabalho.

Na prática, cada uma das normas contidas no campo do Direito do Trabalho só é aplicável quando a situação de fato reproduza exatamente aquela hipótese legal. Exemplificando, só está sujeito ao pagamento de indenização por dispensa injusta, teoricamente, aquele que é empregador, como tal definido na lei. Na prática, ainda que uma pessoa seja empregador, embora sujeita ao pagamento daquela indenização, se nunca despedir injustamente um empregado, jamais ser-lhe-á exigida indenização.

Assim, como exemplificado, para a aplicação de determinada norma jurídica é necessário um requisito abstrato, que significa estar a pessoa submetida àquele ordenamento, isto é, só está sujeito à aplicação da norma aquele que se encontra dentro de seu âmbito de aplicação. Já o outro requisito, que é de ordem prática, consiste na ocorrência efetiva daquela situação descrita pela norma jurídica.

A lei determina que o trabalho extraordinário seja pago com acréscimo em relação ao valor do salário normal. Todavia, para que assim ocorra é necessário que o trabalho extraordinário seja *efetivamente* prestado por *empregado* a *empregador*. Isso porque a lei só é aplicada quando a situação de fato ocorre e ela, no caso, só tem aplicação a empregados e empregadores, pois deles é que se ocupa o Direito do Trabalho.

Pois bem, quando se cogita de interpretação no campo do Direito do Trabalho, cuida-se exatamente dos critérios utilizados na aplicação da lei aos protagonistas da relação de emprego, em suas variadas hipóteses.

Dissemos anteriormente que o Direito do Trabalho é um conjunto de normas, princípios e instituições. Essas normas são as leis contidas na Constituição Federal, nas leis complementares, na Consolidação das Leis do Trabalho, bem como aquelas leis posteriores, que se agregam ao seu texto. Mas, além das leis, há vários princípios elaborados pela doutrina e pela jurisprudência, os quais têm inteira aplicação na solução dos conflitos do trabalho e que passam a ter força de lei. Há ainda as várias instituições, ao longo das atividades estatais, as quais atuam também junto às relações entre patrões e empregados, quer orientando a ação de ambos, quer auxiliando na solução de eventuais conflitos. Temos o Ministério do Trabalho e suas Delegacias Regionais, além das Secretarias Estaduais do Trabalho, que exercem ação fiscalizadora e de orientação ao cumprimento da lei.

7.1 Técnicas de interpretação

Podemos afirmar que a interpretação consiste na busca do sentido da lei, isto é, na procura da correta aplicação da norma jurídica. Mas é conveniente ressaltar que esta busca, esta procura, pode ser direcionada no sentido da lei em si mesma, ou ainda voltada à intenção do legislador.

Para alguns a lei é um dogma, é imutável, daí por que não admite interpretação, mas simples aplicação objetiva. Outros, contudo, entendem que a correta aplicação de uma lei passa, obrigatoriamente, pela pesquisa da intenção do legislador, tendo-se, então, como mais relevante a intenção do elaborador, em detrimento do que expressa a lei objetivamente.

Temos a convicção de que a segunda posição é a que mais se aproxima da realidade. Não obstante a lei deva ser aplicada como vem ao mundo jurídico, tem ela sempre uma inspiração, um fundamento que a enseja. Pois no trabalho de interpretação devemos perquirir essa inspiração, a fim de constatar se a situação de fato a ser resolvida é realmente aquela que ensejou a lei em questão. Portanto, é preciso buscar a intenção do legislador, pois só assim a aplicação da lei dará resultado justo, que é um conceito que se coloca além da ideia de legal.

Atento a tais preocupações, o legislador consolidado procurou nortear o aplicador da lei em seu mister. Assim, determina o já referido art. 8º da CLT:

> "Art. 8º As autoridades administrativas e a Justiça do Trabalho, na falta de disposições legais ou contratuais, decidirão, conforme o caso, pela jurisprudência, por analogia, por equidade e outros princípios e normas gerais de direito, principalmente do direito do trabalho, e, ainda, de acordo com os usos e costumes, o direito comparado, mas sempre de maneira que nenhum interesse de classe ou particular prevaleça sobre o interesse público.
>
> Parágrafo único. O direito comum será fonte subsidiária do direito do trabalho, naquilo em que não for incompatível com os princípios fundamentais deste."

Cuida-se aqui de hipótese de lacuna da lei, quando, então, determina-se que o aplicador socorra-se da jurisprudência, das normas gerais de direito ou, ainda, de princípios, como a equidade, a analogia, ou mesmo do direito comum, que é fonte subsidiária de Direito do Trabalho.

Isto porque, como é sabido, não pode o julgador eximir-se de julgar alegando lacuna da lei. Se tal situação se verificar, já o art. 4º da lei de introdução do Código Civil determina:

"Art. 4º Quando a lei for omissa, o juiz decidirá o caso de acordo com a analogia, os costumes e os princípios gerais de direito."

Vê-se, pois, que o art. 8º da Consolidação inspirou-se na lei de introdução ao Código Civil. Do mesmo modo dispõe o art. 126 do Código de Processo Civil.

Mas não é só nos casos de lacuna da lei que o aplicador deve ter presente os princípios gerais de direito, porque haverá, sempre, de atentar aos fins a que se destina aquela lei e, portanto, perquirir se sua aplicação atinge aqueles fins. Note-se que o art. 9º da CLT, preocupado com esta questão, diz que são nulos todos os atos que visem a desvirtuar, impedir ou fraudar a aplicação dos preceitos nela contidos. Isso significa que também na aplicação da lei é essencial que prevaleçam os princípios que informam o Direito do Trabalho, sob pena de não se dever aplicar determinada lei.

Ainda a lei de introdução ao Código Civil vem em nosso socorro, dispondo seu art. 5º:

"Art. 5º Na aplicação da lei, o juiz atenderá aos fins sociais a que ela se dirige e às exigências do bem comum."

Ora, é exatamente este o espírito do art. 9º da Consolidação ao taxar de nulos os atos que objetivem desvirtuar ou impedir que se alcance o bem comum.

Dizem Recasens Siches, Délio Maranhão e Aluysio Sampaio, entre outros, que o ponto importante da atividade judicial consiste não na elaboração do silogismo que é a sentença, mas na fixação das premissas que irão presidir àquele silogismo. Ao interpretar uma norma jurídica podemos adotar uma ou mais técnicas interpretativas, residindo aqui a importância fundamental na fixação das premissas referidas. As técnicas que são mais utilizadas podem assim ser resumidas:

a. *interpretação finalística ou teleológica:* consiste na técnica de interpretação que dá relevo ao fim da norma jurídica, isto é, na intenção do legislador ao elaborá-la;

b. *interpretação lógica:* trata-se do processo de harmonizar os vários textos legais que têm conexão com aquele analisado, partindo do sentido objetivo de cada norma;

c. *interpretação ampliativa:* significa dar caráter mais amplo ao texto legal, abrangendo situações análogas àquela referida pelo legislador. Diz-se que é possível aplicá-la quando se trata de texto legal, não sendo cabível nos casos de interpretação de cláusula contratual, porque aí haveria desvio da real intenção dos contratantes.

7.2 Hierarquia das normas e formas de interpretação

Ao proceder ao trabalho de interpretação temos que lançar mão das chamadas fontes do Direito do Trabalho, de que já falamos em capítulo precedente. É preciso verificar se a pretensão encontra fundamento em alguma norma jurídica, o que, se ocorrer, desde logo permite equacionar o problema.

As fontes, independentemente de sua origem (estatal, internacional ou contratual), obedecem a uma hierarquia, que é fundamental para que exista harmonia entre elas.

Assim, a fonte de maior importância e de onde emanam todas as demais é a Constituição Federal. Ali, do art. 7º ao 11, do art. 111 ao 116, no art. 233 das Disposições Constitucionais Gerais e no art. 10 das Disposições Constitucionais Transitórias, estão as linhas mestras do Direito do Trabalho.

A seguir, em ordem hierárquica, temos as leis complementares, as leis delegadas, as medidas provisórias e as leis ordinárias, encontrando-se a Consolidação das Leis do Trabalho nesta posição, fruto de Decreto-lei, equiparado hierarquicamente à lei ordinária à época, instrumento legislativo que hoje não mais existe entre nós.

As convenções coletivas de trabalho, as sentenças normativas dos dissídios coletivos, os acordos em dissídio coletivo e os acordos coletivos de trabalho colocam-se logo após a lei ordinária, do ponto de vista hierárquico.

Os regulamentos de empresa e os contratos individuais de trabalho também constituem fontes de Direito do Trabalho e colocam-se abaixo dos textos normativos, assim como os usos e costumes.

Desse modo, uma lei complementar ou uma lei ordinária obrigatoriamente tem de estar em consonância com a Constituição Federal, sob pena de não ter validade. O mesmo se diga quanto à convenção coletiva de trabalho, ou ao acordo coletivo de trabalho, que deve obedecer ao mínimo fixado na lei ordinária. Por sua vez, o regulamento de empresa e o contrato individual de trabalho não podem desconsiderar a norma coletiva, porque estão hierarquicamente abaixo dela.

Vê-se, portanto, que as variadas fontes estabelecem o mínimo a ser garantido ao empregado e os textos hierarquicamente inferiores são obrigados a respeitar este mínimo, podendo, porém, acrescer vantagens além daqueles mínimos já assegurados.

Por outras palavras, podem empregado e empregador, ao ajustar um novo contrato de trabalho, estabelecer com liberdade seu conteúdo, as atribuições, o horário, o salário, assim como deveres e direitos, desde que respeitem as garantias mínimas fixadas na lei. Nesse sentido, aliás, dispõe o art. 444 da Consolidação:

> "Art. 444. As relações contratuais de trabalho podem ser objeto de livre estipulação das partes interessadas em tudo quanto não contravenha às disposições de proteção ao trabalho, aos contratos coletivos que lhes sejam aplicáveis e às decisões das autoridades competentes."

Assim, é princípio de Direito do Trabalho a proteção à pessoa do empregado, já que submetido ao poder de comando do empregador, que detém o capital e o poder disciplinar. Não é por outra razão que mais adiante os arts. 448 e 449 da Consolidação das Leis do Trabalho afirmam que alterações na estrutura jurídica da empresa não afetam o contrato de trabalho (repetindo o art. 10), bem como garantem os direitos trabalhistas no caso de insolvência do empregador, respectivamente.

Mais adiante, consagrando a tese do protecionismo, assim dispõe o art. 468 da Consolidação:

> "Art. 468. Nos contratos individuais de trabalho só é lícita a alteração das respectivas condições por mútuo consentimento, e ainda assim desde que não resultem, direta ou indiretamente, prejuízos ao empregado, sob pena de nulidade da cláusula infringente desta garantia."

Ora, fica evidente que o legislador, ao definir direitos e deveres no campo do Direito do Trabalho, reconheceu a desigualdade de posições em que se encontram empregado e empregador. E, por se tratar de situações desiguais, deu tratamento também desigual, como é correto.

Temos, assim, como regra de Interpretação em Direito do Trabalho, que decorre da própria lei, que as situações do empregado, individualmente considerado, e do empregador são diversas, daí por que diverso há de ser o tratamento a eles dispensado. As alterações contratuais são válidas, desde que benéficas, e com o decorrer do tempo, tornando-se habitual a nova situação, incorporam-se ao contrato de trabalho, salvo se ajustadas por prazo certo. Já as alterações prejudiciais não têm validade, ainda que haja consentimento tácito ou expresso do empregado, à luz do art. 468, acima transcrito.

Contudo, se é justo tratar desigualmente o empregado individualmente considerado e o empregador, temos que é justo tratar de forma igual as relações entre o sindicato, como representante dos empregados, e o empregador. Vale dizer que uma mesma alteração promovida pelo empregador com o empregado sozinho poderia vir a ser considerada nula, se questionada judicialmente, o que não ocorreria se a alteração fosse provida por sindicato e empregador, salvo os limites do art. 9º da Consolidação, já referido.

Modernamente, entre nós, temos assistido a uma aproximação entre sindicato e empresa, gerando um incremento da negociação coletiva. Com efeito, hoje torna-se frequente a celebração de acordos coletivos, com uma empresa ou algumas, a par das convenções coletivas que abrangem toda a categoria. E essa prática de acordos coletivos interfere também na questão da interpretação em Direito do Trabalho.

Realmente, como mencionado, não se pode cogitar dos mesmos parâmetros de interpretação quando se está diante de uma modificação nos contratos de trabalho de empregados, que foi fruto de assembleia dos interessados, provida pelo sindicato, cujo assunto foi debatido e votado livremente, determinando a negociação pelo sindicato com a empresa, até a celebração do referido acordo coletivo. Diverso seria se a alteração houvesse sido promovida pela empresa diretamente com o empregado, hipótese em que se poderia cogitar de coação, de medo ou até constrangimento do empregado, levando-o a concordar com modificação que lhe seria até prejudicial.

7.2.1 Teoria da acumulação e do conglobamento

A propósito da interpretação das normas coletivas, no que respeita a sua aplicação aos contratos individuais de trabalho, é necessário lembrar que um acordo coletivo, assim como uma convenção coletiva, constituem um conjunto de regras aplicável a determinada categoria de empresas e empregados, numa certa localidade e durante um espaço de tempo de vigência desta mesma norma.

Como já vimos, em obediência ao princípio da hierarquia das fontes formais no Direito do Trabalho, o acordo coletivo de trabalho, por ser uma fonte subalterna à convenção coletiva de trabalho, não pode dispor de modo menos favorável aos empregados, relativamente às garantias constantes da convenção coletiva.

Em outras palavras, caso a convenção coletiva estabeleça determinado benefício aos empregados, a regra básica é a de que o acordo coletivo não poderá dispor de modo menos favorável, pois prevalece a norma hierarquicamente superior.

Sucede que ao proceder à análise comparativa entre o conteúdo do acordo coletivo e da convenção coletiva, a doutrina apresenta duas teorias a que deve se submeter a referida análise: *a teoria da acumulação e a teoria do conglobamento*.

De acordo com a *teoria da acumulação*, devem-se agregar ao contrato de trabalho do empregado todas as cláusulas que lhe sejam favoráveis, beneficiando-se tanto da convenção coletiva quanto do acordo coletivo, naquilo que melhore suas condições contratuais e de trabalho, ainda que tenha havido acordo entre sindicato profissional e a empresa, no sentido de retirar certo benefício em troca de outro. Os adeptos da *acumulação* acreditam que não se pode deixar de aplicar toda e qualquer regra mais favorável ao empregado, desprezando-se eventual ajuste no particular, na celebração do acordo coletivo.

Já segundo a *teoria do conglobamento*, deve-se analisar cada instrumento como um conjunto de normas, daí porque, exemplificativamente, se alguma cláusula do acordo coletivo estabelece uma regra menos favorável ao empregado, é preciso verificar se não há outra cláusula neste mesmo acordo que neutralize aquela desvantagem, isto é, se não houve negociação entre o sindicato profissional e a empresa, buscando de um lado melhorar as condições do empregado, mas de outro atender às necessidades a empresa. Assim, caso a cláusula do acordo coletivo, analisada isoladamente, seja menos benéfica, será válida se englobadamente o acordo coletivo neutralizar como outros benefícios a aparente desvantagem.

Tem a jurisprudência inclinado-se por adotar na interpretação das normas coletivas a *teoria do conglobamento*, mas advirta-se que o Tribunal Superior do Trabalho limita a autonomia privada coletiva de sindicatos e empregadores, não aceitando cláusulas coletivas que reduzam as garantias mínimas, assim consideradas as normas de segurança, higiene e medicina do trabalho, por exemplo.

Examinando o tema do ponto de vista concreto, imaginemos uma reclamação trabalhista em que o reclamante alegue que a convenção coletiva tinha determinada garantia que não foi considerada pelo empregador e que, portanto, tem direito de ser indenizado pelo prejuízo sofrido. A empresa apresenta sua contestação e opõe-se ao pedido inicial sob o argumento de que ela celebrou um acordo coletivo com o sindicato profissional, representando todos os empregados da empresa, inclusive o reclamante, e que neste acordo aquele benefício da convenção coletiva foi substituído por situação mais favorável aos trabalhadores e da qual se beneficiou o ora reclamante, daí porque o pedido inicial é improcedente.

Analisando este caso sob a ótica da *teoria da acumulação*, a empresa não teria razão, pois ao contrato de trabalho seriam aplicáveis todas as normas favoráveis, acumulando-se os benefícios e, dessa forma, não poderia o acordo coletivo impedir a aplicação da vantagem constante da convenção coletiva de trabalho.

Aplicando-se a *teoria do conglobamento* na interpretação deste conflito, torna-se necessário para bem equacionar a questão examinar a norma coletiva como um todo. É preciso verificar se o acordo coletivo simplesmente suprimiu determinado benefício e, se assim for, será inválido o acordado. Mas se examinado em seu conjunto o acordo coletivo apenas disciplinou de forma diversa, compensando eventual prejuízo com outra vantagem, buscando respeitar as conquistas dos empregados, mas atendendo também às necessidades da empresa, não haverá prejuízo a ser reparado, pois no conjunto o empregado não sofreu prejuízo.

7.3 Eficácia da lei trabalhista

Entende-se por eficácia da lei a produção de seus efeitos relativamente aos que a ela estão submetidos. Trata-se da questão relativa a saber da obrigatoriedade de aplicação da lei, após sua promulgação. E a eficácia pode dizer respeito ao momento a partir do qual a lei passa a ser obrigatória, o que significa *eficácia da lei no tempo*, ou pode dizer respeito aos limites territoriais ou geográficos de atuação da lei, o que significa *eficácia da lei no espaço*.

7.3.1 Eficácia da lei no tempo

Dispõe o art. 1º da lei de introdução ao Código Civil que a lei começa a vigorar quarenta e cinco dias após sua publicação oficial, salvo disposição em contrário. Atente-se ao art. 5º, § 1º da Constituição Federal, que diz que as normas definidoras de garantias e direitos fundamentais têm aplicação imediata, aí dispensando regulamentação. Atualmente, as leis dispõem em contrário, determinando sua vigência a partir da publicação oficial, o que tem se tornado regra geral. Já o artigo seguinte determina que, não se tratando de lei de vigência temporária, o que haverá de ser expresso, terá a mesma vigor até que outra a revogue.

A revogação de uma lei pode ser expressa na lei posterior; ou implícita, quando a nova lei é incompatível com a anterior, ou mesmo quando regule toda a matéria tratada na lei revogada. Se se tratar a lei nova de lei geral, em nada altera a anterior, do mesmo modo que, se for especial, com aquela não conflita, consoante os §§ 1º e 2º do citado art. 2º da lei de introdução ao Código Civil. Por fim, o § 3º do mesmo dispositivo assinala que a perda de vigência da nova lei não faz restaurar a anterior já revogada.

É importante frisar que a vigência imediata da nova lei significa consagrar a tese de que lei não tem entre nós efeito retroativo. Assim dispõe o art. 5º, XXXVI, da Constituição Federal, ao afirmar que "a lei não prejudicará o direito adquirido, o ato jurídico perfeito e a coisa julgada". Com efeito, praticado um ato, ou consumada uma relação jurídica sob a égide de determinada lei, a posterior modificação da lei nada altera a certeza da relação jurídica já concluída.

Diversa a situação quando se trata de ato complexo, que ainda não se completou, alcançando a nova lei em seus efeitos. Exemplificativamente, tendo o empregado completado um ano de serviço anteriormente à vigência da Constituição atual, que defere o pagamento de um terço a mais de salário no gozo das férias, fará jus a este benefício se o empregador conceder férias já na vigência da nova Constituição Federal. Isso porque, sendo as férias um direito complexo, composto por um período aquisitivo e outro concessivo, só após vencidos ambos é que se trata de ato jurídico perfeito. No exemplo, como visto, a nova lei alcança a situação, não se cogitando de dar-lhe efeito retroativo.

7.3.2 *Eficácia da lei no espaço*

Trata-se, como visto, da questão relativa aos limites geográficos de aplicação da lei.

No Brasil, a legislação do trabalho é de competência privativa da União, conforme dispõe o art. 22 da Constituição Federal. Assim, tem aplicação a legislação do trabalho a todo o território nacional. Desse modo, ainda que os Estados-membros, a municipalidade e os particulares venham a estipular normas de Direito do Trabalho, como visto, deverão as mesmas estar em consonância com a lei federal, sob pena de invalidade. Os poderes públicos Estadual e Municipal, obviamente, só poderão editar normas de Direito do Trabalho a seus próprios servidores submetidos a tal regime de trabalho. Já os particulares podem editar normas para si, por meio dos contratos coletivos e individuais do trabalho.

A aplicação da lei trabalhista dá-se, como visto, em todo o território brasileiro, inclusive aos empregadores estrangeiros, dispondo o legislador ordinário também sobre proporcionalidade de empregados brasileiros e estrangeiros nas empresas, conforme arts. 352 e seguintes da CLT. No mesmo sentido, quando cuida a lei consolidada da competência territorial, no art. 651, ocupa-se da questão da eficácia da lei no espaço. O mesmo se diga, por fim, relativamente à Constituição Federal, ao dispor, no seu art. 114, sobre a competência material da Justiça do Trabalho, alcançando a mesma os entes de direito público externo.

Note-se, assim, que em função da eficácia da lei no tempo e no espaço surgem conflitos de leis, tanto no tempo, quando há choque entre a lei anterior e a lei nova, quanto no espaço, relativos a saber se aplicável uma lei de uma região ou de outra. Resolvem-se os conflitos pelas regras básicas acima referidas.

7.4 Manutenção do ordenamento jurídico harmônico

Conforme já verificamos no item 7.2, as fontes formais que compõem o ordenamento jurídico submetem-se a um critério de hierarquia, independentemente de sua origem (estatal, internacional ou contratual), que afirmamos ser fundamental para que exista entre elas harmonia.

O significado real dessa afirmação consiste na ideia de que sendo essas fontes um conjunto de regras que direcionam e organizam as relações entre empregados e empregadores, é necessário que se submetam a algum critério de convivência, a fim de prevenir choque entre elas, além de estabelecer qual o procedimento a ser adotado quando eventualmente esse choque ocorrer.

Tal preocupação, na prática, ganha importância, pois podem ocorrer choques entre normas legais, entre normas contratuais e entre umas e outras, de modo a gerar insegurança quanto a qual regra aplicar a determinada situação concreta.

Para solucionar esse problema, José Afonso da Silva (1995:50 ss) assevera que as normas jurídicas submetem-se ao que ele denomina de *"princípio da coerência e harmonia das normas do ordenamento jurídico"*, o que significa dizer que referidas normas vinculam-se entre si por um fundamento único, estabelecendo entre ela um critério hierárquico que lhes permite compor um sistema harmônico.

Dessa forma, as normas hierarquicamente inferiores devem submeter-se às determinações das normas hierarquicamente superiores, sob pena de, não o fazendo, tornarem-se inválidas. Eis aí o que se denomina hierarquia das fontes formais de direito, que garante a supremacia da norma constitucional e a coerência e o funcionamento harmônico do ordenamento jurídico, como já referimos alhures (2001: 70 ss).

Nessa pirâmide que se forma com as várias normas jurídicas, em cujo ápice encontra-se a Constituição Federal, há de se observar a hierarquia de que falamos, de modo a preservar a convivência entre tais normas, sempre em atenção e de acordo com os princípios estabelecidos pela norma constitucional.

Sobre este tema específico, assim afirma José Afonso da Silva (1995:50):

> *"O princípio da supremacia requer que todas as situações jurídicas se conformem com os princípios e preceitos da Constituição. Essa conformidade com os ditames constitucionais, agora, não se satisfaz apenas com a atuação positiva de acordo com a Constituição. Exige mais, pois omitir a aplicação das normas constitucionais, quando a Constituição assim a determina, também constitui conduta inconstitucional."*

Vemos, dessa forma, que para bem compreender o ordenamento jurídico, primeiro precisamos observar a supremacia da norma constitucional, que significa não poder a norma jurídica, independentemente de sua origem, desconsiderar a regra constitucional, assim entendida toda ação comissiva ou omissiva, pois agir contra a Constituição ou omitir sua determinação constituem infrações que têm o mesmo efeito de ofensa à supremacia em questão.

E para cumprir o princípio da supremacia da norma constitucional é que há de se observar o referido *princípio da coerência e harmonia das normas do ordenamento jurídico*, segundo o qual deve cada uma das fontes normativas estar de acordo com as normas hierarquicamente superiores, a fim de assegurar a efetividade do ordenamento jurídico.

Para garantia da higidez do ordenamento jurídico, existe o denominado controle de constitucionalidade das leis, dos atos legislativos e dos atos administrativos, que significa examinar se as normas legais, assim como os atos do Poder Público, encontram-se de acordo com a Constituição.

Lembre-se, como acima referido, de que a inconstitucionalidade diz respeito tanto aos atos praticados quanto às omissões, pois em ambas as hipóteses pode-se estar diante de descumprimento da norma constitucional.

Verifica-se a inconstitucionalidade por ação quando determinada norma legal ou ato praticado está em desacordo com a norma Constitucional, ou com outra fonte hierarquicamente superior. A inconstitucionalidade pode ser *formal*, quando emanado o ato de autoridade incompetente, ou *material*, quando o conteúdo do ato ofende fonte superior.

Em ambos os casos o ordenamento jurídico dispõe de um mecanismo eficiente para solucionar o problema, preservando sua coerência e harmonia indispensáveis. Trata-se de identificar o ato ou norma em desacordo com as regras referidas e, a seguir, excluir referido ato ou norma do próprio ordenamento, devolvendo-lhe a harmonia almejada.

Caso a inconstitucionalidade alcance apenas um artigo ou parágrafo de um artigo de lei, o que se exclui é somente aquela parte ofensiva, mantendo-se o instrumento quanto ao restante de seu conteúdo. Do mesmo modo, verificando-se numa convenção coletiva, num acordo coletivo ou num contrato individual de trabalho determinada cláusula em desacordo com as regras expostas, proceder-se-á à identificação da cláusula e sua eliminação, mas aproveitando-se o instrumento normativo quanto ao restante de seu conteúdo.

Na interpretação das fontes formais do Direito do Trabalho, há de ser observar obrigatoriamente as regras de harmonia e coerência do ordenamento jurídico, como se dá nos demais campos do Direito.

7.4.1 A aplicação da lei e os princípios de direito

Como vimos, o ordenamento jurídico repousa no princípio da harmonia e coerência, o que significa que todas as normas infraconstitucionais devem estar de acordo com os princípios da Constituição Federal, sob pena de infração à regra maior.

Deste modo, no universo do Direito do Trabalho, impõe-se a observância da mesma regra, de tal modo que todos os atos jurídicos devem respeitar os princípios contidos na Consolidação das Leis do Trabalho.

Veja-se que, a propósito, dispõe o art. 9º da CLT que serão considerados nulos todos os atos que venham a ser praticados com o objetivo de desvirtuar, impedir ou fraudar a aplicação dos preceitos contidos na Consolidação.

No âmbito da nossa disciplina, além dos preceitos contidos na CLT e, hierarquicamente acima deles, encontram-se os princípios contidos na Constituição Federal, especialmente em seu art. 5º.

Lembre-se que no Capítulo 1, quando tratamos do conceito de Direito do Trabalho, trouxemos a definição de Evaristo de Moraes Filho, que afirma ser o Direito do Trabalho "o conjunto de princípios e normas que regulam as relações jurídicas oriundas da prestação de serviço subordinado e outros aspectos deste último, como consequência da situação econômico-social das pessoas que o exercem".

Ora, o que diz o autor com sua definição é exatamente a regra a que estamos nos referindo, da obrigação dos atos jurídicos de obedecerem os princípios constitucionais. Assim, todo ato judicial ou extrajudicial que seja praticado ao arrepio da lei ou dos princípios jurídicos aplicáveis há de ser invalidado.

Desta forma, todo jurisdicionado tem o direito de ver aplicado o preceito jurídico que se refere à situação concreta que traz a juízo. Por outras palavras, é dever do juiz aplicar a lei no caso concreto, não podendo ignorá-la.

Tanto assim é que se o juiz não tiver dúvidas de que determinado preceito legal aplica-se ao caso em exame, tem o dever de decidir o conflito à luz deste mesmo preceito. A exceção à regra da obrigação do juiz de aplicar o texto legal é concluir que neste caso sua aplicação configura desrespeito a determinado princípio e, então, declarar sua inconstitucionalidade, no caso concreto, para poder decidir contra a disposição legal.

É importante salientar que sendo direito do jurisdicionado a aplicação da lei, a não aplicação exige motivação e fundamentação expressas, sob pena de reforma da decisão.

O juiz é intérprete da lei e não legislador, daí porque não pode pretender dar ao dispositivo legal uma redação que a seu critério seja mais justa, sob pena de invadir a seara legislativa e causar instabilidade aos jurisdicionados.

Verificação de aprendizagem

Questões para debate

1. *Qual o sentido jurídico da expressão norma?*
2. *Qual o traço distintivo entre a norma jurídica e a norma moral ou ética?*
3. *Quais os requisitos para aplicação de uma norma trabalhista ao prestador e ao tomador de serviços?*
4. *O que significa interpretar uma norma jurídica?*
5. *O que significa, em termos de Interpretação, afirmar que a norma jurídica é um dogma? Explique a resposta.*
6. *Qual o sentido da interpretação da norma tendo em vista seu sentido social? Explique a resposta.*
7. *Pode o julgador eximir-se de cumprir sua função alegando lacuna da lei? Por quê?*
8. *Explique, exemplificando, a hierarquia das leis em Direito do Trabalho.*
9. *Qual a importância da hierarquia das leis em Direito do Trabalho?*

10. *É possível ajustar condições de trabalho diversas daquelas fixadas pela lei? De que forma?*
11. *São válidas as alterações do contrato de trabalho? Quais os limites a observar?*
12. *Devem-se utilizar os mesmos critérios de interpretação em situações em que o empregado negocia sozinho com o empregador e quando negocia via sindicato? Por quê?*
13. *Qual o momento mais importante na elaboração da sentença?*
14. *Mencione e explique pelo menos dois tipos de técnica de interpretação da lei.*
15. *Explique o significado de eficácia da lei no tempo e no espaço mencionando as regras básicas em ambos os casos.*
16. *Qual o critério a que se submetem as fontes formais do Direito do Trabalho em relação ao ordenamento jurídico? Explicar.*
17. *Identificada numa convenção coletiva de trabalho uma cláusula que ofende a lei, em prejuízo dos empregados, qual o procedimento a se adotar? Explicar.*
18. *Pode o juiz deixar de aplicar o texto da lei a determinado caso concreto, sob o fundamento de que o dispositivo legal colide com princípio constitucional? Explicar.*

Parte II

DIREITO INDIVIDUAL E COLETIVO DO TRABALHO

Introdução

O Direito Individual e o Coletivo do Trabalho, que compõem a Parte II do livro, concentram as ideias mais importantes do tema.

As relações individuais do trabalho são aquelas desenvolvidas entre o empregado e o empregador individualmente considerados. É verdade que muitos atos praticados pelo empregador têm alcance em relação à totalidade de seus empregados, como, por exemplo, o pagamento do salário a cada mês. Mas, ainda que assim seja, cada empregado deverá, individualmente, conferir o seu salário e o respectivo comprovante de pagamento, a fim de constatar se recebeu tudo o que lhe era devido. Eis aí o caráter individual da relação, mesmo porque, exemplificativamente, o direito a receber determinado valor, estar sujeito a sofrer descontos por adiantamento, por faltas, ou mesmo o direito ao recebimento de horas extras constituem aspectos da relação individual de trabalho.

Em posição diversa coloca-se o Direito Coletivo do Trabalho, que diz respeito às relações entre sindicato de empregados e sindicato de empregadores, ou sindicato de empregados e a empresa, mas sempre colocado o sindicato como representante da categoria profissional ou uma parte dela. Trata-se de negociação sobre situações futuras e que dirão respeito a determinado grupo, obrigando-se a obedecer a tais regras todo empregado e empregador que vierem a integrar tal grupo.

O Capítulo 8, que inicia o exame do Direito Individual do Trabalho, ocupa-se dos conceitos de empregado e empregador, que são os protagonistas da relação trabalhista. E neste espaço examinamos todos os aspectos importantes da figura do empregado, assim como outras formas de prestação de serviço, sem vínculo de emprego, mas que são importantes por si sós, como também para distinguir da figura do empregado. O mesmo se dá com o empregador, com a figura do grupo econômico e o fenômeno da responsabilidade solidária, assim como a posição do Estado como empregador.

A seguir, estudamos o contrato individual de trabalho, que é o cerne do Direito do Trabalho. Sua formação e a identificação profissional do empregado são as questões preliminares. A duração do contrato e da jornada ganham especial relevo, dadas as consequências daí decorrentes. Quanto à jornada, sua duração, seus intervalos e o tratamento legal dispensado compõem o quadro do desenvolvimento do contrato juntamente com o tema das alterações contratuais.

O aspecto mais importante do contrato e que motiva a prestação de serviço vem estudado no Capítulo 11, que é o salário. Seu conceito, a ideia de remuneração, bem como as normas e proteção, merecem exame detido, dada a importância do assunto. Os adicionais de remuneração, que entre nós são de grande relevância, dado o baixo nível salarial, também merecem cuidado.

A extinção do contrato, a seguir, é o tema em exame. O regime de estabilidade e os sistemas de garantias de emprego, bem como seus desdobramentos, são analisados detidamente, assim como o regime do Fundo de Garantia do Tempo de Serviço e as justas causas do empregado e do empregador.

Por fim, no contrato individual de trabalho, ganha relevo a questão relativa às normas de proteção ao trabalho. A situação da mulher e do menor trabalhadores merece atenção do legislador com destaque. E o capítulo de medicina e segurança do trabalho tem importância que transcende a figura do empregado e do empregador, interessando a toda a sociedade.

Na esfera do Direito Coletivo do Trabalho, iniciamos o estudo analisando as formas de solução dos conflitos coletivos do trabalho. E aqui examinamos desde a formação do conflito e as tentativas autônomas de solução, com a celebração das negociações coletivas, até o sistema de arbitragem compulsória, que entre nós existe, com a decisão proferida pela Justiça do Trabalho.

Dentro do processo de negociação coletiva insere-se o direito de greve, como forma de autodefesa, e, dada sua relevância, merece análise mais atenta, o que enseja um capítulo específico para seu estudo.

Sendo protagonista do Direito Coletivo o sindicato, igualmente importa estudá-lo com a devida atenção. Assim, examinamos seu surgimento, evolução histórica, sua trajetória no Brasil e o tratamento legal que a ele é dispensado, inclusive com análise do tema pela Constituição Federal.

Temos, assim, o exame de todo o universo do Direito do Trabalho, o que nos permite transitar com segurança neste ramo do Direito, podendo equacionar e dirimir os conflitos que se apresentem entre empregados e empregadores.

8 Sujeitos do Contrato de Trabalho

8.1 A dignidade da pessoa humana e os sujeitos do contrato de trabalho

A Constituição Federal, em seu art. 1º, III, estabelece como um dos fundamentos da nossa República a *dignidade da pessoa humana*, o que significa dizer que eleva ao patamar de princípio fundamental o respeito à cidadania. Isso porque cidadania significa ter uma vida digna e a *dignidade da pessoa humana* é o conjunto de valores imateriais inerente a cada um de nós e cujo respeito pelo Estado e pela sociedade constituem a base da vida democrática. Sem respeito à dignidade não pode haver democracia.

O respeito à dignidade de cada pessoa significa não macular os atributos de sua personalidade, como a vida privada, a imagem, a honra e a intimidade. Significa, além de assegurar o exercício dos direitos sociais, o direito ao trabalho, ao lazer e demais garantias sociais, respeitar os valores éticos e morais, que são inerentes a todo cidadão.

A fim de garantir o respeito à dignidade de cada um, a Constituição Federal, no art. 5º, V, afirma: "*é assegurado o direito de resposta, proporcional ao agravo, além da indenização por dano moral ou à imagem*" e o inciso X do mesmo dispositivo dispõe: "*são invioláveis a intimidade, a vida privada, a honra e a imagem das pessoas, assegurado o direito a indenização pelo dano material ou moral decorrente de sua violação*".

Desse modo, dúvida não pode haver quanto ao direito ao respeito à dignidade de cada um, sendo assegurada a indenização em caso de ofensa, quer ao patrimônio material, quer ao patrimônio moral.

A propósito da distinção entre patrimônio material e moral e o direito a eventual indenização, em caso de ofensa, a doutrina muito insistiu até que a jurisprudência convenceu-se de que tanto o patrimônio material pode sofrer ofensa que ocasione o direito a indenização, quanto o patrimônio moral, de igual forma. Posteriormente, a lei passou a assegurar a reparação e atualmente a Constituição Federal assegura.

Também a relação entre empregado e empregador submete-se a tais regras, o que pode ocasionar eventual ofensa à dignidade do trabalhador, quer pelo empregador, quer por algum de seus prepostos. Nesse caso, estará o empregador sujeito a condenação no pagamento de indenização por dano moral. Diga-se aqui que a doutrina e a jurisprudência também reconhecem a possibilidade da pessoa jurídica ser vítima de dano moral, o que pode ocasionar a condenação de empregado no pagamento de indenização, em caso de dano moral produzido contra a empresa.

Além dos fundamentos constitucionais, que já vimos, o Código Civil, em seu art. 186, estabelece: "*aquele que, por ação ou omissão voluntária, negligência ou imprudência, violar direito e causar dano a outrem, ainda que exclusivamente moral, comete ato ilícito*", dispondo o art. 187 do mesmo código que igualmente se considera ato ilícito o excesso resultante do exercício de um direito.

É fixado o conceito de ato ilícito, de acordo com o art. 927 do Código Civil, o dano causado decorrente de ato ilícito impõe ao agente o dever de indenizar a vítima. O seu parágrafo único dispõe que, sendo a atividade do autor do dano considerada de risco, o dever de indenizar independe da ocorrência de culpa. Isso significa que em condições normais é preciso a prova do ato ilícito culposo, do dano e do nexo entre o ato e o resultado, a fim de se fazer jus a reparação pecuniária.

Caso o empregador ou seus prepostos, como determina o art. 932, III, do Código Civil, cometam ato ilícito culposo que cause dano moral, deverá o empregador indenizar o empregado pelo dano moral, assim considerado aquele que ofenda a honra, a imagem, a intimidade ou a vida privada de outrem.

Trata-se de indenização de natureza civil, mas sendo o conflito decorrente da relação de emprego a competência para dirimir o conflito será da Justiça do Trabalho, nos termos do art. 114, VI, da Constituição Federal.

Note-se, porém, que a configuração do dano moral, como vimos acima, exige que o ato do agressor seja ilícito, além de se comprovar o nexo entre o referido ato e o prejuízo sofrido pela vítima. Ademais, há um terceiro elemento necessário para a configuração do dano moral, que é a ofensa à honra, à imagem, à intimidade ou à vida privada. Somente quando presentes estes três elementos é que estaremos diante de um dano moral que merece ser indenizado.

A título de exemplo lembremos da hipótese da dispensa do empregado sem justa causa. Não há dúvida de que este ato lhe causa prejuízo, pois acaba de perder o emprego. Contudo, trata-se em princípio de ato lícito, já que a lei autoriza o empregador a dispensar empregados sem justa causa, desde que pague a indenização legal. Na hipótese não se pode cogitar de dano moral, pois o ato da dispensa é lícito. Diversa seria a situação caso houvesse dispensa fundada em justa causa não comprovada, sendo alegado o cometimento de ato ilícito que viesse a ofender o empregado, caso em que se pode cogitar do dano moral.

De igual modo, poder-se-ia pensar no direito a indenização por dano moral caso a dispensa do empregado, mesmo que se dê sem justa causa, venha a ensejar por parte do empregador ou seus prepostos a veiculação de conduta irregular do empregado, não comprovada.

8.2 A relação patrão-empregado e sua natureza

O contrato de trabalho é uma relação que se estabelece entre o empregado e o empregador. Nesse sentido, são sinônimos os termos *empregado*, *operário* e *trabalhador*. É verdade que do ponto de vista técnico empregado é o termo adequado, já que diz respeito ao prestador de serviços em caráter subordinado, de que tratamos. Já a expressão *operário* é reservada aos empregados diretamente ligados à produção. A designação *trabalhador*, por ser mais genérica, é aplicada indistintamente a todos os que prestam serviços, quer de modo subordinado, quer por conta própria.

Não devemos, porém, confundir tais expressões com a designação *funcionário*, pois esta é reservada aos que prestam serviços ao Poder Público. De fato, funcionário é o que presta serviços à Administração Pública, submetido ao regime estatutário e não ao regime da CLT. Na realidade, todo prestador de serviços ao Poder Público é um servidor, tecnicamente falando. Se tal servidor ingressou no serviço público por meio de concurso público e está submetido ao Estatuto do Funcionário Público, trata-se de funcionário público. Pode ocorrer, porém, que um servidor público esteja ao abrigo da CLT, ainda que preste serviços à Administração Pública, tratando-se, no caso, de servidor público regido pela CLT. Comumente designa-se funcionário em qualquer dos casos, mas tal distinção existe tanto no campo do Direito do Trabalho quanto no campo do Direito Administrativo, que se ocupa de tais relações de trabalho no âmbito das normas estatutárias.

É praxe entre nós dizer que a relação entre o empregado e o empregador (ou patrão) é de natureza contratual. Em realidade, no dia a dia, não questionamos a natureza de tal relação para sabermos se se trata, efetivamente, de um contrato ou de outro tipo de relação.

A propósito, vejamos o conceito utilizado pelo legislador, no art. 442 da CLT:

> "Art. 442. Contrato individual de trabalho é o acordo tácito ou expresso, correspondente à relação de emprego."

Vê-se, desde logo, da leitura do texto da lei, que se continua na dúvida quanto à chamada natureza jurídica da relação patrão-empregado, isto é, continua-se sem saber que tipo de vínculo une os participantes desta vinculação. É um contrato, ou não? E, em caso de ser negativa a resposta, qual a espécie de vínculo existente?

O texto legal não é claro a respeito porque, quando foi constituída a comissão que elaborou o projeto que se transformou na CLT, era a mesma integrada por alguns membros que entendiam ser um contrato a relação patrão-empregado e outros integrantes que diziam inexistir um contrato, mas mera relação de trabalho, já que para existir um contrato seria preciso que o empregado pudesse manifestar livremente sua vontade, podendo discutir as várias cláusulas contratuais, o que, na prática, não ocorria.

Assim, como vimos acima, permaneceu a dúvida, quanto à natureza jurídica do vínculo, na definição legal. Em realidade, o legislador diz que é um contrato que corresponde à relação de emprego, o que significa que pode existir contrato escrito entre empregado e empregador e pode não existir, mas tal fato não é determinante para a caracterização da condição de alguém como empregado. Realmente, o próprio art. 442 da CLT afirma que este contrato pode ser tácito ou expresso. Isto significa que a simples prestação de serviços nos moldes que a lei e a doutrina consideram característicos do vínculo empregatício já determina a condição de empregado. De outra parte, pode haver contrato expresso que pode ser escrito ou verbal. Em resumo, alguém é empregado de outrem não pelo simples fato de existir um contrato de trabalho assinado e uma carteira de trabalho devidamente anotada, mas, sim, em razão das condições em que tais serviços são prestados, deixando claras as características do vínculo empregatício, que a seguir destacaremos.

Não cabe aqui alongar essa discussão teórica sobre a natureza jurídica do vínculo entre empregado e patrão, não obstante, para os especialistas da área, seja a mesma relevante, pois é com base no delineamento preciso desse vínculo que poderemos estabelecer os vários critérios de análise dos problemas que venham a surgir entre empregado e empregador.

Acreditamos ser preferível designar a relação patrão-empregado como de natureza contratual. É claro que, se pensamos em relação ao Direito Civil, onde é muito mais ampla a liberdade das partes para contratar, torna-se mais difícil aceitar o chamado contrato de trabalho. Daí ser necessário pensar em um contrato em que as partes têm de manifestar, ao menos, sua vontade de aderir, inobstante as cláusulas que venham a reger a vida dos contratantes e, principalmente, do empregado, já estejam praticamente prontas, cabendo-lhe, afinal, aceitá-las ou procurar outro emprego.

Todavia, mesmo no campo do Direito Civil (compra e venda, seguros, transportes etc.), hoje também se verifica uma diminuição na liberdade de contratação de ambas as partes. Essa restrição deriva às vezes da intervenção do Estado na vida das pessoas, às vezes das próprias condições de mercado.

Assim, acreditamos ser a relação patrão-empregado de natureza contratual, mas tendo sempre em mente que, no regime brasileiro, tanto o Estado (por meio da lei) quanto as organizações sindicais (mediante as negociações coletivas) intervêm no campo da vontade individual, limitando aquela liberdade que caracteriza o contrato, a fim de garantir um mínimo tido como justo a ser assegurado ao empregado.

Portanto, pelo que vimos até aqui, é possível afirmar que não são os protagonistas da relação patrão-empregado que decidem se existe ou não contrato de trabalho, mas sim que a própria forma e o modo pelo qual tais serviços são desenvolvidos é que determinam a existência do vínculo empregatício. Frise-se, ademais, que, mesmo existindo um documento assinado por ambas as partes no sentido de que não existe contrato de trabalho entre ambos, a qualquer momento pode ser reconhecida a existência de um contrato de trabalho, desde que venha a ser provada a presença daqueles requisitos de que já falamos.

Diga-se ademais que, quanto à liberdade de contratação, o legislador limitou a autonomia da vontade das partes, de modo a proibir que sejam ajustadas condições contratuais menos favoráveis ao mínimo consagrado pela lei, facultando, porém, qualquer ajuste em condições mais favoráveis ao empregado, que é considerado a parte mais fraca dessa relação (art. 444 da CLT).

8.3 O empregado

Já referimos ser o empregado um dos protagonistas da relação de trabalho. Mencionamos, outrossim, que nem todo prestador de serviços é empregado, pois assim é considerado, apenas, aquele que o faz em caráter subordinado e sob a égide da legislação trabalhista, o que não ocorre com o servidor público em sentido estrito (funcionário público). Este trabalha em caráter subordinado, mas tem sua situação funcional regida pelo estatuto dos funcionários públicos (da União, do Estado ou do Município), em função de quem seja o tomador de seus serviços.

A condição de empregado requer, obrigatoriamente, a subordinação na prestação de serviços, mas não é ela a única característica do contrato de trabalho. Ao contrário, são vários os requisitos que, ocorrendo simultaneamente, configuram a relação de emprego. Tais requisitos vêm expressos pelo legislador na própria definição legal de empregado e de empregador. Analisando tais características torna-se possível traçar os contornos do contrato de trabalho.

Assim, passemos à análise legal do conceito de empregado.

8.3.1 O empregado urbano

A CLT define as regras mínimas de trabalho entre empregado e empregador, mas só em relação ao trabalho urbano, já que o trabalho rural é disciplinado por lei específica, que a seguir analisaremos. Vejamos, pois, qual o conceito de empregado urbano que vem expresso no art. 3º da CLT.

> "Art. 3º Considera-se empregado toda pessoa física que prestar serviços de natureza não eventual a empregador, sob a dependência deste e mediante salário."

Logo de início constatamos que só a pessoa física é considerada empregado, o que significa dizer que ocorrendo prestação de serviços por uma empresa (pessoa jurídica) estaremos diante de uma relação de direito civil ou comercial, mas nunca de direito do trabalho. Com efeito, examinada a relação de emprego sob a ótica do empregado, conclui-se ser o contrato de trabalho de caráter pessoal (*intuitu personae*), pois no desenvolvimento de suas atribuições é o empregado insubstituível. Não pode ele deixar de trabalhar e fazer-se representar por um terceiro, sob pena de, assim ocorrendo, desnaturar-se a relação empregatícia.

Outra característica do contrato de trabalho é a não eventualidade, ou seja, a continuidade do trabalho desenvolvido. Nesse particular torna-se difícil quantificar o que venha a ser não eventualidade. Não é necessário para a configuração da relação de emprego que os serviços sejam prestados diariamente. Assim, pode ser empregado um professor de escola particular que lecione Física, por exemplo, apenas às terças-feiras e sextas-feiras pela manhã. Do mesmo modo pode ser empregado um médico que preste serviços a um hospital uma vez por semana, fazendo um plantão de 12 horas a cada vez. Em sentido contrário, podemos encontrar alguém que preste serviços diariamente para um tomador de tais serviços, mas o faça com toda autonomia possível, de forma a não se configurar um contrato de trabalho.

Em resumo, quanto à não-eventualidade, podemos concluir que para que exista um contrato de trabalho é necessário que tais serviços sejam prestados continuamente, de tal modo a gerar a expectativa, em ambas as partes, daquela prestação; isto é, o trabalho passa a ser considerado não eventual quando, por sua habitualidade, de antemão, já se sabe que tais serviços serão desenvolvidos em determinado dia, por determinada pessoa e que sua ausência acarretará prejuízos.

Diz ainda o texto da lei que os serviços devem ser prestados a empregador, sob a dependência deste. Isto revela que para a configuração do contrato de trabalho torna-se essencial a figura de outra pessoa, que é o tomador de serviços, e, além disso, estar o empregado sob a dependência do empregador. Resta saber o que significa a expressão *dependência*. Esta pode ser de caráter econômico ou de caráter disciplinar. Em verdade pode haver contrato de trabalho sem que o empregado dependa economicamente do empregador, embora normalmente assim não seja. De fato, pode o empregado ter dois empregos, exemplificativamente, sendo que em um deles receba 70% ou 80% de seus rendimentos mensais e o restante seja a remuneração do outro emprego. Ora, no caso, resulta inexistir dependência econômica deste empregado em relação ao segundo empregador, pois o não pagamento de tal salário, embora gere problemas, não altera substancialmente seu orçamento mensal, já que tal ganho representa 30% ou 20% apenas. É conveniente lembrar que inexiste óbice a que alguém tenha mais de um contrato de trabalho simultaneamente, desde que não ocorra coincidência de horários. Ademais, tal hipótese acima é mais frequente do que podemos imaginar. Basta lembrar os exemplos já mencionados do professor e do médico, que cumprem jornadas reduzidas em seus empregos.

Assim, verificamos que, embora normalmente o empregado dependa economicamente de seu empregador, esta não é a subordinação que caracteriza o contrato de trabalho. O legislador quando menciona dependência do empregado ao patrão refere-se à subordinação hierárquica, sendo esta, sim, fundamental para a caracterização do contrato de trabalho. Com efeito, conforme veremos mais adiante, detém o empregador o chamado poder de comando, eis que dirige a prestação de serviços do empregado. Este poder de comando materializa-se pela prerrogativa do tomador de serviços de dar ordens ao empregado, de tal modo a ser atribuição sua dizer o que deve o empregado fazer, onde deve o mesmo trabalhar e de que modo deverá desenvolver suas atribuições. Evidentemente cuidou a lei de colocar limites a tal poder de comando, a fim de coibir abusos pelo empregador, o que será objeto de outro capítulo. Todavia, por ora, fixemos a ideia de que só há contrato de trabalho quando ocorre dependência do empregado em relação ao empregador. Porém, sendo dinâmica a relação de emprego e em razão da diversidade de qualificação técnica dos empregados e das inúmeras atividades desenvolvidas, nem sempre a subordinação hierárquica vem à tona de modo uniforme.

Relativamente à subordinação, quando examinamos a prestação de serviços de um empregado sem qualquer qualificação técnica, constatamos uma quase total ingerência do empregador em seus misteres. Aí determina o patrão o que fazer, como fazer, quando fazer, enfim, a dependência do empregado é quase que total. De outra parte, quanto maior o grau de escolaridade exigido pela função e quanto mais qualificado tecnicamente for o empregado, mais tênue vai-se tornando a subordinação hierárquica. Efetivamente, se pensamos no trabalho de um técnico em computação eletrônica que seja empregado em uma empresa metalúrgica, podemos imaginar que o empregador desconheça totalmente a atividade desenvolvida pelo empregado. O mesmo pode ocorrer no caso de um médico, um dentista, um advogado, um economista, enfim, inúmeras as hipóteses em que o empregado pode ter conhecimentos totalmente alheios à formação do empregador. Claro que em tais casos a subordinação hierárquica é menos acentuada do que no primeiro exemplo citado; porém, ainda que assim seja, nem por isso desaparece a subordinação ao empregador, pois este último tem sempre o poder de aceitar ou não o resultado do trabalho, bem como cabe-lhe, conforme o interesse da empresa, alterar a estratégia do empreendimento, ou até mesmo os destinos do mesmo, o que acarretará alterações nas atribuições do empregado.[1]

Por fim, quanto à definição legal do empregado, resulta que a prestação de serviços ocorre mediante salário, como afirma a lei. O salário é, sem dúvida, o fator de maior importância do contrato de trabalho, pois é em razão dele que o empregado coloca sua força de trabalho à disposição do empregador. Inexistindo pagamento de salário, o empregado não presta serviços. Eis o motivo pelo qual não existe contrato de trabalho gratuito. Diz-se, portanto, que o contrato de trabalho é um contrato oneroso.

Veremos, quando formos tratar especificamente do salário, que esse pode ser pago de várias formas, quer relativamente à modalidade de pagamento (por tempo, por produção), quer quanto à periodicidade (por hora, por dia, por mês). Ademais, casos há em que o salário é pago por terceiro, embora os serviços sejam prestados ao empregador, como na hipótese da gorjeta, que pode ser parte do salário do garçom e que é paga pelo cliente, que não é o empregador. De toda sorte, dúvida não há quanto a só existir contrato de trabalho quando a relação existente for de caráter oneroso, pois do contrário estar-se-á diante de serviços prestados em razão de amizade, colaboração, caridade ou qualquer outra razão, mas nunca em função do contrato de trabalho.

Em síntese, temos já algumas das características que compõem o contrato de trabalho: é o empregado sempre pessoa física, que presta serviços subordinados ao empregador, sendo tais serviços contínuos e não eventuais e tendo sempre a prestação de serviços caráter oneroso.

8.3.2 O empregado rural

Como dissemos, a CLT cuida da regulamentação do contrato de trabalho entre empregado e empregador urbanos. Quanto ao contrato de trabalho rural, dele ocupa-se a

---

1 ***Súmula nº 269. Diretor eleito. Cômputo do período como tempo de serviço.***

O empregado eleito para ocupar cargo de diretor tem o respectivo contrato de trabalho suspenso, não se computando o tempo de serviço desse período, salvo se permanecer a subordinação jurídica inerente à relação de emprego (Res. 2/1988, *DJ* 1º-3-1988).

Lei nº 5.889, de 8 de junho de 1973. Todavia, como resulta o art. 1º desta mesma lei, às relações de trabalho no campo aplicam-se, também, as disposições da CLT, naqueles temas em que a lei seja omissa e desde que as disposições do texto consolidado com ela não venham a colidir.

Observe-se, ainda, que hoje, entre nós, há alguns direitos trabalhistas que não foram incorporados ao texto da CLT, como o pagamento do repouso semanal (Lei nº 605/49), o 13º salário (Lei nº 4.090/62) e o fundo de garantia do tempo de serviço (Lei nº 8.036/90). Essas leis esparsas, porém, consagram direitos e obrigações de natureza trabalhista a todos os empregados e empregadores urbanos. Já no meio rural, por força do parágrafo único do art. 1º da Lei do Trabalho Rural, aplicam-se a Lei nº 605/49 e a Lei nº 4.090/62, e pelo art. 7º da Constituição Federal, desde 5 de outubro de 1988, o FGTS passa a ser devido ao trabalhador rural.

Retornando ao conceito de empregado rural, vejamos o que estabeleceu o legislador no art. 2º da Lei nº 5.889/73.

> "Art. 2º Empregado rural é toda pessoa física que, em propriedade rural ou prédio rústico, presta serviços de natureza não eventual a empregador rural, sob a dependência deste e mediante salário."

Vemos pela análise do texto legal que, em síntese, a definição de empregado rural é quase a mesma de empregado urbano. Com efeito, ali estão presentes os requisitos da prestação pessoal de serviços, a não eventualidade da prestação, a dependência e o salário, demonstrando ser um contrato oneroso. Surge, porém, como elemento diferenciador, o local da prestação de serviços, que deve ser uma propriedade rural ou um prédio rústico. Quanto ao conceito de propriedade rural, este não apresenta problemas, pois, para o fim de caracterizar o contrato de trabalho rural, há de ser entendida como qualquer propriedade situada fora dos limites urbanos. Havendo prestação de trabalho em propriedade situada na zona rural e presentes as características do contrato de trabalho, estaremos diante de um contrato de trabalho rural.

Já a noção de prédio rústico requer uma análise mais detida. Inicialmente atente-se para o sentido leigo atribuído à expressão *prédio*, em oposição ao conceito jurídico. Diz-se prédio, comumente, à edificação com mais de dois pavimentos, distinguindo-se de uma casa térrea ou de um sobrado. Tecnicamente, porém, a expressão *prédio*, que deriva do latim, significa qualquer porção de terra ou de solo que pode ser objeto de propriedade de alguém, onde exista ou não qualquer edificação. Assim, um terreno baldio, como normalmente denominamos, é, juridicamente, um prédio.

O conceito, pois, de prédio rústico é a propriedade, localizada no campo, ou na cidade, mas cuja destinação é a atividade agrícola de qualquer tipo. Pode ser considerado prédio rústico uma gleba de terra, situada na zona urbana, com edificação ou não, que se destine à plantação. Tal fato não é incomum, pois encontramos várias propriedades nos arredores de cidades grandes destinadas ao cultivo de hortaliças ou de flores. Aí, havendo empregados subordinados, encontraremos contratos de trabalho rurais.

Temos, assim, os traços característicos do empregado rural, que, como vimos, em quase tudo se assemelha ao empregado urbano, exceção feita ao local da prestação de serviços e, por consequência, à destinação de seu trabalho. Enquanto o empregado ubano trabalha ligado à indústria, ao comércio, o empregado rural desenvolve suas atribuições vinculado à lavoura ou à pecuária. Nesse sentido, a Lei nº 5.889/73 não dispensou tratamento diverso ao empregado da lavoura e ao da pecuária, salvo quanto ao horário de trabalho noturno, de que adiante falaremos. Pelo que vimos, todavia, convém ressaltar que é possível encontrarmos empregados na zona rural que não são considerados empregados rurais, mas industriários, desde que prestem serviços à indústria localizada na zona rural, como no caso de frigoríficos, por exemplo.

8.3.3 O empregado doméstico

Ao empregado doméstico são aplicáveis os preceitos da Lei nº 5.859, de 11 de dezembro de 1972, com as alterações introduzidas pela Lei nº 10.208, de 25 de março de 2001, e pela Lei nº 11.324, de 19 de julho de 2006. Contudo, a partir da vigência da Constituição Federal de 1988, o empregado doméstico, além da anotação do contrato na CTPS, da filiação à Previdência Social e das férias, passou a ter os direitos assegurados no art. 7º, parágrafo único da Constituição Federal, que são os seguintes: salário-mínimo, irredutibilidade salarial, décimo terceiro salário, repouso semanal remunerado, férias remuneradas com um terço a mais, licença à gestante, licença-paternidade, aviso-prévio e aposentadoria.

É importante notar que, relativamente ao equacionamento dos problemas que derivam dos direitos assegurados, há de se utilizar os princípios que se aplicam no contrato de trabalho, salvo o que for incompatível com a condição do doméstico. Assim, relativamente ao salário-mínimo, é evidente que a moradia e a alimentação podem ser descontadas, desde que em percentuais razoáveis e respeitado o valor mínimo a ser pago em moeda corrente ao empregado. Quanto às férias com um terço a mais, o art. 3º da Lei nº 5.859/72, com a alteração introduzida pela Lei nº 11.324/06, unificou sua duração para 30 dias anuais, com a inclusão do terço constitucional, revogando a duração da lei anterior, que era de 20 dias.

A referida Lei nº 10.280/01 inseriu o art. 3º-A, que faculta ao empregador a inclusão do empregado doméstico no Fundo de Garantia do Tempo de Serviço, regime este que aqui é facultativo e que para o empregado comum é obrigatório, desde a vigência da Constituição Federal.

Já a Lei nº 11.324/06 inseriu o art. 4º-A ao texto da Lei nº 5.859/72, reconhecendo à empregada doméstica a estabilidade provisória da gestante desde a confirmação da gravidez até cinco meses após o parto, colocando fim a divergência jurídica que havia a respeito. Os arts. 6º-A a 6º-D foram inseridos pela Lei nº 10.280/01, reconhecendo ao empregado doméstico o direito ao seguro desemprego, da forma que especifica. Relativamente à licença-maternidade, cremos que se trata de benefício previdenciário, daí por que não é possível deferi-lo sem fonte específica de custeio, como prevê a própria Constituição Federal, em seu art. 195, § 5º, daí por que até lá não é exigível. Já o direito à licença-paternidade, por ser de natureza trabalhista, é autoaplicável. Por fim, o aviso prévio é direito não só do empregado doméstico, como do empregador doméstico também, o que envolve, por seu turno, a ideia de justa causa, que quando se dá torna indevido o pré-aviso.

Cumpre saber, portanto, qual o conceito de empregado doméstico. Para tanto, examinemos o texto do art. 1º da Lei nº 5.859/72.

> "Art. 1º Ao empregado doméstico, assim considerado aquele que presta serviços de natureza contínua e de finalidade não lucrativa à pessoa ou à família, no âmbito residencial destas, aplica-se o disposto nesta lei."

Considera o legislador empregado doméstico aquele que trabalha, de forma contínua e, portanto, não episódica, não eventual, a pessoa ou a família, no âmbito residencial destas. Ademais, o trabalho prestado, tendo em conta a destinação do local de trabalho, não pode ter finalidade lucrativa. De fato, ainda que o trabalho possa parecer de natureza doméstica, se houver exploração comercial do local de trabalho, não estaremos diante de empregado doméstico. É o caso da arrumadeira de uma residência e da arrumadeira de um hotel; a cozinheira de uma residência e a cozinheira de um restaurante; o jardineiro de uma residência e o jardineiro de uma fábrica; o motorista da família e o motorista da diretoria de uma empresa. Em todos os exemplos, os serviços são os mesmos, mas no primeiro caso a destinação é familiar, configurando-se o empregado doméstico, e no segundo caso, sendo a destinação lucrativa, há contrato de trabalho comercial ou industrial, mas nunca doméstico.

Há ainda um aspecto a ser observado, na caracterização do empregado doméstico, no que se refere à distinção deste em relação ao empregado rural. Assim é que se a prestação de trabalho ocorre em propriedade rural, ou prédio rústico, que se destine a finalidade lucrativa, estaremos diante de um empregado rural. Todavia, o mesmo trabalho, desenvolvido no mesmo local, mas sem finalidade lucrativa, caracteriza o empregado doméstico. De fato, se a propriedade rural é destinada apenas para recreio, é tida como extensão do lar, caracterizando-se o trabalho aí desenvolvido como doméstico e não como rural.

8.4 Outras formas de prestação de serviços

8.4.1 O trabalhador autônomo

Caracteriza-se o trabalhador autônomo por ser um prestador de serviços que não tem o vínculo de subordinação que é essencial ao contrato de trabalho. Assim, não se pode falar em "empregado autônomo", pois há uma evidente contradição em tal expressão. O conceito de empregado envolve, obrigatoriamente, a ideia de dependência, de subordinação hierárquica, como vimos.

Trabalhador, portanto, é gênero que abrange tanto o trabalho subordinado do empregado quanto o trabalho livre do autônomo, que constituem espécies daquele.

Com efeito, o próprio significado de autonomia, que é o que tem vida própria, faz ver a nítida diferença entre as duas espécies de que tratamos.

É autônomo o prestador de serviços que independe de um empregador para desenvolver seu mister. Eventualmente pode um trabalhador autônomo prestar serviços a alguém que seja empregador de outros prestadores de serviço, mas tal circunstância não lhe retira a autonomia com que desenvolve sua atividade. Assim, o trabalhador autônomo ajusta os serviços e o preço, mas desenvolve sua atividade sem subordinação a horário, livre da fiscalização do destinatário de tais serviços e, eventualmente, com o auxílio de terceiros, se lhe convier.

O trabalhador autônomo prescinde da figura do empregador para sua existência como profissional. Já ao empregado é imprescindível a figura do empregador, sem o que deixa de existir a subordinação.

São exemplos típicos de trabalhadores autônomos os profissionais que chamamos à nossa casa para executarem variados serviços (o encanador, o eletricista, o chaveiro, o pintor, o marceneiro etc.), assim como qualquer profissional que preste serviços a uma empresa, desde que o faça com ampla liberdade relativamente à forma e ao modo de execução de tais serviços.

Ressalte-se, porém, que a continuidade na prestação de tais serviços pode vir a alterar a forma de vínculo entre as partes, vindo a se caracterizar a dependência do prestador ao tomador, desnaturando-se a autonomia e configurando-se o contrato de trabalho.

8.4.2 O trabalhador eventual

Discute-se, ainda hoje, sobre a distinção entre o trabalhador considerado eventual e o avulso. Tendo em vista o caráter prático do presente trabalho, cremos ser melhor entender as duas expressões como sinônimas. Assim porque o traço característico de ambas é a eventualidade na prestação.

Vimos, quando do exame do conceito de empregado, que a não-eventualidade é elemento essencial ao contrato de trabalho. Há, porém, trabalhadores que prestam serviços sem continuidade, eventualmente. Esses são os eventuais ou avulsos. Note-se que podem estar presentes à prestação de serviços todas as demais características do contrato de trabalho, como a subordinação, a pessoalidade, a onerosidade, mas falta a continuidade, residindo aí a distinção entre o empregado e o eventual.

No meio urbano, o exemplo mais comum do trabalhador eventual é o chamado "chapa", que é o trabalhador que permanece nos arredores das grandes cidades, no término das estradas de rodagem, e ajusta com motoristas de caminhão determinado pagamento pelos serviços de carga e descarga que se propõe a fazer. Quando tais serviços são prestados a vários tomadores, sem qualquer indício de continuidade, configura-se o trabalho eventual ou avulso. Há também outros exemplos, como os garçons e outros trabalhadores do ramo de hotelaria, bem como o pessoal de circo, que presta serviços apenas eventualmente a empregadores, quer em razão do excesso de compromissos do tomador de serviços, que tem a necessidade de um número maior de trabalhadores em determinada época (*buffet*, restaurante), quer em razão do caráter episódico da atividade empresarial (circo).

Convém notar, ainda, que o chamado trabalhador avulso pode prestar serviços por conta própria, diretamente ao tomador de serviços, ou por intermédio do sindicato, que fornece a mão de obra ao empregador. Em qualquer das hipóteses, porém, inexiste a continuidade na prestação, sob pena de se caracterizar o contrato de trabalho.

Já no meio rural, o trabalhador eventual é conhecido como "volante". O exemplo atual do trabalhador volante é o chamado "boia-fria". A rigor, o boia-fria é um empregado rural, ainda que temporário, como veremos a seguir, quando examinarmos o conceito de empregador rural. Sucede, porém, que os empregadores, com o objetivo de fraudar os direitos de tais trabalhadores e baratear o custo da mão de obra, utilizam-se de todos os meios a fim de evitar o trabalho contínuo e assíduo. Desse modo, evitando que os boias-frias utilizem seguidamente o mesmo caminhão que os leva ao local de trabalho, obrigando-os a trabalhar para vários empregadores, logram demonstrar a eventualidade na prestação de serviços, descaracterizando, dessa forma, o contrato de trabalho.

8.4.3 O trabalhador temporário

A partir de 3 de janeiro de 1974, com a edição da Lei nº 6.019, surgiu a regulamentação do trabalho temporário. Dispõe o art. 2º da referida lei:

> "Art. 2º Trabalho temporário é aquele prestado por pessoa física a uma empresa, para atender à necessidade transitória de substituição de seu pessoal regular e permanente ou a acréscimo extraordinário de serviços."

Em tese, tal regulamentação serviria para evitar abusos dos empregadores, no sentido de, em certas épocas do ano, utilizarem-se de trabalhadores eventuais, ou avulsos, como vimos, para atender ao aumento de serviços, vindo, por diversas formas, a prejudicar os direitos dos empregados. Todavia, a regulamentação do trabalho temporário tem como principal defeito estimular o trabalho por curtos períodos, em oposição a um princípio básico de Direito do Trabalho, que é o da continuidade da prestação de serviços.

Assim é que, sendo a contratação pelo tomador de serviços com a empresa de serviços temporários mais barata do que a admissão de empregados, serve a referida lei como forma de desestimular os empregadores a aumentar a oferta de empregos, o que é indesejável à coletividade.

O art. 12 da referida Lei nº 6.019/74 assegura ao trabalhador temporário remuneração equivalente àquela percebida pelos empregados da empresa tomadora dos serviços; jornada de oito horas, com pagamento de horas extras; férias proporcionais; repouso semanal remunerado; adicional noturno; indenização por dispensa injusta, ou pelo término do contrato; seguro de acidente do trabalho e proteção previdenciária.

Inobstante tais garantias, vê-se quão nociva é tal situação, pois impede os assim admitidos de programarem sua vida profissional, dado o caráter precário do trabalho que se lhes oferece.

8.4.4 O pequeno empreiteiro

A figura do pequeno empreiteiro, assim considerado o operário ou artífice, surge no campo do Direito do Trabalho por força de um dispositivo legal de caráter apenas processual. Realmente, o art. 652, *a*, III, da CLT dá competência à Junta de Conciliação e Julgamento para conhecer e decidir:

> "Os dissídios resultantes de contratos de empreitadas em que o empreiteiro seja operário ou artífice."

Ora, na hipótese, o legislador não pretendeu reconhecer direitos de natureza trabalhista ao empreiteiro, eis que sua relação com o dono da obra é de natureza civil. Todavia, desde que se trate de pequeno empreiteiro, reconhece-lhe o direito de acionar o devedor na Justiça do Trabalho, porque o processo tem solução mais rápida que na Justiça Comum, além do que o fruto de seu trabalho representa alimento, moradia, transporte. Tratando-se de empreiteiro estabelecido, com empregados, este tem ação na Justiça Comum, mas no caso de um pequeno empreiteiro, que execute pessoalmente os serviços ajustados, é o mesmo equiparado ao empregado do ponto de vista de sua condição econômica. Eis o motivo de ser a ele facultado ajuizar ação perante a Justiça do Trabalho, mas apenas para postular o preço da empreitada ou eventual saldo que não lhe foi pago. Por não ser empregado, é evidente que seria totalmente descabido postular o pequeno empreiteiro direitos decorrentes de um contrato de trabalho, já que este inexistiu.

8.4.5 *Cooperativa de trabalho*

Estamos constatando que, além do trabalho prestado pelo empregado, nos termos do art. 3º da CLT, outras são as formas de prestação de serviço, que não configuram vínculo de emprego, reconhecidas como legítimas pelo legislador.

É nesse contexto que devemos pensar a questão do trabalho por meio do sistema de cooperativa.

A noção de cooperativa diz respeito diretamente à ideia de prestação de serviços a seus associados. A expressão *cooperar* significa colaborar, auxiliar. A Lei nº 5.764/71, que regula as cooperativas entre nós, afirma em seu art. 4º que a finalidade da cooperativa é a prestação de serviços a seus associados. Ademais, a filiação à cooperativa há de ser livre, sob pena de não atender aos princípios que regem as sociedades cooperativas, consoante o inciso I do mesmo art. 4º.

Podem as cooperativas ter destinações e finalidades diversas. O art. 5º da Lei nº 5.764/71 afirma que as sociedades cooperativas poderão adotar qualquer gênero de serviço, operação ou atividade.

Desse modo, podemos ter *cooperativas de crédito*, cuja finalidade é facilitar empréstimos e condições financeiras mais vantajosas aos associados. Podemos ter *cooperativas de consumo*, cujo objetivo é fornecer bens aos associados a preços mais baixos, eliminando o lucro na comercialização de tais produtos. Afinal, temos as *cooperativas de trabalho ou de produção*, cujo objetivo é eliminar a figura do empregador, tornando os cooperativados donos dos meios de produção.

É exatamente este último tipo de cooperativa que no momento nos interessa mais de perto, porque aí podemos ter um tipo de trabalho que venha a configurar contrato de trabalho, ainda que originariamente se objetivasse trabalho cooperativado. É preciso, portanto, caracterizar claramente o que seja o trabalho por meio de cooperativa e quais os limites a que se sujeita esse tipo de prestação, para podermos distingui-lo, devidamente, do trabalho prestado pelo empregado.

Diga-se, porém, ainda na análise da Lei nº 5.764/71, que seu art. 90 afirma que, qualquer que seja o tipo de cooperativa, não há vínculo de emprego entre ela e seus associados. Já o art. 91 afirma que a sociedade cooperativa iguala-se às demais empresas em relação a seus próprios empregados, para fins trabalhistas e previdenciários.

Corretos tais entendimentos, porque não existe entre a cooperativa e seu associado vínculo de subordinação, nem caracterização de contrato de trabalho.

De igual modo, admitindo a cooperativa empregados, a estes forçoso é reconhecer os direitos e as obrigações decorrentes da relação de emprego. Não obstante isso, pode haver situação em que se venha a discutir se determinada pessoa é associada ou empregada da sociedade cooperativa.

Em tal hipótese, como é óbvio, caberá à Justiça do Trabalho examinar a situação de fato e decidir se houve relação de trabalho e, portanto, contrato de trabalho, como já referido, ou não.

Ressalte-se que tal possibilidade torna-se mais real quando a própria Lei nº 5.764/71, em seu art. 31, diz que o associado que aceitar e estabelecer relação empregatícia com a cooperativa perde o direito de votar e ser votado, até a aprovação das contas do período em que foi empregado. Isso porque a condição de associado à cooperativa não se confunde com a situação de empregado dessa mesma cooperativa, o que significa a impossibilidade de concomitância das duas formas de vinculação.

Assim, enquanto a situação de fato refletir o ajuste formal e estivermos diante de uma sociedade cooperativa, não se reconhece vínculo de emprego entre o cooperativado e a cooperativa. Mas, se na prática ocorrer a relação de emprego, a forma cede lugar à situação real, reconhecendo-se o vínculo.

A CLT, no já mencionado art. 442, teve inserido um parágrafo único, pela Lei nº 8.949/94, que assim dispõe:

> "Art. 442. Contrato individual de trabalho é o acordo tácito ou expresso, correspondente à relação de emprego.
>
> Parágrafo único. Qualquer que seja o ramo de atividade da sociedade cooperativa, não existe vínculo empregatício entre ela e seus associados, nem entre estes e os tomadores de serviço daquela."

Isso quer dizer que o legislador trabalhista buscou reafirmar o disposto no já citado art. 90 da Lei nº 5.764/71, relativamente à inexistência de vínculo de emprego entre a sociedade cooperativa e seus associados. E aproveitou a oportunidade para inserir adendo que afirma igualmente não existir vínculo entre os associados e o tomador de serviços da cooperativa.

Não há dúvida de que, em se tratando de prestação de serviços pela cooperativa, ainda que por meio de seus associados, já que se trata de cooperativa de trabalho, sem que exista subordinação dos prestadores em relação ao tomador de serviços, do mesmo modo que ausente a pessoalidade, pois os serviços são de prestação da cooperativa (e não de cada associado individualmente), não se configura o contrato de trabalho, quer porque perfeita a forma da contratação, quer porque na prática se desenvolve exatamente o que foi ajustado.

Todavia, se ajustado o trabalho entre a empresa tomadora de serviços e a sociedade cooperativa, mas no desenvolvimento destes se caracterizarem as condições que configuram o contrato de trabalho, como fixa o art. 3º da CLT, reconhecido será o contrato de trabalho, pois a realidade suplanta a forma. E não se pense que nesse caso de reconhecimento de vínculo de emprego, ainda que formalizado o trabalho cooperativado, estar-se-ia deixando de aplicar a lei, ou imputando a regra legal de fraudulenta. Isso porque nessa hipótese se constatará o desvirtuamento da vontade legal, ou a má aplicação da lei a uma situação de fato que envolve empregado e empregador.

Quer isto significar que a prestação de serviços pela sociedade cooperativa descaracteriza o contrato de trabalho, do mesmo modo que a prestação de trabalho de forma autônoma, ou a prestação de trabalho temporário.

Desaparecendo, porém, a autonomia e passando o trabalho a ser subordinado, reconhece-se o contrato de trabalho, a despeito de a forma ajustada ser de trabalho autônomo.

O mesmo se diga quanto ao trabalho temporário: ainda que ajustado desse modo, se descaracterizadas as exigências da Lei nº 6.019/74, reconhece-se o contrato de trabalho.

De igual modo e pelas mesmas razões já referidas no início, se ajustado o trabalho cooperativado, mas descaracterizando-se os requisitos da lei e presentes os requisitos do art. 3º da CLT, reconhece-se o contrato de trabalho. A regra a seguir é que não basta, para afastar a existência do contrato de trabalho, simplesmente formalizar outro tipo de contrato, se a forma da prestação continuar a ser aquela que caracteriza a relação de emprego. Raciocinar de forma contrária corresponderia a imaginar que o legislador, ao inserir o parágrafo único no art. 442 da CLT, teria aberto a porta da fraude, revogando o já citado art. 9º da CLT, o que não corresponde à realidade.

Assim, a regra inserida no parágrafo único do art. 442 da CLT há de ser compreendida como significando que a verdadeira cooperativa de trabalho exclui a possibilidade de reconhecimento de vínculo empregatício, ainda porque o legislador não se volta às hipóteses de utilização indevida da figura jurídica. E, se tal ocorrer, aplicam-se os mandamentos do igualmente já referido art. 9º da CLT.

Convém ainda lembrar a orientação fixada pelo Tribunal Superior do Trabalho por meio do Enunciado 330, que afirma que a contratação irregular de trabalhadores por empresa interposta é ilegal, formando-se o vínculo diretamente com o tomador de serviços, salvo no caso de trabalho temporário.

Assim, para a validade do trabalho por meio de sociedade cooperativa, há de se verificar se foram cumpridas as exigências para a formação da própria sociedade cooperativa, nos termos da Lei nº 5.764/71, relativamente aos fins da sociedade, à liberdade de adesão dos associados e ao cumprimento das formalidades legais.

A seguir, cumpre saber se, no desenvolvimento do contrato de prestação de serviços, não se está diante de contratos de trabalho camuflados com outra roupagem, o que, se acontecer, impõe o reconhecimento do vínculo de emprego. Afinal, cumpre observar que o referido Enunciado 330 do TST afirma que não gera vínculo de emprego a contratação de serviços especializados ligados à atividade-meio do tomador, desde que ausentes a pessoalidade e a subordinação direta. Isso significa que, mesmo na atividade-meio, pode caracterizar-se o vínculo se presentes os já referidos requisitos do art. 3º da CLT.

Por outro lado, limita o entendimento jurisprudencial a prestação sem vínculo à atividade-meio do tomador de serviços, o que significa que na atividade-fim a regra é de que os trabalhos sejam desenvolvidos por empregados.

Eis aí a razão da polêmica a respeito das cooperativas recém-formadas que se destinam a substituir o trabalho de empregados como forma de diminuir os custos da produção, atuando em atividades-fins dos tomadores de serviço.

Em tais casos, tem a jurisprudência decidido pela caracterização de fraude a direitos trabalhistas, porque se desvirtua a própria finalidade da cooperativa, que é a prestação de serviços aos associados, conforme o art. 4º da Lei nº 5.764/71, isto é, utiliza-se a cooperativa em prejuízo dos trabalhadores, que passam a ter menos direitos do que teriam se reconhecido o vínculo de emprego.

Serve a cooperativa, nesta hipótese, como meio de prejudicar os pseudo-associados. Além do mais, em tais casos revela-se obrigatória a associação à cooperativa, o que igualmente ofende a regra do inciso I, do mencionado art. 4º, que condiciona a associação à manifestação voluntária.

Eis, em síntese, algumas reflexões sobre o vínculo de emprego e as cooperativas de trabalho, não perdendo de vista que atravessamos um período em que se busca criar e adaptar novas formas de prestação de serviço às exigências de mercado, por meio do processo denominado de terceirização, mas que exige cuidado para não perder de vista a necessária proteção que o Direito do Trabalho deve dispensar aos trabalhadores de forma geral.

8.5 Nacionalização do trabalho

Contém o texto consolidado algumas normas relativas à nacionalização do trabalho. Saliente-se, porém, desde logo, que não se trata de disposições que tentem discriminar o trabalhador estrangeiro no Brasil, mas, ao contrário, visam proteger o trabalhador brasileiro. Com efeito, não poderia ser de outra forma a posição do legislador. Isto porque, considerados os países europeus entre si, é mínima a diferença dos vários níveis de industrialização, sendo muito acentuado o desnível existente entre aqueles países e a América Latina.

Daí resulta o interesse do Brasil na vinda de trabalhadores estrangeiros que aqui queiram radicar-se e trabalhar, já que trazem consigo o conhecimento e a experiência do trabalho técnico de que carecemos. Alia-se a tal circunstância o fato de o Brasil ser um país de gandes dimensões, com regiões ainda praticamente despovoadas. Por outro lado, as duas grandes guerras mundiais estimularam a emigração europeia e asiática, dando ensejo aos ciclos migratórios no Brasil.

Mas, se o país tem interesse na vinda de trabalhadores estrangeiros, é evidente, por outro lado, que tal fato não pode trazer prejuízos ao trabalhador brasileiro, estabelecendo-se uma concorrência claramente desvantajosa para aqueles que aqui nasceram. Eis o motivo das normas de proteção ao trabalhador brasileiro contidas na CLT.

Fundamentalmente, a questão da nacionalização do trabalho reside na proporcionalidade de trabalhadores estrangeiros que se estabelece em relação ao número de trabalhadores brasileiros em cada estabelecimento de trabalho.

O texto consolidado dispõe sobre o tema nos arts. 352 a 371. De início, ocupa-se já da mencionada proporcionalidade de trabalhadores estrangeiros em relação aos brasileiros, dispondo que, para todo o estabelecimento de trabalho onde haja mais de três empregados, deverá ser obedecida a proporção de 2/3 de trabalhadores brasileiros, podendo o outro terço compor-se de trabalhadores estrangeiros.

A fim de tornar mais efetiva a proteção ao trabalhador brasileiro, no que respeita à nacionalização do trabalho, o art. 354 da CLT prevê a possibilidade de ser fixada a proporcionalidade em limite inferior, para certas atividades, a juízo e segundo critérios a serem fixados pelo Poder Executivo. Dispõe, ademais, que a proporcionalidade deve ser observada não só relativamente ao número de empregados, como também no que respeita à folha de pagamento dos salários.

Ainda a proporcionalidade haverá de ser respeitada tendo em conta cada um dos estabelecimentos da empresa, individualmente considerados. Por outro lado, de acordo com o art. 357 da CLT, não se compreendem no limite acima os trabalhadores que exerçam funções técnicas especializadas, desde que exista autorização do Ministério do Trabalho, atendendo à carência, no ramo, de mão de obra nacional. Proíbe, ademais, a lei o pagamento de salário superior a trabalhador estrangeiro, em relação ao trabalhador brasileiro, salvo quando a empresa não tiver quadro organizado de carreira e aquele contar mais de dois anos de serviço; quando a disparidade salarial decorrer de quadro de carreira devidamente homologado, garantido o acesso por antiguidade; quando o brasileiro for aprendiz, ajudante, ou servente, não o sendo o estrangeiro, ou, ainda, quando a remuneração decorrer de maior produção, para os que trabalhem por comissão ou tarefa.

Há restrições específicas à admissão de estrangeiros nos serviços da marinha mercante, como resulta dos arts. 368 a 371 da CLT, em razão da importância da atividade desenvolvida.

Estimulando o estrangeiro a radicar-se no país, o art. 353 equipara ao trabalhador brasileiro aquele que aqui reside há mais de dez anos e seja casado com brasileiro, ou tenha filho brasileiro. De início, eram necessários os três requisitos, sendo que atualmente basta contar mais de dez anos no país e ser casado com brasileiro, ou ter filhos aqui nascidos. A equiparação ressalva as profissões a serem exercidas apenas por brasileiros natos e brasileiros em geral e, nesse passo, encontra-se superada em relação aos portugueses, eis que esses, por convenção internacional entre os dois países, têm iguais direitos, como se brasileiros fossem.

Por força do que dispõe o § 2º do art. 352 da CLT, não se aplicam as restrições à admissão de trabalhadores estrangeiros às atividades rurais. Atende-se aqui à evidente carência de mão de obra que existe na zona rural, estimulando-se a fixação do trabalhador estrangeiro à terra. Ademais, não ocorrem no trabalho junto à terra os problemas de concorrência desfavorável ao trabalhador brasileiro de que já falamos no trabalho urbano.

Ocorre que, para efetivamente estimular o trabalhador estrangeiro à fixação no meio rural, deveríamos ter um programa nacional com tal objetivo, visando, antes, ao próprio trabalhador brasileiro, que dadas as condições adversas de trabalho vê-se forçado a abandonar o campo e vir para a cidade à procura de trabalho.

Por fim, saliente-se que a preocupação do legislador, nesse particular, foi apenas evitar a contratação, pelo empregador, de número excessivo de trabalhadores estrangeiros visando proteger o trabalhador brasileiro, e não impedir a admissão daqueles. Além disso, não se aplicam tais dispositivos legais aos contratos de técnicos estrangeiros que aqui prestem serviços, desde que percebam salários em moeda estrangeira como anteriormente mencionamos.

Com efeito, há regulamentação legal de tal situação, pelo Decreto-lei nº 691, de 18 de julho de 1969. O art. 1º do referido diploma legal determina a inaplicabilidade de alguns dispositivos da CLT a tais trabalhadores, desde que exerçam serviços especializados, em caráter provisório, percebendo salários em moeda estrangeira e contratados, obrigatoriamente, por prazo determinado, com possibilidade de renovação do contrato. A tais empregados, além das vantagens contratuais, o art. 2º do referido decreto-lei reconhece apenas direito a salário-mínimo, repouso semanal remunerado, férias anuais, duração do trabalho, higiene e segurança do trabalho, seguro contra acidente do trabalho e previdência social.

Além de ser proibida qualquer estipulação referente à participação nos lucros da empresa a tais empregados, são inaplicáveis a eles os demais dispositivos da lei consolidada. Assim como outras categorias de trabalhadores que não têm a inteira aplicação da CLT, determina a lei a competência da Justiça do Trabalho para dirimir eventuais conflitos decorrentes da aplicação do referido Decreto-lei nº 691/69.

8.6 O empregador

Para a existência do contrato de trabalho é essencial a figura do empregador, da mesma forma que a figura do empregado. Assim porque é o contrato de trabalho uma relação bilateral, que exige, para sua configuração, os dois protagonistas, um em cada polo desta mesma relação. Ausente qualquer um deles, inexiste contrato de trabalho.

Do mesmo modo que o legislador teve a preocupação de conceituar o empregado, também ocupou-se do conceito de empregador, sendo, quanto a esse último, porém, mais abrangente, já que maior a complexidade da figura do empregador, eis que pode o mesmo ser pessoa física ou jurídica, o que, como vimos, não ocorre com o empregado.

Ademais, como veremos a seguir, com vagar, é o empregador quem dirige os serviços e, portanto, suporta os riscos da atividade que desenvolve, daí por que, com a preocupação de assegurar ao empregado os meios de satisfação de seu crédito, deteve-se a lei no contorno da figura do empregador.

8.6.1 O empregador urbano

Do mesmo modo que a CLT, ao conceituar empregado, refere-se ao empregado urbano, traz em seu texto o conceito de empregador entendendo-o como empregador urbano, tão-somente, já que o empregador rural igualmente vem conceituado em lei específica.

A propósito, dispõe seu art. 2º:

> "Art. 2º Considera-se empregador a empresa individual ou coletiva que, assumindo os riscos da atividade econômica, admite, assalaria e dirige a prestação pessoal de serviço.
>
> § 1º Equiparam-se ao empregador, para os efeitos exclusivos da relação de emprego, os profissionais liberais, as instituições de beneficência, as associações recreativas ou outras instituições sem fins lucrativos, que admitirem trabalhadores como empregados.
>
> § 2º Sempre que uma ou mais empresas, tendo, embora, cada uma delas, personalidade jurídica própria, estiverem sob a direção, controle ou administração de outra, constituindo grupo industrial, comercial ou de qualquer outra atividade econômica, serão, para os efeitos da relação de emprego, solidariamente responsáveis a empresa principal e cada uma das subordinadas."

Resulta do texto legal, portanto, que o empregador é a empresa e não seus titulares. De fato, enquanto o empregado é sempre pessoa física, temos, do ponto de vista do empregador, como regra geral, que este é pessoa jurídica. A expressão *empresa* tem um sentido bastante amplo, pois há de ser entendida como o conjunto de todos os meios necessários à consecução dos objetivos a que se propõe. Sob essa óptica, compõem a empresa todos os bens que a ela pertencem, seus estabelecimentos, que são as unidades de produção, seu nome, suas relações com terceiros e toda a estrutura burocrática necessária para sua vida, onde aí encontramos sua diretoria, composta pelos seus titulares ou sócios.

Portanto, fixemos a ideia de que o empregador é a empresa e não os seus titulares. Estes, apenas, agem em nome da empresa, já que a pessoa jurídica, por si, não pratica atos, os quais, em seu nome, são praticados por aqueles que têm poderes de gestão do negócio.

Todavia, cuidou o legislador, como se vê do exame do § 1º do art. 2º da CLT, de equiparar, para fins de relação de emprego, à empresa, os profissionais liberais, as instituições de beneficência, as associações recreativas ou outras instituições sem fins lucrativos, que venham a admitir empregados. E aí andou bem o legislador, pois inúmeras são as pessoas que trabalham como empregados para terceiros não organizados de forma empresarial. Caso houvesse o legislador deixado de estabelecer tal equiparação expressamente, ficaria ao desabrigo da lei um sem-número de trabalhadores.

É verdade, por outro lado, que à medida que as relações de trabalho vão-se tornando mais complexas e que, por consequência, os encargos atribuídos ao empregador vão ficando mais pesados, nota-se uma acentuada desigualdade no tratamento dos vários tipos de empregador. Realmente, se comparamos a situação trabalhista de uma grande empresa com aquela de uma pequena unidade econômica, vemos que é até injusto destinar a ambos igual tratamento. Além disso, quando o empregador é uma grande empresa, uma sociedade anônima, a relação que se estabelece entre ela e seus empregados é apenas de natureza profissional. Já a mesma relação com o empregador pessoa física quase nunca se limita a uma relação estritamente profissional, mas sim vislumbra-se uma relação pessoal e profissional, daí resultando que são flagrantemente distintas as condições de trabalho nos dois locais. Na grande empresa, as condições de trabalho são mais claras, com nítida rigidez na observância das normas internas de trabalho, mormente no que se refere a horário, a frequência, a alterações contratuais. Já na empresa de pequeno porte, muitas vezes constituída por uma organização familiar, tais normas são mais flexíveis, inexistindo aquela mesma rigidez. Assim, diversas são as condições de trabalho nos dois locais, não sendo justo dispensar a ambas o mesmo tratamento.

Melhor seria, pois, fixar limites objetivos, a fim de tratar de modo diverso as situações diversas, até mesmo podendo pensar em excluir de certas normas legais as pequenas empresas. Até hoje, porém, não distingue o legislador as empresas em razão de seu porte, salvo quanto a um ou outro aspecto, de tal sorte que a legislação do trabalho há de ser aplicada, indistintamente, a todos os empregados e empregadores.

Voltemos à ideia do empregador como a empresa e não seus titulares. Tem a mesma especial importância, no que se refere à dinâmica do contrato de trabalho. Com efeito, no curso da relação de trabalho pode ocorrer de a empresa ser vendida a terceiros. Pois bem, em tal caso, qual a repercussão no contrato de trabalho? Tal fato implica a cessação do contrato de trabalho ou é alheio à situação dos empregados? Enfim, examinemos os reflexos das alterações na estrutura jurídica da empresa, relativamente aos contratos de trabalho em curso.

Ocupa-se da presente questão o art. 10 da CLT, que assim dispõe:

> "Art. 10. Qualquer alteração na estrutura jurídica da empresa não afetará os direitos adquiridos por seus empregados."

Portanto, tendo em conta a expressa disposição legal, em nada há de afetar cada um dos contratos de trabalho a eventual alteração dos sócios da empresa. Isto porque o contrato de trabalho é estabelecido entre a pessoa física do empregado e a empresa e não seus titulares. O caráter pessoal do contrato de trabalho diz respeito apenas ao empregado e não ao empregador.

Tal disposição assume maior relevância nas hipóteses de sucessão de empresas. Tal conceito técnico, em Direito do Trabalho, tem significado diferente em relação ao Direito Comercial, entendendo-se por sucessão o ato pelo qual outra empresa, ou outras pessoas, assumem o ativo e o passivo de certa empresa. Assim, obrigatoriamente, havendo sucessão, permanecem intactos os contratos de trabalho até então existentes, não podendo eventual modificação na estrutura jurídica da empresa afetar a situação dos empregados.

Na mesma linha dispõe o art. 448 da CLT, que se insere no capítulo do contrato de trabalho:

> "Art. 448. A mudança na propriedade ou na estrutura jurídica da empresa não afetará os contratos de trabalho dos respectivos empregados."

Vê-se, pois, a nítida preocupação do legislador em garantir a situação jurídica dos empregados, ainda que em casos de mudança na estrutura da empresa ou na sua propriedade.

Embora a vinculação do empregado seja com a empresa, pode-se pensar na hipótese de simulação ou fraude, em que o antigo proprietário deixe a sociedade, formalmente, assumindo-a alguém que não tenha idoneidade financeira, trazendo prejuízos aos empregados. Nessa hipótese, poder-se-ia responsabilizar o verdadeiro titular, que assim age na tentativa de ocultar-se, como bem observa Russomano (1982:52 e 417).

A definição legal de empregador contém, ainda, a ideia do risco da atividade econômica, integralmente assumido pelo empregador. Assim é que, inexistindo entre nós a experiência de cogestão, no sentido de ambas as partes dividirem a direção dos destinos do negócio e, por consequência, repartirem lucros e perdas, cabe apenas ao empregador decidir quanto à atividade a ser exercida, o modo pelo qual há de ser conduzida sua empresa e todos os demais problemas que surjam na dinâmica empresarial.

Com efeito, sendo o empregador o dono do negócio, determina o legislador que ele e só ele há de assumir os riscos da atividade que exerce, de tal modo que resultam vedados quaisquer atos que impliquem onerar o empregado com eventual consequência de revés sofrido pela empresa.

Em contrapartida, por força de o risco ser assumido integralmente pelo empregador, confere-lhe a lei o poder de comando. Tal poder consiste na faculdade do empregador em dar ordens ao empregado, decidindo as várias questões que venham a ocorrer no desenvolvimento da relação entre ambos. Evidentemente, tal poder encontra limites na impossibilidade de que, pelo seu exercício, advenham prejuízos ao empregado. Examinaremos tais limites quando tratarmos das alterações contratuais.

De toda forma, frise-se que o poder de comando é a fonte da subordinação hierárquica do empregado ao empregador, que anteriormente mencionamos. Com efeito, sendo o risco da atividade assumido pelo empregador, confere-lhe a lei o poder disciplinar, de modo a permitir que decida qual a função do empregado, quando, onde e como o mesmo deverá exercê-la. Vemos, assim, que reside exatamente no poder de comando do empregador o desequilíbrio na relação que se estabelece entre as partes. Isto porque não existe um poder conferido ao empregado que seja correspondente ao poder disciplinar do empregador.

Eis aí a diferença básica entre o contrato de trabalho e outros contratos de direito civil. No nosso caso há evidente disparidade de posições entre empregado e empregador, já que este último tem o poder de subordinar aquele. É este o motivo pelo qual a legislação procura proteger o empregado, já que sua situação é de submissão ao empregador, no que respeita ao desenvolvimento do contrato de trabalho.

8.6.2 O empregador rural

Como dissemos anteriormente, ocupou-se igualmente o legislador da definição de empregador rural. Vem a noção inserida no art. 3º da Lei nº 5.889, de 8 de junho de 1973.

> "Art. 3º Considera-se empregador rural, para os efeitos desta Lei, a pessoa física ou jurídica, proprietária ou não, que explore atividade agroeconômica, em caráter permanente ou temporário, diretamente ou através de prepostos e com auxílio de empregados.
>
> § 1º Inclui-se na atividade econômica referida no *caput* deste artigo a exploração industrial em estabelecimento agrário não compreendido na Consolidação das Leis do Trabalho.
>
> § 2º Sempre que uma ou mais empresas, embora tendo cada uma delas personalidade jurídica própria, estiverem sob direção, controle ou administração de outra, ou ainda quando, mesmo guardando cada uma sua autonomia, integrem grupo econômico ou financeiro rural, serão responsáveis solidariamente nas obrigações decorrentes da relação de emprego."

Vemos, pela definição acima, que, em síntese, manteve o legislador o mesmo critério na definição de empregador rural em relação àquele utilizado para definir o empregador urbano. Com efeito, tanto a pessoa física quanto a pessoa jurídica podem ser empregadores rurais. Aqui, como visto quando da análise do conceito de empregado rural, o traço distintivo relativamente ao trabalho urbano é a exploração de atividade agroeconômica, assim entendida qualquer atividade no âmbito agrícola ou pecuário. Evidentemente, insere-se no presente conceito o local específico da prestação de serviços (o prédio rústico ou a propriedade rural) de que já falamos.

Ainda com a preocupação de dar caráter mais abrangente à figura do empregador rural e, por consequência, proteger aqueles que prestam serviços em tais atividades, cuidou a lei de considerar empregador rural tanto aquele que desenvolve atividade perene quanto temporária, bem como o proprietário que explore a terra ou eventual arrendatário que a explore. Note-se, ainda, que tal exploração pode ser direta pelo empregador, como pode ocorrer através de prepostos, e nem assim se desnatura o vínculo de emprego existente.

Essas questões, aparentemente sem importância, assumem grande relevância quando pensamos na situação do chamado "boia-fria", ou trabalhador volante, que, na prática, encontra-se ao desabrigo da lei. Em verdade, o que a lei objetiva (nem sempre com sucesso) é evitar que o dono da terra sirva-se de terceiros que, como intermediários, venham a encobrir a existência de contratos de trabalho, furtando-se aquele dos encargos trabalhistas.

Em se tratando de exploração econômica, no meio rural, por estabelecimento industrial que não esteja ao alcance da CLT, estaremos diante da figura do empregador rural, como decorre do § 1º da referida lei, de modo, ainda, a evitar a não configuração de contrato de trabalho.

Relativamente à questão do grupo econômico rural, que menciona o § 2º anteriormente transcrito, reservaremos o exame em tópico específico.

Em síntese, o que se observa quanto ao conceito legal de empregador rural, do mesmo modo que quanto ao conceito de empregador urbano, é que o legislador fixou-se na ideia de que o essencial é a forma pela qual se desenvolve a prestação de serviços, para a caracterização do contrato de trabalho, ainda que, formalmente, exista uma roupagem diversa do vínculo de emprego. Isto porque, com a visão protecionista que preside a legislação do trabalho, não são as partes que decidem se existe ou não o contrato de trabalho, mas sim a forma pela qual se desenvolve, no dia a dia, a relação entre ambos.

8.6.3 O Estado empregador

Sabemos que a forma normal de admissão, pelo Estado, de prestadores de serviços em caráter subordinado é o regime do serviço público. Isto significa que a lei prevê um procedimento específico para que o Estado admita as pessoas que a ele irão prestar serviços. Em síntese, tal regime consiste na realização de um concurso público, de provas e títulos e, após apurados os resultados, são chamados aqueles aprovados, pela ordem, que tomam posse no cargo e entram em exercício de suas funções.

Como se vê, tal procedimento é diverso daquele da admissão do empregado celetista. Aqui o empregador escolhe o empregado que melhor lhe convém. Já no regime do serviço público, de forma mais democrática, não há esta liberdade de escolha, mas a comprovação da suficiência, pelo candidato, por seu desempenho no concurso a que se submeteu.

É importante lembrar que as relações de servidor público com a Administração Pública são regidas pelo Estatuto dos Servidores Públicos (federais, estaduais ou municipais), conforme o caso, enquanto as relações de trabalho do empregado celetista são regidas, com seu empregador, pela CLT.

Temos, então, que são regimes de trabalho diversos aqueles do servidor público estatutário e o regime da CLT.

Sucede que, às vezes, por conveniência da Administração Pública, a admissão de prestadores de serviços pelo regime administrativo não atende aos interesses públicos. Isto porque, como se sabe, a admissão por concurso é bastante demorada, tendo em conta os vários passos, desde a publicação do edital do concurso até o início efetivo da prestação de serviços.

Eis aí um dos motivos pelos quais é possível ao Poder Público admitir pessoas que lhe prestem serviços pelo regime da CLT. Então, o que ocorre é que na Administração Pública temos, concomitantemente, servidores públicos estatutários e servidores públicos celetistas. Note-se que utilizamos a expressão *servidores*. Isto porque, do ponto de vista do Direito Administrativo, como já dissemos em capítulo precedente, servidor, em sentido estrito, é o prestador de serviços admitido pelo regime estatutário e submetido a este mesmo estatuto. Já a expressão *servidor* em sentido amplo, abrange tanto o estatutário quanto o servidor pelo regime da CLT.

A par dos inúmeros problemas que possam surgir do fato de a Administração Pública ter servidores que prestem, às vezes, serviços idênticos, mas submetidos a regimes jurídicos diversos, a questão que ora interessa mais de perto é saber como se coloca o Poder Público diante da CLT em relação aos seus servidores submetidos a este regime jurídico de trabalho.

Não encontramos na lei consolidada qualquer tratamento desta questão. Apenas cuida a CLT, em seu art. 7º, *c* e *d*, de afirmar que os preceitos nela contidos não se aplicam aos funcionários públicos e aos servidores de autarquias paraestatais que tenham regime próprio de proteção ao trabalho. E foi isto que dissemos acima.

Mas, em se tratando de servidor público (federal, estadual ou municipal) admitido pelo regime da CLT, o que a jurisprudência e a doutrina têm dito, suprindo a lacuna da lei, é que, uma vez optando o Estado pela admissão de prestadores de serviços pelo regime consolidado, equipara-se ao empregador comum. Entendamos o que tal afirmação significa.

É importante lembrar que quando se cogita do Poder Público estamos falando do interesse social. O que o Estado, em sentido amplo, deve fazer é aplicar os recursos que angaria em proveito e benefício da população. Diversa é a situação da empresa privada, que ainda exercendo atividade de interesse público constitui um empreendimento de caráter privado. Distingue-se o Estado do empregador privado, basicamente, porque o primeiro não visa lucro com sua atividade, enquanto o segundo vive em função do lucro. O Estado serve a população, ainda que no desenvolvimento de sua atuação venha a ter prejuízos. Já a iniciativa privada, ao contrário, vive em razão do lucro e, inexistindo este, desaparece o empreendimento, pois se torna inviável.

Em razão dessa profunda diferença na postura do Poder Público em relação à iniciativa privada, no desenvolvimento de suas atribuições, é que se justifica a diversidade de regime jurídico aos prestadores de serviços para o Estado e para o empregador comum.

A relação entre o funcionário público e a Administração Pública é uma relação que se estabelece entre um particular e o Poder Público. Já a relação entre o empregado e o empregador comum desenvolve-se entre dois particulares. Inobstante os poderes que a lei atribui ao empregador no comando de sua atividade, dos quais falaremos adiante, é sensível a diferença entre os dois relacionamentos.

Todavia, como já mencionado, às vezes ao Estado convém admitir servidores pelo regime da CLT. E aí não poderia ficar tal servidor sem garantias relativas a sua condição de prestador de serviços subordinados, já que a ele não se aplica o Estatuto dos Funcionários Públicos. Eis por que a jurisprudência e a doutrina entendem que, nessas hipóteses, abdica o Poder Público de sua condição de autoridade, igualando-se, desta forma, para fins exclusivos da relação de emprego, ao empregador comum. Assim, em tais casos, têm inteira aplicação a estes contratos de trabalho todos os preceitos da CLT.

Convém ressaltar que o Estado, em tais casos, tem apenas alguns tratamentos diferentes, relativos a questões de ordem processual (prazos dilatados, dispensa de depósitos prévios etc.), mas, do ponto de vista das relações trabalhistas, temos de raciocinar como se estivéssemos diante de um contrato de trabalho entre dois particulares. É verdade que o Estado nunca perde sua condição de Poder Público, mas não menos verdade a necessidade de amparo aos direitos daqueles que venham a prestar serviços a ele por regime diverso do originário; e, não sendo possível aplicar a CLT apenas em parte, o único tratamento possível é equiparar a Administração Pública ao empregador comum.

Conclui-se, pois, que, para sabermos como solucionar um dissídio entre um servidor público e seu empregador, primeiro é necessário saber qual o regime jurídico aplicável. Se for o do funcionalismo público, solucionamos a controvérsia à luz do Estatuto dos Funcionários Públicos. Se se tratar de servidor público pelo regime da CLT, a solução será encontrada no texto consolidado.

8.6.4 O grupo econômico e a responsabilidade solidária

Normalmente o contrato de trabalho desenvolve-se entre um empregado e um empregador. Casos há, porém, em que, embora admitido o empregado por uma determinada empresa, além de ser por ela remunerado, venha a prestar serviços para outras empresas do mesmo grupo econômico a que pertence o seu empregador. Ora, em tais casos, resulta evidente a responsabilidade das outras empresas, que se servem dos préstimos desse empregado, quanto a salários e indenização em caso de dissolução do contrato de trabalho.[2]

Mas o simples fato de várias empresas pertencerem a um mesmo conglomerado implica a responsabilidade, pelas demais, dos encargos trabalhistas assumidos por uma delas?

---

2 ***Súmula nº 129. Contrato de trabalho. Grupo econômico.***

A prestação de serviços a mais de uma empresa do mesmo grupo econômico, durante a mesma jornada de trabalho, não caracteriza a coexistência de mais de um contrato de trabalho, salvo ajuste em contrário (*RA* 26/1982, *DJ* 4-5-1982).

Lembremo-nos do art. 2º da CLT, por nós já reproduzido anteriormente, no parágrafo que ora nos interessa:

> "Art. 2º ......
>
> § 1º ......
>
> § 2º Sempre que uma ou mais empresas, tendo, embora, cada uma delas, personalidade jurídica própria, estiverem sob a direção, controle ou administração de outra, constituindo grupo industrial, comercial ou de qualquer outra atividade econômica, serão, para os efeitos da relação de emprego, solidariamente responsáveis a empresa principal e cada uma das subordinadas."

As formas que pode assumir o grupo de empresas são as mais variadas, com inúmeras consequências, tanto no Direito do Trabalho quanto em outros ramos do Direito, como bem esclarece Octávio Bueno Magano (1979:9-28). Aqui, interessa sublinhar que, por força de lei, como anteriormente transcrito, a simples existência do grupo econômico implica a chamada solidariedade pacífica entre elas, isto é, são solidariamente responsáveis pelas obrigações trabalhistas contraídas por uma delas. Não há solidariedade ativa, no sentido de as demais empresas poderem exigir do empregado de uma delas a prestação de serviços às demais, como conclui Valentin Carrion (1979:8), mas apenas a solidariedade passiva, assim entendida como responsabilidade pelo pagamento dos haveres do empregado.

Esta preocupação do legislador com a responsabilidade do grupo de empresas foi manifestada, na mesma intensidade, quando editou a Lei nº 5.889, de 8 de junho de 1973, que regula o trabalho rural, como vimos em seu art. 3º, § 2º, quando cuidamos do conceito de empregador rural. Ali o legislador reproduziu o § 2º do art. 2º da CLT, que acabamos de enunciar.

Resulta, portanto, que ao Direito do Trabalho não importa o tipo de grupo de empresas especificamente, mas sim sua existência comprovada, a fim de que sejam responsabilizadas todas as integrantes do grupo pelos direitos de certo empregado.

Importa, isso sim, o reconhecimento da chamada responsabilidade solidária, que consiste na obrigação do pagamento daqueles direitos quer pela empresa que era a efetiva empregadora do credor, quer por qualquer uma das demais empresas participantes do grupo empresarial.

E o fundamento dessa responsabilidade é cercar o empregado de garantias no sentido de que, tendo havido prestação de serviço, terá meios de efetivamente receber seus haveres. Se assim não fosse seria possível a admissão de vários, ou todos os empregados de um determinado grupo de empresas, por uma delas que não tivesse idoneidade financeira. Cessada a prestação de serviços, esses empregados só poderiam buscar seus haveres daquela que efetivamente os admitiu e, uma vez constatada a impossibilidade de tais pagamentos, não haveria meios de aqueles empregados verem satisfeitos seus direitos reconhecidos por sentença judicial.

Não obstante o cancelamento em 2003 pelo TST da Súmula 205, que exigia que o integrante de grupo econômico fosse acionado judicialmente, a fim de poder vir a ser responsabilizado por eventual execução, esta ainda é a orientação que preside a análise em tais casos.

Com a evolução da aplicação entre nós da teoria da desconsideração da personalidade jurídica da empresa, por obra do art. 28 do Código de Defesa do Consumidor, aquele enunciado poderia constituir óbice a tal responsabilização, mas a fim de evitar discussão na execução a ocorrência de condenação solidária ou subsidiária dos integrantes do grupo econômico possibilita ao exequente chamar à responsabilidade qualquer uma das empresas vencidas, com a força da coisa julgada.

Verificação de aprendizagem

Questões para debate

1. *Qual a natureza do vínculo que une o empregado e o empregador?*
2. *Quais são os traços característicos da figura do empregado urbano, do empregado rural e do empregado doméstico?*
3. *Existe algum tipo de subordinação no trabalho autônomo? E no trabalho eventual ou avulso?*
4. *Qual trabalho temporário está ao abrigo da CLT?*
5. *Há alguma semelhança que a lei estabeleça entre o empregado e o pequeno empreiteiro? Qual?*
6. *Qual o significado e objetivo das normas de nacionalização do trabalho?*
7. *Reconhece a lei ao empregador algum direito não reconhecido ao empregado? Qual e por quê?*
8. *Qual o verdadeiro sentido da subordinação que caracteriza o contrato de trabalho?*
9. *Pode alguém ser considerado empregador rural sem ser proprietário da terra? Em que casos?*
10. *Qual a forma característica de vínculo entre o Estado e aqueles que lhe prestam serviços?*
11. *Tem alguma aplicação a CLT ao serviço público? Em que casos?*
12. *O que significa em Direito do Trabalho a responsabilidade solidária e quando se verifica?*
13. *A existência de trabalho sob a forma de cooperativa impede o reconhecimento de vínculo de emprego? Por quê?*
14. *Qual o significado da expressão "dignidade da pessoa humana"? E sua relação com o contrato de trabalho?*
15. *O que se entende por dano moral e quais os fundamentos para exigir indenização no caso de sua ocorrência?*

Exercícios

Leia cada uma das assertivas abaixo e, a seguir, diga se é verdadeira ou falsa, justificando brevemente a opção.

1. *O contrato de trabalho só é válido quando celebrado por instrumento escrito.*
2. *O empregado e o empregador têm ampla liberdade na estipulação das cláusulas contratuais.*
3. *O empregado deve ser sempre pessoa física e o empregador sempre pessoa jurídica.*
4. *A dependência econômica é característica essencial do contrato de trabalho.*
5. *Presentes os requisitos necessários, alguém pode ser considerado empregado rural, ainda que preste serviços no perímetro urbano.*
6. *O empregado doméstico não está amparado pela CLT.*
7. *Se o trabalhador autônomo prestar serviços diariamente a uma empresa, passará a ser considerado empregado obrigatoriamente.*
8. *O trabalhador avulso ou eventual presta serviços subordinado hierarquicamente ao tomador desses serviços.*
9. *Pode haver trabalho temporário por prazo indeterminado.*
10. *Toda empresa nacional é obrigada a reservar 1/3 de suas vagas a empregados estrangeiros.*
11. *O dono da terra que a arrendou não é responsável pelo contrato de trabalho que o arrendatário venha a celebrar.*
12. *Todo servidor público está amparado pelas normas estatutárias e excluído da proteção da CLT.*
13. *Aquele que presta serviços a empresa que pertence a um grupo econômico pode ser obrigado a trabalhar para as demais empresas daquele grupo.*
14. *Aquele que presta serviços à empresa pertencente a um grupo econômico pode exigir o pagamento de indenização que lhe seja devida de qualquer das demais empresas daquele grupo.*
15. *O verdadeiro cooperativado que presta serviços a uma empresa não tem vínculo de emprego quer com a cooperativa, quer com a empresa tomadora de serviços.*

9 Contrato Individual de Trabalho

9.1 Formação do contrato de trabalho

Hoje, o que se observa, principalmente nos grandes centros urbanos, é que na maioria dos casos em que alguém é admitido como empregado de outrem, tal admissão é precedida do cumprimento de certas formalidades, que compõem a celebração do contrato de trabalho, normalmente celebrado de forma escrita.

Ocorre que nem sempre tal situação é reproduzida desta forma. De fato, casos há, em grande quantidade, em que, apesar de presentes as características que delineiam o contrato de trabalho, inexiste contrato escrito entre as partes. Se a lei só reconhecesse a condição de empregado àqueles que tivessem contrato de trabalho escrito e registro na carteira de trabalho, um sem-número de empregados veria seus direitos não reconhecidos.

Por tal circunstância é que o legislador, no art. 442 da CLT, afirma que o contrato individual de trabalho é o acordo tácito ou expresso, correspondente à relação de emprego, como já mencionamos quando tratamos da relação entre o patrão e o empregado e sua natureza.

Além do motivo de tal redação legal, convém também ressaltar que a existência de um contrato de trabalho não se prende, obrigatoriamente, à existência de um contrato formal. Diga-se também que a expressão "formal" refere-se tanto à celebração verbal quanto à celebração por escrito.

Submete-se o contrato de trabalho, como todo ato jurídico, à regra estabelecida no art. 104 do Código Civil:

> "A validade do negócio jurídico requer:
>
> I – agente capaz;
>
> II – objeto lícito, possível, determinado ou determinável;
>
> III – forma prescrita ou não defesa em lei."

Assim, para que seja válido o contrato de trabalho, é necessário que o empregado seja capaz para contratar, isto é, tenha atingido a maioridade trabalhista, que se dá aos 18 anos, conforme o art. 402 da CLT. Sendo menor de 18 anos e maior de 16 anos, poderá trabalhar como empregado, mas o contrato haverá de ser celebrado também pelo pai, mãe ou responsável legal pelo adolescente. O mesmo se dá no caso daqueles que estão na idade entre 14 e 16 anos, que podem trabalhar apenas na condição de aprendizes, como afirma o art. 7º, XXXIII, da Constituição Federal, alterado pela Emenda Constitucional nº 20, de 15 de dezembro de 1998.

Igualmente, para que seja válido o contrato, é preciso que seu objeto seja lícito, pois não se poderia emprestar validade à prestação de serviços cujo objetivo fosse a prática de atos ilícitos.

Note-se que prestação de serviços para fins ilícitos não pode gerar efeito algum. É diversa a situação do contrato proibido, como, por exemplo, a prestação de serviços por adolescente menor de 18 anos em serviço perigoso ou insalubre, ou a contratação em período pré-eleitoral, que a lei proíbe. Nesses casos, não se tem objeto ilícito, mas proibição de contratação por motivo específico. Em nenhuma das duas hipóteses (objeto ilícito e contrato proibido), poder-se-á reconhecer o contrato de trabalho juridicamente.

Entretanto, enquanto no primeiro caso efeito nenhum produzirá a prestação sob o aspecto trabalhista, no segundo caso o trabalho deverá ser remunerado, ainda que proibido o contrato, pois impossível devolver-se a força de trabalho do prestador de serviços.

Relativamente à forma do contrato, como veremos adiante, esta não é rígida no Direito do Trabalho quando se cuida do contrato de trabalho sem prazo, que é a regra geral entre nós. Todavia, quando se cuida de contrato a prazo, exige-se a celebração por escrito, porque se trata da exceção, conforme o art. 443 e seus parágrafos.

Assim, é perfeitamente possível haver contrato de trabalho entre duas pessoas, ainda que o mesmo não exista formalmente. Isto porque, nos termos do citado art. 442 da CLT, há contrato de trabalho entre dois sujeitos desde que exista uma relação de emprego, ainda que a mesma não tenha sido formalizada.

O que importa na caracterização do referido contrato é examinarmos a realidade desta relação existente entre os dois sujeitos e, após tal exame, constatarmos aqueles requisitos que compõem o contrato de trabalho, pois ele existe, ainda que não formalizado verbalmente ou por escrito.

Tal conclusão impõe-se porque, dado o caráter protecionista do Direito do Trabalho, não está ao arbítrio das partes a celebração ou não do contrato, desde que presentes na relação entre ambos aqueles requisitos configuradores da vinculação empregatícia.

O que até agora dissemos refere-se à forma do contrato de trabalho, que, como vimos, não é rígida. Outros, porém, são os requisitos necessários à formação do contrato de trabalho.

É preciso, para a celebração do contrato, que as partes sejam capazes. Quanto ao empregador, que pode ser pessoa física ou jurídica, é necessário que tenha a capacidade de contratar, bem como aquele que admite o empregado tenha poderes para tanto e observe o proceder administrativo utilizado pela empresa. Lembremos, no entanto, que, ainda que exista algum defeito no processo de admissão, havendo relação de trabalho haverá contrato, já que não há forma rígida quanto à celebração.

Já no que se refere à capacidade do empregado, um dos obstáculos é a idade para contratar. No Direito do Trabalho, assim como no Direito Penal, a maioridade é atingida aos 18 anos. Portanto, todo cidadão maior de 18 anos, desde que senhor de seus atos, pode celebrar contrato, como regra geral. Como exceção à regra, mesmo os maiores de 18 anos, mas incapazes por problemas físicos ou psíquicos, estão impedidos de celebrar contratos de trabalho, já que não são senhores de suas ações. O mesmo ocorre com o estrangeiro que se encontre no país com visto de turista, porque está impedido de exercer atividade remunerada.

Ainda convém lembrar, no que se refere à capacidade para contratar, que para certos misteres é exigida habilitação específica, como no caso do motorista profissional, que deve ser habilitado pelo órgão de trânsito, o piloto de aeronave, o advogado, o engenheiro, o arquiteto, o professor e outras tantas atividades que têm, como pré-requisito, uma habilitação específica anterior à celebração do contrato de trabalho.

Retornando à questão da capacidade vinculada à idade do empregado, a Constituição Federal de 1988, em seu art. 7º, XXXIII, recupera o limite mínimo de 14 anos, como dispunha a Constituição Federal de 1946, em seu art. 157, IX, já que a Constituição de 1967 e a Emenda de 1969 reduziram tal limite a 12 anos. Hoje entre nós o menor de 14 a 18 anos pode ser empregado, mas para celebrar contrato de trabalho necessita de autorização de seu responsável legal.

Convém ainda lembrar que, embora completamente ultrapassada pela realidade, subsiste no texto da CLT a regra contida no parágrafo único do art. 446, que assim afirma:

> "Art. 446. . . . . . .
>
> Parágrafo único. Ao marido ou pai é facultado pleitear a rescisão do contrato de trabalho, quando a sua continuação for suscetível de acarretar ameaça aos vínculos da família, perigo manifesto às condições peculiares da mulher ou prejuízo de ordem física ou moral para o menor."

A referida disposição legal, no que diz respeito à restrição à liberdade para o trabalho da mulher, é totalmente anacrônica, ainda porque o sexo não é motivo de restrição à capacidade de contratar no Direito do Trabalho. Ainda que não retirada do texto legal, tal disposição é, a nosso ver, norma em desuso, pela evolução da sociedade.

Ademais, a propósito, lembre-se que a Constituição Federal de 1967 e a Emenda de 1969 mantinham limitações ao trabalho da mulher em atividades insalubres, o que foi eliminado pela Constituição de 1988. Assim, ainda que o trabalho em condições agressivas à saúde seja condenável a todos, dúvida não há de que eliminada em nível constitucional a restrição que havia, em relação à mulher, para contratar.

O consenso é, igualmente, um requisito da formação do contrato de trabalho, assim entendido como o consentimento de ambas as partes na celebração desta relação jurídica.

Basta que uma das partes não manifeste sua concordância para que inexista o contrato de trabalho. Frise-se, ainda, que tal manifestação não precisa ser expressa, resultando manifestada desde que nenhum dos protagonistas indique expressamente sua discordância com o desenvolvimento da prestação de serviços.

O objeto do contrato de trabalho surge, de igual modo, como outro requisito para a formação do contrato. Sem dúvida, é necessário que o objeto do contrato seja lícito, a fim de que ambas as partes possam desenvolver a relação de trabalho a que se propõem.

Como ressalta Octávio Bueno Magano (1981:153-154), a doutrina trabalhista faz distinção entre atividades proibidas e ilícitas, quanto aos efeitos de serviços prestados em ambas as situações. Exemplificando, é proibido o trabalho do menor em atividade insalubre, mas se isto ocorrer, embora proibido o trabalho, o empregado fará jus aos salários e demais direitos que a lei lhe confere pela prestação de serviços. Diversa a situação se o trabalho for ilícito, como, por exemplo, serviços prestados a uma quadrilha de traficantes de tóxicos. Aí, pela proibição da atividade, já que ilícita, tais serviços não geram qualquer efeito. Há os que entendem que se o prestador de serviços desconhecia a finalidade ilícita de seu trabalho fará jus ao pagamento dos dias trabalhados, embora sem reconhecimento da existência de contrato de trabalho, já que ilícito o seu objeto.

No mesmo sentido podemos lembrar a proibição de contratação, pelo regime de CLT, de empregado da Administração Pública nas proximidades de eleições. Tal proibição deriva de lei federal, tendo por escopo evitar a utilização da máquina administrativa para fins eleitorais. Com efeito, salutar tal restrição, a fim de impedir que, eventualmente, algum político, com a intenção de conseguir votos, contrate, indiscriminadamente, servidores públicos. No presente caso, ainda que o objeto do contrato não seja ilícito, que não exista proibição do exercício da atividade e que os agentes sejam capazes, a lei veda a contratação temporariamente. Na prática, embora a vedação legal, vários casos ocorreram, sendo desfeitos, posteriormente, tais contratos. No mesmo passo, admite-se, não se emprestando validade ao pactuado, o direito ao pagamento dos dias trabalhados, já que descabido o trabalho gracioso, quando não intencional.[1]

---

[1] ***Súmula nº 331. Contrato de prestação de serviços. Legalidade* (nova redação do item IV e inseridos os itens V e VI à redação) – Res. 174/2011, *DEJT* divulgado em 27, 30 e 31-5-2011.**

I – A contratação de trabalhadores por empresa interposta é ilegal, formando-se o vínculo diretamente com o tomador dos serviços, salvo no caso de trabalho temporário (Lei nº 6.019, de 3-1-1974).

II – A contratação irregular de trabalhador, mediante empresa interposta, não gera vínculo de emprego com os órgãos da Administração Pública direta, indireta ou fundacional (art. 37, II, da CF/1988).

III – Não forma vínculo de emprego com o tomador a contratação de serviços de vigilância (Lei nº 7.102, de 20-6-1983) e de conservação e limpeza, bem como a de serviços especializados ligados à atividade-meio do tomador, desde que inexistente a pessoalidade e a subordinação direta.

IV – O inadimplemento das obrigações trabalhistas, por parte do empregador, implica a responsabilidade subsidiária do tomador dos serviços, quanto àquelas obrigações, desde que hajam participado da relação processual e conste também do título executivo judicial.

V – Os entes integrantes da Administração Pública direta e indireta respondem subsidiariamente, nas mesmas condições do item IV, caso evidenciada a sua conduta culposa no cumprimento das obrigações da Lei nº 8.666, de 21-6-1993, especialmente na fiscalização do cumprimento das obrigações contratuais e legais da

9.2 Identificação profissional

O problema da identificação profissional refere-se principalmente à Carteira de Trabalho e Previdência Social (CTPS). Constitui tal documento, que todo trabalhador deve obrigatoriamente possuir, o meio de prova de sua condição de empregado. As sucessivas anotações que são feitas nos espaços apropriados e relativas à qualificação do portador, eventuais alterações da própria qualificação (estado civil, por exemplo), o registro de profissões regulamentadas, os dependentes, as carteiras anteriores já esgotadas quanto a seus espaços, os vários contratos de trabalho, o recolhimento de contribuições sindicais, as alterações salariais, as anotações de férias, anotações de opção pelo regime do FGTS (Lei nº 8.036/90), as anotações gerais do empregador e do órgão previdenciário, que constituem todo o conteúdo do documento, representam o histórico profissional do empregado.

De fato, tendo em conta que o patrimônio maior do trabalhador é sua vida profissional, as anotações da carteira de trabalho configuram o verdadeiro *curriculum vitae* que comprova a experiência adquirida ao longo do tempo de sua habilitação profissional.

Tal é a importância da CTPS, que a CLT destina, dentro do seu Título II, referente às normas gerais de tutela do trabalho, um capítulo específico para a identificação profissional, do art. 13 ao art. 40. Ali dispõe o legislador sobre a obrigatoriedade do documento, sobre sua emissão pelo Ministério do Trabalho ou outros órgãos públicos mediante convênio e sua entrega aos interessados.

Cuida, ainda, o art. 29 da CLT do prazo de 48 horas que tem o empregador para proceder às anotações na CTPS do empregado, a partir de sua admissão. Aqui convém lembrar que sempre que há contrato de trabalho a anotação da CTPS é obrigatória, não

---

prestadora de serviço como empregadora. A aludida responsabilidade não decorre de mero inadimplemento das obrigações trabalhistas assumidas pela empresa regularmente contratada.

VI – A responsabilidade subsidiária do tomador de serviços abrange todas as verbas decorrentes da condenação referentes ao período da prestação laboral.

***Súmula nº 363. Contrato nulo. Efeitos* – Nova redação – Res. 121/2003, *DJ* 21-11-2003.**

A contratação de servidor público, após a CF/1988, sem prévia aprovação em concurso público, encontra óbice no respectivo art. 37, II e § 2º, somente lhe conferindo direito ao pagamento da contraprestação pactuada, em relação ao número de horas trabalhadas, respeitado o valor da hora do salário-mínimo, e dos valores referentes aos depósitos do FGTS.

Histórico:

Redação dada pela Res. 111/2002, *DJ* 11-4-2002

Nº 363 A contratação de servidor público, após a Constituição de 1988, sem prévia aprovação em concurso público, encontra óbice no seu art. 37, II, e § 2º, somente conferindo-lhe direito ao pagamento da contraprestação pactuada, em relação ao número de horas trabalhadas, respeitado o salário-mínimo/hora.

Redação original – Res. 97/2000, *DJ* 18-9-2000 – Republicada *DJ* 13-10-2000 – Republicada *DJ* 10-11-2000

Nº 363 Contrato nulo. Efeitos.

A contratação de servidor público, após a Constituição de 1988, sem prévia aprovação em concurso público, encontra óbice no seu art. 37, II, e § 2º, somente conferindo-lhe direito ao pagamento dos dias efetivamente trabalhados segundo a contraprestação pactuada.

podendo as partes transigir a respeito. Em caso de omissão quanto à anotação do contrato de trabalho na carteira de trabalho, está o empregador sujeito à sanção administrativa. Isto porque, possuindo o empregador o poder de comando, já mencionado, a ele incumbe dar cumprimento às determinações da lei. Ocorrendo de o empregado não possuir sua CTPS, o procedimento correto do empregador é não permitir seu trabalho, até que apresente o documento, salvo a exceção do § 3º do art. 13 da CLT, relativa às localidades onde não se emite o documento, quando o prazo é de 30 dias para o registro.

Além de especificar o legislador neste capítulo a forma das anotações, prevê o procedimento administrativo de reclamações, pelo empregado, contra o empregador que se nega a proceder ao registro ou às demais anotações obrigatórias. Em tais casos, a reclamação tem início perante a Delegacia Regional do Trabalho (DRT) ou outro órgão autorizado, e, persistindo a recusa, o processo administrativo é remetido ao Juízo do Trabalho, transformando-se em processo judicial. Sendo acolhida a reclamação, é o empregador condenado na obrigação de proceder às anotações, sem prejuízo da multa cabível.

De acordo com o art. 40 da CLT, as anotações constantes da CTPS servem como meio de prova perante a Justiça do Trabalho, a Previdência Social e a Justiça Comum, em caso de acidente do trabalho. É evidente que, estando a carteira de trabalho atualizada, faz prova perante qualquer órgão ou pessoa da condição de empregado de seu portador.

A propósito, convém lembrar o entendimento do Tribunal Superior do Trabalho (TST), em sua Súmula 12, relativamente às anotações na CTPS:

> "As anotações apostas pelo empregador na Carteira Profissional do empregado não geram presunção *juris et de jure*, mas apenas *juris tantum*."

Visa o TST, com o presente enunciado, fixar a ideia de que aquelas anotações contidas na carteira de trabalho podem ser objeto de discussão judicial, quando não corresponderem à realidade. A expressão *presunção juris et de jure* significa "presunção absoluta", que é aquela que não admite prova em sentido contrário, diversamente da expressão *presunção juris tantum,* que significa "presunção relativa", aquela que admite prova em sentido contrário.

Portanto, uma vez que as anotações apostas na carteira de trabalho geram apenas uma presunção relativa, pode o empregado, por exemplo, ingressar em juízo a fim de comprovar que exercia um cargo superior hierarquicamente em relação àquele cargo que constava anotado em sua CTPS. A importância de tal posicionamento da jurisprudência reside na garantia dada ao empregado de que, partindo daquele princípio de que interessa ao Direito do Trabalho a realidade dos fatos e não a questão formal, poderá ele, apesar da anotação contida em sua carteira de trabalho, demonstrar o desacerto da mesma. Assim, poderá pleitear a retificação da anotação, bem como eventuais reparações pecuniárias que couberem.

Se há presunção relativa das anotações da carteira de trabalho, tal fato aproveita igualmente ao empregador, em casos nos quais certa anotação tenha sido feita por engano, ou ilicitamente.

Além da CTPS, no que se refere à identificação profissional, cuidou o legislador, nos arts. 41 a 48 da CLT, de tornar obrigatório o Livro de Registro de Empregados, ou Fichas de Registro de Empregados, que devem ser legalizados perante a Delegacia Regional do Trabalho, contendo todos os dados relativos ao contrato de trabalho. Em seguida dispõe o legislador sobre as multas aplicáveis em caso de descumprimento, pelo empregador, das disposições relativas à identificação profissional do empregado.

Lembre-se, a propósito, de que tanto o Livro de Registro de Empregados como as anotações na CTPS e todos os documentos que o empregado venha a obter, relativamente ao contrato de trabalho, são de importância, não só perante terceiros, mas também com relação ao próprio empregador, em caso de prova judicial que se fizer necessária, daí surgindo a importância para o empregado da guarda de tais documentos.[2]

9.3 Duração do contrato de trabalho

Quando falamos de duração do contrato de trabalho cuidamos de sua projeção no tempo. Interessa ao Direito do Trabalho que os contratos sejam celebrados sem determinação quanto a sua vigência, de modo que as relações prolonguem-se até a aposentadoria do empregado. Com efeito, sendo o trabalho a fonte de subsistência do trabalhador, há de se fazer o possível para que as relações de emprego sejam perenes.

É com esse espírito que o legislador privilegia o contrato que denomina de "sem prazo determinado", em detrimento dos contratos "com prazo determinado", restringindo as hipóteses de predeterminação de prazo, a fim de que as relações entre empregado e patrão sejam duradouras.

Vejamos, a propósito, o que diz o texto consolidado:

> "Art. 443. O contrato individual de trabalho poderá ser acordado tácita ou expressamente, verbalmente ou por escrito e por prazo determinado ou indeterminado.
>
> § 1º Considera-se como de prazo determinado o contrato de trabalho cuja vigência dependa de termo prefixado ou da execução de serviços especificados ou ainda da realização de certo acontecimento suscetível de previsão aproximada.
>
> § 2º O contrato por prazo determinado só será válido em se tratando:
>
> a) de serviço cuja natureza ou transitoriedade justifique a predeterminação do prazo;
>
> b) de atividades empresariais de caráter transitório;
>
> c) de contrato de exeperiência."

---

2 ***Súmula nº 12. Carteira profissional.***
As anotações apostas pelo empregador na carteira profissional do empregado não geram presunção *juris et de jure*, mas apenas *juris tantum* (*RA* 28/1969, *DO*-GB 21-8-1969).

Ainda sobre a questão da duração do contrato de trabalho é importante ressaltar outros quatro artigos da CLT, que, em conjunto com o mencionado art. 443, compõem o quadro legal do tema:

> "Art. 445. O contrato de trabalho por prazo determinado não poderá ser estipulado por mais de 2 (dois) anos, observada a regra do art. 451.
>
> Parágrafo único. O contrato de experiência não poderá exceder de 90 (noventa) dias.
>
> Art. 451. O contrato de trabalho por prazo determinado que, tácita ou expressamente, for prorrogado mais de uma vez passará a vigorar sem determinação de prazo.
>
> Art. 452. Considera-se por prazo indeterminado todo contrato que suceder, dentro de 6 (seis) meses, a outro por prazo determinado, salvo se a expiração deste dependeu da execução de serviços especializados ou da realização de certos acontecimentos.
>
> Art. 453. No tempo de serviço do empregado, quando readmitido, serão computados os períodos, ainda que não contínuos, em que tiver trabalhado anteriormente na empresa, salvo se houver sido despedido por falta grave, recebido indenização legal ou se aposentado espontaneamente."

O art. 443 da CLT fala, no que se refere à duração do contrato, da possibilidade do ajuste a prazo ou sem prazo. E, em relação à possibilidade do ajuste a prazo, os dois parágrafos do mesmo dispositivo demonstram a clara intenção de o legislador limitar a vontade das partes. Por força do § 1º, a determinação de prazo só é possível nos casos de serviço que dependa de termo prefixado, de serviços específicos com termo certo, ou da ocorrência de certo evento suscetível de previsão. Tornando mais claras estas hipóteses, podemos afirmar que é lícita a celebração de contrato a prazo, exemplificativamente, se a execução dos serviços permite, desde logo, a previsão de que os mesmos serão executados em certo lapso de tempo (termo prefixado); se a contratação tem por fim certos misteres específicos (serviços especificados); ou, ainda, se o término da prestação depende de algun evento que se possa prever dentro do tempo (acontecimento suscetível de previsão aproximada).

Portanto, podemos afirmar que tanto a possibilidade de prefixar a duração do contrato em dias ou meses quanto a possibilidade de prefixá-lo em função de um evento possibilitam a celebração de contrato a prazo.

Todavia, buscando o legislador restringir ainda mais as hipóteses de contrato a prazo, editou o § 2º do art. 443, que só permite o contrato a prazo em três situações: serviço cuja natureza ou transitoriedade justifique a predeterminação do prazo, isto é, quando a atividade que desenvolverá o empregado for transitória, ou passageira, como no caso de implantação de um sistema de computação eletrônica em uma empresa; quando a atividade empresarial for transitória, caso em que não o serviço do empregado, mas a própria atividade do empregador não é perene, mas episódica, como no caso de um espetáculo teatral, ou uma feira de exposições, por exemplo. Por fim, é possível a contratação a prazo quando se tratar de contrato de experiência.

Nesta última hipótese, porém, relativa ao contrato de experiência, é preciso estabelecer alguma diferenciação com aquelas duas precedentes. Isto porque, nos casos das letras *a* e *b* do § 2º do art. 443, tanto o empregado quanto o empregador, desde o início do contrato, já sabem que, findos os serviços, ou finda a atividade empresarial, o pacto estará automaticamente desfeito. Já no contrato de experiência, ainda existindo o prazo prefixado, há a expectativa de que, se o empregado for aprovado pelo empregador e se o serviço for do seu agrado, o contrato continuará, normalmente, aí sem prazo determinado. Então, embora o contrato de experiência seja uma modalidade dos contratos a prazo, tem uma característica especial, que é exatamente a possibilidade de continuação do pacto, devendo esta ser a regra geral.

Eis por que há várias decisões dos tribunais afirmando que o empregador, ao romper um contrato de experiência, após decorrido o lapso ajustado, deverá demonstrar o justo motivo para sua não continuação, do mesmo modo que deve fazê-lo quando despede o empregado no curso do contrato, sob pena de ser onerado com pagamento de aviso prévio, por considerar-se que o empregador serviu-se, ilicitamente, do contrato de experiência para despedir sem motivo o empregado ao cabo do prazo avençado, o que afronta o princípio da manutenção das relações de emprego. Tal posicionamento jurisprudencial tem por fundamento a ideia de que o contrato de experiência é, na verdade, uma cláusula inserida num contrato sem prazo, servindo para, no início da prestação e por no máximo noventa dias, aquilatar a conveniência de ambas as partes na manutenção do vínculo. Eis o motivo da necessidade de o empregador justificar a ruptura do contrato, ou seu desfazimento após o lapso experimental.

Como complemento à limitação da contratação a prazo, afirma o legislador no art. 445 da CLT que o contrato por prazo determinado não poderá exceder de dois anos e o contrato de experiência não poderá exceder de noventa dias. Assim, ultrapassados tais prazos e continuando a relação de emprego, estarão as partes vinculadas por um contrato sem prazo.

Ocorre, como possibilita o art. 451 da CLT, que um contrato a prazo pode ser prorrogado por uma vez, no máximo, respeitado o limite legal de sua duração. Havendo uma segunda prorrogação, determina a lei que o contrato será tido como por prazo indeterminado.

Quanto ao contrato de experiência aplica-se a mesma regra, de tal modo que, ultrapassados os noventa dias e continuando a vinculação entre as partes, ter-se-á um contrato sem prazo. Possibilita-se, no entanto, que dentro do limite de noventa dias possam as partes celebrar dois contratos de duração menor, vindo a totalizar aquele lapso.[3]

A regra contida no art. 452 da CLT enseja reparos. A primeira parte do mandamento legal, que considera por prazo indeterminado todo contrato que suceder a outro no

[3] ***Súmula nº 188. Contrato de trabalho. Experiência. Prorrogação.***

O contrato de experiência pode ser prorrogado, respeitado o limite máximo de 90 (noventa) dias (Res. 10/1983, *DJ*, 9-11-1983).

lapso de seis meses, é salutar, pois evita a sucessão de contratos a prazo em fraude à lei. A segunda parte do artigo, porém, excepciona à regra geral aqueles casos de sucessão de contratos quando a expiração decorreu da execução de serviços especializados ou da realização de certos acontecimentos. A par de a expressão "realização de certos acontecimentos" ser imprecisa, abre a possibilidade de fraudes, como argumenta Russomano (1982:423), no exemplo que menciona de empregado contratado para trabalhar em uma obra por uma construtora e recontratado várias vezes, ao término de cada obra, para a próxima. Resulta evidente a intenção de burlar a limitação à contratação a prazo.

Inobstante possam ocorrer hipóteses que licitamente tipifiquem o proceder autorizado pela parte final deste art. 452 da CLT, sempre que se constatar a intenção de violar a limitação legal, o procedimento há de ser reprimido.

Ainda no que se refere à duração do contrato, autoriza a lei a soma dos períodos trabalhados pelo empregado, ao mesmo empregador, em caso de readmissão, salvo a dispensa por falta grave, o recebimento da indenização legal ou a aposentadoria espontânea, conforme o art. 453 da CLT.

Convém recordar, todavia, que, ainda que formalmente lícito, o proceder será rechaçado se houver prova de fraude, cabendo salientar que inspira o legislador na limitação à contratação a prazo, a liberdade do empregado de poder desligar-se do emprego, ainda que sem motivo, o que no contrato a prazo pode implicar dever de indenização ao empregador, como veremos quando tratarmos da ruptura contratual.[4]

9.3.1 Novo contrato a prazo – Lei nº 9.601/98

Com o objetivo de estimular novas formas de contratação, buscando minimizar os malefícios do desemprego, ainda que sem efeito prático considerável, criou o legislador nova modalidade de contrato a prazo, que não se submete às regras rígidas do art. 443, § 1º e § 2º, da CLT, que acabamos de examinar.

A Lei nº 9.601, de 21 de janeiro de 1998, dispõe que empresas e sindicatos profissionais podem, por meio de negociação coletiva, de acordos ou convenções coletivas de trabalho, ajustar a possibilidade de os empregadores admitirem empregados, por prazo determinado, sem que estejam presentes as hipóteses do art. 443, § 2º, da CLT (atividade transitória, empreendimento transitório ou contrato de experiência).

Prevê a lei que a negociação coletiva estabeleça a indenização devida pela eventual rescisão antecipada, multa por descumprimento de cláusulas avençadas, além de afastar

[4] ***Súmula nº 138. Readmissão.***

Em caso de readmissão, conta-se a favor do empregado o período de serviço anterior, encerrado com a saída espontânea. Ex-prejulgado nº 9 (*RA* 102/1982, *DJ* 11-10-1982 e *DJ* 15-10-1982).

Súmula nº 160. Aposentadoria por invalidez.

Cancelada a aposentadoria por invalidez, mesmo após cinco anos, o trabalhador terá direito de retornar ao emprego, facultado, porém, ao empregador, indenizá-lo na forma da lei. Ex-prejulgado nº 37 (*RA* 102/1982, *DJ* 11-10-1982 e *DJ* 15-10-1982).

limitações quanto a várias renovações possíveis de tais contratos, ao contrário do que estabelece o art. 451 da CLT. Assegura, ainda, estabilidade provisória de gestante, dirigente sindical, membro da Cipa e empregado acidentado durante a vigência do contrato.

Estabelece a lei, como tentativa de estimular a contratação, benefícios fiscais aos empregadores que dela fizerem uso, bem como reduz o percentual do FGTS de 8% para 2% ao mês e privilégios ao empregador junto a órgãos públicos, no caso da contratação nesses termos.

Todavia, como forma de evitar dispensa de empregados fixos para admitir nos termos da nova lei, fixa ela própria um percentual possível de novos contratados a ser calculado sobre o número de empregados permanentes da empresa, conforme fixado na norma coletiva autorizadora que se situa entre 50% dos empregados fixos para as empresas menores até 20% para as empresas grandes. Tal fato garante a manutenção dos contratos dos demais, servindo como requisito para a nova contratação.

9.4 Duração da jornada de trabalho

Assim como tratamos da questão relativa à duração do contrato de trabalho, examinando o problema de sua vigência no tempo, trataremos no presente tópico da duração da jornada de trabalho, isto é, das regras relativas ao período diário de prestação de serviços pelo empregado ao empregador.

Surge tal questão como de grande importância, tendo em conta que, ao longo dos tempos, esta foi uma das conquistas mais importantes dos trabalhadores, no sentido de garantir a limitação da jornada diária de trabalho.

Tal é a relevância do tema, que vem a referida garantia consagrada pela Constituição Federal:

> "Art. 7º . . . . . .
>
> XIII – duração do trabalho normal não superior a oito horas diárias e quarenta e quatro semanais, facultada a compensação de horários e a redução da jornada, mediante acordo ou convenção coletiva de trabalho."

Não obstante a redução da duração do trabalho a quarenta e quatro horas semanais, foi mantida a jornada de trabalho como de oito horas. Assim, podendo a redução dar-se só num dia ou distribuí-la durante a semana, a Constituição, a nosso ver, manteve a fixação da jornada normal máxima em oito horas de trabalho por dia.

Vê-se, como bem observa Aluysio Sampaio (1982:57-61), que já a norma constitucional estabelece um limite diário para a jornada de trabalho e, sendo sua aplicação obrigatória, dado seu caráter imperativo, as exceções são apenas aquelas especialmente previstas na lei, não podendo ficar ao arbítrio das partes a limitação da duração da jornada de trabalho.

É preciso salientar a grande importância da limitação à duração da jornada de trabalho, pois é por meio dela que se impede o abuso, em certos setores que geram jornadas de trabalho desumanas, de mais de 14 ou 15 horas diárias, colocando a saúde dos trabalhadores em risco, uma vez que os acidentes do trabalho ocorrem, na sua grande maioria, após a sexta hora de trabalho e, na quase totalidade, durante o trabalho excedente à jornada normal. Por outro lado, quanto mais prolongado for o trabalho diário, maior a desvalorização do salário do empregado, em proporção às horas trabalhadas, daí por que a necessidade de tal limitação.

Em obediência à norma constitucional, como não poderia deixar de ser, o legislador consolidado disciplina a duração da jornada diária:

> "Art. 58. A duração normal do trabalho, para os empregados em qualquer atividade privada, não excederá de 8 (oito) horas diárias, desde que não seja fixado expressamente outro limite."

Como dissemos, o legislador ordinário outra coisa não fez a não ser obedecer ao princípio constitucional fixando o limite máximo da jornada diária em oito horas. Diz, porém, o texto legal que tal limite há de ser observado desde que não seja fixado expressamente outro limite. Isto significa que a lei permite fixação de jornada diária de trabalho inferior, quer pela própria lei, quer por vontade das partes. Como exemplo, podemos lembrar a jornada diária do bancário, que é de seis horas diárias, como resulta do art. 224 da CLT; a jornada diária dos operadores de serviços de telefonia, telegrafia submarina ou subfluvial, de radiotelegrafia ou de radiotelefonia, também de seis horas diárias, conforme o art. 227 da CLT; a jornada diária dos operadores cinematográficos e seus ajudantes, que é de seis horas, ou de cinco horas, quando desenvolvido o trabalho em cabina, consoante o art. 234 da CLT, assim como tantas outras atividades específicas que possuem tratamento diverso da regra geral, tendo reduzida sua jornada diária de trabalho.

De outra parte, como observa o legislador, resulta possível que as partes, por contrato, ajustem jornada diária inferior ao mínimo legal. Temos, portanto, que a fixação da jornada diária de trabalho pode decorrer tanto da lei quanto da vontade das partes, mas, sempre, observando o limite máximo de oito horas diárias.

Relativamente ao excesso de horas além da jornada normal de trabalho, veremos adiante quais as consequências. Por ora importa sublinhar o caráter imperativo das normas que fixam a duração máxima da jornada diária de trabalho. Assim, existindo limite expresso à duração do trabalho para determinado empregado, quer por força do art. 58 da CLT, quer por outro dispositivo legal, ou, ainda, por força da vontade das partes, as horas excedentes, forçosamente, serão consideradas como horas extras. Conclui-se, pois, que a hora extra é aquela que excede da jornada normal do empregado (legal ou contratual) e não apenas a hora excedente da oitava hora trabalhada. Alguém que tenha jornada normal de quatro horas (como os médicos), vindo a trabalhar cinco horas diárias, estará cumprindo uma hora extra.

Tal conceito é de aplicação genérica no Direito do Trabalho, assim como também se aplica indistintamente a norma do limite da jornada de trabalho.

Na esteira do legislador constitucional, que ressalva os casos especialmente previstos, apontou o legislador ordinário as exceções a tal princípio.

Esses limites constam, expressamente, do art. 62 da CLT, que assim dispõe:

"Art. 62. Não são abrangidos pelo regime previsto neste Capítulo:

I) os empregados que exercem atividade externa incompatível com a fixação de horário de trabalho, devendo tal condição ser anotada na Carteira de Trabalho e Previdência Social e no registro de empregados;

II) os gerentes, assim considerados os exercentes de cargos de gestão, aos quais se equiparam, para efeito do disposto neste artigo, os diretores e chefes de departamento ou filial.

Parágrafo único. O regime previsto neste capítulo será aplicável aos empregados mencionados no inciso II deste artigo, quando o salário do cargo de confiança, compreendendo a gratificação de função, se houver, for inferior ao valor do respectivo salário efetivo acrescido de 40% (quarenta por cento)."

Essas as hipóteses que o legislador entendeu de excluir da proteção à limitação da jornada diária de trabalho. De início, os vendedores e viajantes que exercem atividades externas não estão sujeitos àquela limitação. Mas, frise-se, para que não venham a fazer jus a horas extras, é essencial que não estejam sujeitos a controle de horário, como afirma expressamente o texto legal, nem se sujeitem a atividade que possa implicar o controle, pelo empregador, da jornada de trabalho, em razão de volume mínimo de trabalho a ser desenvolvido diariamente. Isto significa que, embora longe da fiscalização efetiva do empregador, se este obrigar o empregado a um volume mínimo de trabalho diário, possível será a este último demonstrar judicialmente que existia um tempo mínimo obrigatório à disposição do empregador, a fim de cumprir a tarefa diária que lhe era determinada. Em tal caso, consoante entendimento da jurisprudência, poder-se-á estar diante de controle, pelo empregador, da jornada diária do empregado, ainda que em serviço externo, não se enquadrando a hipótese na exceção legal.

Também não se aplicam as restrições à duração da jornada de trabalho aos gerentes, que, investidos de mandato, isto é, sendo representantes do empregador, perante terceiros, tenham poderes de mando ou gestão, bem como, tendo em conta o padrão mais elevado de salário, diferenciem-se dos demais empregados. Note-se que são necessários os três requisitos para que se caracterize a exceção à regra geral, assim como, relativamente aos vendedores, além da situação de fato já mencionada, é necessário que conste da CTPS no livro de registro especificamente tal qualificação.

Quanto ao gerente, é bom que se saliente que o legislador quer excepcionar, apenas, aquele empregado que substitui o empregador, que faz as vezes de patrão, quando de sua ausência, de tal modo que tem poderes para dirigir o negócio como se fosse o próprio empregador e, por isso, tem salário mais elevado que os demais, bem como não está sujeito a horário de trabalho. Tais requisitos são essenciais para a configuração da hipótese legal, a fim de evitar os "falsos gerentes", que assim denominados não têm qualquer poder de mando ou gestão, situação em que se torna inaplicável a regra em exame.[5]

Há, ainda, a exceção referente ao pessoal que trabalha nos serviços de estiva e capatazia nos portos, que possui regime específico, como resulta dos arts. 254 e seguintes da CLT, dada a peculiaridade de suas condições de trabalho.

Cumpre, ainda, quanto ao tema, fazer referência à situação dos vigias. Até 17 de maio de 1985, quando entrou em vigor a Lei nº 7.313, que suprimiu a alínea *b* do art. 62 da CLT, também os vigias, não obrigados à prestação de outros serviços, eram tratados de forma diversa quanto à duração da jornada de trabalho, já que para eles o legislador fixava jornada diária de dez horas, com direito ao repouso semanal.

A referida lei suprimiu a alínea *b*, renumerando as demais, fazendo com que, daí em diante, aos vigias também seja aplicado o limite máximo de duração da jornada diária de trabalho de oito horas. Nada mais justo, como conclui Aluysio Sampaio (1982:64), eis que tão penoso o trabalho por eles desenvolvido, quanto os demais. Nesse sentido, já se orientava a jurisprudência, garantindo ao vigia o direito à redução legal da hora noturna, conforme o Enunciado 140 do TST.

Como dissemos, a limitação à jornada diária de trabalho gera várias consequências na dinâmica do contrato de trabalho, sendo a mais imediata a questão do trabalho extraordinário. Por motivos de desenvolvimentos dos vários temas, será examinada esta questão quando tratarmos dos adicionais salariais.

Todavia, além da limitação à jornada, estabelece o legislador os intervalos no curso do contrato de trabalho, relativamente à efetiva prestação de serviços, que constituem os repousos a que faz jus o trabalhador. Tendo estreita vinculação a questão dos repousos com a duração da jornada de trabalho, deles trataremos a seguir.[6]

---

5 ***Súmula nº 287. Jornada de trabalho. Gerente bancário*** **– Nova redação – Res. 121/2003, *DJ* 21-11-2003.**

A jornada de trabalho do empregado de banco gerente de agência é regida pelo art. 224, § 2º, da CLT. Quanto ao gerente-geral de agência bancária, presume-se o exercício de encargo de gestão, aplicando-se-lhe o art. 62 da CLT.

Histórico:

Redação original – Res. 20/1988, *DJ* 18-3-1988

Nº 287 O gerente bancário, enquadrado na previsão do § 2º do art. 224 consolidado, cumpre jornada normal de oito horas, somente não tendo jus às horas suplementares, excedentes da oitava, quando, investido em mandato, em forma legal, tenha encargos de gestão e usufrua de padrão salarial que o distinga dos demais empregados.

6 ***Súmula nº 90. Horas "in itinere". Tempo de serviço.*** **(Nova redação em decorrência da incorporação das Súmulas nºs 324 e 325 e das Orientações Jurisprudenciais nºs 50 e 236 da SDI-1 – res. 129/2005 – *DJ* 20-4-2005.)**

I – O tempo despendido pelo empregado, em condução fornecida pelo empregador, até o local de trabalho de difícil acesso, ou não servido por transporte público regular, e para seu retorno é computável na jornada de trabalho. (ex-Súmula nº 90 – RA 80/1978, *DJ* 10-11-1978)

II – A incompatibilidade entre os horários de início e término da jornada do empregado e os do transporte público regular é circunstância que também gera o direito às horas "in itinere". (ex-OJ nº 50 – Inserida em 1º-2-1995)

9.5 Períodos de repouso no contrato de trabalho

Como dissemos, ocupa-se o legislador, especificamente, da questão relacionada com os repousos a que tem direito o empregado, no curso de seu contrato de trabalho.

Há repousos que ocorrem dentro da própria jornada de trabalho, assim como há aqueles que se verificam entre uma e outra jornada de trabalho. Paralelamente, consagra o legislador o direito ao repouso entre uma e outra semana de trabalho e, afinal, o repouso entre um e outro ano de trabalho.

A limitação legal da duração da jornada de trabalho, apesar de sua grande importância, no que respeita à saúde do trabalhador, no sentido de impor rígidos limites ao número de horas que pode uma pessoa trabalhar, a fim de possibilitar, em condições normais, a reposição de sua capacidade física, não é suficiente para tanto, se não acompanhada de outros mecanismos.

Eis aí a finalidade dos intervalos que mencionamos, cujo objetivo é exatamente garantir ao prestador de serviços intervalos que permitam repor suas energias físicas e mentais.

III – A mera insuficiência de transporte público não enseja o pagamento de horas "in itinere". (ex-Súmula nº 324 – RA 16/1993, *DJ* 21-12-1993)

IV – Se houver transporte público regular em parte do trajeto percorrido em condução da empresa, as horas "in itinere" remuneradas limitam-se ao trecho não alcançado pelo transporte público. (ex-Súmula nº 325 RA 17/1993, *DJ* 21-12-1993)

V – Considerando que as horas "in itinere" são computáveis na jornada de trabalho, o tempo que extrapola a jornada legal é considerado como extraordinário e sobre ele deve incidir o adicional respectivo. (ex-OJ nº 236 – Inserida em 20-6-2001)

***Súmula nº 229. Sobreaviso. Eletricitários* – Nova redação – Res. 121/2003, *DJ* 21-11-2003.**

Por aplicação analógica do art. 244, § 2º, da CLT, as horas de sobreaviso dos eletricitários são remuneradas à base de 1/3 sobre a totalidade das parcelas de natureza salarial.

Histórico:

Redação original – Res. 14/1985, *DJ* 19-9-1985

Nº 229 Por aplicação analógica do art. 244, § 2º, da CLT, as horas de sobreaviso dos eletricitários são remuneradas à razão de 1/3 do salário normal.

Súmula nº 320. Horas* in itinere. *Obrigatoriedade de cômputo na jornada de trabalho.

O fato de o empregador cobrar, parcialmente ou não, importância pelo transporte fornecido, para local de difícil acesso ou não servido por transporte regular, não afasta o direito à percepção das horas *in itinere* (Res. 12/1993, *DJ* 29-11-1993).

Súmula nº 324. Horas* in itinere. *Enunciado nº 90. Insuficiência de transporte público.

A mera insuficiência de transporte público não enseja o pagamento de horas *in itinere* (Res. 16/1993, *DJ* 21-12-1993).

Súmula nº 325. Horas* in itinere. *Enunciado nº 90. Remuneração em relação a trecho não servido por transporte público.

Se houver transporte público regular, em parte do trajeto percorrido em condução da empresa, as horas *in itinere* remuneradas limitam-se ao trecho não alcançado pelo transporte público (Res. 17/1993, *DJ* 21-12-1993).

Súmula nº 346. Digitador. Intervalos intrajornadas. Aplicação analógica do art. 72 da CLT.

Os digitadores, por aplicação analógica do art. 72 da CLT, equiparam-se aos trabalhadores nos serviços de mecanografia (datilografia, escrituração ou cálculo), razão pela qual têm direito a intervalos de descanso de 10 (dez) minutos a cada 90 (noventa) de trabalho consecutivo (Res. 56/1996, *DJ* 28-6-1996).

Constatamos que o legislador, para atingir referido objetivo, trata em momentos diferentes na CLT, em atenção à sistemática do texto legal, dos intervalos dentro da jornada de trabalho, dos intervalos entre uma e outra jornada, do intervalo entre uma e outra semana de trabalho e, afinal, do intervalo anual.

Verificamos que os dois primeiros tipos de intervalo não são remunerados, o que ocorre em relação aos dois últimos. Quer por tal circunstância, quer atentando à ordem cronológica em que se verificam no contrato de trabalho, acreditamos, para maior compreensão, ser conveniente tratá-los em dois grupos distintos, ainda que não seguindo a ordem escolhida pelo legislador. Assim, passemos à análise dos referidos intervalos.

9.5.1 Intervalos não remunerados

Examinemos, inicialmente, os intervalos previstos legalmente dentro da jornada. Deles ocupa-se o art. 71 da CLT.

> "Art. 71. Em qualquer trabalho contínuo, cuja duração exceda 6 (seis) horas, é obrigatória a concessão de um intervalo para repouso ou alimentação, o qual será, no mínimo, de 1 (uma) hora e, salvo acordo escrito ou contrato coletivo em contrário, não poderá exceder de 2 (duas) horas.
>
> § 1º Não excedendo de 6 (seis) horas o trabalho, será, entretanto, obrigatório um intervalo de 15 (quinze) minutos quando a duração ultrapassar 4 (quatro) horas.
>
> § 2º Os intervalos de descanso não serão computados na duração do trabalho.
>
> § 3º O limite mínimo de 1 (uma) hora para repouso ou refeição poderá ser reduzido por ato do Ministro do Trabalho quando, ouvida a Secretaria de Segurança e Medicina do Trabalho, se verificar que o estabelecimento atende integralmente às exigências concernentes à organização dos refeitórios e quando os respectivos empregados não estiverem sob regime de trabalho prorrogado a horas suplementares.
>
> § 4º Quando o intervalo para repouso e alimentação, previsto neste artigo, não for concedido pelo empregador, este ficará obrigado a remunerar o período correspondente com um acréscimo de no mínimo cinquenta por cento sobre o valor da remuneração da hora normal de trabalho."

Diante do texto legal, resulta a obrigatoriedade da concessão de um intervalo de uma hora no mínimo e duas horas no máximo, sempre que a jornada de trabalho tiver a duração mínima de seis horas. Justifica-se a fixação no mínimo de uma hora, pois, normalmente, trata-se do período em que o empregado deverá tomar sua refeição, descansando alguns minutos, a seguir, para então recomeçar o trabalho. Quanto à duração máxima de duas horas, pretendeu o legislador impedir que o empregador, concedendo paralisação entre os dois turnos de trabalho por período superior, fizesse com que o empregado ficasse preso ao trabalho por um lapso de tempo muito grande, ainda que trabalhando, efetivamente, apenas oito horas.

Lembre-se de que, por meio de acordo escrito, individual ou coletivo, poderão as partes dilatar este intervalo para mais de duas horas. Aí sobressai clara a manifestação de vontade das partes, no sentido de, atendendo às necessidades do serviço, estipularem intervalo mais prolongado, desde que seja conveniente também ao empregado. Tal problema, aparentemente de pequena importância, é comum em atividades ligadas ao comércio, quando, por três, quatro ou até cinco horas, cessa o trabalho, sendo retomado posteriormente. Lembremos os casos dos restaurantes, onde, após o trabalho referente ao almoço, que cessa por volta das 16 horas, é retomado somente por volta de 19 horas. Em tal caso, ficariam os empregados com um intervalo de três horas (não remunerado), prolongando, desse modo, a jornada de trabalho. Como diz a lei, apenas quando houver acordo escrito dilatando o intervalo, não será o empregador responsabilizado pelo pagamento das horas excedentes do limite de duas horas de paralisação.

Já nos casos em que a jornada de trabalho não ultrapasse o limite de seis horas de duração, determina o legislador a concessão de um intervalo de 15 minutos, desde que trabalhe o empregado o mínimo de quatro horas. Assim, por exclusão, se a jornada diária tiver duração inferior ou igual a quatro horas, não fará jus o empregado a qualquer intervalo.

A afirmação do § 2º do art. 71 da CLT, de que tais intervalos durante a jornada não serão computados na duração do trabalho, deve ser entendida como a conceituação de tais intervalos não remunerados. Assim porque, durante o gozo dessas paralisações, o empregado não está prestando serviços, nem está à disposição do empregador. Lembremos que o art. 4º da CLT considera como tempo efetivo de serviço os períodos em que o empregado está à disposição do empregador, executando ordens ou aguardando-as. Portanto, no gozo de um intervalo, uma vez que não se encontra em tal situação, o referido período não há de ser remunerado.

Cumpre ainda lembrar a possibilidade de redução do intervalo mínimo de uma hora para refeição, por ato do Ministro do Trabalho, desde que atendidas as exigências do § 3º do citado dispositivo legal. Assim, não pode o empregador, por ato seu, ou mesmo por meio de acordo com os empregados, promover diretamente tal redução. Se assim agir, bem como nas hipóteses de desrespeito às demais disposições sobre os intervalos, estará sujeito a multa.

Até o advento da Lei nº 8.923, de 27 de julho de 1994, a não concessão do intervalo de uma a duas horas para refeição e repouso, sem aumento da jornada, implicava apenas multa administrativa, porque não teria havido trabalho por mais tempo do que a jornada normal do empregado.

Todavia, o abuso era muito grande, ocorrendo em boa parte das empresas o desrespeito pelo intervalo em questão, ainda porque a consequência era só o pagamento de multa.

A referida Lei nº 8.923/94 inseriu no art. 71 da CLT o § 4º, que assim dispõe:

> "Art. 71. . . . . . .
>
> § 4º Quando o intervalo para repouso e alimentação, previsto neste artigo, não for concedido pelo empregador, este ficará obrigado a remunerar o período

correspondente com um acréscimo de no mínimo 50% (cinquenta por cento) sobre o valor da remuneração da hora normal de trabalho."

Isso significa que, mesmo em se tratando de intervalo não remunerado, sua não observância gera penalidade agora mais severa ao empregador, pois, além de pagar a multa administrativa, pagará o período de uma hora como trabalho extraordinário, ainda que o empregado tenha cumprido apenas a jornada normal, sem efetivo trabalho extra.

Assim, exemplificativamente, se o empregado trabalhar das 8 horas até as 16 horas sem observância do intervalo para refeição e descanso, que é obrigatório, a empresa, além das oito horas de trabalho, deverá pagar uma hora extraordinária, pelo desrespeito à paralisação devida.

Ademais, de acordo com a orientação jurisprudencial nº 354 da Seção de Dissídios Individuais I do Tribunal Superior do Trabalho, a parcela devida pela não concessão do intervalo intrajornada tem natureza salarial, refletindo nos demais haveres contratuais.

Até aqui examinamos os casos de intervalos dentro da jornada de trabalho. Todavia, ainda no que se refere aos intervalos não remunerados, entendeu o legislador assegurar ao empregado outro intervalo, não dentro da jornada de trabalho, mas entre uma jornada e outra. Com efeito, assim dispõe o art. 66 da CLT:

> "Art. 66. Entre 2 (duas) jornadas de trabalho haverá um período mínimo de 11 (onze) horas consecutivas para descanso."

Lembrando que a fixação de tais intervalos mínimos tem inspiração na preservação da saúde do empregado, fixa a lei o espaço mínimo que há de existir entre o término de um dia de trabalho e o início do dia seguinte, que deve ser, pelo menos, de 11 horas consecutivas. E do próprio texto legal decorre que nada obsta ser observado limite de tempo superior ao fixado em lei. Todavia, como regra geral, inexistindo a observância de tal intervalo, e tendo início a jornada de trabalho subsequente antes de completadas as 11 horas, também aqui estaremos diante de uma infração, pelo empregador, apenas de natureza administrativa. A razão é que, como no caso precedente, as referidas 11 horas destinadas ao repouso, ao lazer e à reposição das energias não são remuneradas, daí por que sua supressão não gera direito ao pagamento pelo empregador ao empregado.

Este entendimento é fruto de posição doutrinária.

O Enunciado 110 do TST determina o pagamento deste intervalo, quando não observado por razões casuísticas.[7]

O Tribunal Superior do Trabalho fixou entendimento de que, havendo desrespeito ao intervalo entre jornadas, previsto no artigo 66 da CLT, o empregador deverá pagar a integralidade das horas suprimidas, com o respectivo adicional, por aplicação analógica dos

[7] ***Súmula nº 110. Jornada de trabalho. Intervalo.***

No regime de revezamento, as horas trabalhadas em seguida ao repouso semanal de 24 horas, com prejuízo do intervalo mínimo de 11 horas consecutivas para descanso entre jornadas, devem ser remuneradas como extraordinárias, inclusive com o respectivo adicional (*RA* 101/1980, *DJ* 25-9-1980).

efeitos previstos no art. 71, § 4º, da CLT e da Súmula 110 do TST, conforme dispõe a orientação jurisprudencial nº 355 da Seção de Disssídios Individuais I do mesmo tribunal.

9.5.2 Intervalos remunerados

Já referimos haver o legislador entendido que, além dos intervalos não remunerados (dentro da jornada e entre uma e outra jornada de trabalho), há outros intervalos no curso do contrato de trabalho que devem ser pagos. Tal divisão na forma de tratamento decorre, de um lado, da circunstância de os intervalos não remunerados acontecerem em pequenos lapsos que, embora de grande relevância para a pessoa do empregado, não geram, pelo volume do trabalho precedente, direito ao pagamento. Assim é com o intervalo de 15 minutos ou de uma a duas horas, dentro da jornada de trabalho, bem como com o intervalo de 11 horas entre um dia e outro de trabalho. O tempo até então despendido (meia jornada ou uma jornada de trabalho), pela pouca duração, não implica a paga do repouso correspondente.

Com exceção a esta regra, estabeleceu o legislador consolidado a obrigatoriedade de concessão de um intervalo para dentro da jornada e de curta duração:

> "Art. 72. Nos serviços permanentes de mecanografia (datilografia, escrituração ou cálculo), a cada período de 90 (noventa) minutos consecutivos corresponderá um repouso de 10 (dez) minutos não deduzidos da duração normal do trabalho."

Trata-se, pois, de intervalo remunerado, dentro da jornada e de curta duração, o que se explica dada a peculiaridade do trabalho, que exige repetidas paralisações, porque bastante desgastante. Note-se, ainda, que, dado o avanço da tecnologia, outras atividades vão surgindo, que se assemelham ao trabalho do mecanógrafo, postulando o mesmo tratamento, como, hoje, o caso dos digitadores. Verificamos que a jurisprudência ainda reluta em reconhecer a necessidade de mesmo tratamento, mas acreditamos que assim concluirá.

De outro lado, surge como fundamento para o tratamento diverso dos intervalos a circunstância de que obrigar o empregado a permanecer por período considerável sem trabalhar, mas igualmente sem nada receber, é impor-lhe situação prejudicial que, ao invés de premiar seu trabalho realizado até então, traz-lhe um ônus difícil de suportar.

Assim, entendeu o legislador obrigar o empregador a remunerar o descanso semanal e as férias, consistindo estas no descanso anual do trabalhador.

9.5.2.1 Repouso semanal remunerado

O primeiro momento em que o legislador trata do repouso semanal é o art. 67 da CLT.

> "Será assegurado a todo empregado um descanso semanal de 24 (vinte e quatro) horas consecutivas, o qual, salvo motivo de conveniência pública ou ne-

> cessidade imperiosa de serviço, deverá coincidir com o domingo, no todo ou em parte.
>
> Parágrafo único. Nos serviços que exijam trabalho aos domingos, com exceção quanto aos elencos teatrais, será estabelecida escala de revezamento, mensalmente organizada e constando do quadro sujeito à fiscalização."

O que se vê do exame do texto da lei é que o legislador só assegurou o repouso semanal, de 24 horas consecutivas, mas não mencionou o pagamento do mesmo. E, de fato, assim foi, desde maio de 1943, quando entrou em vigor a CLT, até 14 de janeiro de 1949, com a vigência da Lei nº 605. A referida lei, fruto de inúmeras batalhas dos trabalhadores, estabeleceu a remuneração do repouso remunerado assegurado pelo art. 67 da CLT, como decorre de seu art. 1º. Ademais, dispõe a referida lei que a mesma tem aplicação a todos os empregados abrangidos pela CLT, além dos empregados rurais. Condiciona, ainda, de acordo com seu art. 6º, o direito ao repouso semanal remunerado apenas aos empregados que não registrarem faltas injustificadas no curso da semana anterior, especificando quais as ausências que entende por justificadas.

Note-se que o legislador consagrou o dia destinado ao repouso semanal como sendo o domingo, excepcionando, porém, aquelas atividades que, pela sua própria natureza, devam ser exercidas, forçosamente, inclusive em tais dias, mediante ciência à autoridade administrativa.

E, quando assim ocorrer, deverá o empregador compensar o trabalho realizado aos domingos com outro dia de folga durante a semana, já que a todos assegura-se o repouso semanal remunerado.

Ora, como já dissemos anteriormente, justifica-se o pagamento deste dia de repouso, pois compensa o trabalho do empregado por toda a semana anterior, de tal modo que, a cada seis dias de trabalho, faz jus o empregado ao pagamento do sétimo dia, que é destinado ao repouso.

Observe-se, então, que apesar da faculdade de o empregador poder alterar o dia de repouso, do domingo para outro dia, ainda assim haverá de observar o lapso máximo de seis dias de trabalho contínuo para a concessão do repouso semanal. Tal limitação significa que não pode o empregador elaborar escala de repouso semanal que obrigue o empregado a trabalhar além de seis dias seguidos, sem o repouso correspondente, sob pena de pagá-lo em dobro, que é a penalidade pela não observância de tal direito.

Surge, a propósito, uma questão prática de importância, que reside em saber o que se entende pelo pagamento em dobro do repouso semanal remunerado trabalhado e não concedido, sem a folga compensatória. Isto é, quanto deve receber o empregado que trabalha os sete dias da semana, sem qualquer folga? Qual a origem da dúvida?

Imaginemos um empregado mensalista e que, portanto, recebe o salário à base de 220 horas mensais. À luz do art. 64 da CLT, trabalhando o empregado 7 horas e 20 minutos diários, como média, faz jus a este número de horas multiplicado por 30 dias, que é, por convenção, a duração normal de todo mês. Recebe 220, mas não as trabalha integralmente, pois, nos dias de repouso semanal, ele descansa. Sendo, no exemplo, concedido normalmente o repouso semanal, o mesmo já está remunerado, pois o empregado recebeu a título de salário o pagamento por 220 horas, isto é, pelo mês todo.

Mas, na hipótese de vir a trabalhar no domingo, sem a correspondente folga semanal, quanto deveria receber? Não se cogita de horas extras porque, como veremos a seguir, só constitui hora extraordinária aquela prestada além da jornada normal diária de trabalho. O texto antigo do Enunciado nº 146 do TST, anterior à alteração promovida pela Res. 121/2003, determinava que o pagamento fosse em dobro, assim considerado o pagamento de forma simples referente às horas trabalhadas no dia de repouso semanal sem a correspondente folga compensatória, somando-se às horas pagas no salário mensal, a fim de alcançar o pretenso dobro referido.

A nosso ver, o entendimento jurisprudencial em questão era, no mínimo, injusto. A razão é que, se o empregado trabalha regularmente, de segunda-feira a sábado, independentemente do que ocorrer no domingo, já terá assegurado seu pagamento. Se deixar a empresa no sábado após o expediente fará jus ao pagamento de sete dias de salário, pois adquiriu o direito ao domingo pela prestação de trabalho durante os seis dias precedentes.

Assim, para efeito de cálculo do pagamento do dia de repouso, sem folga compensatória, nada importa o que até a véspera tenha ocorrido. E tal se dá porque destina o legislador o domingo para o repouso salvo a hipótese de folga compensatória em outro dia. Inexistindo esta, fará jus o empregado ao pagamento em dobro, isto é, trabalhará oito horas e receberá 16 horas.

Justifica-se tal entendimento tanto sob o aspecto do empregado, quanto sob o aspecto do empregador. Em relação àquele, fazendo jus a um dia de repouso a cada seis dias trabalhados, há de ser indenizado pela supressão do repouso. De outra parte, sendo o empregado convocado para trabalho extraordinário, de segunda-feira a sábado, recebe cada hora extra acrescida de 50%, ou adicional superior, por convenção das partes. E diga-se ainda que o trabalho extra, até o limite de 10 horas de trabalho por dia, é permitido pela lei. Ora, sendo o trabalho no dia de repouso proibido, quando não há a folga compensatória, é absurdo pretender-se que sua remuneração seja inferior àquela de uma hora extraordinária no curso da semana.

Sob a ótica do empregador, inexistindo qualquer ônus de natureza salarial, constitui o critério jurisprudencial uma porta aberta ao desrespeito ao descanso semanal.

Nessa situação, ao empregador custa mais barato cada hora de trabalho no dia de repouso semanal do que cada hora extra durante a semana. E, lembre-se, trata-se de desrespeito ao direito do empregado. Além disso, sendo o repouso semanal remunerado período de repouso semelhante às férias, que igualmente constituem repouso remunerado, o tratamento deveria ser análogo. Na hipótese de concessão das férias após o prazo legal, o empregador fica obrigado a pagá-las em dobro, além de conceder o gozo das mesmas na vigência do contrato de trabalho. Então, neste caso, o encargo do empregador é triplo, pois paga em dobro ao empregado e paga o salário correspondente ao empregado que o substitui no gozo das férias.

Eis o motivo da alteração do Enunciado nº 146 do TST que ora determina o pagamento em dobro sem prejuízo da remuneração relativa ao repouso semanal. É um exemplo de alteração da jurisprudência simulada pela ação dos advogados de empregados e das decisões de 1º e 2º graus que sensibilizaram o TST.

À medida que o trabalho extraordinário passou a tornar-se mais frequente, o que se deve aos baixos salários e à tentativa de compor uma remuneração um pouco melhor, houve deformação do próprio conceito de trabalho extraordinário.

Isso porque a ideia de extraordinário é contrária à ideia de habitual, pois o que é extraordinário é o que não se verifica habitualmente.

Não obstante isso, no Direito do Trabalho construiu-se a ideia de "trabalho extraordinário habitual", significando com isso o trabalho além da jornada normal com frequência.

Com base nessa constatação, muito se discutiu a respeito da integração das chamadas horas extras habituais no cálculo do repouso semanal remunerado, partindo-se da noção de que o dia de repouso remunerado deveria corresponder à média do ganho diário do empregado. Assim, trabalhando este, em média, 9 ou 10 horas por dia não seria correto pagar-lhe no repouso apenas oito horas diárias.

Surgiu o entendimento do antigo Prejulgado 52 do TST, depois transformado no Enunciado nº 172, que afirma que se computam no cálculo do repouso remunerado as horas extras habitualmente prestadas. Não obstante a antiga redação do art. 7º da Lei nº 605/49 excluir do cálculo do repouso as horas extraordinárias, entendeu a jurisprudência que estavam excluídas apenas as horas extras eventuais, daí por que aquelas habituais deveriam integrar-se ao cálculo.

Afinal, alterou o legislador a redação do mencionado art. 7º, letra *a*, da Lei nº 605/49, por força da Lei nº 7.415, de 9 de dezembro de 1985, afirmando que as horas extraordinárias habitualmente prestadas integram a remuneração do repouso semanal.[8]

---

[8] ***Súmula nº 27. Comissionista.***

É devida a remuneração do repouso semanal e dos dias feriados ao empregado comissionista, ainda que pracista (*RA* 57/1970, *DO*-GB 27-11-1970).

Súmula nº 113. Bancário. Sábado. Dia útil.

O sábado do bancário é dia útil não trabalhado, não dia de repouso remunerado. Não cabe a repercussão do pagamento de horas extras habituais em sua remuneração (*RA* 115/1980, *DJ* 3-11-1980).

***Súmula nº 146. Trabalho em domingos e feriados, não compensado* – Nova redação** – Res. 121/2003, ***DJ* 21-11-2003.**

O trabalho prestado em domingos e feriados, não compensado, deve ser pago em dobro, sem prejuízo da remuneração relativa ao repouso semanal.

Histórico:

Redação original – *RA* 102/1982, *DJ* 11-10-1982 e *DJ* 15-10-1982

Nº 146 Feriado. Trabalho

O trabalho realizado em dia feriado, não compensado, é pago em dobro e não em triplo.

Ex-prejulgado nº 18.

Súmula nº 172. Repouso remunerado. Horas extras. Cálculo.

Computam-se no cálculo do repouso remunerado as horas extras habitualmente prestadas. Ex-prejulgado nº 52 (*RA* 102/1982, *DJ* 11-10-1982 e *DJ* 15-10-1982).

9.5.2.2 Férias

Constituem as férias, como dissemos, o repouso remunerado. Cuida a CLT das férias nos arts. 129 a 153, que compõem o Capítulo IV, alterado pelo Decreto-lei nº 1.535, de 13 de abril de 1977.

A Convenção 132 da Organização Internacional do Trabalho, OIT, revista em 1970, foi ratificada pelo Decreto nº 3.197, de 5-10-1999, passando a integrar nosso ordenamento jurídico, em conjunto com os arts. 129 ss da CLT.

Quanto ao direito a férias, dispõem os arts. 129 e 130 da CLT:

> "Art. 129. Todo empregado terá direito anualmente ao gozo de um período de férias, sem prejuízo da remuneração.
>
> Art. 130. Após cada período de 12 (doze) meses de vigência do contrato de trabalho, o empregado terá direito a férias, na seguinte proporção:
>
> I – 30 (trinta) dias corridos, quando não houver faltado ao serviço mais de 5 (cinco) vezes;
>
> II – 24 (vinte e quatro) dias corridos, quando houver tido de 6 (seis) a 14 (quatorze) faltas;
>
> III – 18 (dezoito) dias corridos, quando houver tido de 15 (quinze) a 23 (vinte e três) faltas;
>
> IV – 12 (doze) dias corridos, quando houver tido de 24 (vinte e quatro) a 32 (trinta e duas) faltas.
>
> § 1º É vedado descontar, do período de férias, as faltas do empregado ao serviço.
>
> § 2º O período de férias será computado, para todos os efeitos, como tempo de serviço."

Como já havíamos referido, adquire-se o direito a férias em razão do tempo de serviço, de tal modo que após um ano de vigência do contrato adquire o empregado o direito ao primeiro período de férias e assim sucessivamente. Todavia, a lei restringe o direito, quanto à duração das férias, em razão de eventuais faltas ao serviço, como resulta do texto do art. 130 da CLT, anteriormente transcrito. As férias de menor duração são aquelas de 12 dias, em razão de o empregado faltar ao serviço, no período aquisitivo de férias, de 24 a 32 vezes. Isto significa, por exclusão, que, faltando o empregado ao servi-

Súmula nº 225. Repouso semanal. Cálculo. Gratificações por tempo de serviço e produtividade.

As gratificações por tempo de serviço e produtividade, pagas mensalmente, não repercutem no cálculo do repouso semanal remunerado (Res. 14/1985, *DJ* 19-9-1985).

Súmula nº 351. Professor. Repouso semanal remunerado. Art. 7º, § 2º, da Lei nº 605, de 5-1-1949 e art. 320 da CLT.

O professor que recebe salário mensal à base de hora-aula tem direito ao acréscimo de 1/6 a título de repouso semanal remunerado, considerando-se para esse fim o mês de quatro semanas e meia (Res. 68/1997, *DJ* 30-5-1997).

ço, no curso do ano, por mais de 32 vezes, perde o direito a férias. Lembre-se, conforme os §§ 1º e 2º do art. 130, de que o empregador não pode descontar do empregado os dias de falta ao serviço, bem como que para todos os efeitos o período de férias integra o contrato de trabalho.

Diga-se, aqui, que a proibição do desconto, embora positiva, já foi objeto da redução da duração das férias, como dispõe o art. 130. Ademais, em relação à perda do direito a férias, após mais de 32 faltas por ano, significa extinguir direito constitucionalmente assegurado ao empregado, por força da lei ordinária, o que é incorreto, como observa Aluysio Sampaio (1977:7).

Cuida o art. 131 da CLT das faltas justificadas que não implicam redução da duração das férias, enquanto o art. 133 afirma que perde o direito a férias o empregado que, no curso do período aquisitivo, deixar o emprego e não for readmitido dentro de 60 dias; permanecer em gozo de licença, recebendo salários, por mais de 30 dias; deixar de trabalhar, recebendo salários, por mais de 30 dias, em razão de paralisação dos trabalhos da empresa, e perceber auxílio previdenciário, por mais de seis meses, ainda que descontínuos, por acidente ou doença. Em tais casos, dada a paralisação do trabalho do empregado por período longo, deixa de ser justificada a concessão do descanso anual.[9]

Os §§ 1º e 2º do art. 133 determinam que as paralisações mencionadas sejam anotadas na carteira de trabalho do empregado, bem como que, após qualquer daquelas hipóteses de afastamento, terá início novo período aquisitivo, o que beneficia o empregado, já que, quando retornar, não terá de completar o período aquisitivo interrompido, como também salienta Aluysio Sampaio (1977:10-11).

A seguir cuida o texto consolidado da concessão das férias. Dispõe o art. 134 da CLT que as férias serão concedidas, por ato do empregador, em um só período, nos 12 meses seguintes à data em que o empregado adquiriu o direito.

Já o § 1º do referido artigo abre uma exceção, permitindo a divisão das férias em dois períodos, em casos excepcionais, desde que um desses períodos não seja inferior a 10 dias. Tal exceção, todavia, é inaplicável aos empregados menores de 18 anos e aos maiores de 50 anos, uma vez que em relação a esses as férias serão sempre concedidas de uma só vez, como determina o § 2º do mesmo art. 134.

Consoante o art. 135 da CLT, deverá o empregador comunicar ao empregado, com antecedência mínima de 30 dias, a época em que o mesmo sairá em gozo de férias, sendo tal comunicação por escrito e seguida da anotação na carteira de trabalho, bem como no livro ou ficha de registro do empregado.

Por força do art. 136 da CLT, resulta que a época de concessão das férias será aquela que melhor atenda aos interesses do empregador, já que a ele cabe dirigir os rumos de sua atividade. Havendo empregados de uma mesma família na empresa, poderão gozar férias no mesmo período, desde que daí não decorra prejuízo para o serviço. Se se tratar de empregado menor, terá direito a que suas férias coincidam com as férias escolares.

---

9 ***Súmula nº 89. Falta ao serviço.***

Se as faltas já são justificadas pela lei, consideram-se como ausências legais e não serão descontadas para o cálculo do período de férias (*RA* 69/1978, *DJ* 26-9-1978).

Vê-se, portanto, que as férias constituem um direito complexo, já que composto por um período aquisitivo e, a seguir, um período concessivo. Quanto ao primeiro, decorre, tão só, do decurso do tempo, consideradas eventuais faltas, nas proporções já referidas. Quanto ao segundo período, aquele concessivo, depende de ato do empregador, que determina a época de gozo de férias, tendo, para tanto, os 12 meses subsequentes à data em que o empregado as adquiriu.

A seguir, cuida o legislador, no art. 137, dos efeitos da não observância, pelo empregador, da correta concessão das férias. Em tal caso, serão elas pagas de forma dobrada, sem prejuízo de seu gozo, desde que ainda em vigor o contrato de trabalho. Deverá o empregado ajuizar ação trabalhista postulando a condenação da empresa no pagamento das férias dobradas, bem como a fixação, por sentença judicial, da época para o início das férias. O § 2º deste artigo afirma que deixando o empregador de conceder as férias a partir da data fixada na sentença pagará multa de 5% do salário-mínimo, por dia de atraso, em favor do empregado.

Eis, portanto, o encargo triplo do empregador, de que falamos quando examinamos o repouso semanal remunerado, em caso de não concessão oportuna das férias.

Possibilita, ainda, o legislador que o empregador conceda férias coletivas a seus empregados, atendendo aos interesses de seu empreendimento. Em tal caso, poderão estas ser concedidas em dois períodos, mas nenhum deles poderá ser inferior a dez dias corridos. Ademais, deverá o empregador, em tal caso, comunicar à autoridade administrativa tal procedimento, apontando o início e o término das férias, bem como especificando quais os setores de sua empresa que serão atingidos pelas férias coletivas, reproduzindo tais informações aos sindicatos de empregados e afixando, no local de trabalho, tais informações.

Além de determinar a forma de procedimento relativo às anotações das férias coletivas nas carteiras de trabalho dos empregados, determina a lei que, para os empregados que contem menos de um ano, após o retorno das férias coletivas terá início um novo período aquisitivo. Tal medida é igualmente benéfica ao empregado, do mesmo modo que ocorre quando há caso de afastamento do empregado, pois desnecessário, ao retorno das férias coletivas, completar o período interrompido.

Relativamente à remuneração das férias, explicita o art. 142 da CLT que o empregado fará jus à mesma remuneração do período aquisitivo. Tratando-se de salário fixo, inexistem problemas. Mas, se se tratar de salário variável (por tarefa, percentagem ou comissão), apurar-se-á a média dos 12 últimos meses, para fixação do devido a título de férias. Por força do § 5º deste artigo, os adicionais de horas extras, de trabalho noturno, de trabalho insalubre ou perigoso, igualmente, integram o salário para tal fim.

Já o art. 143 cria a possibilidade de o empregado poder optar pelo recebimento do equivalente a 1/3 das férias em dinheiro, constituindo este um abono, devendo gozar a título de descanso o restante das férias. Deve o empregado, até 15 dias antes do término do período aquisitivo, requerer por escrito o período de conversão de 1/3 das férias em dinheiro e, tratando-se de férias coletivas, o abono será objeto de negociação coletiva e não individual.

Se o abono, tanto o legal quanto aquele objeto de ajuste individual ou coletivo, for igual ou menor do que 20 dias, não será computado para fins trabalhistas ou previdenciários, entendendo aí o legislador que o mesmo tem caráter indenizatório e não remuneratório.

O direito às férias, que entre nós já gozava do *status* constitucional, atualmente vem assim consagrado no texto da Constituição Federal:

> "Art. 7º ......
>
> XVII – gozo de férias anuais remuneradas com, pelo menos, um terço a mais do que o salário normal."

Desse modo, criou o legislador constitucional um encargo maior ao empregador, na medida em que o empregado em férias tem direito ao mínimo de um terço do salário normal a título de abono. Este, evidentemente, incide sobre o número de dias de férias a que efetivamente faz jus o empregado e não sobre um número fixo. Assim, fazendo jus o empregado a 30 dias, tem um terço de 30 dias; já quando por faltas fizer jus a 18 dias, um terço sobre os 18 dias será calculado. Se assim não fosse, o empregado poderia não ter o direito a férias, por haver faltado mais de 32 dias no período aquisitivo, por exemplo, pretendendo receber um abono de 10 dias sobre os 30 dias de duração em tese das férias, o que seria absurdo.

De outra parte, entendemos que este abono de remuneração é compatível com a conversão das férias em pagamento de um terço (art. 143, CLT), já que entre ambos não há conflito. Igualmente, tanto no caso de férias vencidas quanto no caso de férias proporcionais, quando pagas, devem as mesmas ser calculadas com o abono constitucional. Não se argumente que aí não há gozo, como no abono criado pela CLT, pois a Constituição cogita de gozo sendo esta a finalidade primeira das férias.

Por fim, ainda que episódico o problema, entendemos que referido inciso constitucional tem aplicação imediata e alcança os períodos de férias adquiridos anteriormente à vigência da Constituição Federal, desde que o gozo se tenha verificado após 5 de outubro de 1988, ainda porque o empregado recebe nas férias a remuneração da época da concessão e não da aquisição, conforme já dispunha o art. 142 da CLT.

Por força do art. 145 da CLT, tanto o pagamento das férias quanto o do eventual abono deverão ser efetuados pelo empregador com a antecedência mínima de dois dias antes do início das férias, devendo o empregado assinar recibo de tal quitação.

Os arts. 146 e 147 da CLT cuidam dos efeitos da cessação do contrato de trabalho, relativamente às férias, estabelecendo que, qualquer que seja a causa do rompimento do contrato, fará jus o empregado às férias vencidas e ainda não gozadas. No caso de não haver cometido o empregado qualquer falta que justifique a rescisão contratual, fará jus, igualmente, à proporcionalidade de férias, em relação à parte do período aquisitivo que houver cumprido, à razão de 1/12 por mês trabalhado, ou fração igual ou superior a 15 dias.

Há de se notar, com relação às férias, que, embora elas representem pagamento em dinheiro, sua finalidade principal constitui o repouso anual a que faz jus o empregado, a cada 12 meses de trabalho, para reposição de sua energia e descanso físico e mental, sendo esta a perspectiva que há de presidir ao exame de vários problemas que envolvam a questão a elas relativa.[10]

9.6 Alterações do contrato de trabalho

Como já referimos anteriormente, sempre que se estabelece um contrato de trabalho existe um ajuste entre as partes. É verdade que tal ajuste pode ser escrito ou verbal, podendo, ainda, ser tácito. Em qualquer dessas hipóteses não existe dúvida sobre a ocorrência de uma delimitação das atribuições do empregado, de seu salário, do local de trabalho, do horário a ser cumprido, enfim, de todas as condições em que se desenvolverá o contrato celebrado.

---

[10] ***Súmula nº 7. Férias.***

A indenização pelo não deferimento das férias no tempo oportuno será calculada com base na remuneração devida ao empregado na época da reclamação ou, se for o caso, na da extinção do contrato (*RA* 28/1969, *DO*-GB 21-8-1969).

Súmula nº 10. Professor.

É assegurado aos professores o pagamento dos salários no período de férias escolares. Se despedido sem justa causa ao terminar o ano letivo ou no curso dessas férias, faz jus aos referidos salários (*RA* 28/1969, *DO*-GB 21-8-1969).

Súmula nº 46. Acidente de trabalho.

As faltas ou ausências decorrentes de acidente do trabalho não são consideradas para os efeitos de duração de férias e cálculo da gratificação natalina (*RA* 41/1973, *DJ* 14-6-1973).

Súmula nº 81. Férias.

Os dias de férias gozados após o período legal de concessão deverão ser remunerados em dobro (*RA* 69/1978, *DJ* 26-9-1978).

Súmula nº 149. Tarefeiro. Férias.

A remuneração das férias do tarefeiro deve ser calculada com base na média da produção do período aquisitivo, aplicando-se-lhe a tarifa da data da concessão.

Ex-prejulgado nº 22 (*RA* 102/1982, *DJ* 11-10-1982 e *DJ* 15-10-1982).

***Súmula nº 171. Férias proporcionais. Contrato de trabalho. Extinção – Republicado em razão de erro material no registro da referência legislativa – DJ* 5-5-2004.**

Salvo na hipótese de dispensa do empregado por justa causa, a extinção do contrato de trabalho sujeita o empregador ao pagamento da remuneração das férias proporcionais, ainda que incompleto o período aquisitivo de 12 (doze) meses (art. 147 da CLT). Ex-prejulgado nº 51.

***Súmula nº 261. Férias proporcionais. Pedido de demissão. Contrato vigente há menos de um ano –* Nova redação – Res. 121/2003, *DJ* 21-11-2003.**

O empregado que se demite antes de completar 12 (doze) meses de serviço tem direito a férias proporcionais.

Histórico:

Redação original – Res. 9/1986, *DJ* 30-10-1986 – Republicada com correção *DJ* 6-11-1986.

Nº 261 O empregado que, espontaneamente, pede demissão, antes de completar doze meses de serviço, não tem direito a férias proporcionais.

Súmula nº 328. Férias. Terço constitucional.

O pagamento das férias, integrais ou proporcionais, gozadas ou não, na vigência da CF/1988, sujeita-se ao acréscimo do terço previsto no respectivo art. 7º, XVII (Res. 20/1993, *DJ* 21-12-1993).

Pois bem, tendo em vista tal ajuste preliminar entre empregado e empregador, ainda que a participação do empregado limite-se à mera adesão àquelas condições oferecidas pelo empregador, quais os princípios que norteiam eventuais alterações daquilo que foi preestabelecido? É possível alterar uma condição de trabalho expressamente ajustada?

Tais indagações encontram resposta no enunciado do art. 468 da CLT, que assim dispõe:

> "Art. 468. Nos contratos individuais de trabalho só é lícita a alteração das respectivas condições por mútuo consentimento e, ainda assim, desde que não resultem, direta ou indiretamente, prejuízos ao empregado, sob pena de nulidade da cláusula infringente desta garantia."

Coloca-se então a seguinte questão: o contrato de trabalho é em regra inalterável, dada a eventual possibilidade de tal alteração acarretar prejuízo ao empregado, ou é ele, em regra, alterável, salvo os limites impostos pelo art. 468 da CLT?

Poder-se-ia alegar que a proposição acima é mera discussão acadêmica, mas, pelo contrário, é de extrema importância. Com efeito, este é um dos pontos fundamentais na compreensão do contrato de trabalho que, entre outras características, é de trato sucessivo.

Ajustam as partes condições de trabalho, remuneração, local de trabalho, funções a serem desenvolvidas pelo empregado etc. Ocorre que a própria dinâmica da prestação de serviços pode levar (e quase sempre leva) a alterações de tais condições. No caso das condições de trabalho, podem sofrer modificações, quer em razão dos interesses da empresa quer por fatores extremos. Já quanto ao salário, o próprio decurso do tempo impõe reajustes periódicos, assim como eventuais promoções do empregado elevam sua remuneração, bem como o trabalho em condições adversas implica o pagamento de adicionais (horas extras, trabalho noturno, trabalho insalubre, trabalho perigoso etc.). Lembremos, ademais, que em função da própria natureza da atividade desenvolvida pode surgir a necessidade de mudança do local de trabalho.

Assim, é o contrato de trabalho, pela sua própria natureza, uma relação que se cristaliza quanto à vinculação entre as partes, mas que traz no seu bojo sempre o caráter de alterabilidade.

Retornando ao princípio estabelecido pelo mencionado art. 468, constatamos que o legislador só permite a alteração contratual por mútuo consentimento, o que vale dizer que ocorrendo modificação unilateral, por iniciativa do empregador, é a mesma nula. O mesmo ocorre no caso de o empregador propor certa modificação nas condições de trabalho, sendo a mesma rejeitada pelo empregado. Todavia, mais do que isto, também implica nulidade da alteração ocorrida a constatação pelo empregado, posteriormente, que aquela mudança acarretou-lhe prejuízo.

Do texto legal, como se vê, podemos extrair os requisitos básicos e essenciais para a validade de determinada alteração contratual que são a necessidade de anuência do empregado com a modificação proposta e a inexistência de prejuízo em função da mesma modificação. Quanto ao prejuízo, pode o mesmo ser imediato ou mediato. Isto porque é possível que num primeiro momento a alteração seja benéfica mas, logo em seguida, mostra-se prejudicial ao empregado, hipótese em que nasce o direito de pleitear a reposição do contrato na situação anterior.

Além disso, quanto ao tipo de prejuízo, pode ser de natureza salarial, de natureza funcional ou, até, de natureza moral ou psicológica. Imaginemos uma promoção para determinado empregado, que implica que ele assuma um cargo de chefia. Ora, tratando-se de pessoa que não tenha condições de dar ordens aos colegas, impor penalidades aos mesmos, quando cabíveis e necessárias, nem reúna condições de resolver problemas havidos entre empregados, tal promoção pode ser aparentemente vantajosa mas, na realidade, mostra-se desastrosa. O referido empregado, até então exemplar no cumprimento das ordens recebidas, pode, ocupando o cargo de chefia, revelar-se incapaz, culminando tal situação com sua despedida.

Note-se que a lei reconhece como nula a alteração contratual, ainda que haja anuência por parte do empregado, desde que a mesma venha acarretar-lhe prejuízo. Isto porque, dada a subordinação hierárquica do empregado ao empregador e a inexistência de garantia de emprego, pode o empregado ser forçado a concordar com determinada alteração, mesmo prejudicial, ou não vislumbrar as consequências da mesma. Portanto, ainda que cristalizada a alteração e mesmo com a concordância do empregado, constatado o prejuízo dela decorrente, assiste o direito ao empregado de postular a reparação, com o retorno do contrato à situação anterior.

Como dissemos, o contrato de trabalho traz sempre consigo o caráter de alterabilidade, apesar das restrições impostas pela lei.

Daí por que afirmamos, ao contrário da ideia às vezes difundida de inalterabilidade das condições contratuais, que o contrato de trabalho é em regra alterável. Realmente, a simples alteração contratual nada tem de estranho ao contrato de trabalho, havendo aí uma das características mais marcantes do vínculo entre empregado e empregador, qual seja sua alterabilidade constante, ao menos em potencial, desde a constituição do vínculo até a sua desconstituição.

O que se nota no trato das lides trabalhistas, bem assim no contato com os diversos problemas decorrentes da dinâmica do contrato de trabalho, sob as mais variadas formas de consultas, pareceres e artigos sobre o tema, é uma posição no sentido de que a regra geral às alterações contratuais seria aquela da inalterabilidade do contrato, salvo quando houvesse vantagem para o empregado. Na verdade, assim como determinada alteração pode vir a trazer prejuízo ao empregado, outra pode resultar em benefício e pode-se, ainda, figurar a hipótese de alteração que não traga vantagem ou prejuízo ao empregado, apenas atendendo a interesse do empregador, dentro de seu poder de comando, adequando tal situação ao ritmo da empresa.

Assim, não se pode pensar no contrato de trabalho como inalterável, pois isso significa ir contra sua própria essência, que é mutável. Realmente, o vínculo entre empregado e empregador decorre de uma relação econômica que entre ambos existe, relação esta que é, afinal de contas, a causa do contrato de trabalho e, evidentemente, alterando-se a causa do contrato não há como pretender a imutabilidade deste, que é mera consequência daquela.

Diga-se também que há certas alterações contratuais que são impostas por fatores estranhos à vontade das partes, como, por exemplo, circunstâncias sociais. No campo da remuneração e da forma de seu pagamento, a insegurança social que ora vivemos sem dúvida pode ditar eventual alteração quanto ao local de pagamento do salário. Assim é que o empregador, vítima de constantes assaltos, pode vir a alterar o local de pagamento, transformando a entrega do mesmo, até então no próprio estabelecimento, para um sistema de crédito em estabelecimento bancário. Tal modificação é lícita e não traz prejuízo ao empregado, desde que o empregador permita, periodicamente, o acesso àquele estabelecimento bancário, a fim de que o empregado resolva seus problemas. Ademais, dada a motivação, lícito o proceder do empregador, que nada mais fez a não ser adequar tal obrigação contratual aos novos tempos.

Sabemos que tantas outras alterações, sob inúmeras formas e de diversas motivações, ocorrem com muita frequência, o que só reafirma a nossa posição de que é o contrato de trabalho de natureza alterável. Temos, assim, que a mutabilidade é da essência do contrato de trabalho, devendo, qualquer que seja a alteração levada a efeito, observar os limites do art. 468 da CLT, a fim de que à mesma empreste-se validade.

9.6.1 Limites às alterações do contrato de trabalho

Não obstante tenhamos concluído que o contrato de trabalho é em regra alterável, por sua própria natureza, à medida que seu desenvolvimento implica mudanças necessárias, há de se estabelecer regras para tais alterações, a fim de evitar prejuízos, diante da desigualdade em que se encontram as partes.

E a esse respeito já tivemos oportunidade de refletir anteriormente (Manus 2000:119-124), quando assim concluímos:

> "Vemos, desde logo, que, a despeito da iniciativa de uma alteração ser do empregado ou do empregador, determina a lei que para sua validade há de resultar sempre do mútuo consentimento. Como o contrato de trabalho apresenta uma particularidade, que é a circunstância do empregado subordinar-se hierarquicamente ao empregador que, por sua vez, dirige a prestação pessoal de serviços, inúmeras as situações em que o consentimento do empregado não é fruto de sua livre manifestação.
>
> Sabedor desse fato, o legislador, para neutralizar os malefícios dessa possível situação, estabeleceu que, além do mútuo consentimento, só será válida a alteração contratual se dela não resultar prejuízo ao empregado.
>
> E, como forma de cercar de proteção o empregado quanto às alterações contratuais, afirma a lei que tanto os prejuízos diretos quanto indiretos dela decorrentes tornam nula a alteração.

Essa limitação sensível à vontade das partes no contrato de trabalho tornou-o distinto dos demais contratos, nos quais a vontade das partes livremente manifestada é soberana quanto aos rumos que as partes desejam imprimir a suas relações.

A evolução social fez com que o Direito refletisse a necessidade de proteger de forma efetiva as partes contratantes em situação de submissão a outra parte, também em outros setores da atividade humana, além das relações de trabalho.

Tome-se como exemplo a Lei nº 8.078, de 11 de setembro de 1990, que dispõe sobre a proteção do consumidor, para estabelecermos um paralelo entre as relações empregado e empregador e consumidor e fornecedor.

Quando o Código de Defesa do Consumidor dispõe sobre a proteção contratual, em seu art. 46, afirma que os contratos que regulam as relações de consumo não obrigam o consumidor, se este não tiver oportunidade de conhecer previamente o conteúdo, bem como se redigidos de modo a dificultar a compreensão e seu alcance.

O art. 47 determina que a interpretação das cláusulas contratuais deva ser favorável ao consumidor. E, mais adiante, o art. 51 do mesmo código afirma que serão nulas as cláusulas que prejudiquem o consumidor, nas várias hipóteses que elenca.

Ora, essa proteção que a lei dá ao consumidor frente ao fornecedor parte do mesmo fundamento da proteção que se dá ao empregado frente ao empregador, que é a condição de subordinação de ambos diante do fornecedor e do empregador, respectivamente.

A determinação de que são nulas as cláusulas prejudiciais ao consumidor equipara-se à regra do art. 468 da CLT, transcrita, quanto aos limites das alterações contratuais. De igual modo, a determinação de que os contratos de consumo devem ser interpretados restritivamente equipara-se à aplicação do princípio protetor do Direito do Trabalho, de que cuidamos anteriormente, quando do exame do capítulo das fontes do Direito do Trabalho.

E, afinal, o tratamento equivalente entre empregado e consumidor tem como fonte primeira o princípio constitucional da igualdade. Com efeito, o legislador em ambos os casos trata de forma protecionista o empregado e o consumidor como meio necessário para estabelecer a igualdade real entre as partes contratantes.

A propósito do princípio da igualdade, importantes as palavras de Luiz Alberto David Araújo e Vidal Serrano Nunes Júnior (1998:67-68) quando afirmam que a Constituição Federal, ao instituir o princípio da igualdade, direciona no sentido de que o legislador e também o aplicador da lei devem tratar de forma igualitária todos os indivíduos, sem distinção alguma.

Prosseguem os autores alertando para o fato de que o tema da igualdade é tratado sob 'o vértice da máxima aristotélica', que afirma que há de se dar *tratamento igual aos iguais e tratamento desigual aos desiguais*, o que, embora acertado, não é suficiente para circunscrever e explicar o sentido e o alcance do princípio isonômico. Arrematam afirmando que o grande problema consiste em identificar quem são os iguais, quem são os desiguais e qual a extensão da desigualdade em cada hipótese.

Como forma de solucionar o problema, indicam os autores as lições de Celso Antonio Bandeira de Mello (1999:21-22), que afirma:

'Parece-nos que o reconhecimento das diferenciações que não podem ser feitas sem quebra da isonomia se divide em três questões:

a) a primeira diz com o elemento tomado como fator de desigualação;

*b) a segunda reporta-se à correlação lógica abstrata existente entre o fator erigido em critério de discrímen e a disparidade estabelecida no tra*tamento jurídico diversificado;

c) a terceira atina à consonância desta correlação lógica com os interesses absorvidos no sistema constitucional e destarte juridicizados.'

Esclarecendo tais questões, afirma o autor que é preciso inicialmente examinar o motivo adotado como critério discriminatório, investigando-o.

A seguir, assevera que é necessário verificar se existe fundamento lógico para estabelecer tratamento desigual em função daquele fator adotado como discriminatório. Afinal, é preciso verificar se o fundamento abstrato adotado, no caso concreto em exame, coloca-se em consonância com o sistema constitucional normativo.

Pois bem, diante dessas regras estabelecidas, em relação ao princípio da isonomia, no campo do Direito do Trabalho, podemos verificar que já o legislador constituinte cuidou de reconhecer, no art. 7º, direitos específicos aos trabalhadores urbanos e rurais, tratando o grupo dos trabalhadores de forma diversa do tratamento dispensado aos empregadores.

Assim, ao legislador ordinário cumpre, para garantir o respeito à determinação constitucional, garantir o tratamento diverso ao grupo protegido pela norma constitucional, que são os trabalhadores.

Eis por que a regra do art. 468 da CLT, de limitação à validade das alterações contratuais, encontra perfeita consonância com o princípio da isonomia, como veremos, respondendo às três questões formuladas por Celso Antonio Bandeira de Mello, transcritas.

Em resposta à primeira questão, constatamos que adotou o legislador ordinário o critério de proteção ao trabalhador frente ao empregador, identificando este como critério ou fator discriminatório, tendo em conta a desigualdade real entre as partes.

Ademais, em resposta à segunda questão, verificamos que há fundamento lógico, ou justificativa racional para tal fator discriminatório, pois a lei concede ao empregador o poder de direção da atividade empresarial, subordinando o empregado, podendo inclusive puni-lo com advertência e suspensão, o que decorre da própria definição de empregador pelo art. 2º da CLT.

Já o empregado presta serviços pessoais, mediante subordinação hierárquica, submetendo-se ao poder de comando do empregador, a teor do art. 3º da CLT, o que determina que a desigualdade da relação de emprego pode levar o empregado a aceitar determinações com as quais não concorde e que lhe sejam prejudiciais, ou que só se verifique o prejuízo posteriormente, no decorrer do contrato de trabalho.

Eis aí o fundamento lógico para a neutralização dessa desigualdade, da garantia instituída pelo art. 468 da CLT. A discriminação, no caso, funciona como estabilizador da submissão do trabalhador, diante do poder de comando do empregador, decorrente dos arts. 2º e 3º da CLT.

Afinal, como vimos, é o próprio sistema constitucional que garante o tratamento protetor aos trabalhadores, daí por que a norma legal encontra-se em sintonia com o ordenamento constitucional, configurando-se, desse modo, tratamento isonômico, na medida em que se identifica, qualitativamente, situação de desigualdade real a reclamar tratamento desigual, a fim de alcançar a igualdade real entre empregador e empregado."[11]

Verificação de aprendizagem

Questões para debate

1. *Quais são os requisitos necessários para a celebração de contrato de trabalho válido?*
2. *Qual o valor que se atribui às anotações constantes da CTPS relativamente à prova da existência do contrato de trabalho?*
3. *Há limites para a celebração de contrato de trabalho por prazo determinado? Por quê?*

---

[11] ***Súmula nº 51.*** Norma Regulamentar. Vantagens e opção pelo novo regulamento. Art. 468 da CLT. (Nova redação em decorrência da incorporação da Orientação Jurisprudencial nº 163 da SDFI-1 – Res. 129/2005 – *DJ* 20-4-2005)

I – As cláusulas regulamentares, que revoguem ou alterem vantagens deferidas anteriormente, só atingirão os trabalhadores admitidos após a revogação ou alteração do regulamento. (ex-Súmula nº 51 – RA 41/1973, *DJ* 14-6-1973)

II – Havendo a coexistência de dois regulamentos da empresa, a opção do empregado por um deles tem efeito jurídico de renúncia às regras do sistema do outro. (ex-OJ nº 163 – Inserida em 26-3-1999)

Súmula nº 288. Complementação dos proventos da aposentadoria.

A complementação dos proventos da aposentadoria é regida pelas normas em vigor na data da admissão do empregado, observando-se as alterações posteriores desde que mais favoráveis ao beneficiário do direito (Res. 21/1988, *DJ* 18-3-1988).

***Súmula nº 291. Horas extras.* Habitualidade. Supressão. Indenização (nova redação em decorrência do julgamento do processo TST-IUJERR 10700-45.2007.5.22.0101) – Res. 174/2011, *DEJT* divulgado em 27, 30 e 31-5-2011.**

A supressão total ou parcial, pelo empregador, do serviço suplementar prestado com habitualidade, durante pelo menos 1 (um) ano, assegura ao empregado o direito à indenização correspondente ao valor de 1 (um) mês das horas suprimidas, total ou parcialmente, para cada ano ou fração igual ou superior a seis meses de prestação de serviço acima da jornada normal. O cálculo observará a média das horas suplementares nos últimos 12 (doze) meses anteriores à mudança, multiplicada pelo valor da hora extra do dia da supressão.

4. *Pode-se cogitar de trabalho extraordinário em jornada diária inferior a oito horas? Em que casos?*
5. *O legislador estabelece diferença no tratamento dos períodos de repouso no curso do contrato de trabalho? Por quê?*
6. *Qual a forma correta de pagamento do trabalho em dia destinado ao repouso semanal sem a folga compensatória?*
7. *Cessado o contrato de trabalho, perde o empregado o direito às férias?*
8. *É correto afirmar que o contrato de trabalho é inalterável, como regra geral?*
9. *Quais os limites às alterações contratuais?*
10. *Exemplifique alterações lícitas e ilícitas no contrato de trabalho.*

Exercícios

Cada uma das afirmações abaixo tem por base um determinado artigo da CLT. Aponte o referido dispositivo legal, expondo, brevemente, se correta ou não a afirmativa e o fundamento de sua conclusão.

1. *O contrato de trabalho deve ser celebrado obrigatoriamente por escrito, a fim de que tenha validade.*
2. *Sendo a CTPS documento do empregado, a ele cabe providenciar as anotações nela necessárias.*
3. *Empregado e empregador têm toda liberdade na celebração do contrato de trabalho.*
4. *É vedada a prorrogação do contrato de trabalho a prazo.*
5. *Toda jornada normal de trabalho tem duração de oito horas.*
6. *A limitação à duração da jornada de trabalho aplica-se a todos os trabalhadores indistintamente.*
7. *Entre duas jornadas de trabalho haverá um intervalo mínimo de oito horas.*
8. *O repouso semanal remunerado deve ocorrer, obrigatoriamente, aos domingos.*
9. *O empregado que falta ao serviço, por qualquer motivo, perde o direito às férias.*
10. *Cabe ao empregado escolher a época do gozo de suas férias.*
11. *Só têm direito às férias coletivas os empregados que contem, à época, 12 meses, no mínimo, de serviço ao empregador.*
12. *O abono pecuniário de férias constitui uma opção do empregado.*
13. *Aquele que pede demissão do emprego faz jus às férias vencidas ainda não gozadas, mas perde o direito à proporcionalidade do período em curso.*
14. *A concordância expressa do empregado com a alteração contratual impede-o de voltar-se após contra ela.*
15. *O empregador não pode alterar o contrato de trabalho sem a concordância do empregado ainda que de seu ato não decorram prejuízos a este.*

10 Globalização, Terceirização e Flexibilização do Contrato de Trabalho

Já vimos, quando do exame do contrato individual de trabalho, no Capítulo 9, que relação de trabalho e relação de emprego são conceitos diversos. Isso porque reservamos a expressão *relação de emprego* para o trabalho de caráter subordinado, enquanto as outras formas também de prestação de serviços por pessoa física a empregador, mas que não têm o atributo da subordinação hierárquica, são apenas relações de trabalho e não de emprego.

O ideal do Direito do Trabalho é que se estabeleça um número sempre maior de contratos de trabalho, dada a proteção do empregado e de sua família e a vocação de perenidade dos contratos de trabalho.

Não obstante isso, reconhece o Direito do Trabalho a necessidade de vínculos diversos para situações diversas, isto é, o sistema jurídico identifica a diversidade de situações nas relações entre prestadores e tomadores de trabalho, o que impõe o consequente reconhecimento de regimes diversos de prestação de serviço.

E assim há de ser, pois, identificando regimes diversos de trabalho, que se diferenciam do contrato de trabalho, bem como se diferenciam uns dos outros igualmente, há a necessidade de tratamento legal diverso, visto que, em obediência ao princípio da igualdade, é necessário tratar situações diversas de forma diversa, a fim de que o resultado seja justo. Se todas as relações de trabalho fossem reduzidas a contratos de trabalho, certamente se estaria cometendo uma série de injustiças tanto aos prestadores, quanto aos tomadores de serviço.

Desse modo, a par do trabalho subordinado prestado por pessoa física, que configura o contrato de trabalho, temos as outras formas de prestação de serviço, de que cuidamos no Capítulo 8 (seção 8.3), como o trabalho autônomo, o trabalho eventual, o trabalho temporário, o trabalho prestado por empresa, por sindicato, ou por cooperativa.

Sabemos, por outro lado, que existem as limitações do art. 9º da CLT, que considera nulo todo ato que vise desvirtuar, impedir ou fraudar a aplicação da Consolidação das Leis do Trabalho.

Não obstante tal limitação severa, o legislador vem consagrando outras formas de prestação de serviços diversas do contrato de trabalho, como é o caso do trabalho temporário (Lei nº 6.019/74), o trabalho a tempo parcial (MP nº 1.709/98) e o trabalho prestado por cooperativa de trabalho, entre outros.

10.1 Globalização

Vivemos hoje uma época em que os vários países do mundo têm intensa comunicação, não só sob o aspecto das informações, mas também dos relacionamentos políticos e econômicos que estabelecem entre si. Desse modo, diante dessa realidade, não há como um país atualmente viver de forma independente das demais nações e dos organismos mundiais que constituem blocos na defesa de interesses preestabelecidos, exatamente pelas relações que há entre os vários partícipes desses grupos e da interdependência que se cria.

Exemplos desses grupos são a Comunidade Europeia e o Mercosul, que constituem dois blocos de países cujo objetivo é a integração dos participantes, com a criação de benefícios para seus integrantes e sistemas de atuação conjunta, de modo a privilegiar o relacionamento entre os integrantes do bloco e traçar uma ação conjunta em relação aos terceiros.

Registre-se, todavia, que, enquanto a Comunidade Europeia constitui um verdadeiro bloco constituído por Estados-membros, o Mercosul, ainda em estágio inicial de formação, constitui apenas um núcleo de tratados de cooperação entre os países integrantes, sem as características da Comunidade Europeia.

A constituição dessas comunidades de países e sua atividade produzem efeitos no campo das relações de trabalho, como afirma Ari Possidonio Beltran (1996:307-308):

> "Talvez não estejam ainda bem definidas as consequências que as comunidades econômicas trarão para as relações de trabalho, mas, por certo, elas serão profundas. Para ficarmos num exemplo doméstico: os argentinos alegam temer o *dumping social* sob a alegação de que no Brasil o parque industrial é mais diversificado e competitivo e o salário-mínimo é bem menor. Culpa-se, ademais, a invasão de produtos brasileiros como fator agravante do atual índice de desemprego."

Aduz ainda o autor que outro tema a ser resolvido no âmbito do Mercosul diz respeito à circulação dos trabalhadores nos vários países integrantes da comunidade, tema que envolverá a atuação dos sindicatos, que serão chamados a posicionar-se sobre o problema, como interlocutores em nome de empregados e empregadores. A propósito do tema da globalização e direitos sociais, convém consultar a obra específica de Ari Possidonio Beltran (1998).

Vemos, portanto, que o fenômeno da globalização interfere no Direito do trabalho, trazendo como uma de suas consequências a tendência de modificações nas relações entre prestadores e tomadores de serviço, como forma de aproximação entre os modelos jurídicos dos vários países.

Diga-se, aliás, que a globalização não é fenômeno novo, pois sempre as nações tiveram interferência uma sobre as outras, desde os tempos das grandes conquistas. Lembremos a ação do Império Romano, que, ao conquistar determinada nação, impunha seus costumes e suas leis aos conquistados. Durante o século XVI, os conquistadores portugueses e espanhóis igualmente transformaram a América do Sul em um bloco dependente de Portugal e Espanha, impondo-nos usos, costumes e regras por eles estabelecidos.

Ademais, resulta evidente que, na constituição desses blocos econômicos, há sempre a submissão dos países menos desenvolvidos aos países ou grupos desenvolvidos, com repercussão negativa na vida dos cidadãos daquelas nações menos desenvolvidas.

É o que hoje ocorre com os países do Terceiro Mundo, entre os quais o Brasil está incluído, assim como os demais países da América Latina, África e Ásia, além de alguns países do Leste Europeu, em relação aos países da Europa e Estados Unidos da América. A política da Comunidade Europeia e dos Estados Unidos da América em relação ao Terceiro Mundo é de submissão, impondo condições para nós desfavoráveis, de modo a manter e incrementar o lucro dos países ricos.

Nessa linha, os interesses econômicos multinacionais determinam a ação empresarial no mundo todo, suplantando a política desses grandes grupos às fronteiras nacionais, e até submetendo os Estados a seus interesses.

Eis por que não tem cabimento afirmar que o fenômeno chamado de globalização, que não é recente, mas apenas mais incisivo nos dias de hoje, possa ser benéfico às relações de trabalho nos países do Terceiro Mundo, pois o capitalismo impõe sempre medidas que preservem e aumentem o lucro, o que importa, sempre, em diminuir os custos da mão de obra e, por consequência, agravar as condições de trabalho.

É importante lembrar que a riqueza do mundo é uma só e que o acúmulo em alguns setores ou países só se dá em detrimento de uma grande massa da população mundial. O bem-estar e o alto poder aquisitivo das populações dos países desenvolvidos dá-se também graças à miséria em que vive a imensa maioria da população do planeta.

10.2 Terceirização

A doutrina adotou a expressão *flexibilização* para designar o movimento que assistimos de alteração do enquadramento jurídico das formas de prestação de serviço por pessoa física a empregador e os consequentes direitos decorrentes dessas novas relações.

Como dissemos, o Direito do trabalho sempre reconheceu a necessidade de outros vínculos de trabalho, além do vínculo empregatício, admitindo o trabalho avulso, autônomo e temporário, por exemplo.

Recentemente, as empresas, a fim de poderem manter a competitividade e poder produzir bens e serviços com preços favoráveis no mercado, passaram a ocupar-se de estratégias de modificação nas relações de trabalho, a fim de diminuir o custo do trabalho.

Esse fenômeno da busca de novas formas de prestação de serviços passou a ser denominado "terceirização". Sergio Pinto Martins (1995:17), após asseverar que se trata de neologismo, afirma que *terceirizar* significa a empresa contratar serviços de terceiro para suas atividades-meios.

Nesse sentido, o autor afirma que *terceirização* é sinônimo das expressões *subcontratação, terciarização, filiação, reconcentração, desverticalização, exteriorização do emprego, focalização, parceira*, entre outras.

Percebemos, portanto, que a ideia de terceirizar significa buscar os serviços de um terceiro (que não o empregado), para desenvolver determinada tarefa.

E o que motiva o empresário a buscar o concurso desse terceiro, é óbvio, é diminuir o custo da mão de obra, o que lhe permite ampliar seu lucro, ou, no mínimo, manter-se no mercado de forma competitiva, garantindo preço razoável a seu produto.

Eis por que não há como negar que o fenômeno da terceirização é prejudicial aos trabalhadores, embora boa parte dos estudiosos insista em negar tal fato. Ora, se o que assistimos é a tentativa de substituir o empregado por outras formas de prestação que sejam menos custosas ao empresário, não há como conseguir esse intento sem diminuir os valores pagos ao prestador de serviço.

É fato que, não existindo contrato de trabalho, os encargos do empregador desaparecem e, portanto, de imediato, pode-se até pagar mais pelo serviço prestado. Todavia, as garantias do contrato de trabalho desaparecem, porque esse instituto deixa de existir.

Lembre-se de que a terceirização é situação imposta pelo fenômeno da globalização, à medida que a competitividade aumenta com esse processo que introduz entre nós outros competidores, como as empresas multinacionais, tornando o mercado altamente difícil para a empresa nacional, impondo-lhe medidas drásticas para poder manter-se em atividade.

Referimos, quando da definição de Sergio Pinto Martins de terceirização, à ideia de atividade-meio, a qual é preciso definir adequadamente. As empresas têm sua atividade principal, denominada de atividade-fim, além de outras atividades que desenvolvem para viabilizar aquela atividade principal. Pois bem, essas outras atividades, que não são o fim principal da empresa, e que podemos chamar de atividades periféricas ou auxiliares, é que são chamadas de atividades-meios.

Diante da realidade que vivemos, que traz um crescente movimento de terceirização, o Tribunal Superior do Trabalho decidiu disciplinar o assunto, editando a Súmula 331, que assim se expressa:

> I – A contratação de trabalhadores por empresa interposta é ilegal, formando-se o vínculo diretamente com o tomador de serviços, salvo no caso de trabalho temporário (Lei nº 6.019, de 3-1-1974).

> II – A contratação irregular de trabalhador, mediante empresa interposta, não gera vínculo de emprego com os órgãos da Administração Pública direta, indireta ou fundacional (art. 37, II, da CF/1988).
>
> III – Não forma vínculo de emprego com o tomador a contratação de serviços de vigilância (Lei nº 7.102, de 20-6-1983), de conservação e limpeza, bem como a de serviços especializados ligados à atividade-meio do tomador, desde que inexistente a pessoalidade e a subordinação direta.
>
> IV – O inadimplemento das obrigações trabalhistas, por parte do empregador, implica a responsabilidade subsidiária do tomador dos serviços, quanto àquelas obrigações, desde que haja participado da relação processual e conste também do título executivo judicial.
>
> V – Os entes integrantes da Administração Pública direta e indireta respondem subsidiariamente, nas mesmas condições do item IV, caso evidenciada a sua conduta culposa no cumprimento das obrigações da Lei nº 8.666, de 21-6-1993, especialmente na fiscalização do cumprimento das obrigações contratuais e legais da prestadora de serviço como empregadora. A aludida responsabilidade não decorre de mero inadimplemento das obrigações trabalhistas assumidas pela empresa regularmente contratada.
>
> VI – A responsabilidade subsidiária do tomador de serviços abrange todas as verbas decorrentes da condenação referentes ao período da prestação laboral.

Verificamos que a regra geral é a de que não se admite a contratação de mão de obra por empresa interposta, salvo o caso de trabalho temporário, pois prevalece entre nós a regra de que o trabalho subordinado prestado por pessoa física gera contrato de trabalho. Assim, verificando-se a prática ilegal, declarar-se-á a ilegalidade, reconhecendo-se o contrato de fato havido entre prestador de serviços e o tomador.

Não obstante isso, referido procedimento ilícito não gera vínculo de emprego com a Administração Pública, a fim de se evitar a admissão de servidores públicos por via oblíqua, em prejuízo da própria Administração Pública e em desrespeito a regras e princípios do art. 37 da Constituição Federal.

A permissão de terceirização na atividade empresarial privada dá-se, de acordo com o entendimento sumulado, nas atividades de limpeza e conservação e no caso de serviços especializados. Todavia, mesmo nesses casos é preciso que o serviço contratado refira-se à atividade-meio e que também não se verifique pessoalidade e subordinação direta.

Desse modo, tem a jurisprudência como regra que a terceirização é permitida nas atividades-meios e, ainda assim, desde que não configurados os requisitos da relação de emprego (pessoalidade e subordinação hierárquica direta).

Sob a óptica processual, ainda estabelece o a Súmula 331, em seu inciso IV, que o tomador de serviços, ainda que lícita a terceirização e que portanto seja reconhecida como empregadora verdadeira a empresa prestadora de serviços, a responsabilidade subsidiária do tomador de serviços, pelas obrigações trabalhistas do prestador em relação a seus empregados.

Melhor explicando, trata-se de hipótese em que, por exemplo, a empresa Alfa serviu-se da empresa Beta para determinado serviço de limpeza em seu estabelecimento. Essa empresa Beta contratou empregados e deixou de pagar todos os encargos contratuais devidos. Se esses empregados ingressarem em juízo contra ambas as empresas e resultar lícita a terceirização, ainda assim a sentença condenará a empresa Beta a pagar o devido a cada empregado, mas condenará também a empresa Alfa, subsidiariamente, como responsável por tais obrigações.

Não se trata de condenação solidária, caso em que o credor pode acionar qualquer dos devedores indistintamente. Trata-se, isso sim, de condenação subsidiária, que significa que só na impossibilidade comprovada de a empresa Beta (empregadora) pagar o devido é que os empregados poderão executar bens da empresa Alfa (tomadora de serviços).

A justificativa para tal posicionamento jurisprudencial é a obrigação da tomadora de serviços de zelar pela escolha de empresa idônea e fiscalizar a regularidade da relação entre esta e seus empregados, responsabilidade esta que pode onerá-la por sua culpa *in eligendo* e culpa *in vigilando*.

É essencial, porém, ainda sob a óptica processual, que a tomadora de serviços seja parte no feito, tendo direito a ampla defesa e que conste do título judicial, sob pena de a sentença não alcançá-la se assim não for.

Relativamente aos casos de terceirização em que o tomador é o serviço público, há de se ter em conta o texto do art. 71 da Lei nº 8.666/93, que exclui a responsabilidade do ente público por débitos trabalhistas da empresa terceirizada com seus empregados.

O referido artigo já teve reconhecida sua constitucionalidade pelo STF, mas não foi objeto de decisão definitiva por aquela Corte, mas tal fato não impede a Justiça do Trabalho de examinar caso a caso eventual responsabilidade do tomador de serviços.

Contudo, é preciso que os autos revelem expressamente que o tomador de serviços agiu com culpa, concorrendo para o não pagamento das verbas devidas, como no caso da *culpa in vigilando*, relativamente ao cumprimento das obrigações trabalhistas pela empresa terceirizada.

Em tais casos tem a jurisprudência responsabilizado subsidiariamente o ente público, pois a regra do art. nº 71 da Lei nº 8.666/93 pressupõe a conduta regular do tomador de serviços, não se aplicando na hipótese em que se reconhece a culpa. Diga-se, todavia, que a questão ainda está a merecer decisão meritória pelo STF.

10.3 Flexibilização

O fenômeno da flexibilização, como já dissemos, significa a postura do legislador de permitir que as relações entre empregado e empregador possam ser equacionadas de forma diversa do contrato de trabalho, bem como significa que os problemas oriundos do contrato de trabalho possam ensejar soluções diversas das regras tradicionais da CLT.

Como já expusemos no item 10.2, a flexibilização e a terceirização são prejudiciais aos trabalhadores. Isso porque ambas são modos de tratamento da prestação de serviços que oferecem vantagens ao capital, mesmo porque, se assim não fosse, ao empregador de nada adiantaria e, portanto, delas não se utilizaria. E, se são formas de economizar com a mão de obra, é evidente que resultam em prejuízo aos trabalhadores. Não obstante isso, tais fenômenos são fruto dos tempos atuais, da grande concentração de capitais e das leis de mercado que vivemos.

Diante dessa realidade, a Constituição Federal cuidou da flexibilização da relação de emprego. Assim, o art. 7º, I, do texto constitucional assegura irredutibilidade do salário, salvo o disposto em convenção ou acordo coletivo. O inciso XIII do mesmo artigo fixa a duração diária do trabalho em oito horas, e o limite semanal em 44 horas, facultada a compensação e redução de jornada por acordo ou convenção coletiva de trabalho. O inciso XIV desse artigo assegura jornada de seis horas em turnos ininterruptos de revezamento, salvo negociação coletiva.

Essas três situações demonstram hipóteses de flexibilização das regras trabalhistas. Tanto o princípio da irredutibilidade salarial, quanto a duração do trabalho podem ser objeto de negociação coletiva.

Todavia a redução de custos deve ser feita de forma lícita, isto é, buscando reduzir despesas possíveis de se evitar, sob pena de infringir a lei. Nesse sentido é que se condena a terceirização, quando se busca utilizá-la de forma ilícita, *precarizando* as condições de trabalho. É possível terceirizar quando a empresa que passa a prestar aqueles serviços tem condições de fazê-lo de forma melhor que a tomadora de serviços por conta própria. Mas tal modificação encontra óbice quando as condições contratuais dos novos trabalhadores passam a ser desvantajosas em relação aos contratos mantidos pela tomadora de serviços.

Vemos, desde logo, que, dada a seriedade do tema, o legislador constitucional permite negociação, mas sempre coletiva, a fim de que haja negociação em situação de igualdade entre empresa e sindicato, o que não ocorre na relação empresa e empregado individualmente considerado.

E a nosso ver não permite o legislador constitucional, ainda que por instrumento coletivo, simples redução ou supressão de garantia constitucional ou legal, mas negociação que altere certo benefício em troca de outra vantagem, ou retire certo direito em favor de outra garantia compensatória.

Ainda como reflexos da flexibilização, temos outras formas de prestação de serviço, que não o contrato de trabalho, como o trabalho temporário, o trabalho executado por cooperativa, por sindicato, ou mesmo por outras empresas, como já visto.

Todavia, no exame dessas hipóteses de prestação de serviços, além dos limites referidos, será sempre preciso verificar se o tomador de serviços valeu-se de uma das inúmeras formas de prestação de serviços que o mercado oferece, o que torna lícito o contrato, ou se se trata de fraude, tentando mascarar verdadeiro contrato de trabalho, o que não será aceito.

Verificação de aprendizagem

Questões para debate

1. *Qual o significado da expressão globalização, no mundo do trabalho?*
2. *Quais os efeitos da globalização em relação aos países do Terceiro Mundo?*
3. *É possível estabelecer relação entre a ideia de soberania nacional e o fenômeno da globalização da economia?*
4. *O que significa terceirização?*
5. *Aponte e comente outras expressões utilizadas para designar o fenômeno da terceirização.*
6. *A terceirização na prestação de serviços é prejudicial ou não aos trabalhadores? Por quê?*
7. *Quais os limites impostos à terceirização pela jurisprudência?*
8. *Pode-se cogitar de terceirização lícita na chamada atividade-fim de uma empresa? Por quê?*
9. *A empresa tomadora de serviços tem alguma responsabilidade quanto aos direitos trabalhistas dos empregados da empresa prestadora de serviços? Explicar a resposta.*
10. *O que significa flexibilização das relações de trabalho?*
11. *Dê exemplos de flexibilização no Direito do Trabalho brasileiro.*

11 *Salário e Remuneração*

Antes do exame específico da questão relativa ao salário, ocupemo-nos do conceito deste e de remuneração. Juridicamente muito se discutiu e ainda se discute sobre a noção exata destas duas expressões, o que, no mundo jurídico, tem relevância, já que a precisão terminológica é de grande importância.

Tem a doutrina (Gomes e Gottschalk, 1984:257; Catharino, 1981-II:32-33; Maranhão, 1976:179; Sussekind, Maranhão e Viana, 1963-I:370-371; Silva, 1978:318-319; Magano, 1972:74-75; Magano, 1981-II:191; e Lamarca, 1972:198) se ocupado, com frequência, de estabelecer distinção entre os dois vocábulos, de tal modo que podemos afirmar que a maioria dos autores emprega "remuneração" como gênero, do qual "salário" seria espécie. Em outras palavras, seria a remuneração o conjunto dos títulos que percebe o empregado por sua prestação de serviços, aí incluído, como principal, o salário. Este – devido e pago pelo empregador, diretamente, pela prestação de serviços, ou pela circunstância de estar o empregado a sua disposição, aguardando ordens – seria agregado dos demais títulos, como as gorjetas, os prêmios, as gratificações e os diversos adicionais (horas extras, adicional noturno etc.), formando, então, o conjunto do ganho auferido, a que se denominaria remuneração.

Historicamente, a distinção entre salário e remuneração tem origem, como nos informam Arnaldo Sussekind, Dorval de Lacerda e J. de Segadas Viana (1943-II: 180-183), na controvérsia surgida a respeito de se saber se as gorjetas, pagas por terceiros, poderiam ser utilizadas pelo empregador para compor o valor do salário-mínimo. Com efeito, preocupou-se a comissão que elaborou o anteprojeto da CLT em obrigar o empregador a pagar diretamente ao empregado a remuneração mínima fixada, não se podendo utilizar de parcelas variáveis e aleatórias para tal fim. Eis aí a origem da redação do texto do art. 457 da CLT, que traça a distinção já mencionada entre salário e remuneração. Esta teria como finalidade resguardar o empregado quanto ao seu direito de receber do empregador, ao menos, o salário-mínimo integral.

Tendo em mente tal preocupação, assim redigiu o legislador o art. 457 da CLT:

> "Art. 457. Compreendem-se na remuneração do empregado, para todos os efeitos legais, além do salário devido e pago diretamente pelo empregador, como contraprestação do serviço, as gorjetas que receber.
>
> § 1º Integram o salário não só a importância fixa estipulada, como também as comissões, percentagens, gratificações ajustadas, diárias para viagem e abonos pagos pelo empregador.
>
> § 2º Não se incluem nos salários as ajudas de custo, assim como as diárias para viagem que não excedam de 50% (cinquenta por cento) do salário percebido pelo empregado.
>
> § 3º Considera-se gorjeta não só a importância espontaneamente dada pelo cliente ao empregado, como também aquela que for cobrada pela empresa ao cliente, como adicional nas contas, a qualquer título, e destinada à distribuição."

Hoje acreditamos, todavia, que tal distinção não mais se justifique. Assim, se há 40 anos distinguir salário de remuneração surgia como forma de criar garantia ao trabalhador, com o tempo, a mesma distinção, a nosso ver, prejudica-o.

Antes de adentrarmos efetivamente na crítica à distinção doutrinária, examinemos o texto legal, o que nos demonstra que a própria comissão que o elaborou não estava bem segura da significação distinta de salário e remuneração.

O art. 457 da CLT, em seu *caput*, diz que se compreendem na remuneração, para todos os efeitos legais, além do salário devido e pago diretamente pelo empregador, como contraprestação do serviço, as gorjetas que receber. Eis aí a fixação dos conceitos de que nos falam Sussekind, Dorval de Lacerda e Segadas Viana, como já mencionamos, excluindo a gorjeta do conceito de salário, especificamente, dando à remuneração o caráter mais abrangente.

Mas o próprio § 1º daquele artigo já utiliza salário no lugar de remuneração, quando afirma que o integram não só a importância fixa estipulada, como também as comissões, percentagens, gratificações ajustadas, diárias para viagens e abonos pagos pelo empregador. Aqui o legislador estava se referindo à remuneração, mas utilizou a expressão *salário*.

O § 2º do mesmo dispositivo, ao dispor que as ajudas de custo e as diárias não excedentes de 50% do salário não integram o próprio salário, igualmente utiliza a expressão inadequada, pois deveria referir-se à remuneração.

O art. 458 da CLT igualmente emprega salário quando deveria empregar remuneração, ao mencionar que àquele integram-se prestações *in natura*. O § 1º do art. 487 da CLT diz que a falta de aviso-prévio pelo empregador dá o direito ao empregado dos "salários correspondentes ao prazo do aviso", quando, em realidade, estaria fazendo referência à remuneração, uma vez que a prestação do referido lapso deve corresponder ao ganho habitual do empregado, com pagamento de todos os títulos que normalmente percebia até então.

Ainda cabe um outro exemplo. O art. 459 da CLT diz que na readmissão do empregado estável o empregador está obrigado a pagar-lhe "os salários a que teria direito no período de suspensão", quando evidente que o conceito é de remuneração, já que faz jus o empregado a toda a soma de títulos que perceberia, se em serviço estivesse, no referido lapso.

Em síntese, o que se vê é que o legislador preocupou-se em garantir a paga mínima ao empregado, percebida diretamente do empregador, mas, em contrapartida, criou certa confusão terminológica entre as expressões *salário* e *remuneração*.

Modernamente, a doutrina tem constatado ser descabida tal distinção. Amauri Mascaro Nascimento (1968:23-27; 1970:101; 1975:33; 1981-II:90; 1990:292; 1982b: 46,393-395) manifesta-se de forma categórica nesse sentido, afirmando que a distinção tem valor e importância apenas históricos, não mais se justificando hoje. De forma idêntica manifesta-se Aluysio Sampaio (1982:115-118), que acrescenta ser inútil a distinção, quer sob o aspecto científico, quer sob o aspecto técnico e prático.

Não tem este livro a pretensão de esgotar o tema da questão terminológica, tendo em vista sua finalidade específica, mas sim preocupa-se em fixar a ideia de que salário e remuneração são expressões sinônimas, podendo ser utilizadas indistintamente, quando nos referimos à retribuição a que faz jus o empregado, em sentido geral.

Norteia-nos, de um lado, a preocupação com o leitor quanto à exata compreensão do texto, no que se refere às expressões em questão, em face do posicionamento da doutrina; e, de outro, a nossa convicção de que a clássica distinção entre salário e remuneração, que é própria do direito brasileiro, atualmente é nefasta ao Direito do Trabalho, não obstante suas origens.

Vimos que a distinção estabelecida pelo legislador, por si só, é contraditória. Mas, esclareça-se, nosso posicionamento não se prende a uma tentativa de adequação ao texto legal. Antes disso, cremos que distinguir salário de remuneração tem servido, hoje em dia, principalmente para possibilitar alguns empregadores, com o objetivo de furtarem-se ao cumprimento da lei, não considerar como salário parte do pagamento que percebem seus empregados. Assim, decompõem o salário em vários títulos, o que serve como expediente para a não incidência da totalidade do ganho sobre os variados encargos que decorrem do salário. Resulta que a distinção em exame surge, para alguns, como uma porta aberta à fraude, à medida que, embora o empregado perceba determinada quantia mensal, terá o cômputo de apenas uma parcela para efeito de férias, de 13º salário, de recolhimento previdenciário, de recolhimento fundiário e de indenização, quando, em realidade, tudo o que o empregado percebe habitualmente guarda natureza salarial, quer pela motivação do pagamento, quer pela própria habitualidade, integrando a remuneração para todos os efeitos.

É evidente que a precisão terminológica é essencial a qualquer ramo do conhecimento humano, na medida em que facilita o trato com os vários conceitos, possibilitando aprofundá-los. Daí as várias distinções que se fazem, inclusive no âmbito do Direito do Trabalho, serem de valor indubitável, e se constituírem em uma das formas de delinear e precisar os vários conceitos.

Acreditamos, no entanto, seguindo a doutrina mais moderna entre nós, que a distinção em exame de nada serve, tendo apenas razão e valor históricos. Na realidade, inexiste um conceito preciso dos dois vocábulos indicando que sejam expressões de ideias diversas. Daí resulta que a distinção de que nos ocupamos tem efeito exatamente inverso àquele a que se propõe.

A imprecisão legislativa e a preocupação da doutrina em distinguir os dois termos têm servido, na prática, para confundir os que se ocupam do Direito do Trabalho, normalmente trazendo prejuízos ao trabalhador e, às vezes, para o próprio empregador, que, diante da confusão que é estabelecida, age contrariamente ao entendimento jurisprudencial, apenas como decorrência de ignorância ou má informação, frutos da referida distinção. Assim afirmamos porque a jurisprudência posiciona-se no sentido de que todas as parcelas de caráter remuneratório integram-se ao salário, para os reflexos devidos, o que nem sempre é do conhecimento das empresas.

Temos, portanto, que são sinônimas as expressões *salário* e *remuneração*, sendo utilizadas desse modo no curso do presente texto.[1]

11.1 Salário

A expressão *salário* pode ser considerada sob os aspectos econômico, social e jurídico.

Assim, no plano econômico, a visão liberal a respeito do salário considera-o um dos fatores do custo da produção, assim como o preço da matéria-prima, dos instrumentos de trabalho e os demais fatores que compõem o custo final do produto.

Sob a óptica de Marx (1954:17-23), o salário é o preço de determinada mercadoria, sendo esta a força de trabalho do operário. O patrão não compra o trabalho do operário, mas sua própria força de trabalho, utilizando-a como bem entender e até quando não mais o interesse, em razão do lucro que extrai.

Já para os socialistas, não se considera, numa sociedade ideal, o salário como preço de uma mercadoria, uma vez que não há lucro extraído do trabalho. É o salário a compensação pelo trabalho desenvolvido, que visa à formação de um produto social, a ser distribuído a cada um, de acordo com as suas necessidades.

Do ponto de vista social, há forte tendência entre os estudiosos (Nascimento, 1975:22-25) de ampliar a noção de salário individual para a noção de salário social. Isto significa compreender o salário não só como a contraprestação paga ao empregado pelo empregador e em razão da prestação de serviço, mas também uma ampliação desse conceito de modo a englobar os benefícios de ordem familiar e previdenciária. A visão social do salário busca amparar o próprio trabalhador e seus dependentes de forma ampla, em razão da condição daquele de empregado, ainda que não se encontre em serviço.

[1] ***Súmula nº 241. Salário-utilidade. Alimentação.***

O vale para refeição, fornecido por força do contrato de trabalho, tem caráter salarial, integrando a remuneração do empregado, para todos os efeitos legais (Res. 15/1985, *DJ* 9-12-1985).

Evidentemente, tanto a noção econômica de salário quanto a visão social merecem exame mais detido, a fim de que se compreenda o conceito de salário sob o prisma de ambos os universos do conhecimento humano.

Importa-nos, porém, por ora, o conceito de salário do ponto de vista jurídico. E aqui, valemo-nos primeiro da ideia já fixada de que salário e remuneração são expressões sinônimas e, segundo, do disposto no citado art. 457 da CLT.

Ali está dito que integram o salário não só a importância fixa estipulada entre empregado e empregador, como também as comissões, percentagens, gratificações ajustadas, diárias e abonos pagos pelo empregador.

Em síntese, podemos afirmar que todo valor recebido pelo empregado em razão da prestação de serviços e no curso do contrato de trabalho tem natureza salarial. Evidentemente, há de se excluir do conceito de salário aquelas parcelas pagas com o fim efetivo de indenizar o empregado por eventual despesa que tenha de ser feita em razão da prestação de serviços. Assim, o reembolso de despesas com alimentação, transporte, representação e outras, que venha a ser efetivado pelo empregador, não tem natureza salarial, pois nada acresce ao salário do empregado. Ao contrário, só evita que ele tenha de ver diminuído seu ganho mensal com despesas necessárias ao desempenho de suas atribuições.

Ainda em razão do mencionado art. 457 da CLT, em seu § 3º, vê-se que também é salário a parcela paga por terceiro, que não o empregador, mas em razão da prestação de serviço. Assim, encontramos a gorjeta incluída pelo legislador como salário, do mesmo modo que podemos imaginar outras situações em que parte ou todo o salário venha a ser pago por terceiro. Um vendedor empregado pode ter garantida uma remuneração fixa, paga pelo seu patrão, bem como uma parcela variável, constituída por comissões, paga pelos clientes que atenda. Um determinado empregado pode ter sido cedido para outra empresa, recebendo desta seu salário, embora seja, efetivamente, empregado daquela empresa cedente e não da que se vale, temporariamente, de seus préstimos.

Convém lembrar que pode ser o salário constituído de parte em moeda corrente e parte em utilidade, como veremos quando do exame do salário-mínimo.

Enfim, tanto a lei quanto a jurisprudência orientam-se no sentido de dar a mais ampla proteção ao salário, a fim de evitar, como já referimos, que alguns empregadores valham-se de expedientes reprováveis decompondo o salário em várias parcelas, a fim de furtarem-se aos encargos sociais sobre a totalidade dos valores pagos. Tal procedimento traz prejuízos ao empregado por não computar todo o ganho para efeitos de férias, de 13º salário, FGTS etc.

Além das parcelas que a lei menciona como integrantes do salário, há vários adicionais que podem ser devidos ao empregado, em razão de trabalho em condições adversas, os quais, embora originariamente tenham natureza indenizatória, uma vez que se tornem habituais, adquirem natureza salarial.

Referimo-nos ao adicional de horas extras, ao adicional noturno, ao adicional de transferência, ao adicional de insalubridade ou de periculosidade, bem como aos variados adicionais de origem contratual (adicional por tempo de serviço, prêmio de produção), que não são obrigatórios mas que podem ser instituídos pelo empregador.

Embora devamos estudar os adicionais em capítulo à parte, importam algumas considerações sobre os mesmos no que se refere ao seu aspecto salarial. Com efeito, visam os referidos adicionais indenizar o empregado pelo trabalho em condições mais penosas. Assim é com o trabalho além da jornada normal, o trabalho noturno etc. Todavia, se a condição de trabalho que enseja tal pagamento torna-se habitual, adquire aquela parcela paga natureza salarial. Isto porque, com a repetição do pagamento, surge para o empregado a expectativa de seu recebimento, legitimando sua postura no sentido de reordenar seu orçamento familiar, incluindo todo seu ganho.

Eis aí o motivo daquela afirmação anterior de que é salário tudo o que o empregado recebe em razão da prestação de serviços. Em princípio, os adicionais decorrentes de condições adversas de trabalho têm natureza indenizatória e não salarial, mas, em razão do decurso do tempo e seu reiterado pagamento, passam a ter natureza salarial.

Frise-se, a propósito, que em Direito do Trabalho, embora seja relevante o conceito de habitualidade, o mesmo há de ser aferido em cada caso particular, ainda porque a fixação genérica no tempo da habitualidade provocaria situações injustas. Habitual, em tese, seria determinado evento que, pela sua repetição, torna-se razoavelmente esperado.[2]

11.1.1 Salário-mínimo

Dispõe a Constituição Federal, em seu art. 7º, IV, a regra geral a ser observada a respeito do salário-mínimo:

---

2 ***Súmula nº 91. Salário complessivo.***

Nula é a cláusula contratual que fixa determinada importância ou percentagem para atender englobadamente vários direitos legais ou contratuais do trabalhador (*RA* 69/1978, *DJ* 26-9-1978).

Súmula nº 101. Integram o salário, pelo seu valor total e para efeitos indenizatórios, as diárias de viagem que excedam a 50% (cinquenta por cento) do salário do empregado, enquanto perdurarem as viagens – Res. 129/2005 – *DJ* 20-4-2005.

Súmula nº 318. Diárias. Base de cálculo para sua integração no salário.

Tratando-se de empregado mensalista, a integração das diárias no salário deve ser feita tomando-se por base o salário mensal por ele percebido e não o valor do dia de salário, somente sendo devida a referida integração quando o valor das diárias, no mês, for superior à metade do salário mensal (Res. 10/1993, *DJ* 29-11-1993).

Súmula nº 322. Diferenças salariais. Planos econômicos. Limite.

Os reajustes salariais decorrentes dos chamados "gatilhos" e URPs, previstos legalmente como antecipação, são devidos tão somente até a data-base de cada categoria (Res. 14/1993, *DJ* 21-12-1993).

Súmula nº 342. Descontos salariais. Art. 462 da CLT.

Descontos salariais efetuados pelo empregador, com a autorização prévia e por escrito do empregado, para ser integrado em planos de assistência odontológica, médico-hospitalar, de seguro, de previdência privada, ou de entidade cooperativa, cultural ou recreativo-associativa de seus trabalhadores, em seu benefício e de seus dependentes, não afrontam o disposto no art. 462 da CLT, salvo se ficar demonstrada a existência de coação ou de outro defeito que vicie o ato jurídico (Res. 47/1995, *DJ* 20-4-1995).

***Súmula nº 354. Gorjetas. Natureza jurídica. Repercussões* – Revisão do Enunciado nº 290 – Res. 23/1988, *DJ* 24-3-1988.**

As gorjetas, cobradas pelo empregador na nota de serviço ou oferecidas espontaneamente pelos clientes, integram a remuneração do empregado, não servindo de base de cálculo para as parcelas de aviso-prévio, adicional noturno, horas extras e repouso semanal remunerado (Res. 71/1997, *DJ* 30-5-1997).

"Art. 7º São direitos dos trabalhadores urbanos e rurais, além de outros que visem à melhoria de sua condição social:

IV – salário-mínimo, fixado em lei, nacionalmente unificado, capaz de atender a suas necessidades vitais básicas e às de sua família com moradia, alimentação, educação, saúde, lazer, vestuário, higiene, transporte e previdência social, com reajustes periódicos que lhe preservem o poder aquisitivo, sendo vedada sua vinculação para qualquer fim."

Constata-se, numa análise comparativa ao conceito de salário-mínimo do art. 165, I, da Constituição Federal de 1967, com a emenda de 1969, que houve unificação do valor do salário-mínimo em nível nacional, deixando-se de lado a ideia de regionalização do seu valor. Ademais, acrescida à noção de salário-mínimo do art. 76 da CLT a preocupação com educação, saúde, lazer e previdência social. Mais ainda, preocupou-se o legislador constitucional com a periodicidade de seus reajustes, de modo a preservar seu valor real, bem como evitou sua vinculação para qualquer fim, com objetivo de impedir que por outros motivos não viesse a ser majorado o salário-mínimo. Assim, procurou-se cercar o salário-mínimo de todas as garantias que o levassem a cumprir, efetivamente, sua finalidade.

É bem verdade que há alguns que acreditam inócuas tais medidas, quando pensamos na nossa realidade e no valor irrisório do salário-mínimo. Todavia, é de fundamental importância que em nível constitucional tenhamos assegurados os parâmetros para a fixação em valor compatível, cumprindo, em seguida, o trabalho de adequar aquela fixação aos ditames constitucionais.

Por conseguinte, o citado art. 76 da CLT, que já era conflitante com o texto constitucional anterior, hoje necessita urgente alteração, pois com o atual o conflito é ainda maior.

Assim, o conceito de salário-mínimo da CLT padece do vício de restringir o conceito constitucional e ambos padecem de vício maior, consistente no não atendimento das finalidades a que se destinam.

O que verificamos quanto ao salário-mínimo é a urgente necessidade de elevação de seu valor, a fim de que efetivamente cumpra a finalidade legal a ele reservada.

De outra parte, apesar do sério problema enfocado, há princípios que norteiam o salário-mínimo quanto à fixação do mesmo e sua aplicação.

O art. 78 da CLT afirma que se o salário do empregado for ajustado por empreitada, por tarefa ou por peça, de qualquer modo a ele será assegurada a remuneração mínima diária, do mesmo modo que se o ganho fosse medido por hora. Isto porque o salário-mínimo é devido a todo aquele que tenha jornada diária de oito horas, trabalhando seis dias semanais e por 30 dias mensais, isto é, por 220 horas mensais. Daí resulta que, se alguém for contratado para uma jornada de quatro horas diárias, fará jus à metade do salário-mínimo, já que trabalha metade de uma jornada.

De outra parte, porém, estando o empregado à disposição do empregador durante oito horas por dia e por 220 horas mensais, ainda que seu salário seja calculado à base de tarefa ou produção, terá garantido o mínimo legal.

A CLT, em seu art. 81, estabelece uma fórmula para o cálculo do salário-mínimo, pela qual o salário-mínimo (SM) é igual aos seguintes fatores: alimentação (a), habitação (b), vestuário (c), higiene (d) e transporte (e). Tais componentes são calculados tendo-se em conta as necessidades diárias de um trabalhador adulto, como diz a lei. Primeiramente, deveriam tais prestações ter em conta as necessidades do trabalhador e de sua família. Em segundo lugar, em obediência aos parágrafos do próprio artigo, o Poder Executivo deveria, efetivamente, rever de forma periódica tais valores, a fim de adequar o salário-mínimo ao aumento do custo de vida.[3]

Note-se, ademais, que com o novo texto constitucional prevendo educação, saúde, lazer e previdência social como necessidades a serem atendidas pelo salário-mínimo, a mencionada fórmula do art. 81 da CLT haverá de ser revista, com o objetivo de adequar-se ao avanço constitucional neste aspecto.

É verdade, outrossim, que poderá o legislador modificar o critério adotado, ou pesos para cada item a ser atendido pelo novo salário. Pode-se ainda cogitar de, mantendo um valor único do salário em nível nacional, vir o legislador ordinário a regionalizar tais pesos para cada item, atendendo as peculiaridades regionais. Enfim, inúmeras hipóteses podemos imaginar, mas, sem dúvida, todos estamos de acordo em que haverá modificações na legislação ordinária, o que realçará a necessidade da efetiva adequação do salário-mínimo à determinação constitucional, ao que já começamos a assistir.

Como vemos, ainda aqui muito há de se fazer, a fim de que se assegure, de fato, o atendimento às necessidades normais do trabalhador e dos seus.

Por força do art. 82 da CLT, se o empregador fornecer alguma parcela do salário em utilidade (alimentação, transporte, habitação etc.), a parcela em dinheiro corresponderá ao valor do salário-mínimo subtraído da parcela fornecida. Para a fixação em moeda das parcelas pagas *in natura*, o Poder Executivo fixa, semestralmente, o percentual máximo a ser descontado do salário, por utilidade fornecida. Em qualquer caso, nos termos do parágrafo único deste artigo, o valor pago em moeda corrente deverá ser, no mínimo, de 30% do salário-mínimo.

Pode parecer que o pagamento de parte do salário em utilidades seja procedimento muito raro entre nós. Todavia, tal ideia não é verdadeira.

Diga-se, de início, que o princípio acima enunciado, relativo ao critério de aferição do valor a se atribuir à utilidade, tem aplicação inclusive aos empregados que percebem salário superior ao mínimo legal. E assim dispõe o art. 458 da CLT:

> "Art. 458. Além do pagamento em dinheiro, compreende-se no salário, para todos os efeitos legais, a alimentação, habitação, vestuário ou outras prestações *in*

---

3 ***Súmula nº 258. Salário-utilidade. Percentuais* – Nova redação – Res. 121/2003, *DJ* 21-11-2003.**

Os percentuais fixados em lei relativos ao salário *in natura* apenas se referem às hipóteses em que o empregado percebe salário-mínimo, apurando-se, nas demais, o real valor da utilidade.

Histórico:

Redação original – Res. 6/1986, *DJ* 31-10-1986

Nº 258 Os percentuais fixados em lei relativos ao salário in natura *apenas pertinem às hipóteses em que o empregado percebe salário-mínimo, apurando-se, nas demais, o real valor da utilidade.*

natura que a empresa, por força do contrato ou do costume, fornecer habitualmente ao empregado. Em caso algum será permitido o pagamento com bebidas alcoólicas ou drogas nocivas.

§ 1º Os valores atribuídos às prestações *in natura* deverão ser justos e razoáveis, não podendo exceder, em cada caso, os dos percentuais das parcelas componentes do salário-mínimo (arts. 81 e 82)."

Vemos que o próprio legislador reconheceu a possibilidade do pagamento de parte do salário em utilidades, estabelecendo o critério de agregação destas ao salário e com base nos percentuais fixados para o salário-mínimo.

Tais parcelas, a fim de que sejam integradas ao salário, devem ser ajustadas expressamente, ou devem ser pagas habitualmente, em razão de que passam a fazer parte da remuneração do empregado.

Ainda aqui tem aplicação a regra mencionada, que determina ser eventual o pagamento a título de indenização ou que, sendo indispensável para o desenvolvimento do trabalho, não tenha caráter remuneratório. Assim, integra o salário aquela parcela paga pelo empregador ao empregado e que representa um *plus* salarial, isto é, algo a mais concedido e que, se não fosse, não impediria o empregado de desenvolver sua atribuição.

A título de exemplo, o veículo de que se utiliza o empregado que exerce função externa não tem caráter salarial, pois se constitui em autêntica ferramenta de trabalho. Já um veículo concedido a um empregado que só se ocupe de atividade interna e que sirva para o mesmo ir de casa para o trabalho e vice-versa, bem como para outras locomoções extra-serviço, tem nítido caráter salarial, pois sem o mesmo o empregado poderia desenvolver normalmente sua atividade. A moradia para o empregado que trabalha na construção de uma estrada, cedida pelo empregador, em um acampamento de obra, longe da civilização, é meio indispensável para o trabalho e não integra o salário. Já o empregador que paga o aluguel de uma casa na cidade para um empregado que exerça funções burocráticas está evitando uma despesa ao empregado, que por sua conta deveria correr. Portanto, esta utilidade integra seu salário.

No meio rural o mesmo pode ocorrer quando o empregador arca com o fornecimento de habitação, luz elétrica, leite, lenha para seu empregado, quando o mesmo, normalmente, iria arcar com tais despesas como parte de seu salário.

Percebe-se, pois, que de início é necessário saber se determinado bem tem caráter salarial ou não. Em caso positivo, devemos indagar se o empregador, além de pagar o salário em dinheiro, fornece tal utilidade. Se tal ocorrer, o salário do empregado é composto da parcela em moeda e daquela utilidade. Qual o critério para avaliar tal utilidade em moeda corrente? É o mesmo estabelecido para o salário-mínimo, de acordo com os percentuais fixados por ato do Poder Executivo semestralmente. Não se trata do mesmo valor, mas sim do mesmo percentual. Isto porque para um empregado que receba o salário-mínimo é razoável que, a título de habitação, sejam agregados cerca de 40%. Já para outro que perceba 10 salários-mínimos, tal valor será ínfimo, o que não ocorre com cerca de 40% de seu real salário.

Cumpre lembrar, contudo, que também é lícito ao empregador descontar do empregado, desde que haja ajuste expresso nesse sentido, eventuais utilidades que coloque à disposição do empregado. Ajustam as partes que o empregado vai residir em um imóvel do empregador e, a título de aluguel, terá um desconto mensal. Também aqui se aplica o mesmo critério já enunciado. Ressalte-se, porém, que, em obediência à regra geral, só se admite o desconto quando há ajuste expresso. Caso contrário, ter-se-á como parte do salário aquela utilidade.

Lembre-se, ainda, de que a Lei nº 10.243, de 19-6-01, deu nova redação ao § 2º do art. 458 da CLT, determinando que não são consideradas como salário todas as prestações que se insere nos itens I a VI do referido § 2º. Assim, os equipamentos e vestuários que o empregado utilizar no local de trabalho para desempenhar suas funções são considerados somente instrumento de trabalho.

De igual forma, o pagamento pelo empregador de mensalidades escolares, taxa de matrícula e material didático para educação de seu empregado igualmente não têm natureza salarial.

Do mesmo modo, o transporte fornecido para o trabalho e seu retorno, a assistência médica, seguro de vida e acidentes pessoais e previdência privada também não têm natureza salarial, diante da atuação do empregador supletiva da atuação que incumbe ao Estado originariamente.

11.1.2 *Salário normativo e salário profissional*

Reconhecendo os trabalhadores a insuficiência do salário-mínimo para atender às suas necessidades e de sua família, têm buscado, por várias formas, contornar este problema.

Uma das maneiras de minimizar os efeitos do baixo valor do salário-mínimo tem sido a reivindicação, nas negociações coletivas, por intermédio dos sindicatos, da fixação de um salário normativo. Este, também denominado piso salarial, não obstante a discussão doutrinária a respeito de ambos os conceitos e que ora não nos importa, vem substituir o salário-mínimo para uma determinada categoria de trabalhadores, em certa localidade.

Mais adiante trataremos da negociação coletiva propriamente dita, mas, nesse passo, importa saber que periodicamente os sindicatos de empregados sentam-se à mesa de negociação com os sindicatos de empregadores da respectiva categoria e localidade, a fim de celebrarem uma convenção coletiva de trabalho. O conteúdo dessa convenção coletiva resume-se ao estabelecimento de normas salariais e de condições de trabalho, que passarão a reger a vida de todos os empregados e empregadores daquela categoria, no âmbito de atuação daqueles sindicatos envolvidos em tal negociação.

No sistema brasileiro de solução dos conflitos coletivos de trabalho, do qual também trataremos detidamente, sempre que malogra a tentativa de celebração de convenção coletiva de trabalho, instaura-se o dissídio coletivo. Transforma-se a tentativa de acordo direto entre as partes, que não obteve sucesso, num processo judicial, sendo julgadas pelo Tribunal Regional do Trabalho cada uma das reivindicações dos trabalhadores.

Tanto na hipótese de celebração de convenção coletiva de trabalho (diretamente pelos interessados) quanto na hipótese de julgamento pela Justiça do Trabalho, estabelecem-se "leis específicas" para todos os empregados e empregadores representados pelos sindicatos envolvidos nesse processo.

Assim, além das normas da CLT para aquela determinada categoria, agregam-se outras normas, igualmente imperativas, que são as cláusulas da convenção coletiva, ou da sentença normativa, que é a decisão proferida pela Justiça do Trabalho no processo de dissídio coletivo.

Essa negociação envolve as questões relativas a reajuste de salário, condições de trabalho, melhoria das garantias contidas na CLT, enfim, abrange toda sorte de questões relativas ao contrato de trabalho. Evidentemente, não se podem estabelecer situações menos vantajosas do que as conferidas por lei. Entre as cláusulas usuais nesse processo, encontramos aquela que estabelece o salário normativo.

Na prática, este substitui o salário-mínimo para todos os trabalhadores daquela categoria. Com efeito, fixado um salário normativo, este funciona como um piso mínimo de ganho para todos os abrangidos pela norma coletiva. Como a convenção ou o dissídio coletivo estabelecem normas para os empregados e empregadores, havendo a fixação de um salário-mínimo para determinada categoria, deu-se o nome a este de salário normativo em razão de sua origem.

Note-se que, uma vez estabelecido um salário normativo, passa o mesmo a substituir o salário-mínimo para aquela categoria, para todos os efeitos, sendo pois irrenunciável, como ocorre com o próprio salário-mínimo em relação aos empregados em geral.

O salário normativo foi disciplinado pela Instrução nº 4/93, do Tribunal Superior do Trabalho, hoje já cancelada, e que constituía o roteiro para as questões salariais em matéria de dissídio coletivo. Não obstante o cancelamento, têm sido mantidas suas diretrizes. Ali era prevista a fixação de salário normativo, a fim de garantir os efeitos da sentença normativa, quando o empregador não possuía quadro de carreira, garantindo-se ao novo empregado admitido em substituição a outro dispensado o mesmo salário, salvo vantagens pessoais. O inciso XXIV da instrução revogada determinava que, em caso de admissão ou nova empresa após a data-base, o reajuste deveria ser proporcional e garantida a hierarquia salarial.

Além do salário normativo, há o salário profissional. Este é devido a empregados de certas atividades que o legislador entendeu devam receber "salários-mínimos" mais elevados.

Como bem acentua Amauri Mascaro Nascimento (1975:290), o salário profissional, o salário normativo e o salário-mínimo constituem as taxas salariais mínimas estabelecidas para os trabalhadores. O salário profissional, em regra, deriva de ajuste entre os pertencentes a certo grupo profissional e o Poder Público, como afirma o autor (1975:290-291), ressaltando o salário profissional dos médicos (Lei nº 3.999/61) e dos engenheiros (Lei nº 4.950A/66).

Entende o legislador que para determinadas atividades profissionais, quer em razão da formação escolar exigida quer em razão das peculiaridades do próprio trabalho, há de ser fixado um valor mínimo a título de remuneração superior ao mínimo legal. Os doutrinadores dividem-se quanto à constitucionalidade dessas leis que fixam salários profissionais. Alguns são contrários às mesmas, sob o fundamento de que a Constituição proíbe a discriminação salarial. Outros, contudo, alegam que a discriminação proibida é aquela sem critérios, arbitrária, e que não há vedação à diferenciação entre os salários dos exercentes de profissões diversas.

Note-se, ainda, que além do salário profissional de fonte legal podemos ter a fixação de nível mais elevado de salário por meio de contratos individuais de trabalho e de contratos coletivos de trabalho.

Existindo o salário profissional fixado, resulta vedado o pagamento de salário inferior àquele que se encontre abrangido pela norma. É necessário, porém, que além da qualificação pessoal o empregado exerça, efetivamente, a atividade em questão, a fim de fazer jus ao salário profissional.

Não nos esqueçamos, ademais, do mandamento constitucional a respeito, que põe fim a uma discussão antiga sobre a constitucionalidade do piso salarial. Trata-se do art. 7º, V, da Constituição Federal, que assim dispõe:

> "Art. 7º . . . . .
>
> V – piso salarial proporcional à extensão e à complexidade do trabalho."

Vemos, portanto, que reconhecido constitucionalmente o piso salarial, como valor superior ao mínimo legal, a ser estabelecido tendo-se em conta tanto a extensão do trabalho quanto sua complexidade. Note-se ainda que o piso salarial poderá ser estabelecido ou por acordo ou convenção coletiva, como por decisão judicial e processo de natureza coletiva.[4]

11.1.3 Décimo terceiro salário

O 13º salário, denominação usual para a gratificação natalina, tem como fonte a Lei nº 4.090, de 13 de julho de 1962. A referida lei dispõe que todo empregado faz jus no mês de dezembro a uma gratificação salarial, independentemente do salário que perceba. Isto significa que o 13º salário é devido a todos os empregados.

A gratificação é calculada à base de 1/12 da remuneração devida no mês de dezembro, por mês trabalhado, ou fração igual ou superior a 15 dias, não se considerando as eventuais faltas ao serviço para efeito de redução do devido. Diz, ademais, que havendo

[4] ***Súmula nº 143. Salário profissional.***

O salário profissional dos médicos e dentistas guarda proporcionalidade com as horas efetivamente trabalhadas, respeitado o mínimo de 50 (cinquenta) horas mensais. Ex-prejulgado nº 15 (*RA* 102/1982, *DJ* 11-10-1982 e *DJ* 15-10-1982).

rescisão contratual sem justa causa, receberá o empregado a fração correspondente aos meses trabalhados, tendo por base o salário do mês da rescisão. Se a rescisão ocorrer por justa causa, perde o empregado o direito à proporcionalidade do 13º salário.

Posteriormente, em 12 de agosto de 1965, a Lei nº 4.749 veio disciplinar o pagamento da gratificação natalina. Assim, dispõe que o pagamento da gratificação deve ocorrer até o dia 20 de dezembro, compensado eventual adiantamento que o empregador tenha concedido a título da própria gratificação.

Quanto ao adiantamento, afirma o art. 2º da lei que deverá ser feito, de uma só vez, no valor da metade do 13º salário, entre os meses de fevereiro e novembro de cada ano. Além de afirmar que o empregador não está obrigado a pagar o adiantamento no mesmo mês a todos os empregados, assevera que o empregado terá direito ao adiantamento no mês de suas férias, desde que assim requeira no mês de janeiro daquele ano.

Em realidade, como deflui da própria denominação, trata-se o 13º salário de uma gratificação ao ensejo do Natal e que consiste em mais um salário. Isto é, trabalha-se 12 meses e recebe-se 13 salários. O advento da gratificação natalina resulta das lutas dos trabalhadores nesse sentido, por meio de sua ação sindical e em razão de, à época, já um grande número de empregadores vir adotando tal sistema.

Assim, com a vigência da Lei nº 4.090/62, passaram a ter direito à gratificação também aqueles empregados que até então não o recebiam. Quanto aos que trabalhavam em empresas que já pagavam o 13º salário, continuaram a recebê-lo, só que daí em diante em virtude de lei e não de contrato, como decidiu o Tribunal Superior do Trabalho.[5]

11.1.4 Equiparação salarial

O art. 7º da Constituição Federal, a que já nos referimos anteriormente, consagra, também, o princípio da isonomia salarial. Tal princípio significa o direito a salário igual por trabalho igual. Diz o art. 7º, XXX, que é proibida a diferença de salários, de exercício de funções e de critério de admissão por motivo de sexo, idade, cor ou estado civil. Ademais, o inciso seguinte, XXXI, estende a proibição de discriminação salarial e de critério de admissão aos portadores de deficiência. Sem dúvida, no que respeita à isonomia salarial, a norma constitucional foi mais abrangente do que a anterior.

---

5 ***Súmula nº 50. Gratificação natalina.***

A gratificação natalina, instituída pela Lei nº 4.090, de 13-7-1962, é devida pela empresa cessionária ao servidor público cedido enquanto durar a cessão (*RA* 41/1973, *DJ* 14-6-1973).

Súmula nº 148. Gratificação natalina.

É computável a gratificação de Natal para efeito de cálculo de indenização. Ex-prejulgado nº 20 (*RA* 102/1982, *DJ* 11-10-1982 e *DJ* 15-10-1982).

Súmula nº 157. Gratificação.

A gratificação instituída pela Lei nº 4.090, de 13-7-1962 é devida na resilição contratual de iniciativa do empregado. Ex-prejulgado nº 32 (*RA* 102/1982, *DJ* 11-10-1982 e *DJ* 15-10-1982).

Consagrado o princípio da isonomia salarial, foi necessário regulamentá-lo, a fim de disciplinar o tratamento salarial dos empregados de uma mesma empresa quando no exercício de atividades iguais. Tal regulamentação vem expressa no art. 461 da CLT.

> "Art. 461. Sendo idêntica a função, a todo trabalho de igual valor, prestado ao mesmo empregador, na mesma localidade, corresponderá salário igual, sem distinção de sexo, nacionalidade ou idade.
>
> § 1º Trabalho de igual valor, para os fins deste Capítulo, será o que for feito com igual produtividade e com a mesma perfeição técnica, entre pessoas cuja diferença de tempo de serviço não for superior a 2 (dois) anos.
>
> § 2º Os dispositivos deste artigo não prevalecerão quando o empregador tiver pessoal organizado em quadro de carreira, hipótese em que as promoções deverão obedecer aos critérios de antiguidade e merecimento.
>
> § 3º No caso do parágrafo anterior, as promoções deverão ser feitas alternadamente por merecimento e por antiguidade, dentro de cada categoria profissional.
>
> § 4º O trabalhador readaptado em nova função por motivo de deficiência física ou mental atestada pelo órgão da Previdência Social não servirá de paradigma para fins de equiparação salarial."

A regra geral, portanto, em obediência ao mandamento constitucional, é a do salário igual para trabalho igual. Todavia, como se vê do texto do art. 461 da CLT, esta regra comporta exceções.

Faz jus ao mesmo salário aquele que exerce função idêntica a outro empregado, desde que trabalhe na mesma empresa em que trabalha aquele que serviu de paradigma, ou equiparando. Isto porque os contratos de trabalho com empresas diversas não se comunicam, pretendendo o legislador guardar igualdade dentro de um universo limitado pelo mesmo empregador. Além do mais, por força do texto expresso da lei, é devida a equiparação salarial quando a prestação ocorrer na mesma localidade. Embora não haja definição precisa deste termo "localidade", deve-se entender como uma mesma região geopolítica. Assim, dentro da grande São Paulo, embora em municípios diversos, é devida a equiparação salarial já que são iguais as condições de trabalho e de vida.

Por outro lado, a definição do § 1º do art. 461 da CLT, de trabalho igual, consiste naquele executado com a mesma produtividade e a mesma perfeição técnica, entre pessoas cuja diferença de tempo de serviço não seja superior a dois anos. Note-se, desde logo, que a jurisprudência tem entendido que a diferença mínima de dois anos deve ser no exercício da função e não de todo o tempo de trabalho na empresa. Tal significa que pode o empregador pagar salário superior ao empregado que esteja exercendo certa função há mais de dois anos em relação a outro empregado que tenha a mesma atividade, mas a desenvolva há menos de dois anos.

Também se justifica a diversidade salarial em caso de produtividade maior e melhor perfeição técnica entre dois empregados. Aqui é necessário, a fim de justificar a desigualdade salarial, que exista por parte da empresa critério objetivo de aferição da produtividade e da perfeição técnica. Entende-se por produtividade a produção de certo empregado, em determinado lapso de tempo, comparado com igual período anterior, com o mesmo equipamento e condições de trabalho, como define Cassio de Mesquita Barros Jr. (Anotações, 1977). Isto quer dizer que, se o empregador mede a produção de seus empregados e constata diversidade, pode estabelecer diferentes salários para eles, com base no texto legal. O mesmo se diga quanto à perfeição técnica, desde que, evidentemente, exista sistema efetivo de controle.

Observa ainda a lei que tais limitações não têm aplicação quando a empresa tiver quadro organizado de carreira e garantir as promoções alternadamente por antiguidade e merecimento. Frise-se que, para tanto, é necessário que o quadro de carreira seja homologado pelo Ministério do Trabalho e seja efetivamente aplicado.[6]

---

6 ***Súmula nº 6. Equiparação salarial. Art. 461 da CLT.*** **(redação do item VI alterada na sessão do Tribunal Pleno realizada em 16-11-2010) Res. 172/2010, DEJT divulgado em 19, 22 e 23-11-2010.**

I – Para os fins previstos no § 2º do art. 461 da CLT, só é válido o quadro de pessoal organizado em carreira quando homologado pelo Ministério do Trabalho, excluindo-se, apenas, dessa exigência o quadro de carreira das entidades de direito público da administração direta, autárquica e fundacional aprovado por ato administrativo da autoridade competente. (ex-Súmula nº 06 – alterada pela Res. 104/2000, *DJ* 20-12-2000).

II – Para efeito de equiparação de salários em caso de trabalho igual, conta-se o tempo de serviço na função e não no emprego (ex-Súmula nº 135 – RA 102/1982, *DJ* 11-10-1982 e *DJ* 15-10-1982).

III – A equiparação salarial só é possível se o empregado e o paradigma exercerem a mesma função, desempenhando as mesmas tarefas, não importando se os cargos têm, ou não, a mesma denominação (ex-OJ da SBDI-1 nº 328 – *DJ* 9-12-2003).

IV – É desnecessário que, ao tempo da reclamação sobre equiparação salarial, reclamante e paradigma estejam a serviço do estabelecimento, desde que o pedido se relacione com situação pretérita (ex-Súmula nº 22 – RA 57/1970, *DO-GB* 27-11-1970).

V – A cessão de empregados não exclui a equiparação salarial, embora exercida a função em órgão governamental estranho à cedente, se esta responde pelos salários do paradigma e do reclamante (ex-Súmula nº 111 – RA 102/1980, *DJ* 25-9-1980).

VI – Presentes os pressupostos do art. 461 da CLT, é irrelevante a circunstância de que o desnível salarial tenha origem em decisão judicial que beneficiou o paradigma, exceto se decorrente de vantagem pessoal, de tese jurídica superada pela jurisprudência de Corte Superior, ou, na hipótese de equiparação salarial em cadeia, se não demonstrada a presença dos requisitos da equiparação em relação ao paradigma que deu origem à pretensão, caso arguida a objeção pelo reclamado (item alterado na sessão do Tribunal Pleno realizada em 16-11-2010).

VII – Desde que atendidos os requisitos do art. 461 da CLT, é possível a equiparação salarial de trabalho intelectual, que pode ser avaliado por sua perfeição técnica, cuja aferição terá critérios objetivos (ex-OJ da SBDI-1 nº 298 – *DJ* 11-8-2003).

VIII – É do empregador o ônus da prova do fato impeditivo, modificativo ou extintivo da equiparação salarial (ex-Súmula nº 68 – RA 9/1977, *DJ* 11-2-1977).

IX – Na ação de equiparação salarial, a prescrição é parcial e só alcança as diferenças salariais vencidas no período de 5 (cinco) anos que precedeu o ajuizamento (ex-Súmula nº 274 – alterada pela Res. 121/2003, *DJ* 21-11-2003).

X – O conceito de "mesma localidade" de que trata o art. 461 da CLT refere-se, em princípio, ao mesmo município, ou a municípios distintos que, comprovadamente, pertençam à mesma região metropolitana (ex-OJ da SBDI-1 nº 252 – inserida em 13-3-2002).

Súmula nº 19. Quadro de carreira.

A Justiça do Trabalho é competente para apreciar reclamação de empregado que tenha por objeto direito fundado em quadro de carreira (*RA* 28/1969, *DO*-GB 21-8-1969).

Tais limitações justificam-se para evitar a discriminação salarial, por parte do empregador, em obediência ao princípio da isonomia salarial, garantido constitucionalmente.[7]

11.1.5 Proteção ao salário

Em razão da natureza alimentar que tem o salário, já que é a fonte de subsistência do trabalhador, existem normas que protegem o empregado em relação ao empregador, há normas que protegem o salário em relação aos credores do empregador e, ainda, outras que o protegem em relação aos credores do próprio empregado.

No que respeita à proteção do salário em relação ao empregador, Aluysio Sampaio (1982:143) enumera as normas relativas à proteção do valor do salário, da sua natureza, da época e lugar de pagamento e da certeza de sua efetivação.

Relativamente ao valor, já mencionamos a garantia do pagamento mínimo (salário-mínimo, profissional ou normativo). Há, ainda, a garantia da inalterabilidade, significando a impossibilidade de redução do salário, salvo as hipóteses expressamente previstas em lei. O art. 462 da CLT limita as possibilidades de descontos no salário, constituindo-se também em norma protecionista. O que se visa com tal proteção é assegurar ao empregado a irredutibilidade do salário de forma direta ou indireta, ainda como ensina Aluysio Sampaio (1982:144).

A proteção salarial relativa a sua natureza diz respeito à impossibilidade de alterar a forma de ajuste do salário (de salário fixo para variável), trazendo incerteza e prejuízo ao empregado.

No tocante à época de pagamento do salário, dispõe o art. 459 da CLT que, independentemente da modalidade de trabalho, o salário haverá de ser pago, no máximo, dentro de um mês, salvo quanto às comissões, percentagens e gratificações, cujo lapso poderá ser maior.

Quanto à proteção do local de pagamento, encontramos esta disciplina no art. 465 da CLT, que afirma dever ser pago o salário em dia útil, no local de trabalho, durante a jornada de trabalho ou logo após seu encerramento. Atualmente, como vimos quando tratamos das alterações do contrato de trabalho, esta norma sofre alteração, possibilitando ao empregador, em benefício da segurança também dos empregados, efetuar o pagamento em crédito bancário, desde que permita o acesso dos empregados à agência onde são feitos os depósitos.

---

[7] ***Súmula nº 127. Quadro de carreira.***

Quadro de pessoal organizado em carreira, aprovado pelo órgão competente, excluída a hipótese de equiparação salarial, não obsta reclamação fundada em preterição, enquadramento ou reclassificação (*RA* 103/1981, *DJ* 12-11-1981).

Súmula nº 159. Substituição de caráter não eventual e vacância do cargo. **Res. 129/2005 – *DJ* 20-4-2005.**

I – Enquanto perdurar a substituição que não tenha caráter meramente eventual, inclusive nas férias, o empregado substituto fará jus ao salário contratual do substituído.

II – Vago o cargo em definitivo, o empregado que passa a ocupá-lo não tem direito a salário igual ao do antecessor.

Por fim, relativamente à certeza do pagamento, o artigo precedente, 464 da CLT, determina que seja efetuado o pagamento contra recibo assinado pelo empregado e, se analfabeto, mediante sua impressão digital e, ainda, se não for possível, a rogo.

A proteção do salário contra os credores do empregador tem como fundamento a própria definição de empregador, que já examinamos. Assumindo ele o comando da atividade desenvolvida, há de suportar os riscos da mesma, não os podendo transferir para o empregado. Assim, em caso de malogro desta mesma atividade, fica ressalvado o direito do empregado ao salário, com preferência em relação aos demais credores. Tanto em caso de simples encerramento da atividade quanto nos casos de falência e concordata, constituem os salários créditos privilegiados, o que significa que devem ser satisfeitos antes dos demais.

Ainda como medida de proteção ao salário, devemos lembrar que o mesmo está protegido, inclusive, contra os credores do próprio empregado. Daí resulta que, como decorrência da natureza alimentar do salário, reflete não só na pessoa do trabalhador, mas também em sua família, é o citado art. 464 da CLT que determina o pagamento pessoalmente ao empregado.

Além da garantia de impenhorabilidade do salário, determina o art. 467 da CLT que, em caso de ação judicial, deverá a parte incontroversa do salário ser paga em primeira audiência, sob pena de pagamento, pelo empregador, em dobro.

Essas, em síntese, as normas de proteção ao salário que alinha Aluysio Sampaio (1982:143-145), cabendo lembrar que a hipótese em que se excepciona a regra reside no caso de pensão alimentícia devida pelo empregado, caso em que pode haver o prévio desconto em relação ao pagamento, para atender a finalidade igualmente de subsistência, quer em relação ao ex-cônjugue quer em relação aos filhos.[8]

11.2 Adicionais de remuneração

Além do direito ao salário, seja em razão das condições de trabalho, seja de ajuste com o empregador, pode o empregado vir a fazer jus a determinado adicional de remuneração.

Vemos, portanto, que a fonte dos mencionados adicionais pode ser a lei ou a vontade das partes. Esta pode ser expressa pelo contrato individual de trabalho ou por negociação coletiva de trabalho.

---

8 ***Súmula nº 18. Compensação.***

A compensação, na Justiça do Trabalho, está restrita a dívidas de natureza trabalhista (*RA* 28/1969, *DO*-GB 21-8-1969).

***Súmula nº 109. Gratificação de função* – Redação dada pela *RA* 97/1980, *DJ* 19-9-1980.**

O bancário não enquadrado no § 2º do art. 224 da CLT, que receba gratificação de função, não pode ter o salário relativo a horas extraordinárias compensado com o valor daquela vantagem.

Histórico:

Redação original – *RA* 89/1980, *DJ* 29-8-1980

Nº 109 A gratificação de função prevista no § 2º, do art. 224, da Consolidação das Leis do Trabalho, não é compensável com o valor da 7º (sétima) e da 8º (oitava) horas de serviço.

Em se tratando de adicional de fonte legal, visa o legislador, primordialmente, remunerar o empregado com uma parcela adicional ao salário, em razão de condições adversas de trabalho.

Tal adversidade pode decorrer do excesso de horas de trabalho (adicional de horas extras); do trabalho em horário noturno, destinado a repouso (adicional noturno); de trabalho em condições agressivas à saúde do empregado (adicional de insalubridade ou de periculosidade); ou, ainda, do trabalho em localidade diversa àquela que resultar o contrato de trabalho (adicional de transferência).

Seguindo idêntica orientação, instituiu o legislador constitucional, no art. 7º, XXIII, adicional de remuneração para as atividades penosas, insalubres e perigosas, condicionando-as à regulamentação pela lei ordinária. Embora já tenhamos disciplinado os adicionais de insalubridade e periculosidade, atentou a Constituição para outras atividades que, embora não sejam abrangidas por tais conceitos de insalubridade e periculosidade, apresentam maior desgaste ao prestador de serviços, daí surgindo a necessidade de instituir um adicional de trabalho penoso a ser ainda fixado.

Em qualquer dessas hipóteses, em razão da habitualidade no pagamento do adicional, passa este a compor o salário, para todos os efeitos, integrando a base de cálculo salarial para os variados pagamentos a que faz jus o empregado.

Há, de outra parte, adicionais de fonte contratual, que, como regra, visam não às condições mais penosas de trabalho, mas sim têm como objetivo o estímulo à produção, à assiduidade e à manutenção do vínculo de emprego (prêmio-produção, prêmio-assiduidade e adicional por tempo de serviço). Embora tais adicionais não derivem de lei e, portanto, tenham como origem a liberalidade do empregador, uma vez instituídos e em face do reiterado pagamento, passam a integrar o contrato de trabalho, não mais podendo ser suprimidos enquanto persistem as razões que lhes ensejam o pagamento.

11.2.1 *Adicionais de fonte legal*

São adicionais de fonte legal aqueles acréscimos ao salário que têm como fundamento a lei. Como dissemos, por várias razões eles normalmente visam remunerar o trabalho do empregado desenvolvido em condições adversas.

Cumpre lembrar, ainda, que o legislador fixa apenas o mínimo a ser observado, nada obstando ajuste direto entre as partes no sentido de tornar, por exemplo, mais oneroso para o empregador o trabalho em tais condições adversas. Temos notado, em negociações coletivas de trabalho, o ajuste de percentuais mais elevados que aqueles estabelecidos em lei para o trabalho extraordinário.

Tal prática visa desestimular o empregador a convocar seus empregados para trabalho extra, já que, com percentuais elevados a serem pagos, torna-se muito oneroso tal procedimento, sendo mais conveniente contratar mais empregados e estabelecer um sistema de turnos de trabalho.

Outro aspecto a ser considerado, e agora sob a ótica do empregador, é que, quando devidos tais adicionais, o pagamento há de ser perfeitamente individualizado no respectivo recibo. Assim, deve constar do comprovante de pagamento, além do salário normal, o valor pago a título de adicional e o nome do próprio adicional, utilizando-se o mesmo procedimento para mais de um, se for o caso.

Isto porque é entendimento pacífico na jurisprudência que não se aceita o chamado "salário complexivo", ou "salário compreensivo", significando tais expressões um salário que pretenda englobar vários títulos pagos. Em síntese, se o empregado fizer jus, em um determinado mês, ao salário e ao adicional noturno, deverá o recibo de pagamento destacar cada um destes pagamentos e o valor a eles correspondente, não se podendo englobar tudo sob a rubrica "salário", ainda que o valor total seja o mesmo.[9]

Tal orientação jurisprudencial visa primordialmente dar elementos ao empregado, quando do recebimento de seu salário, para que possa conferir o pagamento, a fim de constatar eventual incorreção no mesmo.

Note-se, ademais, que tal proceder deve ser observado também quando o empregado faça jus a mais de um adicional, discriminando-se um a um, com o respectivo valor que está sendo pago. Afinal, proceder-se-á à soma dos valores, às deduções cabíveis, igualmente discriminadas uma a uma, para, então, apontar-se o valor líquido devido.[10]

11.2.1.1 Horas extraordinárias

Vimos que, quando nos referimos ao direito ao repouso semanal remunerado, a unidade que se tem em conta é a semana trabalhada. Já quando nos referimos às férias, a unidade a ser considerada é o ano de trabalho. No caso das horas extras devemos ter presente a unidade dia.

Com efeito, podemos definir a hora extra como aquela que excede à jornada normal de trabalho do empregado, entendendo por jornada normal a jornada contratual. Assim, não é sempre correto definir hora extra como a que excede a oitava hora de trabalho, já que pode o empregado, quer em razão da lei quer em razão de seu contrato de trabalho, cumprir jornada reduzida.

Portanto, sendo a jornada de um médico de quatro horas diárias, quando trabalha cinco horas num dia cumpre uma hora extra. Um bancário, que tem jornada de trabalho

---

[9] ***Súmula nº 152. Gratificação. Ajuste tácito.***

O fato de constar do recibo de pagamento de gratificação o caráter de liberalidade não basta, por si só, para excluir a existência de ajuste tácito. Ex-prejulgado nº 25 (*RA* 102/1982, *DJ* 11-10-1982 e *DJ* 15-10-1982).

[10] ***Súmula nº 199. Bancário. Pré-contratação de horas extras.* Res. 129/2005 – *DJ* 20-4-2005.**

I – A contratação de serviço suplementar, quando da admissão do trabalhador bancário, é nula. Os valores assim ajustados apenas remuneram a jornada normal, sendo devidas as horas extras com o adicional de, no mínimo, 50% (cinquenta por cento), as quais não configuram pré-contratação, se pactuadas após a admissão do bancário.

II – Em se tratando de horas extras pré-contratadas, opera-se a prescrição total se a ação não for ajuizada no prazo de cinco anos, a partir da data em que foram suprimidas.

de seis horas diárias, se trabalhar sete horas num dia terá cumprido uma hora extra. Eis por que o correto é afirmar que a hora extraordinária é aquela que excede a jornada diária normal de um empregado.[11]

Relativamente à ideia de que o trabalho extraordinário está vinculado à unidade dia, a que há pouco nos referimos, tal noção vem sofrendo alterações. Com efeito, a regra do art. 7º, XIII, da Constituição Federal, que fixa a duração normal do trabalho em oito horas diárias e 44 semanais, cria novo parâmetro para efeito do conceito de horas extraordinárias. Agora devemos considerar não só o dia, mas também a semana.

Tal fato já era indiretamente referido quando se cogitava de acordo de compensação do sábado, que a seguir veremos. Todavia, agora evidenciou-se o novo parâmetro, com a postura constitucional.

Atualmente, com o advento da Lei nº 9.601, de 21 de janeiro de 1998, de que cuidamos ao falar sobre o contrato a prazo (item 9.3.1), houve novo alargamento da unidade a considerar para efeito de horas extraordinárias, pois a nova redação do art. 59, § 2º, da CLT prevê a possibilidade de compensação de horas até o limite de 120 dias e não mais apenas de uma semana.

Trata-se da criação do chamado *banco de horas*, como forma de compensação de trabalho extraordinário por período mais longo, sem eventual pagamento pelo acréscimo, pela compensação com a diminuição de horas em outra ocasião.

Eis por que é preciso ficar atento às mudanças que a regulamentação da jornada tem sofrido, com modificações inclusive nos módulos a considerar para efeito de conceituação do instituto.

O legislador fixa os princípios básicos quanto à prestação de trabalho extra, considerando uma jornada normal de oito horas diárias, a teor do art. 58 da CLT. Contudo, este mesmo prevê a jornada diária normal de oito horas, desde que não seja fixado expressamente outro limite.

A fim de dirimir controvérsias referentes à marcação de ponto e suas variações, o legislador inseriu o § 1º ao art. 58 da CLT, fixando o limite de cinco minutos para registro de ponto no início e cinco minutos no término da jornada, como não integrantes da jornada de trabalho. Havendo excesso o período é considerado na duração da jornada.

Igualmente, quanto ao período de trajeto para o trabalho e retorno, inseriu a lei o § 2º ao art. 58 da CLT, fixando como integrante desta tal lapso só em caso de local de difícil acesso e não servido por transporte, se o empregador fornecer o transporte. Pacífica a necessidade da presença dos três requisitos para tanto. Nesse sentido, as Súmulas 320 e 324 do TST. Ambos os parágrafos do art. 158 da CLT foram inseridos pela Lei nº 10.243/01.

Vejamos, pois, as regras quanto ao trabalho extra que se encontram no art. 59 da CLT:

---

11 ***Súmula nº 124. Bancário. Hora de salário. Divisor.***
Para o cálculo do valor do salário-hora do bancário mensalista, o divisor a ser adotado é 180 (cento e oitenta) (*RA* 82/1981, *DJ* 6-10-1981).

"Art. 59. A duração normal do trabalho poderá ser acrescida de horas suplementares, em número não excedente de duas, mediante acordo escrito entre empregador e empregado, ou mediante contrato coletivo de trabalho.

§ 1º Do acordo ou do contrato coletivo de trabalho deverá constar, obrigatoriamente, a importância da remuneração de hora suplementar, que será, pelo menos, 20% (vinte por cento) superior à da hora normal.

§ 2º Poderá ser dispensado o acréscimo de salário se, por força de acordo ou convenção coletiva de trabalho, o excesso de horas em um dia for compensado pela correspondente diminuição em outro dia, de maneira que não exceda, no período máximo de cento e vinte dias, à soma das jornadas semanais de trabalho previstas, nem seja ultrapassado o limite máximo de dez horas diárias.

§ 3º Na hipótese de rescisão do contrato de trabalho sem que tenha havido a compensação integral da jornada extraordinária, na forma do parágrafo anterior, fará o trabalhador jus ao pagamento das horas extras não compensadas, calculadas sobre o valor da remuneração na data da rescisão."

Inicialmente, constatamos que o legislador limita o número de horas extras diárias em duas, prevendo, além disso, acordo escrito individual ou coletivo para tanto. E fixa como adicional para cada hora extra resultante deste acordo expresso o mínimo de 20% sobre o valor da hora normal.

O art. 7º, XVI, da Constituição Federal, porém, revogou tanto este percentual do art. 59, § 1º quanto aquele do art. 61, § 2º da CLT, de que falaremos a seguir. Isso porque dispõe referido dispositivo constitucional que a remuneração do serviço extraordinário será superior à do normal em, no mínimo, 50%. Desse modo, não se pode cogitar de adicional de hora extra em valor inferior a 50% a partir da vigência do texto constitucional.

O § 2º do art. 59 prevê a exceção relativa ao prolongamento da jornada diária normal, sem o adicional compensatório. Trata-se de acordo escrito, obrigatoriamente, individual ou coletivo, para compensação de um dia de trabalho ou diminuição de horas nesse mesmo dia. Isto significa que, por meio de um acordo escrito, é possível haver trabalho por dez horas em um dia sem o pagamento de horas extras, desde que em outro dia o empregado trabalhe apenas seis horas, se sua jornada normal for de oito horas.

O que é mais comum a respeito é a celebração de tal acordo de compensação, a fim de não haver trabalho aos sábados. Nesse caso, acresce-se a cada dia de trabalho, de segunda a sexta-feira, o número de horas necessárias para completar a jornada cumprida no sábado, remunerando-se estas como horas normais, passando o empregado a ter o sábado livre. Tendo em vista a jornada constitucional de 44 horas semanais, imaginando-se que aos sábados se trabalhe quatro horas, para compensação em tela, basta acrescer 48 minutos de segunda a sexta-feira, passando a ser de folga o sábado e remunerando-se tal acréscimo com horas normais. Frise-se, contudo, que, para a validade do referido acordo, é necessária sua celebração por escrito, diretamente com o empregado ou com mediação do sindicato, por acordo coletivo, além de ser necessário preexistir trabalho aos sábados. Portanto, ou tal ajuste é feito quando do ingresso do empregado, a fim de que não trabalhe aos sábados, ou no curso do contrato, desde que o sábado seja trabalhado. Se, desde o ingresso do empregado, a empresa não tem expediente aos sábados, evidentemente não há de se cogitar da compensação deste.[12]

A modificação do § 2º consiste exatamente na ampliação do prazo para a compensação de uma semana para quatro meses, como já referimos anteriormente.

Ademais, quanto ao instrumento necessário para tanto, havia polêmica a respeito da validade de contrato individual para a compensação de horas. Sustentamos, não obstante inúmeras opiniões em contrário, que tanto o art. 7º, XIII, da Constituição Federal quanto o novo § 2º do art. 59 da CLT referem-se expressamente a acordo ou convenção coletiva de trabalho. Acreditamos que a intenção do legislador foi validar tanto o acordo individual quanto a convenção coletiva de trabalho.

E afinal, a interpretação que nos pareceu a mais acertada com o espírito do inciso XIII, do art. 7º da Constituição Federal (item 17.15), foi aquela adotada pelo TST, conforme resulta da Orientação Jurisprudencial nº 182, da SDI-I, que reconhece a validade do acordo individual em tais casos, salvo exclusão expressa por norma coletiva da categoria.

Cuida igualmente do trabalho extraordinário o art. 61 da CLT, que cogita de prorrogação da jornada diária por motivo de força maior, ou para a realização de serviços inadiáveis ou cuja inexecução possa acarretar prejuízo manifesto. Em tais hipóteses, dada a premência do trabalho extra, é dispensado o ajuste escrito para tanto, conforme o § 1º do citado artigo.

Já o § 2º do art. 61 da CLT, que se ocupa da remuneração da sobrejornada, diz que, ocorrendo esta por motivo de força maior, não é devido o adicional de hora extraordinária, devendo a prorrogação ser paga em valor igual ao da hora normal. Nos demais casos do art. 61, o adicional deveria ser de 25% sobre o valor da hora normal e a duração total da jornada não pode exceder de 12 horas diárias.

Até o advento da atual Constituição Federal, distinguia-se o adicional de 20% para a hora extra expressamente ajustada e o de 25% para aquela prestada sem ajuste anterior. Todavia, diante do já referido texto do art. 7º, XVI, da Constituição, revogados os artigos

[12] ***Súmula nº 85. Compensação de jornada*** **(inserido o item V) – Res. 174/2011, DEJT divulgado em 27, 30 e 31-5-2011.**

I – A compensação de jornada de trabalho deve ser ajustada por acordo individual escrito, acordo coletivo ou convenção coletiva (ex-Súmula nº 85 – primeira parte – alterada pela Res. 121/2003, *DJ* 21-11-2003).

II – O acordo individual para compensação de horas é válido, salvo se houver norma coletiva em sentido contrário (ex-OJ nº 182 da SBDI-1 – inserida em 8-11-2000).

III – O mero não atendimento das exigências legais para a compensação de jornada, inclusive quando encetada mediante acordo tácito, não implica a repetição do pagamento das horas excedentes à jornada normal diária, se não dilatada a jornada máxima semanal, sendo devido apenas o respectivo adicional (ex-Súmula nº 85 – segunda parte – alterada pela Res. 121/2003, *DJ* 21-11-2003).

IV – A prestação de horas extras habituais descaracteriza o acordo de compensação de jornada. Nesta hipótese, as horas que ultrapassarem a jornada semanal normal deverão ser pagas como horas extraordinárias e, quanto àquelas destinadas à compensação, deverá ser pago a mais apenas o adicional por trabalho extraordinário (ex-OJ nº 220 da SBDI-1 – inserida em 20-6-2001).

V – As disposições contidas nesta súmula não se aplicam ao regime compensatório na modalidade "banco de horas", que somente pode ser instituído por negociação coletiva.

da CLT neste aspecto. Evidentemente, mesmo antes do texto constitucional não se aplicavam tais percentuais quando havia norma coletiva prevendo adicional em valor superior.

Partindo da premissa de que o trabalho extraordinário é nocivo ao empregado, pois prejudicial à sua saúde física e mental, sendo o período em que se verifica maior número de acidentes do trabalho, examinemos o prolongamento no tempo do trabalho extra e sua supressão por ato do empregador.

É óbvio que se concebe, em princípio, o trabalho extra esporádico. Sua própria denominação (extraordinário) significa episódico, eventual. E, assim ocorrendo, nada há de irregular no ato do empregador que veda a prestação de trabalho extra ou deixa de convocar um empregado para fazê-lo, ainda que este tenha, esporadicamente, trabalhado em regime de sobrejornada. Tal ato do empregador encontra amparo em seu poder de comando.

Mas, entre nós, mercê dos baixos salários recebidos pelo empregado, que vê no trabalho extra um modo de aumentar sua renda mensal, bem como pela impossibilidade prática de o empregado negar-se a trabalhar além da jornada diária, em condições normais, pelo receio de perder o emprego, o trabalho extra torna-se uma prática constante nas relações empregado-empregador.

Por outras palavras, incorporou-se ao vocabulário jurídico-trabalhista no Brasil a expressão "horas extras habituais", que é contraditória, pois extraordinária é antônimo de habitual. Em realidade, a jornada normal de trabalho, não obstante o disposto em lei, não é de oito horas para a maioria dos nossos trabalhadores.

Cumprindo o empregado habitualmente jornada de trabalho além de sua jornada normal, é razoável que seu repouso semanal remunerado, suas férias, seu décimo terceiro salário e os demais direitos a que faz jus sejam pagos incorporando-se a média das horas extras trabalhadas.

Tal entendimento é hoje pacífico na jurisprudência. Tanto assim que, a propósito, várias são as súmulas do Tribunal Superior do Trabalho nesse sentido. Tais súmulas (nova denominação dos antigos enunciados) determinam o cômputo das horas extras na indenização de antiguidade (nº 24); no décimo terceiro salário (nº 45); no fundo de garantia do tempo de serviço (nº 63) e nos repousos semanais remunerados (nº 172).[13]

Tal integração das horas extras é devida desde que haja habitualidade na prestação do serviço suplementar. Ocorre que inexiste na lei, na doutrina ou na jurisprudência uma exata conceituação de habitualidade. Daí decorre que é necessário examinar cada caso individualmente, a fim de constatar, ou não, a alegada habitualidade.

Pode-se dizer, esboçando um critério a respeito, que há habitualidade quando a prática reiterada de certo fato cria justa expectativa nas partes quanto a sua repetição. Assim, independe a caracterização de habitualidade na prestação de horas extras, por exemplo, do volume de horas efetivamente trabalhadas. Pode ocorrer de um empregado prestar 60

[13] ***Súmula nº 226. Bancário. Gratificação por tempo de serviço. Integração no cálculo das horas extras.*** A gratificação por tempo de serviço integra o cálculo das horas extras (Res. 14/1985, *DJ* 19-9-1985).

horas extras num determinado mês e, depois, ficar vários meses sem prestá-las, não havendo habitualidade. Já outro pode prestar todos os meses cinco horas extras semanais, configurando-se a hipótese.

A incorporação das horas extras habituais ao salário tem em mira o fato de que ao longo do tempo o empregado habitua-se com a nova realidade contratual, passando a contar com a parte da remuneração relativa ao trabalho extra, obrigando-se, inclusive, em seu orçamento familiar, por toda a remuneração que percebe. Não se trata de pagamento episódico ou eventual, que não autoriza o empregado a contar com ele, mas prática reiterada, ao longo de vários meses, que justifica tal proceder.

Nesta linha de raciocínio, editou o Tribunal Superior do Trabalho a Súmula 76 que afirma integrar-se, para todos os efeitos ao contrato de trabalho, o valor das horas extras habituais prestadas por dois anos, ou por todo o período trabalhado, se inferior à duração do contrato a dois anos. Portanto, em tais casos, pode o empregador impedir a prestação de horas extras, mas está obrigado a manter o pagamento da média das horas extras realizadas. Atualmente, por força do Enunciado 291, o Tribunal Superior do Trabalho alterou o referido Enunciado 76, passando a entender que a reparação no caso de trabalho extra há de ser indenização e não incorporação da média das horas extraordinárias até então prestadas, como afirmava referido enunciado ora revisto. Ainda que modificado o critério, mantida a ideia de reparação ao empregado pela reiteração do trabalho extra e a penalidade ao empregador que permite tal excesso reiterado.

Em síntese, há de se compreender que a incorporação das horas suplementares ao salário ocorre tão somente quando estas perdem o caráter de extraordinárias, passando a habituais.[14]

---

[14] ***Súmula nº 24. Serviço extraordinário.***

Insere-se no cálculo da indenização por antiguidade o salário relativo a serviço extraordinário, desde que habitualmente prestado (*RA* 57/1970, *DO*-GB 27-11-1970).

Súmula nº 45. Serviço suplementar.

A remuneração do serviço suplementar, habitualmente prestado, integra o cálculo da gratificação natalina prevista na Lei nº 4.090, de 13-7-1962 (*RA* 41/1973, *DJ* 14-6-1973).

***Súmula nº 115. Horas extras. Gratificações semestrais* – Nova redação – Res. 121/2003, *DJ* 21-11-2003.**

O valor das horas extras habituais integra a remuneração do trabalhador para o cálculo das gratificações semestrais.

Histórico:

Redação original – *RA* 117/1980, *DJ* 3-11-1980

Nº 115 O valor das horas extras habituais integra o "ordenado" do trabalhador para cálculo das gratificações semestrais.

Súmula nº 118. Jornada de trabalho. Horas extras.

Os intervalos concedidos pelo empregador na jornada de trabalho, não previstos em lei, representam tempo à disposição da empresa, remunerados como serviço extraordinário, se acrescidos ao final da jornada (*RA* 12/1981, *DJ* 19-3-1981).

Súmula nº 264. Hora suplementar. Cálculo.

A remuneração do serviço suplementar é composta do valor da hora normal, integrado por parcelas de natureza salarial e acrescido do adicional previsto em lei, contrato, acordo, convenção coletiva ou sentença normativa (Res. 12/1986, *DJ* 31-10-1986).

***Súmula nº 340. Comissionista. Horas extras* – Nova redação – Res. 121/2003, *DJ* 21-11-2003.**

11.2.1.2 Adicional noturno

O adicional noturno constitui-se em adicional de remuneração, no sentido até aqui exposto, pois visa compensar o desgaste maior do empregado que presta serviço no período normalmente destinado ao repouso.

Com esta perspectiva, o legislador disciplinou o trabalho noturno por meio do art. 73 da CLT:

> "Art. 73. Salvo nos casos de revezamento semanal ou quinzenal, o trabalho noturno terá remuneração superior à do diurno e, para esse efeito, sua remuneração terá um acréscimo de 20% (vinte por cento), pelo menos, sobre a hora diurna.
>
> § 1º A hora do trabalho noturno será computada como de 52 (cinquenta e dois) minutos e 30 (trinta) segundos.
>
> § 2º Considera-se noturno, para os efeitos deste artigo, o trabalho executado entre as 22 (vinte e duas) horas de um dia e as 5 (cinco) horas do dia seguinte."

A redação do art. 73 da CLT, acima transcrito e que entrou em vigor em 1º de maio de 1943, obedeceu ao preceito constitucional da Carta de 1937, que excluía o adicional noturno aos que trabalhavam em regime de revezamento. Posteriormente, aquela restrição foi abolida pela Constituição de 1946, garantindo-se o adicional noturno a todos os trabalhadores. Essa garantia prevalece até os dias de hoje. Acrescente-se, ainda, que por não ter sido alterada a redação do mencionado art. 73 da CLT, o TST editou o Enunciado 130 que assegura esse direito.

Assim, resulta que todos os que prestem serviços em horário noturno, ainda que parcialmente, ou em horários mistos, fazem jus ao adicional noturno e à redução legal da hora noturna.

O empregado, sujeito a controle de horário, remunerado à base de comissões, tem direito ao adicional de, no mínimo, 50% (cinquenta por cento) pelo trabalho em horas extras, calculado sobre o valor-hora das comissões recebidas no mês, considerando-se como divisor o número de horas efetivamente trabalhadas.

Histórico:

Revisão do Enunciado nº 56 – *RA* 105/1974, *DJ* 24-10-1974

Redação original – Res. 40/1995, *DJ* 17-2-1995

Nº 340 Comissionista. Horas extras

O empregado, sujeito a controle de horário, remunerado à base de comissões, tem direito ao adicional de, no mínimo 50% (cinquenta por cento) pelo trabalho em horas extras, calculado sobre o valor das comissões a elas referentes.

***Súmula nº 343. Bancário. Hora de salário. Divisor* – Revisão do Enunciado nº 267 – Res. 2/1987, *DJ* 14-12-1987.**

O bancário sujeito à jornada de 8 (oito) horas (art. 224, § 2º, da CLT), após a CF/1988, tem salário-hora calculado com base no divisor 220 (duzentos e vinte), não mais 240 (duzentos e quarenta) (Res. 48/1995, *DJ* 30-8-1995).

Súmula nº 347. Horas extras habituais. Apuração. Média física.

O cálculo do valor das horas extras habituais, para efeito de reflexos em verbas trabalhistas, observará o número de horas efetivamente prestadas e a ele aplica-se o valor do salário-hora da época do pagamento daquelas verbas (Res. 57/1996, *DJ* 28-6-1996).

Com efeito, duplo é o benefício para aquele que presta serviços à noite. Diga-se, porém, que do ponto de vista trabalhista considera-se noturno o período das 22 horas de um dia às 5 horas do dia seguinte. A hora trabalhada em tal lapso é paga com acréscimo de, no mínimo, 20% sobre a hora diurna.

Além disso, porém, faz jus o empregado a que seja considerada cada hora noturna com duração de 52 minutos e 30 segundos apenas e não 60 minutos. Daí decorre que a cada período trabalhado sobram 7 minutos e 30 segundos. Sendo sete horas trabalhadas no relógio, após trabalhar das 22 horas às 5 horas, o empregado tem sete períodos de 7 minutos e 30 segundos acumulados, o que significa outra hora de 52 minutos e 30 segundos. Em resumo, o empregado trabalha sete horas normais e faz jus ao pagamento de oito horas reduzidas com adicional de 20%.

É duplo, portanto, o benefício para o trabalho noturno. Ou o empregador paga oito horas com adicional de 20% pelo trabalho durante sete horas, ou paga sete horas com adicional de 37.1428%, já embutidos o adicional de 20% e a redução legal da hora noturna, como afirma José Luiz Ferreira Prunes (1976:156).

Note-se que, se o empregado inicia sua jornada de trabalho às 20 horas, pelas duas primeiras terá remuneração normal, pois juridicamente são horas diurnas simples. A partir das 22 horas é que passa a fazer jus ao adicional noturno. Imaginemos que esse mesmo empregado trabalhe até as 6 horas do dia seguinte. Tendo iniciado às 20 horas, completará oito horas de trabalho em meio à jornada noturna. Como continua trabalhando até as 6 horas, a partir da oitava hora de trabalho (ainda no período noturno) passa a ter direito a horas extras noturnas. No exemplo, a última hora trabalhada (das 5 horas às 6 horas) será também extraordinária, mas já hora diurna. Assim, quanto àquelas extraordinárias noturnas, estas serão calculadas aplicando-se o adicional noturno ao valor da hora diurna e, sobre o produto, o percentual de horas extras. Com relação à última hora extra prestada, como ocorreu já no horário diurno, será remunerada apenas computando-se o adicional extraordinário sobre o valor da hora normal.

Releva salientar, porém, que, quanto à fixação do horário noturno e do percentual do adicional, o que até aqui foi dito tem aplicação apenas ao trabalhador urbano. E assim é porque ao trabalho rural aplicam-se as normas específicas do art. 7º da Lei nº 5.889, de 8 de junho de 1973. Com efeito, o referido disposto legal fixa o horário noturno rural na lavoura de 21 horas às 5 horas do dia seguinte e, na pecuária, de 20 horas às 4 horas do dia seguinte. Por força de seu parágrafo único, o adicional noturno no meio rural é de 25%.

Vê-se, pois, que no trabalho rural o horário noturno tem duração de oito horas, facilitando os cálculos e atendendo às peculiaridades do trabalho na lavoura e na pecuária. Inexiste a redução legal da hora noturna, mas o adicional devido é de 25% e não 20%, como no trabalho urbano.

Assim como ocorre com o adicional de horas extras, ocorrendo habitualidade no pagamento do adicional noturno, o mesmo passa a integrar o salário para todos os efeitos, ainda porque nítido é o seu caráter remuneratório.

Existe, todavia, certa diversidade de tratamento quanto ao trabalho extra e o noturno, no que respeita à alteração contratual que pretenda o empregador promover. Quanto ao primeiro, como vimos, desde que não se perpetue por todo o contrato, ou o mínimo de dois anos, pode o empregador suprimi-lo. Já o trabalho noturno, uma vez realizado, salvo se por período fixo convencionado, não pode ser alterado para trabalho diurno. Realmente, a jurisprudência entende ilícita a alteração unilateral, por ato do empregador, que pretende mudar o horário de trabalho de diurno para noturno e vice-versa.

A alteração pode ocorrer a pedido do empregado, se houver concordância do empregador, ou por acordo entre ambos. Salvo tais hipóteses, o que se reconhece é o direito de o empregador alterar o horário de trabalho, mas dentro do período em que trabalha o empregado, quer diurno, quer noturno.[15]

11.2.1.3 Adicional de insalubridade e de periculosidade

Dentre as condições adversas de trabalho que mencionamos, a que se revela mais nociva à saúde do empregado é o trabalho em condições insalubres ou perigosas.

O conceito de trabalho insalubre vem expresso no art. 189 da CLT, que assim dispõe:

> "Art. 189. Serão consideradas atividades ou operações insalubres aquelas que, por sua natureza, condições ou métodos de trabalho, exponham os empregados a agentes nocivos à saúde, acima dos limites de tolerância fixados em razão da natureza e da intensidade do agente e do tempo de exposição aos seus efeitos."

Assim, considera o legislador trabalho insalubre aquele que obrigue o empregado a ficar exposto a qualquer agente nocivo à saúde, tendo-se em conta a intensidade e o tempo de exposição a tal agente.

Por força do próprio texto legal, o Ministério do Trabalho elabora um quadro de atividades insalubres. Com base nele, faz-se uma perícia no local de trabalho e, constatada a ocorrência da insalubridade, faz jus o empregado ao adicional de 40%, 20%

---

[15] ***Súmula nº 60. Adicional Noturno. Integração no salário e prorrogação em horário diurno.*** **Res. 129/2005 – *DJ* 20-4-2005.**

I – O adicional noturno, pago com habitualidade, integra o salário do empregado para todos os efeitos.

II – Cumprida integralmente a jornada no período noturno e prorrogada esta, devido é também o adicional quanto às horas prorrogadas. Exegese do art. 73, § 5º, da CLT.

Súmula nº 112. Trabalho noturno. Petróleo.

O trabalho noturno dos empregados nas atividades de exploração, perfuração, produção e refinação do petróleo, industrialização do xisto, indústria petroquímica e transporte de petróleo e seus derivados, por meio de dutos, é regulado pela Lei nº 5.811, de 11-10-1972, não se lhe aplicando a hora reduzida de 52 minutos e 30 segundos prevista no art. 73, § 2º, da CLT (*RA* 107/1980, *DJ* 10-10-1980).

Súmula nº 140. Vigia.

É assegurado ao vigia sujeito ao trabalho noturno o direito ao respectivo adicional. Ex-prejulgado nº 12 (*RA* 102/1982, *DJ* 11-10-1982 e *DJ* 15-10-1982).

Súmula nº 265. Adicional noturno. Alteração de turno de trabalho. Possibilidade de supressão.

A transferência para o período diurno de trabalho implica a perda do direito ao adicional noturno (Res. 13/1986, *DJ* 20-1-1987).

ou 10%, uma vez que seja o trabalho insalubre em grau máximo, médio ou mínimo, respectivamente.

À guisa de exemplos, há trabalho insalubre em razão de temperatura excessiva, de deficiência de iluminação, de presença no ar de partículas que aspiradas provoquem danos físicos, de inalação de gases etc. Frise-se, ainda uma vez, que a constatação de tais condições agressivas, tanto insalubres quanto perigosas, há de ser feita por técnico habilitado em Medicina do Trabalho, quer por iniciativa das partes quer por determinação judicial, se existir dissídio a respeito, como determina o art. 195 da CLT.

Quanto ao conceito legal de periculosidade, dá-nos o art. 193 da CLT, que assim se expressa:

> "Art. 193. São consideradas atividades ou operações perigosas, na forma da regulamentação aprovada pelo Ministério do Trabalho, aquelas que, por sua natureza ou métodos de trabalho, impliquem o contato permanente com inflamáveis ou explosivos em condições de risco acentuado."

Do exame do dispositivo legal, vê-se que juridicamente o conceito de trabalho perigoso é muito mais restrito do que se possa imaginar. Assim é, por exemplo, que o trabalhador da construção civil, que preste serviços em altos edifícios, sobre um andaime sustentado por duas cordas, embora para todos seja um trabalho perigoso, não o é do ponto de vista jurídico.

Limita-se, portanto, o conceito jurídico de trabalho perigoso a fim de assegurar ao empregado o adicional de 30%, nos termos do § 1º do art. 193, acima transcrito, ao contato permanente, em condições de acentuado risco, com inflamáveis e explosivos.

Com o advento da Lei nº 7.369, de 20 de setembro de 1985, passaram a ter direito ao adicional de periculosidade também os trabalhadores que mantêm contato com energia elétrica, em condições de periculosidade. Após uma primeira regulamentação, dúvidas surgiram quanto ao adicional ser devido a todos os que trabalhavam em empresas de energia elétrica, independentemente da atividade propriamente dita por esses executada. Após a edição do Decreto nº 93.412, de 14 de outubro de 1986, que regulamentou a Lei nº 7.369/85, ficou evidente ser devido o adicional apenas aos que trabalham em contato com energia elétrica, em condições perigosas, independentemente do tipo de empresa em que prestem serviços, como é do espírito que preside a instituição do próprio adicional.[16]

---

[16] ***Súmula nº 191. Adicional. Periculosidade. Incidência* – Nova redação – Res. 121/2003, *DJ* 21-11-2003.**

O adicional de periculosidade incide apenas sobre o salário básico e não sobre este acrescido de outros adicionais. Em relação aos eletricitários, o cálculo do adicional de periculosidade deverá ser efetuado sobre a totalidade das parcelas de natureza salarial.

Histórico:

Redação original – Res. 13/1983, *DJ* 9-11-1983

Nº 191 Adicional. Periculosidade. Incidência

O adicional de periculosidade incide, apenas, sobre o salário básico, e não sobre este acrescido de outros adicionais.

Súmula nº 248. Adicional de insalubridade. Direito adquirido.

Nesse sentido, é perigoso o trabalho em postos de abastecimento apenas para os que manuseiam as bombas e mangueiras de combustível. Igualmente os que trabalham com pólvora, em determinadas condições específicas, também fazem jus ao adicional.

Mas, dada a multiplicidade de atividades, a especificidade das mesmas e as regras regulamentares do Ministério do Trabalho, também aqui a apuração de tais condições haverá de ser efetivada por técnico habilitado.

Por força do § 2º do art. 193 da CLT, pode o empregado, trabalhando em atividade ao mesmo tempo insalubre e perigosa, optar por um dos adicionais que lhe for mais favorável.

Não é reconhecido, no entanto, pela jurisprudência, o direito de receber ambos os adicionais, devendo, então, ocorrer, por força, a opção mencionada.

Ainda a respeito, afirma o art. 194 da CLT que cessará o pagamento de qualquer dos dois adicionais, tão logo sejam eliminadas as causas da insalubridade ou da periculosidade.[17]

Daí decorre que, enquanto o empregado fizer jus a um dos adicionais, este integra seu salário para todos os efeitos. Cessada a causa do pagamento, pode o empregador suprimir o pagamento, independentemente do lapso em que tenha sido pago.

Aqui devemos atentar para a questão mais séria que é a necessidade imperiosa de eliminação efetiva das causas do trabalho insalubre ou perigoso, ou, na impossibilidade, de redução de seus efeitos nocivos ao mínimo possível. Isto porque é evidente que o trabalho em tais condições, por prolongado período, causa doenças e até a morte do trabalhador.

Além desta preocupação maior, que é a eliminação do trabalho em tais condições, há normas do Ministério do Trabalho que dispõem sobre a minimização dos efeitos, por meio de equipamentos coletivos e individuais de proteção aos empregados. Tais equipamentos (ventiladores, exaustores, uniformes apropriados, máscaras, protetores auriculares) devem não só ser fornecidos pelo empregador, como efetivamente utilizados pelos empregados, diariamente, a fim de que se diminua ou até elimine o efeito do agente nocivo à saúde.

A reclassificação ou a descaracterização da insalubridade, por ato da autoridade competente, repercute na satisfação do respectivo adicional, sem ofensa a direito adquirido ou ao princípio da irredutibilidade salarial (Res. 17/1985, *DJ* 13-1-1986).

Súmula nº 289. Insalubridade. Adicional. Fornecimento do aparelho de proteção. Efeito.

O simples fornecimento do aparelho de proteção pelo empregador não o exime do pagamento do adicional de insalubridade. Cabe-lhe tomar as medidas que conduzam à diminuição ou eliminação da nocividade, entre as quais as relativas ao uso efetivo do equipamento pelo empregado (Res. 22/1988, *DJ* 24-3-1988).

Súmula nº 293. Adicional de insalubridade. Causa de pedir. Agente nocivo diverso do apontado na inicial.

A verificação mediante perícia de prestação de serviços em condições nocivas, considerado agente insalubre diverso do apontado na inicial, não prejudica o pedido de adicional de insalubridade (Res. 3/1989, *DJ* 14-4-1989).

17 ***Súmula nº 361. Adicional de periculosidade. Eletricitários. Exposição intermitente.***

O trabalho exercido em condições perigosas, embora de forma intermitente, dá direito ao empregado a receber o adicional de periculosidade de forma integral, porque a Lei nº 7.369, de 20-9-1985, não estabeleceu nenhuma proporcionalidade em relação ao seu pagamento (Res. 83/1998, *DJ* 20-8-1998).

Relativamente à base de cálculo dos adicionais, vinha entendendo a jurisprudência que ela era o salário-mínimo ou o salário profissional da categoria a que pertence o empregado, independentemente do salário efetivamente percebido. A Súmula 17 do Tribunal Superior do Trabalho afirmava que, havendo salário profissional decorrente de lei ou norma coletiva, este seria a base de cálculo. No entanto, a Súmula 228 do mesmo Tribunal afirma que o salário-mínimo é a base de cálculo.

Todavia, recente decisão do STF assim concluiu:

> "A fixação do adicional de insalubridade em determinado percentual do salário-mínimo contraria o disposto no art. 7º, IV, da CF, que veda a sua vinculação para qualquer fim. Com base nesse entendimento o tribunal conheceu e deu provimento a recurso extraordinário – interposto contra decisão do TST que, confirmando condenação imposta à recorrente pelo TRT da 3ª Região, entendera que o art. 7º, IV, da CF tem por finalidade impedir a aplicação do salário-mínimo como parâmetro indexador de reajustes de obrigações não afastando a sua utilização como referência para cálculo do adicional de insalubridade – para afastar, a partir da promulgação da CF/88, a vinculação ao salário-mínimo estabelecida pelas instâncias ordinárias, devendo o processo retornar ao TRT, a fim de que se decida qual o critério legal substitutivo do adotado e aplicável ao caso." (RE 236.396-MG Rel. Min. Sepúlveda Pertence, 2-10-98, publ. no *DOU* de 20-11-98.)

Vê-se, pois, que referida decisão do STF altera o entendimento até então fixado pelo TST, deixando claro que a base de cálculo do adicional de insalubridade, a partir da vigência do art. 7º da Constituição Federal, já não pode ser o salário-mínimo. Deixa, contudo, em aberto qual a exata base de cálculo, determinando que a instância regional (no caso o TRT da 3ª Região, com sede em Belo Horizonte) decida tal questão.

Decisões regionais têm sido proferidas, à luz do entendimento transcrito do STF, utilizando o salário-base contratual como indexador do adicional de insalubridade. Entenda-se como salário-base contratual o salário ajustado contratualmente. Excluídos eventuais outros adicionais pagos.

Devemos aguardar, por ora, novo exame da questão pelo TST, adotando novo critério a esse respeito.[18]

---

[18] ***Súmula nº 39. Periculosidade.***

Os empregados que operam em bomba de gasolina têm direito ao adicional de periculosidade (Lei nº 2.573, de 15-8-1955) (*RA* 41/1973, *DJ* 14-6-1973).

Súmula nº 47. Insalubridade.

O trabalho executado em condições insalubres, em caráter intermitente, não afasta, só por essa circunstância, o direito à percepção do respectivo adicional (*RA* 41/1973, *DJ* 14-6-1973).

Súmula nº 80. Insalubridade.

A eliminação da insalubridade mediante fornecimento de aparelhos protetores aprovados pelo órgão competente do Poder Executivo exclui a percepção do respectivo adicional (*RA* 69/1978, *DJ* 26-9-1978).

***Súmula nº 132. Adicional de periculosidade. Integração*. Res. 129/2005 – *DJ* 20-4-2005.**

I – O adicional de periculosidade, pago em caráter permanente, integra o cálculo de indenização e de horas extras.

II – Durante as horas de sobreaviso, o empregado não se encontra em condições de risco, razão pela qual é incabível a integração do adicional de periculosidade sobre as mencionadas horas.

11.2.1.4 Adicional de transferência

Quanto ao local de trabalho, o princípio geral é da impossibilidade de alteração do mesmo, salvo com anuência do empregado. A regra, no entanto, comporta exceções, como nos mostra o art. 469 da CLT.

> "Art. 469. Ao empregador é vedado transferir o empregado, sem a sua anuência, para localidade diversa da que resultar do contrato, não se considerando transferência a que não acarretar necessariamente a mudança de seu domicílio.
>
> § 1º Não estão compreendidos na proibição deste artigo os empregados que exerçam cargos de confiança e aqueles cujos contratos tenham como condição, implícita ou explícita, a transferência, quando esta decorra da real necessidade de serviço.
>
> § 2º É lícita a transferência quando ocorrer extinção do estabelecimento em que trabalhar o empregado.
>
> § 3º Em caso de necessidade de serviço o empregador poderá transferir o empregado para localidade diversa da que resultar do contrato, não obstante as restrições do artigo anterior, mas, nesse caso, ficará obrigado a um pagamento suplementar, nunca inferior a 25% (vinte e cinco por cento), dos salários que o empregado percebia naquela localidade, enquanto durar essa situação."

Com efeito, o local de trabalho somente pode ser alterado com a concordância do empregado, salvo se este exerce cargo de confiança, ou se em seu contrato há condição implícita ou explícita de transferibilidade, mas apenas sendo a transferência decorrente de real necessidade de serviço, mesmo para as exceções mencionadas.

Não pode, portanto, o empregador transferir o empregado de local de trabalho. Apenas quando há necessidade de serviço, nas hipóteses mencionadas em lei, é que a alteração é permitida.

Súmula nº 139. Adicional noturno. Integração no salário e prorrogação em horário diurno. **Res. 129/2005 – *DJ* 20-4-2005.**

Enquanto percebido, o adicional de insalubridade integra a remuneração para todos os efeitos legais.

Súmula nº 228. Adicional de insalubridade. Base de cálculo – (alterada na sessão do Tribunal Pleno em 26-6-2008) – Res. 148/2008, DJ 04 e 7-7-2008 – **Republicada – DJ 08, 09 e 10-7-2008.**

A partir de 9 de maio de 2008, data da publicação da Súmula Vinculante nº 4 do Supremo Tribunal Federal, o adicional de insalubridade será calculado sobre o salário básico, salvo critério mais vantajoso fixado em instrumento coletivo.

Em razão de Reclamação ajuizada perante o STF (Proc. STF 6266/2008), foi concedida liminar pelo Sr. Presidente da Corte, suspendendo os efeitos da alteração da Súmula 228 do TST, diante dos termos da Súmula Vinculante nº 4 do STF, revigorando assim o texto anterior da presente Súmula nº 228 do TST, que fixa como base de cálculo para o adicional de insalubridade o salário-mínimo, como a seguir está transcrito.

O percentual do adicional de insalubridade incide sobre o salário-mínimo de que cogita o art. 76 da CLT, salvo as hipóteses previstas no Enunciado nº 17.

Histórico:

Redação original – Res. 14/1985, *DJ* 19-9-1985.

Nº 228 O percentual do adicional de insalubridade incide sobre o salário-mínimo de que cogita o art. 76 da CLT.

Ademais, juridicamente, a simples alteração de local de trabalho não significa transferência, já que o art. 469 afirma que assim não se considera aquela que não acarreta mudança de domicílio. Portanto, se o empregado tiver de prestar serviços em outra localidade que esteja a uma distância que o impeça de ir diariamente para sua casa em condições razoáveis, estamos diante de uma transferência. Já a determinação para trabalhar em outro estabelecimento dentro do mesmo município, ou em município vizinho, que não o impeça de continuar morando no mesmo local, não se trata de transferência, mas simples alteração contratual. Nesse último caso, é verdade, poderá o empregado pleitear, com sucesso, pagamento suplementar, porque tal ato implicou aumento de despesa com transporte, sob pena de a alteração ser prejudicial e vedada, nos termos do art. 468 da CLT, de que já falamos.

Do ponto de vista da duração da transferência, pode a mesma ser definitiva ou provisória. Sendo definitiva, o empregado fará jus ao reembolso das despesas que tiver de efetuar com o deslocamento e sua fixação no novo local de trabalho, a teor do que dispõe o art. 470 da CLT.

Revestindo-se de provisoriedade o ato do empregador, faz jus o empregado ao adicional de 25%, no mínimo, enquanto perdurar aquela situação. Frise-se que tal adicional é devido sempre que se tratar de transferência provisória, ainda que se trate de empregado de confiança, ou aquele cujo contrato tenha cláusula implícita ou explícita de transferibilidade, o que se nota do exame conjunto dos §§ 1º e 3º do art. 469 da CLT.

Justifica-se, igualmente, a transferência quando ocorrer a extinção do estabelecimento, como menciona o § 2º do mesmo artigo, dada a impossibilidade de continuidade do contrato naquele local, tendo-se por definitiva a transferência.

Até 17 de abril de 1975, salvo entendimentos judiciais esparsos, o empregado que recebia ordem de transferência injusta ou ilícita era obrigado a acatá-la, e somente após é que podia pedir anulação da medida em juízo. Evidente que, após todo o transtorno para a mudança de local de trabalho, o empregado perdia interesse na discussão judicial da ordem do empregador. Todavia, com o advento da Lei nº 6.203, foi acrescentado o inciso IX ao art. 659 da CLT, que dá competência privativa ao Juiz Presidente da Junta de Conciliação e Julgamento para decidir, liminarmente, quanto à sustação da ordem de transferência. Na prática, tão logo o empregado recebe tal determinação do empregador, ingressa em juízo pedindo, de pronto, que seja sustada a ordem, até a decisão final do processo. Se a sentença for favorável ao empregado, continua prestando serviços no mesmo local; caso contrário, poderá o empregador transferi-lo. Não obstante o contratempo causado à empresa, que poderia precisar do empregado imediatamente no novo local, evidente que a situação anterior trazia prejuízo quase sempre irreparável ao empregado.

Embora exista entendimento na doutrina quanto ao eventual direito do empregado transferido definitivamente ao adicional de 25%, o entendimento dominante é de que o mesmo é pago, apenas, quando se trata de transferência provisória e durante a mesma, como conclui Cássio de Mesquita Barros Jr. (1980:255).

Recebendo o respectivo adicional, o empregado faz jus a sua integração ao salário, para todos os efeitos, já que a natureza daquele é salarial, ainda como conclui o referido professor (1980:257).

De outra parte, cessados os efeitos de ordem de transferência e retornando o empregado ao local originário da prestação de serviços, cessa o pagamento do adicional.[19]

11.2.2 Adicionais de fonte contratual

Constituindo as normas de Direito do Trabalho um patamar mínimo de condições de trabalho que se garante à generalidade dos empregados, nada obsta que as partes, por iniciativa individual ou coletiva, estabeleçam melhores condições, tanto no que respeita à prestação de serviços quanto no que se refere à remuneração.

Nesse sentido, é possível, além de frequente, o ajuste em nível de negociação coletiva relativamente a outros adicionais de remuneração, que passam a fazer parte dos contratos de trabalho daqueles a quem se aplica aquela norma coletiva.

Assim, convenciona o sindicato de empregados de certa categoria com o sindicato de empresas da categoria respectiva que todo empregado, a cada cinco anos, por exemplo, fará jus a um adicional a título de quinquênio. Tal cláusula obriga todos os empregadores da categoria e da localidade de atuação do sindicato (base territorial sindical), de modo que será devido o referido adicional a todos os empregados que tenham completado o referido quinquênio. Sendo a convenção coletiva de aplicação obrigatória, no âmbito da representação sindical, insere-se tal norma nos contratos de todos os empregados e empregadores daquela categoria.

Podemos imaginar um sem-número de adicionais a serem estabelecidos tanto em nível sindical quanto em nível individual entre as partes. Qualquer deles insere-se na regra genérica de que, uma vez instituído, passa a integrar o contrato de trabalho de cada empregado. Assim, sempre que implementada a condição que o enseja, será devido, obrigatoriamente. Tratando-se de adicional de produção e sendo fixado um nível mínimo para o pagamento, será exigível sempre que o empregado atingir tal nível. Evidentemente que, não alcançando o empregado aquele nível exigido, não fará jus ao adicional.

Esclareça-se, apenas, que a convenção coletiva, por força do art. 614, § 3º, da CLT, tem duração máxima de dois anos. Portanto, só é exigível o adicional uma vez inserido na nova convenção. Cessada a vigência da norma coletiva, não mais se aplicam suas cláusulas, salvo aquelas novamente negociadas e ajustadas.

---

[19] ***Súmula nº 43. Transferência.***

Presume-se abusiva a transferência de que trata o § 1º do art. 469 da CLT, sem comprovação da necessidade do serviço (*RA* 41/1973, *DJ* 14-6-1973).

Súmula nº 29. Transferência.

Empregado transferido, por ato unilateral do empregador, para local mais distante de sua residência, tem direito a suplemento salarial correspondente ao acréscimo da despesa de transporte (*RA* 57/1970, *DO*-GB 27-11-1970).

Já em termos do contrato individual, se as partes ajustarem o pagamento de certo adicional, será o mesmo devido sempre que se concretizar a hipótese convencionada.

Note-se que o empregador não está obrigado a conceder outro adicional além daqueles exigíveis por lei. Todavia, por liberalidade ou por pressão dos empregados, pode vir a instituir um benefício desta natureza. Assim ocorrendo, passa o novo benefício a fazer parte do contrato individual de trabalho, aplicando-se aqueles princípios da CLT relativos às alterações contratuais, de que falamos.

Nessa conformidade, não poderá ser negado o pagamento do adicional, sempre que implementadas as condições para tanto necessárias. Igualmente, não poderá o empregador, direta ou indiretamente, agir de modo a impedir que o empregado faça jus ao adicional. Em contrapartida, só será devido o respectivo pagamento nos estritos termos a que se obrigou o empregador, não se podendo alterar a intenção de sua concessão. Em primeiro lugar porque não se admite alteração contratual prejudicial ao empregado. Em segundo lugar porque as normas criadoras de benefícios e que derivam de liberdade do empregador devem ser interpretadas restritivamente, nos limites da vontade que a editou.[20]

Em síntese, quanto aos adicionais de fonte contratual, podem constituir-se novas vantagens concedidas aos empregados, assim como em melhores condições relativas aos adicionais já existentes por fonte legal, como aumento do percentual de horas extras, do adicional noturno etc. Observe-se, ademais, que pode haver ajuste expresso quanto ao adicional, ou simples prática mais benéfica por parte do empregador, o que, igualmente, agrega-se ao contrato de trabalho.[21]

---

[20] ***Súmula nº 202. Gratificação por tempo de serviço. Compensação.***

Existindo, ao mesmo tempo, gratificação por tempo de serviço outorgada pelo empregador e outra da mesma natureza prevista em acordo coletivo, convenção coletiva ou sentença normativa, o empregado tem direito a receber, exclusivamente, a que lhe seja mais benéfica (Res. 8/1985, *DJ* 11-7-1985).

Súmula nº 203. Gratificação por tempo de serviço. Natureza salarial.

A gratificação por tempo de serviço integra o salário para todos os efeitos legais (Res. 9/1985, *DJ* 11-7-1985).

[21] ***Súmula nº 186. Licença-prêmio. Conversão em pecúnia. Regulamento da empresa* – Nova redação – Res. 121/2003, *DJ* 21-11-2003.**

A licença-prêmio, na vigência do contrato de trabalho, não pode ser convertida em pecúnia, salvo se expressamente admitida a conversão no regulamento da empresa.

Histórico:

Redação original – Res. 8/1983, *DJ* 9-11-1983

Nº 186. Licença-prêmio. Conversão em pecúnia. Regulamento da empresa

A licença-prêmio não pode ser convertida em pecúnia, salvo se expressamente admitida no regulamento da empresa.

***Súmula nº 253. Gratificação semestral. Repercussões* – Nova redação – Res. 121/2003, *DJ* 21-11-2003.**

A gratificação semestral não repercute no cálculo das horas extras, das férias e do aviso-prévio, ainda que indenizados. Repercute, contudo, pelo seu duodécimo na indenização por antiguidade e na gratificação natalina.

Histórico:

Redação original – Res. 1/1986, *DJ* 23-5-1986

Nº 253. Gratificação semestral. Repercussão nas férias, aviso-prévio e horas extras. A gratificação semestral não repercute nos cálculos das horas extras, das férias e do aviso-prévio, ainda que indenizados.

11.3 Participação dos trabalhadores nos lucros ou resultados das empresas

A Constituição Federal, em seu art. 7º, inciso XI, assegura, como direito dos trabalhadores, "participação nos lucros, ou resultados, desvinculada da remuneração, e, excepcionalmente, participação na gestão da empresa, conforme definido em lei".

Evidentemente, trata-se de direito assegurado mas não auto-aplicável, pois necessária lei que estabeleça regras concretas para a efetivação da participação nos lucros ou resultados.

Não obstante a necessidade de regulamentação, não se trata de tema urgente, nem relevante, a justificar a edição de medida provisória, como entendeu o Executivo Federal. Com efeito, dispõe o art. 62 da Constituição Federal que, em caso de relevância e urgência, o Presidente da República poderá editar medidas provisórias, com força de lei, devendo submetê-las de imediato ao Congresso Nacional, que, se estiver em recesso, será convocado para apreciação, no prazo de cinco dias. Conforme o parágrafo único do referido dispositivo constitucional, a medida provisória perde sua eficácia se não convertida em lei no prazo de trinta dias, a partir de sua publicação.

Assim, de início, importante frisar que a matéria, embora objeto de medida provisória, não deveria sê-lo, já que indiscutivelmente não se configuram os requisitos de urgência e relevância exigidos pelo mencionado art. 62 da Constituição Federal.

O Poder Executivo Federal editou sobre a matéria a primeira medida provisória, de nº 794, em 29 de dezembro de 1994, que não logrou submeter ao Congresso Nacional.

De lá para cá, dezenas de outras medidas provisórias foram editadas, tendo em vista a perda de eficácia a cada trinta dias, sempre cuidando da questão da participação nos lucros ou resultados. Isso porque nenhuma delas logrou ser apreciada pelo Congresso Nacional. Eis aí o desvio da finalidade para a qual o legislador constitucional instituiu a medida provisória.

Assemelha-se a situação àquela dos decretos-lei, que vivemos no período de 1964 a 1978. Como a regulamentação da participação nos lucros e nos resultados não é um modo de solucionar o grave problema do desemprego, ainda que esteja a participação desvinculada da remuneração, não justifica a edição de medida provisória.

A reedição de Medidas Provisórias persistiu até a de nº 1.982-77, de 2000, quando o Congresso Nacional, finalmente, converteu-a na Lei nº 10.101, de 19 de dezembro de 2000, que manteve a orientação até então traçada pelos textos anteriores, reproduzindo o conteúdo da Medida Provisória nº 1.982-77.

Vê-se, tanto no art. 1º da Medida Provisória nº 794/94, quanto nas subsequentes e no art. 1º da Lei nº 10.101/2000, que o fundamento de sua reedição é a integração entre o capital e o trabalho e o incentivo à produtividade, isto é, uma tentativa de procurar contornar o problema do desemprego, já que a Constituição Federal desvincula a participação nos lucros ou resultados da remuneração, desonerando as empresas quanto a eventuais encargos trabalhistas que não incidem sobre esta verba.

Busca-se assim instituir uma melhoria no padrão de vida dos trabalhadores, sem aumentar sua remuneração. Isso porque do ponto de vista trabalhista as verbas pagas "pelo" trabalho têm sempre natureza salarial. Já aquelas que são pagas "para" o trabalho não têm natureza de salário. Isso significa, por exemplo, que uma gratificação pela assiduidade, ou pela produção tem natureza de salário, pois é instituída pelo trabalho. Já uma verba paga para cobrir despesas comprovadas no exercício de uma função não tem natureza salarial, porque é requisito para o desenvolvimento do trabalho, o que não ocorre no primeiro caso.

E, guardando natureza salarial, referida verba terá tratamento igual ao dispensado ao salário em sentido estrito, servindo de base de cálculo para todos os haveres trabalhistas. Eis por que o legislador constitucional desvinculou a participação nos lucros ou resultados da remuneração, como forma de evitar tais reflexos e buscando estimular sua instituição por empresas e empregados.

A Constituição Federal de 1946, em seu art. 157, IV, cogitava de participação obrigatória e direta dos trabalhadores nos lucros, nos termos da lei, do mesmo modo que fez a Constituição Federal de 1967, em seu art. 158, V, bem como a Emenda Constitucional de 1969, em seu art. 165, V. Todavia, nenhuma delas excepcionava a natureza salarial da participação nos lucros, nem editou-se a lei ordinária a que as normas constitucionais remetiam.

Assim, as empresas que instituíram participação nos lucros no período de 1946 a outubro de 1988 foram obrigadas a dar tratamento salarial a tal verba, ainda quando a mesma fosse efetivamente forma de participação nos lucros e não mera gratificação travestida de participação nos lucros.

Atualmente, diante do texto expresso da norma constitucional, não há como pretender, diante de autêntica participação nos lucros ou resultados, atribuir-lhe natureza salarial.

Note-se, a propósito, que a atual regulamentação é taxativa ao afirmar que o benefício não substitui nem complementa o salário, não constituindo base de cálculo para qualquer encargo social, nem se sujeitando ao princípio da habitualidade, a fim de afastar a incidência da regra contida no já referido Enunciado 251, diante dos termos expressos da norma constitucional.

Ademais, é vedado o pagamento ou antecipação por período anterior a um semestre, como forma de garantir a finalidade do benefício, como determinou o legislador, além de prever, como instrumento de instituição da participação nos lucros ou resultados, a negociação entre a empresa e uma comissão de trabalhadores, integrada por um representante sindical.

Originalmente, o art. 2º da Medida Provisória nº 794, de 29 de dezembro de 1994, cogitava de convenção da empresa com seus empregados por meio de negociação coletiva.

Isso significava a participação do sindicato profissional no processo de instituição e regramento da participação nos lucros e resultados, pois a expressão *negociação coletiva* pressupõe, obrigatoriamente, a presença do sindicato de trabalhadores, a quem o legislador confere a prerrogativa para negociar coletivamente, em nome da categoria que representa, ou parte dela.

Posteriormente, a Medida Provisória nº 860, de 27 de janeiro de 1995, alterou o mencionado art. 2º, asseverando que a empresa deveria convencionar com seus empregados, por meio de comissão por eles escolhida. E não mais por meio de negociação coletiva, alijando, desse modo, o sindicato do processo de instituição e regramento da participação nos lucros e resultados.

Afinal, passou-se à redação referida, que ficou a meio caminho das duas primeiras soluções apontadas, isto é, manteve a comissão de trabalhadores escolhida pelos próprios trabalhadores como negociadora, mas a ela agregou um representante indicado pelo sindicato profissional. É o que se vê do texto do art. 2º, I, da Lei nº 10.101/2000.

Eis aí uma situação que pode trazer dificuldades para a instituição da participação nos lucros, sob a óptica da política sindical, já que nesse tema o sindicato deixa de conduzir as negociações, devendo ainda indicar representante seu, o que faz com que se comprometa com o decidido, sem deter o comando político das negociações. Ademais o instrumento que institui a participação nos lucros ou resultados deve ser arquivado na entidade sindical profissional, contendo regras claras dos "direitos substantivos" e "regras adjetivas".

Trata-se, à evidência, de redação não precisa do ponto de vista jurídico, mas que sugere a necessidade de clareza do avençado quanto ao que foi acordado, qual o fundamento da participação nos lucros, ou resultados, bem como o procedimento de aferição.

Note-se que a redação do texto legal atual prevê a negociação por meio de comissão escolhida pelas partes, com integração de um representante indicado pelo sindicato profissional, ou por meio de acordo ou convenção coletiva de trabalho.

Nessa segunda hipótese, à luz do art. 513, letra *b*, da CLT, a negociação há de ser da empresa com o sindicato, que detém o poder de celebrar acordos e convenções coletivas de trabalho. Há de se compreender a participação nos lucros como direito que envolva todos os trabalhadores da empresa, desconsiderando aspectos pessoais dos trabalhadores, ou um grupo determinado quando se cogite de participação nos resultados, como bem afirma Paulo Sergio João (1998:15). Não sendo assim, como afirma o ilustre professor, estará o avençado sob suspeita de descumprimento da norma legal.

Exclui ainda o legislador da instituição desse benefício os empregadores que pela norma consolidada equiparam-se à empresa, mas que, por não auferirem lucro, a ela não se equiparam para este fim exclusivo.

Em caso de eventual impasse na instituição da participação nos lucros ou resultados, sugere o legislador a utilização de mediação ou arbitragem de ofertas finais, entendida esta última como opção pelo árbitro de uma das propostas concretas oferecidas pelas partes e não como formulação de outra proposta intermediária. Fixa, ademais, a força normativa do laudo arbitral, se for a hipótese, sendo desnecessária a homologação judicial.

Revela-se também aqui a tendência do liberalismo de extinguir o poder normativo da Justiça do Trabalho, que se verifica em suas variadas manifestações e, no caso particular, a proposital omissão de solução judicial no caso de impasse.

A norma constitucional criou um instituto que, segundo a lei, há de ser instituído por consenso entre empresa e trabalhadores. Coloca-se aí a questão concreta de eventual impasse e solução judicial.

O art. 5º da Constituição Federal, XXXV, assegura o direito de apreciação pelo Poder Judiciário de lesão ou ameaça de direito. Nesse contexto é que se coloca o exercício do poder normativo inclusive para arbitrar as questões relativas à participação nos lucros ou resultados.

Não há em nosso ordenamento jurídico possibilidade de inibição da Justiça do Trabalho em caso de greve, por exemplo, à luz do art. 856 da CLT e do art. 8º da Lei nº 7.783/89.

E sabemos que pode vir a ser motivada a greve por impasse na instituição de participação nos lucros ou resultados.

Do mesmo modo, não vemos como impedir que trabalhadores ou mesmo a empresa busquem amparo no dissídio coletivo para solução da controvérsia, quando infrutífera a mediação ou a arbitragem facultativa.

Lembre-se, a propósito, o art. 114, § 2º, da Constituição Federal, que faculta o ingresso na Justiça do Trabalho no caso de recusa da parte contrária à negociação ou à arbitragem.

Questão diversa, porém, diz respeito ao conteúdo da intervenção da Justiça do Trabalho em matéria de participação nos lucros ou resultados, isto é, quais os limites que deve a Justiça do Trabalho observar ao conhecer e julgar dissídio coletivo que envolva a questão relativa à participação nos lucros ou resultados?

Em nosso ver, a questão é bastante complexa, pois, de um lado, temos a convicção de que não pode a medida provisória, sob a óptica constitucional, pretender afastar a intervenção da Justiça do Trabalho, porque, assim fazendo, atrita com o texto maior; de outro lado, estamos convictos igualmente de que a instituição da participação nos lucros ou resultados há de resultar sempre do consenso entre empregador e empregados.

Com efeito, o legislador não estabelece sanção alguma pela não-instituição da participação nos lucros ou resultados, consignando que esta "será objeto de negociação entre a empresa e seus empregados". Assim, não há imposição para que a empresa institua de forma obrigatória o benefício.

Eis por que, uma vez instaurado o dissídio coletivo, entendemos que deva a Justiça do Trabalho limitar-se a decidir sobre questões controvertidas, desde que demonstrado nos autos o consenso quanto à instituição e que a controvérsia limita-se ao conteúdo do instrumento. Por outras palavras, acreditamos que não pode a Justiça do Trabalho pretender substituir a vontade das partes, instituindo por iniciativa sua a participação nos lucros ou resultados, pois a tanto as partes não estão obrigadas por lei, tendo apenas a faculdade de instituir o benefício.

A eventual instituição por ato judicial, quer como tentativa de compor o conflito, quer como forma de punição ao empregador, desvirtua o instituto, não encontrando amparo legal, devendo ser suprimida pela via recursal.

Questão interessante diz respeito aos efeitos que a instituição da participação nos lucros gera nos contratos de trabalho, já que se trata de benefício que não tem natureza salarial, como visto.

A nosso ver, embora não se trate de componente da remuneração, a instituição da participação nos lucros ou resultados constitui um benefício de natureza trabalhista, ainda que atípico, pois decorre da existência do contrato de trabalho entre empresa e empregado.

Desse modo, na hipótese de dispensa do empregado antes que sejam distribuídos os valores a título de participação nos lucros ou resultados, embora a verba não tenha natureza salarial, fará jus o empregado à proporcionalidade referente ao período trabalhado em que concorreu para o sucesso do avençado, desde que injusta a dispensa. Caso a despedida se dê por justa causa, do mesmo modo, nada lhe será devido, pois seu o ônus do desfazimento do contrato de trabalho.

Diga-se, afinal, que a participação nos lucros e resultados tem como fundamento a cooperação entre empresa e empregados, quer na instituição do benefício, quer na consecução de seus objetivos, daí por que não é estabelecida de forma obrigatória, o que também se verifica no Direito estrangeiro, bem como depende de situação econômica que permita antever a possibilidade de lucros e resultados de que se possa participar. Não pode, pois, ser vista como forma alternativa de solucionar o problema de baixos salários e desemprego.

Verificação de aprendizagem

Questões para debate

1. *Justifica-se atualmente a distinção entre salário e remuneração? Por quê?*
2. *Quais as parcelas que integram o salário e qual o critério para cálculo dessa integração?*
3. *Existe a possibilidade de o salário ser pago por outra pessoa que não o próprio empregador? Justifique.*
4. *O salário-mínimo deve atender às necessidades do empregado? Por quê?*
5. *Quais as fontes e as diferenças entre "salário normativo" e "salário profissional"?*
6. *Apontar e comentar os requisitos legais para o direito à equiparação salarial.*
7. *Que se entende por "normas de proteção ao salário"?*
8. *É variável ou não o valor do adicional de horas extras? Por quê?*
9. *Quais as vantagens pecuniárias do trabalho noturno? Fundamente sua resposta.*
10. *Em que hipóteses faz jus o empregado ao adicional de periculosidade?*
11. *Qual o tipo de mudança de local de trabalho que enseja o pagamento do adicional de transferência? Sob qual fundamento?*

12. *Qual a natureza da verba paga a título de participação nos lucros ou resultados?*
13. *Há diferença entre o tratamento dado pela Constituição Federal de 1988 e as anteriores à participação nos lucros e resultados?*
14. *Como interpretar a participação sindical na questão da participação nos lucros e resultados?*

Exercícios

I – Leia cada uma das assertivas abaixo e, a seguir, diga se é verdadeira ou falsa, justificando brevemente a sua opção.

1. *Há certos valores pagos ao empregado, no curso do contrato de trabalho, que integram o salário mas não integram a remuneração.*
2. *É possível ajustar o pagamento do salário parcialmente em dinheiro e parcialmente em utilidades.*
3. *Aquele que trabalha menos de oito horas diárias pode receber no final do mês salário inferior ao mínimo legal.*
4. *O empregado que pede demissão no curso do ano perde o direito à parcela correspondente ao 13º salário do período já trabalhado.*
5. *Ainda que idêntico o serviço prestado por dois empregados, é lícito ao empregador pagar ao menor de 18 anos salário inferior àquele pago ao empregado maior.*
6. *Sendo idêntico o serviço de dois empregados, é devida a equiparação salarial se não há diferença mínima de dois anos na mesma função, ainda que um deles conte mais de dois anos na empresa em relação ao outro.*
7. *O empregado que produz mais pode receber salário maior que outro empregado, mesmo que iguais as atribuições de ambos.*
8. *A participação nos lucros e resultados exige, para sua instituição, o consenso entre empregados e empregador.*
9. *A Justiça do Trabalho não pode ser chamada a arbitrar conflito entre empregados e empregador a respeito da participação nos lucros e resultados.*

II – Cada uma das afirmações abaixo tem por base determinado artigo da CLT. Aponte o referido dispositivo legal, expondo, brevemente, se correta ou não a afirmativa e o fundamento de sua conclusão.

1. *É vedado ao empregador pagar salário por lapso superior a um mês de intervalo entre um pagamento e o subsequente.*
2. *Não é obrigatório o uso pela empresa de recibo de pagamento, quando o empregado dispensa tal formalidade.*

3. *Na hipótese de ação judicial trabalhista, dá-se importância ao pagamento do salário na primeira audiência.*
4. *O trabalho extraordinário é permitido pela lei até o limite máximo de quatro horas diárias.*
5. *Sempre que um empregado trabalha além do horário normal, faz jus ao pagamento do adicional de horas extras.*
6. *A duração da hora noturna é inferior à da hora diurna.*
7. *O adicional de insalubridade é variável em função da agressão que sofre o organismo do empregado pelo agente a que está exposto.*
8. *Aquele que trabalha concomitantemente em condições de insalubridade e periculosidade tem direito aos dois adicionais respectivos cumulativamente.*
9. *Não se considera transferência, do ponto de vista jurídico, a determinação do empregador para trabalhar o empregado em outro local, se este não altera sua residência.*
10. *Só é devido o adicional de transferência quando esta tiver caráter provisório.*

12 Extinção do Contrato de Trabalho

Constitui princípio de grande importância no Direito do Trabalho a manutenção do vínculo entre empregado e empregador. O trabalho, além de consistir num dever do cidadão, é um direito que lhe deve ser assegurado, de modo que obtenha meios de subsistência, bem como de uma vida digna, inclusive para sua família.

Eis por que os contratos de trabalho, em princípio, não têm duração preestipulada, como dissemos quando analisamos a duração do contrato de trabalho. Aqueles cujo prazo é determinado constituem a exceção à regra geral da duração indeterminada.

Não obstante tal preocupação maior, que é a manutenção dos contratos de trabalho quanto a sua duração, assegura a lei a possibilidade de extinção dos mesmos. Tal ato pode ocorrer por iniciativa do empregado ou por iniciativa do empregador.

Do ponto de vista social, a ruptura do contrato por iniciativa do empregado traz consequências menos danosas que a ruptura por iniciativa do empregador. Isto porque, quase sempre, o empregado, quando decide romper o contrato, já assegurou nova colocação ou tem a expectativa de novo emprego. Já a ruptura por iniciativa do empregador normalmente apanha o empregado de surpresa, causando-lhe graves consequências, mormente em épocas de crise econômica, quando se torna muito difícil uma nova colocação imediata.

A possibilidade de dispensas imotivadas de empregados configura uma das razões do desemprego com que convivemos e que inúmeros problemas sociais e econômicos tem causado.

No que interessa ao Direito do Trabalho, o instituto da estabilidade consiste num dos meios eficazes de combate ao desemprego. Num sentido mais amplo, a garantia de emprego também minimiza os efeitos da despedida sem motivo, assim como o aviso-prévio atenua o impacto da ruptura do contrato de trabalho, para ambas as partes.

Examinemos, pois, as formas de garantia de emprego e de estabilidade, mas antes cuidemos do instituto do aviso-prévio.[1]

12.1 O aviso-prévio

Já cuidamos, quando do exame da duração do contrato de trabalho, dos casos em que é possível a celebração de contratos a prazo. Nessas hipóteses, em função do prazo estipulado previamente, as partes já têm ciência do momento em que irá findar a prestação de serviços. Portanto, havendo prazo certo, torna-se desnecessário um pré-aviso para colocar fim ao contrato de trabalho.

Destina-se, então, o aviso-prévio aos contratos de trabalho sem determinação de prazo. Excepcionalmente é cabível o aviso-prévio nas hipóteses mencionadas no art. 487 da CLT, que veremos a seguir:

Dispõe do seguinte modo o art. 487 da CLT sobre o aviso-prévio:

> "Art. 487. Não havendo prazo estipulado, a parte que, sem justo motivo, quiser rescindir o contrato deverá avisar a outra de sua resolução com a antecedência mínima de:
>
> I – 8 (oito) dias, se o pagamento for efetuado por semana ou tempo inferior;

---

[1] ***Súmula nº 173. Salário. Empresa. Cessação de atividades.***

Extinto, automaticamente, o vínculo empregatício com a cessação das atividades da empresa, os salários só são devidos até a data da extinção. Ex-prejulgado nº 53 (*RA* 102/1982, *DJ* 11-10-1982 e *DJ* 15-10-1982).

Súmula nº 330. Quitação. Validade **– Redação dada pela Res. 108/2001, *DJ* 18-4-2001.**

A quitação passada pelo empregado, com assistência de entidade sindical de sua categoria, ao empregador, com observância dos requisitos exigidos nos parágrafos do art. 477 da CLT, tem eficácia liberatória em relação às parcelas expressamente consignadas no recibo, salvo se oposta ressalva expressa e especificada ao valor dado à parcela ou parcelas impugnadas.

I – A quitação não abrange parcelas não consignadas no recibo de quitação e, consequentemente, seus reflexos em outras parcelas, ainda que estas constem desse recibo.

II – Quanto a direitos que deveriam ter sido satisfeitos durante a vigência do contrato de trabalho, a quitação é válida em relação ao período expressamente consignado no recibo de quitação.

Histórico:

Revisão do Enunciado nº 41 – *RA* 41/1973, *DJ* 14-6-1973

Explicitação dada pela *RA* nº 4/1994, *DJ* 18-2-1994

Nº 330 Quitação. Validade. Revisão do Enunciado nº 41

A quitação passada pelo empregado, com assistência de entidade sindical de sua categoria, ao empregador, com observância dos requisitos exigidos nos parágrafos do art. 477, da Consolidação das Leis do Trabalho, tem eficácia liberatória em relação às parcelas expressamente consignadas no recibo, salvo se oposta ressalva expressa e especificada ao valor dado à parcela ou parcelas impugnadas.

Redação original – Res. 22/1993, *DJ* 21-12-1993

Nº 330 Quitação. Validade. Revisão do Enunciado nº 41

A quitação passada pelo empregado, com assistência de Entidade Sindical de sua categoria, ao empregador, com observância dos requisitos exigidos nos parágrafos do art. 477 da Consolidação das Leis do Trabalho, tem eficácia liberatória em relação às parcelas expressamente consignadas no recibo.

> II – 30 (trinta) dias aos que perceberem por quinzena ou mês, ou que tenham mais de 12 (doze) meses de serviço na empresa.
>
> § 1º A falta do aviso-prévio por parte do empregador dá ao empregado o direito aos salários correspondentes ao prazo do aviso, garantida sempre a integração desse período no seu tempo de serviço.
>
> § 2º A falta de aviso-prévio por parte do empregado dá ao empregador o direito de descontar os salários correspondentes ao prazo respectivo.
>
> § 3º Em se tratando de salário pago na base de tarefa, o cálculo, para os efeitos dos parágrafos anteriores, será feito de acordo com a média dos últimos 12 (doze) meses de serviço.
>
> § 4º É devido o aviso-prévio na despedida indireta."

O art. 7º, XXI, da Constituição Federal dispõe que é direito dos empregados urbanos e rurais o aviso-prévio proporcional ao tempo de serviço, sendo no mínimo de 30 dias, nos termos da lei. Eis porque, ainda que referida proporcionalidade dependa de lei ainda não editada, sem dúvida foi revogado o inciso I do art. 487 da CLT, já que desde 5 de outubro de 1988 não mais é possível aviso-prévio com duração inferior a 30 dias.

Prevalece, portanto, toda a redação do art. 487 da CLT, à exceção do referido inciso I. Do mesmo modo, quanto ao art. 488 da CLT, igualmente permanece em vigor quanto à redução de horário no curso do aviso-prévio dado pelo empregador, exceção feita à primeira hipótese do seu parágrafo único, que se refere ao inciso I do art. 487, revogado.

A Lei nº 12.506, de 11 de outubro de 2011, alterou a regra de duração do aviso-prévio, buscando dar cumprimento à determinação constitucional de "aviso-prévio proporcional ao tempo de serviço".

Afirma o art. 1º da lei que será concedido aviso-prévio na proporção de trinta dias aos empregados que contem até um ano de serviço na empresa.

E seu parágrafo único assevera que ao aviso-prévio previsto no *caput* serão acrescidos três dias por ano de serviço prestado na mesma empresa, até o máximo de sessenta dias, perfazendo um total de até noventa dias.

Assim, remanescem tanto o texto dos arts. 487 e 488 da CLT, bem como as regras referentes à obrigação de concessão de aviso-prévio pelo contratante que imotivadamente rescindir o contrato de trabalho por prazo indeterminado.

A dúvida que ensejou a nova lei foi referente à obrigação do empregado que conta mais de um ano na empresa de conceder aviso-prévio com duração maior do que trinta dias.

Na hipótese de um empregado contar cinco anos de serviços na mesma empresa, se o empregador o despedir imotivadamente, deverá conceder o aviso-prévio de 42 dias (30 dias + 3 dias × 4 anos = 12 dias de acréscimo). Mas se este empregado pedir demissão, estará obrigado a conceder o aviso-prévio de 30 ou de 42 dias?

Embora haja opiniões nos dois sentidos, não tido tempo ainda para a jurisprudência posicionar-se a respeito, a dúvida persiste.

Acreditamos que a nova lei traz um benefício ao empregado, já que o aviso-prévio está inserido pelo art. 7º da Constituição Federal no rol de direitos dos trabalhadores. Ademais, o art. 1º da Lei nº 12.506/11 e seu parágrafo único referem-se expressamente à concessão ao empregado, nada aduzindo em relação à obrigação do empregado conceder aviso-prévio de maior duração.

Note-se, além disso, que o objetivo social da nova lei é onerar as dispensas imotivadas, buscando reduzir a alta rotatividade da mão de obra, daí porque acreditamos que o encargo criado destina-se apenas aos empregadores.

Por força da lei, destina-se o aviso-prévio à comunicação, nos contatos sem prazo, à outra parte, da intenção de romper o contrato de trabalho, sem que para tanto tenha havido justa causa. Isto porque, dando qualquer das partes motivo para tal ruptura, evidencia-se a desnecessidade de comunicação prévia. Como visto, após a vigência da Constituição Federal de 5 de outubro de 1988 não mais se cogita de aviso-prévio inferior a 30 dias, tenha ou não o empregado mais de um ano de casa, ainda que seja diarista ou semanalista. Nada obsta, contudo, a dilação por acordo individual ou coletivo da duração do aviso-prévio.

Pode o empregador optar por pagar o lapso de tempo do aviso, desligando o empregado desde logo, mas o período correspondente àquele integra o contrato para todos os efeitos. A rigor, comunicando o empregador injusta dispensa hoje e pagando o aviso-prévio, cessa a efetiva prestação de serviços nesta data, mas, juridicamente, o contrato projeta-se no tempo até oito ou 30 dias, dependendo da duração do aviso a que faz jus o empregado. Assim, tecnicamente, a data da saída do empregado em sua Carteira de Trabalho e Previdência Social deve ser aquela em que venceria o aviso-prévio, se houvesse sido cumprido.

O empregado, por seu turno, desejando deixar o emprego imotivadamente, igualmente há de comunicar o empregador com igual antecedência a que teria direito. Não o fazendo, sujeita-se a ver descontado de seu salário o lapso de tempo que deveria trabalhar a título de aviso-prévio.

Casos há, em número significativo, em que o empregador passa a ter comportamento que, desrespeitando as normas contratuais, torna insuportável ao empregado a manutenção do vínculo empregatício. Assim, o empregador deixa de pagar os salários, ou passa a exigir serviços estranhos ao contrato, ou alheios ao cargo do empregado, ou, ainda, trata o empregado de forma excessivamente rigorosa. Nessas hipóteses, a título de exemplo, às quais outras podem ser agregadas, não pretende o empregado deixar o emprego, mas, diante do comportamento irregular do empregador, torna-se impossível a continuação do vínculo. Essa configuração, quando o empregado, por tal motivo, rompe o contrato de trabalho, denomina-se despedida indireta. É na realidade uma dispensa promovida pelo empregador, que apenas omite a notícia do despedimento mas cria situação insuportável ao empregado, que se vê obrigado a romper o contrato.

Por força do § 4º do art. 487 da CLT, o aviso-prévio é igualmente devido na despedida indireta, o que faz sentido, já que o mesmo visa recompensar o empregado que perde o emprego abruptamente.

Já o art. 488 da CLT dispõe que o horário de trabalho do empregado, no caso de cumprimento do aviso-prévio por iniciativa do empregador, será reduzido de duas horas diárias, sem prejuízo da integralidade dos salários. Tal redução pode ser substituída por ausência durante sete dias no prazo de 30 dias. Tal forma de redução visa propiciar ao empregado, naquele espaço de folga, a busca de um novo emprego, já que o rompimento do contrato decorreu de ato imotivado do empregador.

Analisando conjuntamente os arts. 489, 490 e 491 da CLT, constatamos que, uma vez concedido o aviso-prévio, por qualquer das partes, a rescisão contratual só se efetiva com a expiração do respectivo prazo. Todavia, se no curso deste o empregador cometer alguma falta que justifique a rescisão pelo empregado, por justa causa, fica obrigado a pagar-lhe a totalidade do aviso, sem prejuízo da indenização. Se, ao contrário, o empregado cometer uma falta de igual teor no curso do aviso, perde o restante do mesmo, bem como eventuais outras verbas que lhe seriam devidas, se fosse mantida a rescisão por culpa do empregador.

E tal se dá porque o aviso-prévio nada mais é do que a comunicação de que o contrato findará daqui a 30 dias. No entanto, até o término do prazo mantêm-se em pleno vigor todas as normas contratuais e legais, como se fosse um período contratual qualquer. Em síntese, o aviso-prévio apenas transforma um contrato que não estava sujeito a prazo em contrato a prazo certo. Até que o mesmo termine, quanto às demais cláusulas, resulta mantido integralmente o contrato.[2]

---

[2] ***Súmula nº 73. Despedida. Justa causa* – Nova redação – Res. 121/2003, *DJ* 21-11-2003.**

A ocorrência de justa causa, salvo a de abandono de emprego, no decurso do prazo do aviso-prévio dado pelo empregador, retira do empregado qualquer direito às verbas rescisórias de natureza indenizatória.

Histórico:

Redação original – *RA* 69/1978, *DJ* 26-9-1978

Nº 73 Falta grave.

Falta grave, salvo a de abandono de emprego, praticada pelo empregado no decurso do prazo do aviso-prévio dado pelo empregador, retira àquele qualquer direito a indenização.

Súmula nº 163. Aviso-prévio. Contrato de experiência.

Cabe aviso-prévio nas rescisões antecipadas dos contratos de experiência, na forma do art. 481 da CLT. Ex-prejulgado nº 42 (*RA* 102/1982, *DJ* 11-10-1982 e *DJ* 15-10-1982).

***Súmula nº 182. Aviso-prévio. Indenização compensatória. Lei nº 6.708, de 30-10-1979* – Redação dada pela Res. 5/1983, *DJ* 9-11-1983.**

O tempo do aviso-prévio, mesmo indenizado, conta-se para efeito da indenização adicional prevista no art. 9º da Lei nº 6.708, de 30-10-1979.

Histórico:

Redação original – Res. 3/1983, *DJ* 19-10-1983

Nº 182 O tempo do aviso-prévio, mesmo indenizado, conta-se para efeito de indenização compensatória do art. 9º, da Lei nº 6.708/1979.

Súmula nº 230. Aviso-prévio. Substituição pelo pagamento das horas reduzidas da jornada de trabalho.

É ilegal substituir o período que se reduz da jornada de trabalho, no aviso-prévio, pelo pagamento das horas correspondentes (Res. 14/1985, *DJ* 19-9-1985).

Súmula nº 276. Aviso-prévio. Renúncia pelo empregado.

Diga-se, por derradeiro, que, apesar das opiniões em contrário, tanto o aviso-prévio cumprido quanto aquele pago têm natureza salarial, por força do citado § 1º do art. 487 da CLT, sofrendo todas as incidências e descontos a que se sujeita o salário.

Nesse sentido, editou a SDI–I do TST a Orientação Jurisprudencial nº 82, fixando entendimento de que a data do término do contrato de trabalho a ser anotada na CTPS do empregado há de coincidir com o dia do término do aviso-prévio, tenha sido este cumprido ou não, em cumprimento à regra do art. 487, § 1º, acima referida.

12.2 O regime da estabilidade

Entende-se por regime da estabilidade o sistema jurídico que garante ao empregado a manutenção do emprego, enquanto ele cumprir suas obrigações contratuais e desejar a manutenção do vínculo que o une ao empregador.

Mediante o regime da estabilidade no emprego o contrato de trabalho só pode ser desfeito por iniciativa do empregador em caso de cometimento, pelo empregado, de falta grave, devidamente prevista em lei e apurada por meio de processo judicial. Já por iniciativa do empregado, pode haver rompimento do contrato de trabalho independentemente de justa causa. Assim porque o regime da estabilidade diz respeito, diretamente, à garantia do empregado de que terá sempre seu emprego, desde que cumpra com suas obrigações.

Dissemos no início do presente capítulo que o trabalho, além de um dever do cidadão, é um direito seu. Para que se garanta realmente tal direito, torna-se essencial que se assegure, do mesmo modo, a manutenção do emprego. É bom lembrar que os contratos de trabalho com vários empregadores não se comunicam. Daí, num regime jurídico em que os empregados não têm garantidos seus empregos, além do fantasma do desemprego, surge o problema da impossibilidade, na prática, de efetiva melhoria nas condições de vida de cada trabalhador.

Com efeito, podendo o empregado ser despedido imotivadamente, ao obter nova colocação em outra empresa, é provável que o salário oferecido seja inferior ao que recebia, obrigando-o a baixar o nível de vida e impedindo-o de ter certeza de poder, por certo período, saldar compromissos a longo prazo como por exemplo o financiamento para sua casa própria.

Pelo regime da estabilidade do emprego dá-se tranquilidade ao trabalhador no que respeita à certeza de ter assegurado seu emprego enquanto assim desejar e desde que cumpra com suas obrigações. Nesse sentido pode o empregado "fazer carreira" na empresa em que trabalha, por meio de promoções que venha a receber, tanto por merecimento

---

O direito ao aviso-prévio é irrenunciável pelo empregado. O pedido de dispensa de cumprimento não exime o empregador de pagar o respectivo valor, salvo comprovação de haver o prestador dos serviços obtido novo emprego (Res. 9/1988, *DJ* 1º-3-1988).

Súmula nº 348. Aviso-prévio. Concessão na fluência da garantia de emprego. Invalidade.

É inválida a concessão do aviso-prévio na fluência da garantia de emprego, ante a incompatibilidade dos dois institutos (Res. 58/1996, *DJ* 28-6-1996).

quanto por antiguidade. Ademais, com os reajustes salariais periódicos, a sua remuneração mantém certo poder aquisitivo, o que lhe permite honrar seus compromissos, permitindo-lhe programar a vida de sua família.

De outra parte, garantido o emprego e sabendo o empregado que só o perderá por justa causa, pode, no curso do contrato de trabalho, ingressar em juízo contra seu empregador, caso este deixe de cumprir determinada obrigação. Inexistindo a garantia de emprego, o empregado deixa de fazer valer eventuais direitos, pelo temor de ser dispensado. O mesmo ocorre, sem a garantia de emprego, nos casos de alterações contratuais, a que o empregado se submete por igual temor. A falta de garantia de emprego inibe, igualmente, a atividade sindical, pelo medo da dispensa.

Do ponto de vista do empregador a estabilidade no emprego surge como uma efetiva limitação ao seu poder de dirigir os destinos de seu negócio, pois o impede de romper os contratos de trabalho por sua exclusiva vontade e critério. Aqui convém lembrar a nova tendência que vem se verificando, relativamente a sublinhar a importância social da empresa, em oposição à visão individualista desta. Com efeito, modernamente, dá-se relevo à função social da empresa, no sentido de que constitui uma organização que oferece meios de subsistência a um enorme contingente de pessoas, que são seus empregados, e aos dependentes destes. Portanto, permitir ao empregador desfazer os contratos de trabalho sem motivo é autorizá-lo a aumentar a crise social e econômica, tirando o sustento de inúmeros cidadãos.

Cresce a referida tendência, que ressalta a importância da empresa como instituição da qual depende, às vezes, toda uma comunidade, daí por que não só é necessário preservar aquele empreendimento no interesse daquela comunidade, como importa a intervenção estatal no sentido de impedir a atuação arbitrária do empregador, que pode causar danos sociais de difícil reparação e com repercussões efetivamente negativas no âmbito econômico e político.

Tal visão contrapõe-se à noção individualista da empresa, como um empreendimento de uma pessoa, ou de um grupo de pessoas, que pode, sem limites, decidir os destinos de seu negócio, causando eventualmente prejuízos sociais.

Há quem afirme, ainda hoje, que a estabilidade é um instituto nocivo do ponto de vista do crescimento da economia, pois, assegurado ao empregado, este passa a ter uma postura acomodada, não mais produzindo a contento. Diga-se aqui, de início, que se o empregado deixa de produzir imotivadamente, está sujeito a ser dispensado por justa causa, como veremos a seguir. De outra parte, é inadmissível pretender-se que a produção seja incentivada por meio da ameaça de perda do emprego, o que coloca os trabalhadores em condições subumanas.

A importância da garantia de emprego é sublinhada pela Convenção nº 158, de 1982, da OIT, que dispõe que a despedida do empregado há de ter sempre uma causa justificada, relativa à capacidade do empregado, à sua conduta ou, ainda, necessidade referente ao funcionamento da empresa. Tal Convenção reafirmou o princípio inserido na Recomendação nº 119, de 1963, da OIT, não tendo sido ratificada pelo Brasil, como informa Sussekind (1983:268-270).

Assim, constatamos que em nível internacional é reconhecida a importância da garantia de emprego, pela via do instituto da estabilidade. Inúmeros os países que consagram internamente tal princípio, assegurando aos trabalhadores o emprego tão logo estes ultrapassem o período de experiência inicial.

No Brasil, até o advento da lei do Fundo de Garantia do Tempo de Serviço, havia apenas um regime jurídico a que se submetiam os contratos de trabalho, quanto à garantia de emprego, que era o regime da estabilidade decenal.

Diante do surgimento da nova Constituição Federal, profundas modificações sofreu o regime de garantia de emprego entre nós. Não obstante, sob o manto da proteção ao direito adquirido, preservam-se as garantias obtidas até então, daí por que continua tendo aplicação o regime da estabilidade no emprego aos que já a possuíam.

Vejamos, porém, qual o tratamento legal dispensado, até 4 de outubro de 1988, neste aspecto do tempo de serviço.

12.2.1 A estabilidade decenal

A estabilidade aos 10 anos de serviço vinha, em nossa legislação, assegurada pelo art. 492 da CLT. Revogada pelo art. 7º, I, da Constituição Federal, aplica-se somente aos que, à época, adquiriram-na.

> "Art. 492. O empregado que contar mais de 10 (dez) anos de serviço na mesma empresa não poderá ser despedido senão por motivo de falta grave ou circunstância de força maior, devidamente comprovadas.
>
> Parágrafo único. Considera-se como de serviço todo o tempo em que o empregado esteja à disposição do empregador."

Portanto, submetendo-se o contrato de trabalho ao regime da CLT (e não ao regime do FGTS) quanto ao tempo de serviço, uma vez completados 10 anos de casa, passava o empregado a ser portador da estabilidade no emprego. Entenda-se, portanto, como estabilidade o direito à manutenção do emprego, pelo empregado, enquanto assim o desejar, desde que cumpra com suas obrigações.

É importante fixar o conceito de estabilidade como sinônimo de direito ao emprego, pois, às vezes, confunde-se tal garantia com o direito à indenização em dobro. Veremos, adiante, que tal indenização é mero substitutivo da garantia do emprego, em certos casos.

Para efeito da estabilidade têm importância também os arts. 493 e 494 da CLT, que estabelecem que falta grave que justifica a dispensa do empregado estável é apenas a prática dos atos descritos no art. 482 da CLT, o que significa não poder o empregador invocar qualquer outro fato para tanto. Ademais, acusado o empregado da prática de qualquer uma daquelas faltas, pode, apenas, ser suspenso do serviço por ato direto do empregador. Todavia, a dispensa só se efetivava após sentença proferida em ação ajuizada pelo empregador perante a Justiça do Trabalho, a fim de se apurar o cometimento da falta alegada.

Por força do art. 495 da CLT, em caso de não resultar provada a falta grave invocada judicialmente, ficará o empregador obrigado a reintegrar o empregado em suas funções, pagando-lhe os salários, como se não tivesse ocorrido qualquer suspensão do trabalho. Acrescente-se, ainda, que na hipótese de improcedência do inquérito ajuizado pelo empregador, o período de suspensão eventual do contrato é tido por inexistente, fazendo jus o empregado a todos os direitos que teria no caso de desenvolvimento normal do contrato de trabalho.

Em termos práticos, constatando o empregador a prática de falta grave por um empregado estável, pode optar pela suspensão do contrato, ou pela manutenção do mesmo. Referida opção do empregador decorrerá da gravidade da falta praticada quanto a seus reflexos na hipótese de continuação da prestação de serviços. Em qualquer caso, por força de entendimento jurisprudencial, a partir do momento em que o empregador constata a falta praticada, terá o prazo improrrogável de 30 dias para ajuizar o inquérito perante a Justiça do Trabalho, independentemente da suspensão ou não do empregado. Se for ultrapassado o prazo de 30 dias o empregador perde o direito de invocar aquela falta para qualquer efeito. Reputa-se, no caso de ser ultrapassado aquele prazo, que o empregador perdoou o empregado.

Uma vez ajuizado o inquérito judicial para apuração da falta grave de empregado estável, serão colhidas as provas após a defesa do empregado e, a seguir, será proferida a sentença. Na hipótese de ficar comprovada a falta, e entendendo a Justiça do Trabalho que pela sua gravidade justifica-se a rescisão contratual por culpa do empregado, o contrato será desfeito, sem qualquer ônus para o empregador. Serão devidos apenas os salários, se o empregado tiver continuado a prestar serviços, rescindindo-se o contrato com a decisão judicial. No caso de o empregador optar pela suspensão contratual e sendo procedente o inquérito, retroage a data do rompimento contratual ao último dia efetivamente trabalhado.

Já na hipótese de improcedência da ação, isto é, se não for comprovada a falta invocada, ou se a Justiça entender que, não obstante a prática da falta, esta não justifica a rescisão contratual porque não foi tão grave como pretende a empresa, será o empregado reintegrado ao emprego.

Em caso de reintegração, significa que houve suspensão do contrato pelo empregador. Acompanhado do Oficial de Justiça, o empregado retornará ao emprego, nas mesmas funções, passando, daí em diante, o contrato à normalidade. Quanto ao período de suspensão, será considerado como tempo normal de prestação de serviços, com pagamento de salários, férias, 13º salário, reajustes semestrais e todos os demais direitos pertinentes. Se não tiver ocorrido a suspensão do contrato, este continua normalmente, desconsiderando-se a falta invocada pelo empregador.

Casos há, todavia, em que a simples apuração interna da eventual falta cometida pelo empregado (prática utilizada por várias empresas, mas não obrigatória), e o consequente ajuizamento do inquérito na Justiça do Trabalho, cria ambiente insustentável para o empregado. Tal se dá, com maior frequência, nos casos em que a falta alegada envolve a probidade do empregado. Às vezes, em razão do longo tempo para a solução do processo, quando deveria ocorrer a reintegração do empregado este já se encontra em outro emprego, perfeitamente adaptado, ou ocorreu mudança de equipamento na empresa, ou alteração nos métodos de produção, tornando o ambiente de trabalho estranho ao empregado.

Em qualquer destas hipóteses acima mencionadas, o que há na prática, por essa ou aquela razão, é uma incompatibilidade do empregado com a empresa, quer em relação à direção, quer em relação aos ex-colegas, ou, ainda, em relação à empresa quanto aos novos métodos. Assim, por força do art. 496 da CLT, a Justiça do Trabalho poderá, a seu critério, converter a reintegração em indenização dobrada, por concluir ser desaconselhável a reintegração.

Por tal motivo, durante a colheita das provas no processo, o Juiz deverá, além de inquirir a respeito da falta alegada e seus reflexos, inquirir sobre a possibilidade concreta do retorno do empregado às suas funções anteriores.

É por essa possibilidade que às vezes confunde-se o direito ao emprego, que é a estabilidade, com o direito à indenização em dobro. Todavia, convém frisar que o direito primordial do empregado estável é a manutenção do emprego, o que só não ocorrerá, como exceção, pela prática comprovada de falta grave, pela sua iniciativa de pedir demissão ou no caso de incompatibilidade comprovada, como exemplificado.

Lembre-se, ademais, quanto à indenização em dobro, que é a mesma devida, também, ao empregado estável, nas hipóteses de fechamento da empresa ou de uma filial onde o empregado prestava serviços; nos casos de supressão necessária da atividade desenvolvida pelo empregado, desde que não ocorra motivo de força maior, como dispõe o art. 498 da CLT.

O art. 499 da CLT afirma que não há estabilidade no exercício dos cargos de diretoria, gerência ou outros cargos de confiança imediata do empregador, mas será computado o tempo de serviço prestado para todos os efeitos legais. Por força do § 1º do referido artigo, assegura-se ao exercente de cargo de confiança, e que for portador de estabilidade, o retorno ao cargo efetivo que tenha ocupado anteriormente.

Já o § 2º do mesmo dispositivo assevera que o empregado, ainda que conte mais de 10 anos de casa, mas que só tenha exercido cargos de confiança, poderá ser despedido sem justa causa, sendo a indenização de forma simples, pois não adquiriu a estabilidade.

Assim, se um empregado conta mais de 10 anos de serviço para uma empresa e exerce cargo de confiança, é necessário saber se antes deste último cargo ocupou outro cargo comum. Se tal ocorreu, é estável em relação à empresa, podendo, apenas, perder o cargo de confiança, com direito ao retorno ao cargo efetivo. Já na hipótese de sempre ter ocupado cargo de confiança, ainda que tenha 10 ou mais anos de casa, não é estável e está sujeito à dispensa injusta, com pagamento de indenização simples, apenas, como bem exemplifica Russomano (1982:602).

Todavia, lembramos que é necessário verificar se efetivamente o cargo ocupado é de confiança, no sentido emprestado pelo legislador, ou é apenas rotulado desta forma, sendo na verdade mero cargo comum. Isto porque toda relação de emprego envolve certa dose de confiança do empregador para com o empregado. Já o cargo de confiança a que se refere o legislador, à semelhança do cargo de direção e gerência (art. 409 da CLT), é aquele que requer ampla e total confiança ao empregado, podendo o mesmo agir como se fosse o próprio empregador, na ausência deste, no âmbito das atribuições próprias do empregado. Assim, não é suficiente batizar o cargo como de confiança se, na prática, tal não ocorre.

Há, ainda, o § 3º do art. 499 da CLT, que afirma ser devida a indenização de forma dobrada nos casos em que a despedida, daquele que conte menos de 10 anos, tiver como finalidade impedi-lo de alcançar a estabilidade. Referido parágrafo foi acrescentado ao texto legal porque passou a ser frequente tal proceder ilícito, por parte de alguns empregadores que visavam impedir a estabilidade, a fim de poderem despedir imotivadamente seus empregados. Nessas hipóteses, não é possível a reintegração porque o empregado não conta 10 anos de serviço, mas como penalidade a tal prática dobra-se o valor da indenização devida.

Como dito, revogada a estabilidade decenal pela Carta de 5 de outubro de 1988, só se verifica por fonte contratual a condição de estável sem limite temporal.[3]

12.2.2 *As estabilidades provisórias*

Na prática, como veremos adiante, o regime da estabilidade foi substituído, quase que integralmente, pelo regime do Fundo de Garantia do Tempo de Serviço, perdendo os empregados a maior garantia em seus contratos de trabalho, que é o direito à manutenção do emprego.

Mas os trabalhadores jamais se conformaram com a perda do direito à estabilidade no emprego, como se pode constatar do estudo das lutas sindicais.

Assim, paralelamente aos esforços visando readquirir o direito à garantia de emprego, de forma genérica, por meio das negociações coletivas os sindicatos de empregados foram adquirindo estabilidades provisórias, que consistem em garantias de emprego, por períodos determinados, em certas situações específicas.

A reivindicação mais antiga e que hoje tranformou-se em lei, após passar a ser concedida por inúmeros empregadores por meio daquelas negociações coletivas, foi a estabilidade provisória do dirigente sindical.

---

3 ***Súmula nº 28. Indenização* – Nova redação – Res. 121/2003, *DJ* 21-11-2003.**

No caso de se converter a reintegração em indenização dobrada, o direito aos salários é assegurado até a data da primeira decisão que determinou essa conversão.

Histórico:

Redação original – *RA* 57/1970, *DO*-GB 27-11-1970

Nº 28 No caso de se converter a reintegração em indenização dobrada, o direito aos salários é assegurado até a data da sentença constitutiva que põe fim ao contrato.

Súmula nº 54. Optante.

Rescindindo por acordo seu contrato de trabalho, o empregado estável optante tem direito ao mínimo de 60% (sessenta por cento) do total da indenização em dobro, calculada sobre o maior salário percebido no emprego. Se houver recebido menos do que esse total, qualquer que tenha sido a forma de transação, assegura-se-lhe a complementação até aquele limite (*RA* 105/1974, *DJ* 24-10-1974).

Inicialmente o dirigente sindical estava sujeito, como todos os empregados, à dispensa injusta, sendo ele normalmente mais visado, dada sua conduta de efetiva defesa dos direitos trabalhistas. Com o sindicato assegurando a estabilidade para seus dirigentes, desde a inscrição para a eleição sindical e até um ano após o término do mandato sindical, caso fosse eleito, passaram tais dirigentes a poder cumprir seus mandatos com mais segurança. Todavia, tal garantia era específica para aqueles que pertenciam apenas ao sindicato que havia logrado êxito em tal conquista.

Difundindo-se tal cláusula nas várias negociações coletivas, foi a mesma transformada em lei, como vemos do exame do art. 543, § 3º, da CLT, por força da alteração introduzida pela Lei nº 5.911, de 27 de agosto de 1973. Assim, atualmente, no Brasil, é vedada a dispensa imotivada do empregado sindicalizado, desde o registro de sua candidatura a cargo de direção ou representação sindical, até um ano após o mandato, se for eleito, ou após a eleição, se não for vitorioso. Evidentemente, pode ocorrer a dispensa no caso de prática de falta, desde que devidamente apurada. Nota-se nos tribunais uma tendência atual a ampliar tal garantia aos que exercem cargos de direção ou representação em entidades assemelhadas ao sindicato, por uma interpretação analógica, de modo a garantir a liberdade de atuação a tais representantes. Hoje tal garantia encontra-se no art. 8º, VIII, da Constituição Federal.

Com o advento da Lei nº 6.514, de 22 de dezembro de 1977, foi introduzida a garantia de emprego aos empregados que representam seus colegas na Comissão Interna de Prevenção de Acidentes (Cipa), por meio do art. 165 da CLT, os quais só poderiam ser despedidos por razões disciplinares, técnicas, ou de caráter econômico-financeiro. Em caso de processo judicial o empregador deveria comprovar efetivamente um de tais motivos, como alegado, sob pena de reintegração do empregado. Aqui o legislador privilegiou, igualmente, o empregado que exerce mandato outorgado por seus colegas, dada a importância social de seu cargo.

Por força do art. 10, II, *a*, das Disposições Transitórias da Constituição Federal, passou o membro da Cipa a ter estabilidade provisória, como o dirigente sindical, revogando-se, assim, o mencionado art. 165 da CLT.

Além desses dois exemplos legais de estabilidade provisória, outros há, em termos de negociação coletiva, visando garantir o emprego, por determinado lapso, aos empregados que se encontram em situação específica, em que a possibilidade de dispensa imotivada é maior.

Ainda como exemplo de estabilidade provisória, lembremos da empregada gestante. Até o advento da nova Constituição Federal, assegurava-se a estabilidade provisória à gestante somente por meio de norma coletiva. Não obstante isso, assegurava-lhe a lei o afastamento remunerado por 84 dias, ou quatro semanas antes e oito semanas após o parto, conforme o art. 392 da CLT. Atualmente, por força da Constituição, pelo art. 10, II, *b*, das Disposições Transitórias, fica vedada dispensa imotivada da empregada gestante desde a confirmação da gravidez até cinco meses após o parto.

Já no que se refere ao afastamento da mulher grávida, diz o art. 7º, XVIII, da Constituição que o prazo é de 120 dias, em substituição aos 84 da CLT, já referidos. Todavia, no nosso modo de entender, tratando-se de benefício previdenciário, uma vez que o empregador apenas repassa tal benefício à empregada, sendo o mesmo suportado pela Previdência, necessita para sua autoaplicação de fonte específica de custeio, como determina o art. 195, § 5º, da própria Constituição. Assim, até lá, permanece o direito da mulher gestante como sendo de 84 dias apenas. Não obstante, há inúmeros entendimentos em contrário, inclusive por parte do Ministério do Trabalho.

Discute-se ainda hoje sobre a necessidade de a empregada comunicar oficialmente o empregador de sua gravidez, para que se beneficie da cláusula coletiva. Todavia, corrente que começa a predominar nos tribunais é aquela que afirma ser devida a proteção à maternidade, como fato objetivo, independentemente da comunicação pela empregada, antes da dispensa. Assim, constatada a gravidez e tendo a categoria tal garantia de emprego, há de ser reintegrada a empregada ao serviço.

Outra forma de estabilidade provisória é aquela assegurada ao empregado jovem em idade de prestação do serviço militar. A lei assegura o direito ao posto de trabalho, desde a convocação para a prestação do serviço militar e até o retorno, após a baixa. A norma coletiva visa impedir a dispensa já a partir do alistamento, período em que o jovem dificilmente encontrará nova colocação, em razão do afastamento próximo e obrigatório.

O art. 118 da Lei nº 8.213, de 24-7-1991, que dispõe sobre os Planos de Benefícios da Previdência Social, garante ao segurado que sofreu acidente do trabalho, pelo prazo mínimo de doze meses, a manutenção do seu contrato de emprego, após a cessação do auxílio-doença acidentário, o que significa outra forma de estabilidade provisória, em atenção à situação desfavorável que se encontrará o empregado.

A propósito, a Súmula nº 378 do Tribunal Superior do Trabalho, além de reconhecer a constitucionalidade do dispositivo previdenciário em análise, fixa como pressuposto para fazer jus à estabilidade provisória o afastamento superior a quinze dias, quando se dá a suspensão do contrato de trabalho, com a percepção do auxílio-doença acidentário, salvo se, após a dispensa do emprego, for acometido de doença profissional que guarde relação com o trabalho executado.

Além desta garantia legal, algumas categorias profissionais obtêm estabilidade provisória para o empregado que sofre acidente do trabalho e, quando retorna à empresa, é readaptado em nova função. Objetivam com tal cláusula evitar a dispensa por baixa produção, já que o empregado, além do trauma eventualmente sofrido com o acidente, necessita certo período de adaptação ao novo trabalho que passa a executar.

As formas de estabilidade provisória lembradas aqui e oriundas de convenções coletivas de trabalho são exemplos, já que inúmeras outras podem vir a ser objeto de negociação entre empregados e empregadores, tanto em termos coletivos entre sindicatos, quanto em termos coletivos entre sindicato e empresa, bem como em termos individuais.

Convém ressaltar, porém, que, em se tratando de estabilidade provisória de fonte contratual, só aproveita àquele que pertença à categoria que obtém tal benefício ou à empresa que venha a firmar um acordo com o sindicato, em relação aos seus empregados.

De toda forma, resulta evidente a preocupação maior dos trabalhadores com as variadas formas de garantia de emprego, ainda que provisoriamente, de modo a contornar os prejuízos advindos da perda da estabilidade no emprego.

12.2.3 Indenização por dispensa sem justa causa

No regime jurídico brasileiro, como já mencionamos, o empregado pode ser dispensado do serviço independentemente de haver motivo para tanto, salvo as hipóteses já referidas de estabilidade no emprego.

Todavia, apesar da insegurança gerada pela possibilidade de perda do emprego imotivada, assegura o legislador, em tais casos, o direito a uma indenização.

Para a exata compreensão do direito à indenização e de seu valor, é preciso distinguir entre os contratos a prazo e aqueles sem determinação de prazo, bem como entre os contratos de trabalho submetidos ao regime da indenização da CLT e aqueles submetidos ao regime do Fundo de Garantia do Tempo de Serviço.

Tomemos, inicialmente, os casos de contratos submetidos ao regime da indenização da CLT. E, entre estes, aqueles que não estão sujeitos a prazo fixado. Estabelece a CLT, em seus arts. 477 e 478, o direito à indenização por dispensa injusta e seu critério de fixação.

> "Art. 477. É assegurado a todo empregado, não existindo prazo estipulado para a terminação do respectivo contrato, e quando não haja ele dado motivo para a cessação das relações de trabalho, o direito de haver do empregador uma indenização, paga na base a maior remuneração que tenha percebido na mesma empresa.
>
> Art. 478. A indenização devida pela rescisão de contrato por prazo indeterminado será de um mês de remuneração por ano de serviço efetivo, ou por ano e fração igual ou superior a 6 (seis) meses.
>
> § 1º O primeiro ano de duração do contrato por prazo indeterminado é considerado como período de experiência e, antes que se complete, nenhuma indenização será devida."

Assim, vê-se que o direito à indenização é assegurado apenas ao empregado que tenha tido rompido seu contrato de trabalho por iniciativa do empregador e desde que tal rompimento não tenha sido motivado pelo próprio empregado.

Consiste a indenização no pagamento de um mês de salário, entendido este no sentido amplo, por ano de serviço completo, ou por ano e fração igual ou superior a seis meses. Portanto, contando o empregado dois anos de serviço na empresa e sendo dispensado sem justa causa, receberá a título de indenização dois salários, considerada a remuneração da época da dispensa. Se contar o empregado dois anos e sete meses de serviço, terá direito a três salários, eis que a fração de sete meses equivale a um ano, para efeito indenizatório. Já aquele que ao ser dispensado tenha dois anos e quatro meses de serviço fará jus a apenas dois salários, desprezando a fração inferior a seis meses.

Note-se que o direito à indenização por tempo de serviço nasce somente a partir do momento em que o empregado completa o primeiro ano de serviço na empresa, segundo dispõe o art. 478, § 1º, da CLT. Ali o legislador utiliza a expressão *experiência*, mas a mesma deve ser entendida tão somente para efeito indenizatório, já que, como vimos, o limite máximo de duração do contrato de experiência é de 90 dias (item 9.3).

Ainda de acordo com o art. 478 da CLT, a base de cálculo para o salário a ser considerado para efeito de indenização será de 30 dias se o pagamento for diário; 220 horas, se o pagamento for calculado por hora; a média dos últimos 12 meses se se tratar de salário à base de comissões ou percentagens; e, ainda, para os que recebem por tarefa ou serviço feito, a média do serviço diário, calculando-se o que seria executado em 30 dias.

Relativamente ao não optante pelo regime do Fundo de Garantia do Tempo de Serviço com menos de um ano de serviço, seu direito a indenização, que não era reconhecido, surgiu com o advento da Lei nº 5.107/66, como a seguir veremos.

Esta é a forma de cálculo da indenização ao empregado dispensado injustamente, no caso de contrato de trabalho sem prazo fixado e não optante pelo regime do Fundo de Garantia do Tempo de Serviço.

Vejamos agora o direito à indenização por injusta dispensa, no caso de contrato de trabalho com prazo determinado, igualmente não optante pelo regime do FGTS.

Dispõe a respeito o art. 479 da CLT:

> "Art. 479. Nos contratos que tenham termo estipulado, o empregador que, sem justa causa, despedir o empregado será obrigado a pagar-lhe, a título de indenização, e por metade, a remuneração a que teria direito até o termo do contrato."

Como sabemos, apenas nas hipóteses previstas por lei (art. 433, § 2º, da CLT) é permitida a celebração de contrato de trabalho a prazo. Sendo o referido prazo integralmente cumprido, não há de se cogitar de direito a indenização, pois não ocorreu distrato. Ao contrário, houve apenas o cumprimento do prazo ajustado entre as partes.

Todavia, havendo prazo certo, se o empregado foi dispensado injustamente, fará jus, por conta de indenização, a metade dos salários a que teria direito se o contrato fosse integralmente cumprido. Desse modo, ajustando as partes um contrato a prazo, por período de 10 meses e sendo o empregado dispensado ao final do segundo mês, fará jus a título de indenização ao pagamento de quatro meses de salário, que significa metade do prazo faltante para o término avençado. Se, ao contrário, no mesmo exemplo, houver trabalhado nove meses e 20 dias, sendo então despedido injustamente, receberá, como indenização, o pagamento de cinco dias, que corresponde à metade dos 10 dias faltantes para se completar aquele período ajustado.

No caso de remuneração variável, para efeito de cálculo do valor da metade do prazo faltante, observar-se-á o mesmo critério indicado nos §§ 2º a 5º do art. 478 da CLT, para os contratos sem prazo.

Em se tratando de contrato a prazo, se o empregado desejar desligar-se imotivadamente, estará sujeito a indenizar o empregador de eventuais prejuízos, limitada referida indenização ao montante que receberia se houvesse sido injustamente dispensado, conforme o art. 480, § 1º, da CLT.

Ainda no que respeita à indenização nos contratos a prazo, convém ressaltar a regra decorrente do art. 481 da CLT. O referido dispositivo afirma que, existindo no contrato a prazo cláusula assecuratória do direito recíproco de rescisão antecipada, aplicam-se, quanto à indenização, as regras do contrato sem prazo. Portanto, se nada for convencionado a respeito da rescisão num contrato a prazo, aplicam-se as normas dos arts. 479 e 480 da CLT que acabamos de examinar. Já se as partes inserirem, expressamente, o direito recíproco de rescindi-lo antes do termo ajustado, não será cabível a indenização por metade do prazo faltante, mas, sim, indenização como se prazo certo não houvesse.[4]

Em termos práticos, havendo tal cláusula, desde que o contrato tenha existido por mais de um ano, fará jus o empregado a um mês de salário a título de indenização por ano trabalhado, ou por ano e fração igual ou superior a seis meses. No caso, o máximo devido será de dois salários, porque, como vimos, dois anos é a duração máxima do contrato a prazo. Todavia, tendo o contrato menos de um ano, o empregado receberá apenas o aviso-prévio, pois antes de um ano não é devida a indenização, como já visto.

12.3 O fundo de garantia do tempo de serviço (FGTS)

Até o advento da Lei nº 5.107, de 13 de setembro de 1966, existia apenas o sistema de garantia do tempo de serviço previsto na CLT e por nós já examinado. Com o advento da referida lei, que entrou em vigor em 1º de janeiro de 1967, passou a coexistir o sistema do Fundo de Garantia do Tempo de Serviço (FGTS).

Por este novo regime, os empregados, relativamente ao tempo de serviço, passaram a ter seus contratos de trabalho regidos ou pelo regime da CLT ou pelo regime do FGTS. A escolha do regime a que se submeteria o contrato dava-se com a opção pelo regime do FGTS, que deveria ser feita, espontaneamente, pelo empregado no prazo de 365 dias da vigência da lei, ou do ingresso do empregado, se posterior, perante o próprio empregador.

Em realidade, na prática, após o advento da lei do FGTS, quase todos os empregados foram forçados a optar pelo regime da nova lei, pois, como veremos, o mesmo impede que se adquira a estabilidade no emprego, o que é vantajoso para o empregador.

---

4 ***Súmula nº 125. Contrato de trabalho. Art. 479 da CLT.***

O art. 479 da CLT aplica-se ao trabalhador optante pelo FGTS admitido mediante contrato por prazo determinado, nos termos do art. 30, § 3º, do Decreto nº 59.820, de 20-12-1966 (*RA* 83/1981, *DJ* 6-10-1981).

Súmula nº 242. Indenização adicional. Valor.

A indenização adicional, prevista no art. 9º da Lei nº 6.708, de 30-10-1979 e no art. 9º da Lei nº 7.238 de 28-10-1984, corresponde ao salário mensal, no valor devido na data da comunicação do despedimento, integrado pelos adicionais legais ou convencionados, ligados à unidade de tempo mês, não sendo computável a gratificação natalina (Res. 15/1985, *DJ* 9-12-1985).

Súmula nº 314. Indenização adicional. Verbas rescisórias. Salário corrigido.

Se ocorrer a rescisão contratual no período de 30 (trinta) dias que antecede à data-base, observada a Súmula nº 182 do TST, o pagamento das verbas rescisórias com o salário já corrigido não afasta o direito à indenização adicional prevista nas Leis nºs 6.708, de 30-10-1979, e 7.238, de 28-10-1984 (Res. 6/1993, *DJ* 22-9-1993).

A partir da vigência da lei do FGTS todos os empregadores passaram a ser obrigados a efetuar o recolhimento mensal de 8% da remuneração paga ao empregado, depositando tal valor em uma conta bancária aberta especificamente para tal finalidade.

Tratando-se de empregado optante pelo regime da Lei nº 5.107/66, o depósito deveria ser feito em nome do próprio empregado, e, tratando-se de empregado não optante, igualmente deveria ocorrer o depósito, mas aí em nome da própria empresa, numa conta conjunta relativa a todos os não optantes.

Recolhidos os depósitos mês a mês, temos, em princípio, o recolhimento anual equivalente a um salário por ano, o que corresponde, em tese, ao valor devido a título de indenização por dispensa injusta, no caso do não optante, como vimos.

Uma das finalidades do FGTS era obrigar o empregador a depositar todo mês uma parcela da remuneração paga, a fim de evitar, em caso de dispensa sem justa causa, não possuir o empregador dinheiro para pagar a indenização.

De outra parte, o fundo constituído por esses dois depósitos seria revertido para a construção de casa própria para os próprios trabalhadores.

Ainda como benefício trazido pelo regime do FGTS, há de se considerar que os depósitos feitos em nome do empregado passam a constituir um fundo de sua propriedade, ocorrendo, apenas, uma limitação legal quanto ao direito de movimentação da conta respectiva. Já no caso do regime da CLT, inexiste qualquer fundo do empregado, mas somente o direito à indenização em caso de dispensa injusta.

Relativamente ao empregado optante, vimos que, em caso de pedido de demissão, o empregado não pode levantar aqueles depósitos, mas continua dono de sua conta, transferindo o novo empregador os valores até então depositados para uma nova conta, juntamente com os juros e a correção monetária. Se houver dispensa por justa causa, o empregado perde apenas os juros e a correção, mas os depósitos continuam sendo seus, ocorrendo a transferência pelo novo empregador, também, para nova conta. Nesses casos de dispensa justa, pedido de demissão, morte ou aposentadoria, o não optante não fazia jus a qualquer valor pelo tempo de trabalho. Optando o empregado pelo regime do FGTS, fará jus aos depósitos em caso de aposentadoria. E, em caso de morte, serão os depósitos levantados por seus beneficiários.

A fonte inspiradora do regime da Lei nº 5.107/66 foi a intenção de acabar com a estabilidade no emprego. Como efeito, consistindo a estabilidade, no regime da CLT, na garantia de emprego a partir do décimo ano de serviço para o mesmo empregador, procurava este, por vários modos, "livrar-se" do empregado que estava próximo a adquirir a estabilidade, a fim de poder despedir qualquer um de seus empregados. Permitindo que a estabilidade fosse alcançada, o empregador via-se impedido de despedir o empregado, salvo em razão de justa causa.

Tal limitação ao poder do empregador de romper o contrato consistia e consiste num entrave à rotatividade de mão de obra, que beneficia a empresa, por meio da readmissão de outros, com salários mais baixos.

Até o advento da lei do FGTS, os empregadores que pretendiam impedir seus empregados de alcançarem a estabilidade despediam-nos, sem justa causa, aos nove ou oito anos de serviço. Após inúmeras discussões judiciais, o Tribunal Superior do Trabalho entendeu que a dispensa injusta do empregado aos nove anos de serviço é presumidamente obstativa à estabilidade (Súmula 26). Assim, em tal caso, faz jus o empregado à indenização em dobro. Não é possível reintegrá-lo ao serviço, pois só aos 10 anos atinge a estabilidade. Tal entendimento, porém, visa penalizar o empregador que pretende impedir que se alcance a estabilidade.

Ocorreram casos concretos em que este entendimento foi estendido aos empregados com oito anos de casa, inclusive, pelo mesmo fundamento.

Todavia, com o advento do FGTS, tornou-se dispensável tal proceder, por parte de alguns empregadores, pois resulta pacífico na jurisprudência que a estabilidade é direito que só adquiriam os empregados não optantes pelo regime do FGTS.

Resulta, pois, que mesmo com algumas vantagens introduzidas pelo regime da Lei nº 5.107/66, em comparação com o regime da CLT, aquele trouxe enorme prejuízo aos empregados, por acabar, na prática, com a garantia de emprego.

Consagrando o regime do FGTS a "instabilidade no emprego", retirou dos trabalhadores seu maior direito, que era a garantia de emprego, em troca de algumas vantagens já mencionadas. Eis por que tantas eram as críticas, por parte dos trabalhadores, em relação ao regime instituído pela Lei nº 5.107/66, que criou o regime do FGTS.

Com efeito, a estabilidade no emprego é de fundamental importância, quer do ponto de vista pessoal do trabalhador quer do ponto de vista sindical. Quanto ao primeiro aspecto, estando o empregado garantido em seu emprego, pode programar sua vida e a de sua família, já que tem certeza de contar não só com o salário mensal mas com a efetiva possibilidade de melhoria de sua situação dentro da empresa, vindo a ser promovido e recebendo aumentos salariais. Por outro lado, não lhe sendo garantido o emprego e podendo ser dispensado a qualquer momento, sem justa causa, a cada novo emprego deverá sujeitar-se a salário inferior, o que impede obrigar-se a médio e a longo prazo, dada a incerteza do emprego e do aumento gradativo de seu salário.

De outra parte, a instabilidade no emprego, do ponto de vista sindical, surge como um impedimento à atuação no sindicato, na defesa dos seus interesses e de seus colegas, pelo temor da perda do emprego. Atuando o empregado por intermédio de seu sindicato, passa a ter conhecimento de seus direitos como trabalhador e prestador de serviços àquela determinada empresa, podendo difundir tais conhecimentos entre os companheiros, de modo a fiscalizar a atuação da empresa e objetar os procedimentos irregulares do empregador. Tal conduta, que deveria ser comum entre os trabalhadores na defesa de seus próprios interesses e que não ocorre dado o desconhecimento destes, é indesejável a boa parte dos empregadores. Assim, tão logo toma conhecimento da atuação sindical de algum empregado seu, despedem-no, gerando um clima de temor entre os demais quanto à filiação e atuação na vida sindical.

Portanto, se os empregados fossem portadores da estabilidade no emprego, poderiam, quer em nível individual, quer em nível coletivo, fazer valer efetivamente seus direitos. Na prática, agiriam como verdadeiros fiscais da lei, o que não ocorre, salvo exceções, dado o terror gerado pelo desemprego.

Argumentam alguns que a garantia de emprego é nociva na medida em que o empregado estável passa a trabalhar de forma desidiosa e reduzindo propositalmente sua produção. Tal argumento, porém, não resiste à mais superficial crítica. Isto porque, como veremos a seguir, no exame das justas causas, deixando o empregado de produzir a contento, imotivadamente, pode vir a ser dispensado por justa causa. Além disso, o que se constata é que tal colocação toma como paradigma os empregados optantes pelo FGTS. Em grande parte, estes são obrigados a cumprir suas funções, além de outras fora de seus contratos de trabalho, pelo medo de, negando-se mesmo com razão, virem a ser dispensados em represália.

Por esses fatores até aqui mencionados é que o regime do FGTS interessava ao empregador, pois não existia óbice à dispensa do empregado, ainda que imotivada.

Examinemos, ainda, a situação de empregados que por determinado período no contrato não foram optantes pelo FGTS, passando a sê-lo a seguir. Em tal caso, inexistindo transição do tempo anterior, isto é, exercendo apenas a opção e mantendo intacto o contrato de trabalho, o período anterior continua regido pelas normas da CLT e, daí em diante, aplica-se o regime do FGTS. Em qualquer caso, desde que tenha exercido a opção pelo FGTS, perde a condição de estável. Exemplificando, se o empregado optar pelo FGTS após 12 anos de serviço e for injustamente dispensado dois anos depois de optar, receberá a indenização em dobro pelo período anterior à opção (12 salários em dobro), além dos depósitos do FGTS, com a multa de 40% relativamente ao período em que foi optante. Na mesma situação, contando o empregado oito anos anteriores à opção, receberá, em caso de dispensa injusta, oito salários pelo tempo anterior, como indenização, e os depósitos do FGTS com a multa de 40% pelo período após a opção.

Ainda com relação ao regime do FGTS, tem-se observado quanto ao pagamento que recebe o optante pela injusta dispensa, se comparado com o pagamento recebido pelo não optante em iguais condições de salário e tempo de serviço, que o valor pago ao optante é menor. Isto porque os depósitos do FGTS são efetuados mês a mês, com base no salário recebido à época do depósito, enquanto a indenização do não optante toma por base o último salário pago. Ademais, ainda que sujeitos os depósitos do FGTS à correção monetária e aos juros, tais acessórios são insuficientes para manter aqueles depósitos em igual valor da indenização.

Por tal motivo, os empregados passaram a postular judicialmente a diferença entre o valor recebido a título de FGTS por dispensa injusta e o que receberiam se não fossem optantes, já que a Constituição Federal de 1967 afirmava que ambos eram regimes equivalentes (art. 165, XIII).

Após inúmeros debates judiciários o Tribunal do Trabalho, em seu Enunciado 98, concluiu ser indevida tal diferença sob o fundamento de que tal equivalência é jurídica e não econômica. Mesmo afirmando a equivalência jurídica, nega-se ao empregado optante com mais de 10 anos o direito à estabilidade. De outra parte, como vimos, o art. 30, § 3º, do Regulamento do FGTS (Decreto nº 59.820/66) reconhece equivalência econômica no caso de rescisão antecipada de contratos a prazo, com o devido ao empregado não optante.

Como já referido, a Constituição Federal provocou modificações profundas nos regimes da CLT e do FGTS quanto ao tempo de serviço. Isso porque, desde logo, suprimiu a estabilidade como direito constitucionalmente assegurado, já que não figura no elenco dos direitos do art. 7º. De outra parte, enquanto no texto constitucional anterior a indenização e o FGTS eram opcionais, agora os incisos I e III do referido art. 7º consagram os dois regimes como coexistentes. Assim, aplica-se o FGTS a todos os empregados, urbanos e rurais, desde 5 de outubro de 1988. Como havíamos referido, até a véspera da nova Carta aplicavam-se os regimes da estabilidade, da indenização e do FGTS, conforme fosse o caso, mas daí em diante todos têm os contratos regidos pelo FGTS. Ademais, com o advento da lei complementar a ser editada, teremos FGTS e indenizações em caso de dispensa.

Examinemos, então, o que dispõe o texto constitucional a esse respeito.

> "Art. 7º ......
>
> I – relação de emprego protegida contra despedida arbitrária ou sem justa causa, nos termos de lei complementar que preverá indenização compensatória, dentre outros direitos."

Consagra a Constituição, como se vê, um princípio diverso em relação ao texto anterior, que é o da limitação ao poder do empregador de dispensar empregados sem qualquer motivo. Com efeito, até o texto constitucional anterior a faculdade de distratar não encontrava limites, de forma genérica, salvo os casos de estabilidades asseguradas. Relativamente ao empregado não protegido por qualquer forma de garantia de emprego, não havia qualquer limite ao poder do empregador de dispensá-lo.

Colocava-se a faculdade de distratar em pé de igualdade com a faculdade de contratar, sem limites expressos, salvo os casos de garantia de emprego já referidos. Atualmente o texto constitucional protege a relação de emprego contra a despedida arbitrária ou sem justa causa. Note-se que a especificação das duas hipóteses deixa claro que não foi instituída uma modalidade de estabilidade no emprego, mas, apenas, enunciado um princípio segundo o qual limita-se a vontade do empregador, impedindo-o de dispensar imotivadamente um empregado, sem que sofra uma consequência de ordem pecuniária.

O fato de o inciso I mencionar "despedida arbitrária ou sem justa causa" sublinha diferença que o legislador fez de ambos os casos. No primeiro, se houver dispensa, haverá indenização compensatória, mas poderá haver dispensa. Já no segundo caso, necessária se fará a ocorrência de justa causa, sem o que se poderá colocar em discussão a própria validade da dispensa. Não distinguir ambas as hipóteses equivale a dizer que o texto contém expressões supérfluas, o que é inadmissível. E assim é porque a expressão "despedida arbitrária" significa aquela não fundada em justa causa, mas também sem motivo algum que a justifique. Note-se que o art. 165 da Consolidação das Leis do Trabalho conceitua despedida arbitrária como aquela que não se funda em motivo disciplinar, técnico ou financeiro. Assim, ainda que a lei complementar, a que faz referência expressa à Constituição, não adote tal definição por inteiro, temos um ponto de partida para o exame desse conceito.

É nítida a diferença entre dispensa sem justa causa e dispensa arbitrária. Esta, além de não se fundar em justa causa, também não tem arrimo em motivo plausível. Já aquela apresenta um motivo, embora não signifique falta praticada pelo empregado. Eis por que a dispensa sem justa causa é menos grave socialmente do que aquela arbitrária, mesmo que na prática provoquem ambas o mesmo resultado do empregado individualmente considerado. Embora em ambos os casos sem cometer uma falta o empregado venha a perder o emprego, a hipótese de dispensa arbitrária é drástica, pois encerra ato completamente imotivado do empregador, ou até violência ou torpeza.

Note-se que, ao afirmar que a dispensa arbitrária há de ser coibida, o legislador constitucional limita a vontade do empregador de distratar, de forma incisiva. Penetra-se neste momento no terreno da intervenção estatal como forma de limite à autonomia da vontade. É, por outro lado, meio de realçar a função social da propriedade, impedindo que o simples arbítrio do empregador provoque demissões em larga escala, acentuando a rotatividade de mão de obra, convulsionando o meio social. Não se confunda, contudo, frise-se, limitação às dispensas arbitrárias com garantia de emprego. Aquela é um modo de gravar os atos do empregador que importem em dispensas condenadas legalmente, ao passo que a garantia de emprego é instituto que assegura a manutenção do posto de trabalho enquanto o empregado não cometa ato que justifique seu desligamento. O inciso I do art. 7º da Constituição Federal consagra o princípio da proteção contra a dispensa arbitrária por meio de indenização e eventuais outras reparações, que não significa assegurar o posto de trabalho, como se estabilidade houvesse. Esta pode ser assegurada por lei, em casos específicos ou via negociação direta.

Resulta, dessa forma, que a Constituição, ao contrário do que afirmou o texto anterior, não assegura a estabilidade no emprego, mas, apenas, prevê, nos termos da lei complementar a que expressamente se refere, indenização nas hipóteses de dispensa arbitrária ou sem justa causa. Como a nosso ver são distintas as figuras da despedida arbitrária e da despedida sem justa causa, como já referimos, evidentemente deverá a lei complementar tratar de forma diversa cada uma destas dipensas, eventualmente gravando aquela arbitrária com indenização mais pesada, pelos motivos já mencionados.

Mas, como pode a lei ordinária estabelecer outras vantagens aos trabalhadores, além daquelas asseguradas em nível constitucional, eventualmente poderá, com mais razão, a lei complementar estabelecer maiores limitações ao poder do empregador de despedir empregados imotivadamente.

De toda forma, neste preciso momento, a esse respeito podemos elaborar apenas previsões, ainda porque o texto da lei complementar em questão dependerá em muito, quanto ao seu conteúdo, das pressões a que estará sujeito o Congresso Nacional, tanto por parte dos empregados quanto dos empregadores, que, certamente, buscarão influir na orientação a ser seguida pelo legislador.

Por ora, nos termos do art. 10 das disposições transitórias da Constituição Federal, temos:

> "Art. 10. Até que seja promulgada a lei complementar a que se refere o art. 7º, I, da Constituição:
>
> I – fica limitada a proteção nele referida ao aumento, para quatro vezes, da porcentagem prevista no art. 6º, *caput* e § 1º, da Lei nº 5.107, de 13 de setembro de 1966;

II – fica vedada a dispensa arbitrária ou sem justa causa:

a) do empregado eleito para cargo de direção de comissões internas de prevenção de acidentes, desde o registro de sua candidatura até um ano após o final de seu mandato;

b) da empregada gestante, desde a confirmação da gravidez até cinco meses após o parto."[5]

Assim, o texto, imediatamente, consagra indenização para as várias dispensas arbitrárias ou sem justa causa, assim como assegura a estabilidade provisória em duas hipóteses.

Relativamente à indenização, o mencionado art. 6º da Lei nº 5.107, de 13 de setembro de 1966, determinava o pagamento pelo empregador, nos casos de dispensas sem justa causa, da importância igual a 10% do montante dos depósitos do fundo de garantia do tempo de serviço, além dos juros e da correção monetária relativos ao período de trabalho do empregado para este empregador.

O que determina a Constituição Federal é que, em caso de dispensa arbitrária ou sem justa causa, tal indenização passe a ser de 40% sobre os depósitos do fundo de garantia do tempo de serviço, isto é, quatro vezes o valor anteriormente previsto. Portanto, imediatamente à vigência da nova carta tal indenização foi majorada. Quando da edição da lei complementar que menciona o inciso I do art. 7º, tal valor poderá ser mantido, ampliado ou substituído, nos limites que deverá o legislador complementar observar, como já referimos.

Por outro lado, o referido art. 10 das disposições transitórias, em seu inciso II, letra *a*, assegura estabilidade no emprego, provisoriamente, ao membro da Comissão Interna de Prevenção de Acidentes (Cipa), eleito como representante de empregado, desde o registro de sua candidatura até um ano após o final de seu mandato. Evidentemente, diante do texto, caso seja cometida falta pelo empregado, o empregador poderá dispensá-lo por justa causa.

---

[5] ***Súmula nº 339. Cipa. Suplente. Garantia de emprego. CF/1988.*** **Res. 129/2005 – *DJ* 20-4-2005.**

I – O suplente da Cipa goza da garantia de emprego prevista no art. 10, II, "a", do ADCT a partir da promulgação da Constituição Federal de 1988.

II – A estabilidade provisória do cipeiro não constitui vantagem pessoal, mas garantia para as atividades dos membros da CIPA, que somente tem razão de ser quando em atividade a empresa. Extinto o estabelecimento, não se verifica a despedida arbitrária, sendo impossível a reintegração e indevida a indenização do período estabilitário.

Súmula nº 244. Gestante. Estabilidade provisória **– Res. 129/2005, *DJ* 20-4-2005.**

I – O desconhecimento do estado gravídico pelo empregador não afasta o direito ao pagamento da indenização decorrente da estabilidade (art. 10, II, "b", do ADCT).

II – A garantia de emprego à gestante só autoriza a reintegração se esta se der durante o período de estabilidade. Do contrário, a garantia restringe-se aos salários e demais direitos correspondentes ao período de estabilidade.

III – Não há direito da empregada gestante à estabilidade provisória na hipótese de admissão mediante contrato de experiência, visto que a extinção da relação de emprego, em face do término do prazo, não constitui dispensa arbitrária ou sem justa causa.

Neste caso ampliou-se a garantia do membro da Cipa, representante de empregados, que pelo texto do art. 165 da Consolidação das Leis do Trabalho, já mencionado, apenas não podia sofrer dispensa arbitrária, assim entendida aquela não fundada em motivo disciplinar, técnico, econômico ou financeiro. Agora, por força de garantia constitucional, apenas no caso de cometimento de falta prevista no art. 482 da Consolidação das Leis do Trabalho é que pode o empregador dispensá-lo. Anteriormente, razões alheias ao empregado poderiam determinar seu desligamento, como os motivos de ordem técnica, econômica ou financeira. Já hoje, somente se cometer justa causa é que perde o emprego. Justifica-se tal ampliação da garantia do posto de trabalho porque o membro da Cipa ocupa posição de representação coletiva, advindo daí o interesse na sua maior segurança na empresa.

Já a outra hipótese de garantia de emprego na Constituição Federal é a da mulher grávida. Assegura o art. 10 em exame, em seu inciso II, letra *b*, que a ela se garante o emprego desde a confirmação da gravidez até cinco meses após o parto. Legalmente, a mulher tinha salário garantido, pela lei anterior, nas duas semanas anteriores e nas quatro semanas posteriores ao parto. Atualmente, além da ampliação da licença-maternidade, de que trataremos adiante, assegura a norma constitucional o emprego e o salário, desde a confirmação do estado gravídico até cinco meses após o parto, isto é, três meses além do que anteriormente era assegurado.

É claro que também aqui se sujeita a mulher, ainda que grávida, à dispensa por justa causa, na hipótese de cometimento de falta grave.

A garantia de emprego ao membro da Cipa torna-se igual àquela de que era detentor o dirigente sindical, por força do art. 543, § 3º, da Consolidação das Leis do Trabalho, ora consagrada no art. 8º, VIII, da Constituição. Já a mulher grávida passa a ter constitucionalmente assegurada a estabilidade que, até então, apenas aquelas mulheres pertencentes a algumas categorias profissionais possuíam, por força de negociação coletiva. Evidencia-se neste caso a necessidade de maior proteção do emprego à maternidade, por motivos óbvios.

Assegura o texto constitucional, em seu art. 7º, inciso III:

"III – fundo de garantia do tempo de serviço."

Aqui, sem dúvida, diante da clareza e objetividade do texto, evidencia-se a manutenção de direito já assegurado. Por outro lado, lembrando o texto anterior, o art. 165, XIII, da Constituição Federal de 1969 dizia "estabilidade com indenização ao trabalhador despedido ou fundo de garantia equivalente", redação esta que deu margem a inúmeras interpretações conflitantes.

Com efeito, diante da redação imprecisa, discutiu-se muito o direito à equivalência econômica entre os regimes do fundo de garantia do tempo de serviço (Lei nº 5.107/66) e o regime da indenização da Consolidação das Leis do Trabalho, isto é, objetivaram os empregados receber diferenças entre os valores recebidos a título de fundo de garantia e os que receberiam se não fossem optantes pelo regime fundiário. Consolidou-se, porém, entendimento no Tribunal Superior do Trabalho, no sentido de que tal equivalência seria jurídica e não gerava direitos pecuniários (Enunciado 98). Ainda assim, todo aquele que objetivou reconhecer a condição de estável após 10 anos de opção pelo regime do fundo de garantia, em razão da mencionada equivalência jurídica, igualmente viu rechaçada sua pretensão. Tais decisões polêmicas, contudo, derivam da postura anterior do legislador constitucional de colocar como imcompatíveis os regimes da indenização e do Fundo de Garantia do Tempo de Serviço.

O texto atual, porém, reconhece como direito o fundo de garantia, sem qualquer vinculação deste com outro direito, daí decorrendo sua compatibilidade tanto com a proteção contra a despedida considerada arbitrária, de que já falamos, quanto com eventual garantia de emprego.

Frise-se, ainda, que na eventualidade de manutenção do sistema de estabilidade decenal poderemos ter empregados com mais de 10 anos de serviço a um mesmo empregador e que, ainda que submetidos ao regime do fundo de garantia, venham a ser estáveis.

Pensemos um pouco a respeito. Já vimos que no regime constitucional anterior havia incompatibilidade entre os regimes da estabilidade e do fundo de garantia, já que se colocavam como regimes excludentes. Atualmente, porém, inexiste vinculação em nível constitucional entre ambos, o que, a princípio, torna-os compatíveis.

Assim, uma questão séria que se coloca, desde logo, é saber se, desaparecendo a incompatibilidade entre os dois regimes, todo empregado que alcance 10 anos de casa torna-se estável, ainda que optante pelo regime do fundo de garantia.

É preciso enfatizar sempre que o fato de estarmos diante de uma nova Constituição Federal, por si só, faz com que as normas inferiores, quando colidem com a norma constitucional, estejam automaticamente revogadas. Já aquelas que, embora anteriores, coincidem com a Lei Maior, mantêm-se inalteradas. Há, porém, uma situação intermediária em que não existe de forma tão clara compatibilidade ou não da lei com a Constituição. É, por exemplo, este caso em que a estabilidade no emprego não vem assegurada pela Constituição, podendo, todavia, ser assegurada pela lei ordinária e, por outro lado, a instituição do regime do fundo de garantia. Ambos hoje estão assegurados na lei ordinária (Consolidação das Leis do trabalho, arts. 492 e seguintes, e Lei nº 5.107/66), mas como excludentes, por força da norma constitucional anterior. Quer isto dizer que no regime atual convivem de forma harmônica tanto a estabilidade quanto a opção pelo regime fundiário. Significa ainda dizer que, sendo regimes compatíveis, deverão os empregados, mantidos ambos os sistemas, exercer sua opção, pois a mesma só benefícios trará, desde que não signifique abrir mão da estabilidade no emprego, como era no regime constitucional anterior.

Mas outro desdobramento podemos imaginar desta situação, qual seja a situação daqueles empregados optantes pelo regime fundiário que venham a completar 10 anos de casa, ou já os tenham, à luz da nova norma constitucional. Estarão eles assegurados com a estabilidade no emprego, ou não?

Para responder a esta indagação é preciso deixar de lado as conjecturas e retomar os próprios trabalhos do Congresso Constituinte. Sabemos que, quanto à questão da garantia de emprego, houve polarização nos debates, de tal modo que restou vitoriosa a tese contrária à manutenção do regime de estabilidade no emprego a todos os trabalhadores.

Com efeito, venceu a ideia de que, pelo menos em nível constitucional, não se deveria assegurar a estabilidade.

Partindo desta premissa é que se torna possível equacionar a questão da compatibilidade do regime do fundo de garantia com aquele da estabilidade.

Constitucionalmente, não há hoje entre nós a possibilidade de um empregado que venha a ser admitido após a vigência da nova Carta obter a estabilidade no emprego, salvo as exceções previstas nas disposições transitórias e o dirigente sindical, já referidos, ou por meio de negociação com seu empregador. Assim, quanto ao tempo de serviço passamos a ter um regime único, que é aquele do fundo de garantia. É verdade que amanhã poderá o legislador complementar ou ordinário assegurar a estabilidade no emprego, mas até lá tal benefício até então assegurado na lei ordinária não mais poderá ser atingido, eis que aplicável a todo o sistema fundiário.

Sucede que, estando protegido o direito adquirido, evidente que os poucos empregados estabilitários mantêm tal garantia. De outra parte, pelos mesmos fundamentos, aqueles empregados eventualmente não optantes pelo regime do fundo de garantia até a vigência da nova Carta terão seu tempo anterior regido pela indenização da Consolidação das Leis do Trabalho e, daí em diante, passarão a ter seus contratos de trabalho regidos pelo sistema fundiário.

Em decorrência da modificação introduzida pela Constituição Federal de 1988, a que nos referimos, tornando o regime do FGTS aplicável a todos os empregados, surgiu a necessidade, segundo o legislador, de alteração da Lei nº 5.107/66.

Foi então substituída a lei antiga pela Lei nº 7.839, de 10 de outubro de 1989, que revogou expressamente a Lei nº 5.107/66. Meses após houve nova modificação legislativa, sendo revogada a Lei nº 7.839/89, pela Lei nº 8.036, de 11 de maio de 1990, que vigora até hoje.

Referidas modificações, em realidade, salvo pequenas alterações no que diz respeito ao empregado, decorreram da necessidade de mudanças na gestão do FGTS e questões conexas, que ora não nos chamam a atenção.

Quanto ao contrato de trabalho, o art. 14 da Lei nº 8.036/90 ressalvou o direito adquirido de estabilidade no emprego. Seu § 1º manteve o tempo anterior ao regime do FGTS preso à indenização prevista pela CLT, enquanto seu § 2º permitiu a transação do tempo anterior pelo valor mínimo de 60%. O § 4º previu a possibilidade de opção retroativa.

Questão importante vem tratada no art. 15, § 3º, relativa aos empregados domésticos, os quais poderão vir a ser beneficiados pelo regime do FGTS apenas mediante lei específica para os mesmos, já que até então estão excluídos do regime.

O art. 17 determina que o empregador dê ciência mensal ao empregado da posição do seu FGTS, enquanto o art. 18 sublinha o direito à indenização de 40% em caso de despedida injusta, tema introduzido pela Constituição Federal, ao qual já nos referimos.

Diga-se, ainda, que mantém o art. 26 a competência da Justiça do Trabalho para dirimir conflitos decorrentes da aplicação da lei.

O Decreto nº 99.684, de 8 de novembro de 1990, veio regulamentar a Lei nº 8.036/90 que, como vimos, não produziu sensíveis alterações no regime do FGTS após a Carta Constitucional de 1988.

Frise-se, afinal, o art. 17 da Lei nº 8.177, de 1º de março de 1991, que determinou a remuneração dos depósitos do FGTS pelas taxas aplicáveis às cadernetas de poupança, trazendo efeito benéfico aos titulares de tais contas vinculadas.

Ressalte-se, ainda, que aplicável o regime do FGTS a todos os empregados, urbanos e rurais, por força do art. 7º, III, da Constituição Federal.[6]

12.4 As justas causas para ruptura contratual

Vimos até aqui que em nosso sistema jurídico é possível despedir o empregado, ainda que inexista motivo para tanto, salvo as exceções que são as hipóteses de estabilidade.

---

[6] ***Súmula nº 98. FGTS. Indenização. Equivalência. Compatibilidade.* Res. 129/2005 – *DJ* 20-4-2005.**

I – A equivalência entre os regimes do Fundo de Garantia do Tempo de Serviço e a estabilidade prevista na CLT é meramente jurídica e não econômica, sendo indevidos valores a título de reposição de diferenças.

II – A estabilidade contratual ou a derivada de regulamento de empresa são compatíveis com o regime do FGTS. Diversamente ocorre com a estabilidade legal (decenal, art. 492 da CLT), que é renunciada com a opção pelo FGTS.

Súmula nº 63. Fundo de garantia.

A contribuição para o Fundo de Garantia do Tempo de Serviço incide sobre a remuneração mensal devida ao empregado, inclusive horas extras e adicionais eventuais (*RA* 105/1974, *DJ* 24-10-1974).

***Súmula nº 206. FGTS. Incidência sobre parcelas prescritas* – Nova redação – Res. 121/2003, *DJ* 21-11-2003.**

A prescrição da pretensão relativa às parcelas remuneratórias alcança o respectivo recolhimento da contribuição para o FGTS.

Histórico:

Redação original – Res. 12/1985, *DJ* 11-7-1985

Nº 206 FGTS. Incidência sobre parcelas prescritas

A prescrição bienal relativa às parcelas remuneratórias alcança o respectivo recolhimento da contribuição para o FGTS.

Súmula nº ***243. Opção pelo regime trabalhista. Supressão das vantagens estatutárias.***

Exceto na hipótese de previsão contratual ou legal expressa, a opção do funcionário público pelo regime trabalhista implica a renúncia dos direitos inerentes ao regime estatutário (Res. 15/1985, *DJ* 9-12-1985).

***Súmula nº 295. Aposentadoria espontânea. Depósito do FGTS. Período anterior à opção* – Nova redação – Res. 121/2003, *DJ* 21-11-2003.**

A cessação do contrato de trabalho em razão de aposentadoria espontânea do empregado exclui o direito ao recebimento de indenização relativa ao período anterior à opção. A realização de depósito na conta do Fundo de Garantia do Tempo de Serviço, de que trata o § 3º do art. 14 da Lei nº 8.036, de 11-5-1990, é faculdade atribuída ao empregador.

Histórico:

Redação original – Res. 5/1989, *DJ* 14-4-1989

Nº 295 A cessação do contrato de trabalho em razão de aposentadoria espontânea do empregado exclui o direito ao recebimento de indenização relativa ao período anterior à opção. A realização de depósito na conta do Fundo de Garantia do Tempo de Serviço, cogitada no § 2º do art. 16 da Lei nº 5.107/1966, coloca-se no campo das faculdades atribuídas ao empregador.

Súmula nº 305. Fundo de Garantia do Tempo de Serviço. Incidência sobre o aviso-prévio.

O pagamento relativo ao período de aviso-prévio, trabalhado ou não, está sujeito a contribuição para o FGTS (Res. 3/1992, *DJ* 5-11-1992).

Todavia, ainda que seja possível a dispensa, torna-se necessário saber se a mesma foi decorrente de ato do empregado que justificou tal proceder por parte do empregador ou não. Isto porque, ocorrendo dispensa provocada pelo empregado, torna-se indevido o pagamento de indenização (o FGTS), aviso-prévio, férias e 13º salário proporcionais. Já se a dispensa foi imotivada, fará jus o empregado ao pagamento da indenização ou dos depósitos do FGTS com a multa de 40%, ao aviso-prévio e à proporcionalidade de férias e de 13º salário, à razão de 1/12 por mês trabalhado, ou fração igual ou superior a 15 dias.

Note-se que, independentemente da causa da dispensa, serão devidos, sempre, os salários dos dias trabalhados e eventuais férias vencidas ainda não gozadas.

De outra parte, pode a iniciativa de ruptura contratual ser do empregado. Em tal caso, igualmente, dever-se-á saber se assim agiu por vontade própria ou por ato do empregador que tornou insuportável a continuação do contrato de trabalho. Se ocorrer esta última hipótese, o empregado fará jus a todos os haveres que teria como se houvesse ocorrido a dispensa imotivada, pois se trata de despedida indireta, que já mencionamos. Já na hipótese de rompimento do contrato por iniciativa do empregado, que corresponde ao pedido de demissão, terá assegurado, além do salário, as férias e o 13º salário proporcionais, segundo o mesmo critério já enunciado.

O ato praticado pelo empregado que venha a justificar o rompimento do contrato por parte do empregador constitui a justa causa para a dispensa, de que trata o art. 482 da CLT. Já se o ato praticado que enseja a ruptura do contrato de trabalho é de iniciativa do empregador, estaremos diante da justa causa dada por ele para o empregado romper o contrato, com direito ao pagamento de indenização, como veremos do exame do art. 483 da CLT.

Assim, entendamos a justa causa como qualquer um dos atos expressamente previstos em lei e que justifica à outra parte romper o contrato de trabalho sem ônus para si.[7]

12.4.1 Justas causas em relação ao empregado

Examinemos, desde logo, as hipóteses de justa causa que justificam o rompimento do contrato pelo empregador:

> "Art. 482. Constituem justa causa para rescisão do contrato de trabalho pelo empregador:
>
> a) ato de improbidade;
>
> b) incontinência de conduta ou mau procedimento;

---

7 ***Súmula nº 14. Culpa recíproca*** **– Nova redação – Res. 121/2003, *DJ* 21-11-2003.**

Reconhecida a culpa recíproca na rescisão do contrato de trabalho (art. 484 da CLT), o empregado tem direito a 50% (cinquenta por cento) do valor do aviso-prévio, do décimo terceiro salário e das férias proporcionais.

Histórico:

Redação original – *RA* 28/1969, *DO*-GB 21-8-1969

Nº 14 Reconhecida a culpa recíproca na rescisão do contrato de trabalho (art. 484 da CLT), o empregado não fará jus ao aviso-prévio, às férias proporcionais e à gratificação natalina do ano respectivo.

c) negociação habitual por conta própria ou alheia sem permissão do empregador, e quando constituir ato de concorrência à empresa para qual trabalha o empregado, ou for prejudicial ao serviço;

d) condenação criminal do empregado, passada em julgado, caso não tenha havido suspensão da execução da pena;

e) desídia no desempenho das respectivas funções;

f) embriaguez habitual ou em serviço;

g) violação de segredo da empresa;

h) ato de indisciplina ou de insubordinação;

i) abandono de emprego;

j) ato lesivo da honra ou da boa fama praticado no serviço contra qualquer pessoa, ou ofensas físicas, nas mesmas condições, salvo em caso de legítima defesa, própria ou de outrem;

k) ato lesivo da honra ou da boa fama ou ofensa físicas praticadas contra o empregador e superiores hierárquicos, salvo em caso de legítima defesa, própria ou de outrem;

l) prática constante de jogos de azar.

Parágrafo único. Constitui igualmente justa causa para dispensa de empregado a prática, devidamente comprovada em inquérito administrativo, de atos atentatórios à segurança nacional."

Apenas estas hipóteses que menciona o art. 482 da CLT é que justificam a rescisão do contrato de trabalho pelo empregador, fundado em arguição de justa causa. E tal significa que não se admite despedida por justa causa fundada em outros atos que não os elencados no artigo citado.

A primeira falta apontada pelo legislador é o ato de improbidade. Significa o procedimento desonesto, malicioso, como assevera Plácido e Silva (1981:1 e 431). Com efeito, o ato de improbidade exprime-se pelo proceder do empregado contra a lei. Como afirma Aluysio Sampaio (1982:47), inclina-se a jurisprudência no sentido de entender o ato de improbidade como aquele praticado pelo empregado no sentido de atentar contra o patrimônio do empregador. Assim, o empregado que furta o empregador, por exemplo, comete ato de improbidade, que justifica sua dispensa por justa causa.

A seguir o legislador caracteriza como justa causa a incontinência de conduta e o mau procedimento. Em realidade, tal procedimento resvala na ideia de improbidade. O ímprobo transgride a lei quando, exemplificativamente, furta o empregador. Todavia pode seu proceder ser condenável e revelar má qualidade de caráter, mas não ocorrer a transgressão da lei. Se apenas a improbidade justificasse a dispensa, seria o empregador forçado a manter um empregado que revela má conduta e, portanto, prejudica o serviço e o ambiente de trabalho. Assim, ainda que não ocorra a ofensa à lei penal, pode haver dispensa por justa causa quando ficar devidamente comprovada a má conduta ou o mau procedimento.

Já a hipótese de justa causa fundada em negociação habitual por conta própria ou alheia sem permissão do empregador e quando constitui ato de concorrência à empresa, ou for prejudicial ao serviço, é situação mais objetiva, quanto a sua constatação. Note-se que no caso duas são as situações. Constituindo o ato do empregado concorrência à empresa e inexistindo autorização expressa para tanto, não pode o empregado assim proceder, ainda que fora do local e do horário de serviço. Evidentemente que, no segundo caso (quando for prejudicial ao serviço), a prática deve ocorrer no local de trabalho, a fim de se caracterizar a justa causa.

A condenação do empregado no Juízo criminal, da qual não caiba qualquer recurso (passada em julgado), uma vez não tendo havido suspensão da execução da pena, isto é, devendo o empregado cumprir a pena que lhe foi imposta, é também justa causa para sua dispensa. Veja-se que nesta justa causa não teve o legislador em mente qualquer falta de natureza trabalhista, mas sua condenação em processo criminal. Salienta-se que não é qualquer condenação que justifica a dispensa, mas, tão só aquela que implique pena privativa da liberdade, o que torna impossível a manutenção do contrato de trabalho, como afirma Antonio Lamarca (1977:394-395). Assim, ainda que condenado o empregado por crime, pode haver manutenção do contrato se a pena for de natureza pecuniária, apenas, não existindo restrição à liberdade, ou, igualmente, se houve suspensão do cumprimento da tal pena. Da mesma forma, havendo de cumprir o empregado a pena em prisão-albergue, que possibilite o trabalho durante o dia, a nosso ver, inexiste o fundamento para a dispensa com base em tal hipótese legal.

Convém lembrar, entretanto, que, sendo condenado o empregado por crime cometido e não havendo restrição à liberdade, em princípio, o empregador não poderia invocar justa causa. Todavia o mesmo ato praticado pelo empregado pode ter aquele efeito penal e, do ponto de vista trabalhista, configurar ato de improbidade. Assim, poderia ocorrer a dispensa justa, com base na letra *a* do art. 482 da CLT e não fundada na hipótese da letra *d* do mesmo artigo.

A desídia no desempenho das funções também constitui justa causa. Devemos entender por desídia o não cumprimento pelo empregado de suas atribuições, deliberadamente e sem justificativa. Aquele que deixa de cumprir suas tarefas, ou passa a cumpri-las de forma insatisfatória, quer quanto à quantidade ou a sua qualidade do serviço, comete ato de desídia. É preciso distinguir entre este procedimento sem intenção deliberada de causar prejuízos ao empregador, e que é exatamente a hipótese de desídia, do proceder intencional do empregado em deixar de cumprir suas obrigações, com a finalidade de prejudicar o empregador, quando, então, estaremos diante de ato de improbidade, já que aí haverá ilícito penal, dado o prejuízo intencional causado.

A embriaguez habitual e que não precisa ocorrer dentro da empresa e no local de trabalho justifica, segundo a lei, a dispensa por justa causa. Aqui entendemos que tal conduta do empregado deveria implicar a suspensão do contrato e o seu encaminhamento ao médico para tratamento, já que aquele que se embriaga habitualmente é doente e não simplesmente faltoso. De outra parte, a embriaguez em serviço não exige habitualidade, mas basta que se verifique no local e no horário de trabalho, para justificar a dispensa justa.

A justa causa fundada em violação de segredo da empresa é fato objetivo e que, devidamente comprovado, justifica a dispensa sem pagamento de indenização.

A seguir destaca o legislador o ato de indisciplina ou de insubordinação como motivo para a dispensa por justa causa. Lembremos aqui que o contrato de trabalho gera a subordinação hierárquica do empregado ao empregador. Assim, está o empregado obrigado a cumprir as ordens que recebe do empregador ou de seus superiores hierárquicos, desde que essas ordens sejam lícitas e relativas às atribuições do próprio empregado.

Constitui ato de indisciplina o descumprimento imotivado das próprias atribuições do empregado, como no caso de desrespeito às normas internas de serviço. As faltas e atrasos ao serviço igualmente representam ato de indisciplina, embora alguns entendam consistir em desídia.[8]

Quando, também sem motivo, o empregado desobedece determinação superior, ofende-o ou comete ato de desacato contra aquele superior, caracteriza-se a insubordinação, dada a intenção de subverter a hierarquia funcional que caracteriza o ambiente de trabalho.

A seguir cuida o legislador do abandono de emprego como uma das justas causas que fundamentam a dispensa do empregado. Afirma a jurisprudência que para a caracterização do abandono de emprego é necessária a ausência do empregado por um lapso mínimo de 30 dias e a intenção deliberada de ausentar-se do emprego. O segundo requisito é evidente, pois, se assim não fosse, poder-se-ia pensar em abandono de emprego no gozo de férias, ou no afastamento por acidente ou doença, o que é absurdo. É necessária a vontade manifesta de não mais retornar ao trabalho.

---

8 ***Súmula nº 15. Atestado médico.***

A justificação da ausência do empregado motivada por doença, para a percepção do salário-enfermidade e da remuneração do repouso semanal, deve observar a ordem preferencial dos atestados médicos estabelecida em lei (*RA* 28/1969, *DO*-GB 21-8-1969).

Súmula nº 32. Abandono de emprego **– Nova redação – Res. 121/2003, *DJ* 21-11-2003.**

Presume-se o abandono de emprego se o trabalhador não retornar ao serviço no prazo de 30 (trinta) dias após a cessação do benefício previdenciário nem justificar o motivo de não o fazer.

Histórico:

Redação original – *RA* 57/1970, *DO*-GB 27-11-1970

Nº 32 Configura-se o abandono de emprego quando o trabalhador não retornar ao serviço no prazo de 30 dias após a cessação do benefício previdenciário, nem justificar o motivo de não o fazer.

Súmula nº 62. Abandono de emprego.

O prazo de decadência do direito do empregador de ajuizar inquérito em face do empregado que incorre em abandono de emprego é contado a partir do momento em que o empregado pretendeu seu retorno ao serviço (*RA* 105/1974, *DJ* 24-10-1974).

Súmula nº 155. Ausência ao serviço.

As horas em que o empregado falta ao serviço para comparecimento necessário, como parte, à Justiça do Trabalho não serão descontadas de seus salários. Exprejulgado nº 30 (*RA* 102/1982, *DJ* 11-10-1982 e *DJ* 15-10-1982).

Súmula nº 282. Abono de faltas. Serviço médico da empresa.

Ao serviço médico da empresa ou ao mantido por esta última mediante convênio compete abonar os primeiros 15 (quinze) dias de ausência ao trabalho (Res. 15/1988, *DJ* 1º-3-1988).

Quanto ao lapso de 30 dias, foi fixado pelos reiterados pronunciamentos dos tribunais do trabalho como o período mínimo de ausência para caracterizar o abandono. Não se pense, porém, que por tal fato pode o empregado ausentar-se por até 29 dias sem perder o emprego. Isto porque, como vimos, as ausências imotivadas até aquele limite justificam a dispensa por indisciplina, ou desídia, como querem outros.

Relativamente ao ato lesivo à honra ou à boa fama, ou ofensas físicas, o legislador distinguiu apenas quanto à vítima de tal proceder do empregado. Se for o empregador ou qualquer de seus prepostos, há justa causa, sendo tal prática verificada em serviço ou fora dele, pois torna insuportável a manutenção do contrato. Se a última for um terceiro estranho à empresa, só se caracteriza a justa causa se ocorrer a violência em serviço, prejudicando o ambiente de trabalho.

Por fim, tanto a prática constante de jogos de azar quanto a constatação de prática de ato atentatório à segurança nacional são situações objetivas, não requerendo comentários.

Frise-se todavia que, em qualquer hipótese de justa causa, caberá ao empregador que a invocar a prova efetiva do alegado. Ademais, deverá ficar caracterizado não apenas o ato em si, como igualmente a intenção do autor, isto é, o ânimo de causar o resultado daquele procedimento.

Como já referimos, as faltas que justificam a dispensa do empregado por justa causa são apenas estas descritas no art. 482 da CLT. É verdade que, embora limitadas tais hipóteses, como todo mandamento legal, são situações até certo ponto genéricas (improbidade, indisciplina, insubordinação, desídia), pois inúmeros são os comportamentos específicos que podem ser caracterizados dentro de cada figura legal.

Todavia, essa é a forma que adota o legislador caracterizando uma hipótese, à qual deve adequar-se um procedimento específico, a fim de que daí decorram as consequências legais. Para tanto, torna-se necessário que para cada caso concreto examinemos as provas apresentadas, de modo a verificar se ocorreu aquela figura legal. A seguir, devemos perquirir sobre a intenção do empregado quanto aos resultados de seu procedimento. Caracterizada a figura legal e identificada a intenção do agente em provocar aquele resultado, estamos diante da justa causa.

Mas, além destes elementos, para que se justifique a dispensa por justa causa, torna-se também necessário saber a respeito do procedimento do empregador. Aqui surge o problema da imediatidade da atuação do empregador em relação ao momento em que tomou ciência da prática da falta. E dependendo do lapso decorrido pode-se concluir que houve perdão tácito, embora caracterizada a falta, não mais se justificando a dispensa sob aquele argumento.

Exemplifiquemos uma determinada situação, a fim de sublinhar os pontos principais.

Determinada empregada, que trabalha em um escritório, tem por hábito, no local de trabalho, vender objetos de adorno às colegas, sem permissão expressa do empregador. Ora, em princípio, este procedimento caracteriza justa causa, conforme vimos no art. 482, letra *c*, da CLT. E assim é porque tal procedimento é prejudicial ao serviço, não existindo permissão do empregador. Todavia, se assim age a empregada há muito tempo, sendo o fato do conhecimento do empregador, é evidente que há permissão tácita, tanto que jamais foi a empregada advertida ou suspensa. Este proceder do empregador descaracteriza a justa causa.

Do mesmo modo, ainda que faltoso, em tese, o proceder, se o empregador teve ciência do mesmo e deixou de tomar as medidas cabíveis em tempo razoável, diz-se que houve perdão tácito, isto é, embora pudesse haver dispensa ou punição à empregada, deixou o empregador de assim proceder, não mais podendo invocar tal falta. Cumpre salientar que não existe um período único de inércia do empregador para caracterizar o perdão tácito, variando o mesmo de caso para caso, tendo em conta o tipo de empresa e sua complexidade. Tratando-se de empregador individual que presencia a falta cometida, a reação deve ser imediata. Já em uma grande empresa, deverá o superior hierárquico comunicar ao setor competente e este, após as medidas necessárias, tomará as providências junto à empregada. Portanto, nesse último caso, a dispensa poderá demorar alguns dias, sem que se caracterize o perdão tácito.

Ainda a respeito do tema, importa lembrar que nem sempre a falta cometida, por sua gravidade, deve implicar obrigatoriamente a dispensa da empregada, podendo, todavia, levar o empregador a aplicar uma advertência ou uma suspensão, tanto com finalidade de manter a ordem e a hierarquia, quanto para evitar o perdão tácito de que falamos.

Há quem afirme que a dispensa do empregador por justa causa é a "pena máxima" existente no contrato de trabalho. Assim, a advertência e a suspensão seriam as penas mais brandas e intermediárias, respectivamente. Tal colocação, porém, encontra forte oposição na doutrina. É a nosso ver acertada tal oposição, pois a advertência e a suspensão constituem penalidades a que está o empregado sujeito, a fim de se manter a hierarquia funcional. Entretanto, a despedida não é penalidade, mas faculdade do empregador. De fato, reconhece a lei o direito de o empregador despedir o empregado quando o contrato não for mais possível (por justa causa), por interesse seu de ordem funcional, econômica ou financeira (por motivo justificado) ou sem motivo determinante (despedida injusta).

A advertência e a suspensão constituem atos do empregador que visam à manutenção da ordem no local de serviço e que, se reiteradas, podem levar o empregado à dispensa por justa causa. Para certas faltas, como atrasos e ausências imotivadas, as punições anteriores terão peso no exame de posterior dispensa por justa causa. Já em outros casos inexiste qualquer relação entre o procedimento anterior e a dispensa. Imagine-se, por exemplo, se houvesse uma gradação obrigatória, não podendo ocorrer a dispensa sem advertência ou suspensão anteriores. Como ficaria o empregador que é severamente espancado pelo empregado, ou alvejado pelo mesmo com uma arma de fogo? Se este proceder do empregado não está fundado em legítima defesa, sua dispensa deverá ser imediata (art. 482, letra *k*). Se fosse necessária advertência ou suspensão anteriores, chegaríamos ao absurdo de o empregador estar obrigado a manter tal empregado até que o mesmo desferisse outro tiro, ou agredisse novamente.

Lembremos, porém, que se a empresa tem um regulamento interno próprio, devidamente aprovado pelo Ministério do Trabalho e se dele consta uma gradação de penalidades que devem anteceder a dispensa por justa causa, o mesmo deve ser obedecido e, se não for, poderá o empregador perder a razão numa dispensa por justa causa. Ainda aqui devemos atentar para certos comportamentos violentos ou insuportáveis por parte do empregado, que, ainda em tal hipótese, justificam a imediata dispensa sem ônus para a empresa.[9]

Por derradeiro, discute-se, ainda hoje, a respeito da possibilidade de a Justiça do Trabalho, uma vez constatada a prática de uma falta, descaracterizar a dispensa e considerar o ato passível de advertência ou suspensão, mantendo o contrato de trabalho e reintegrando o empregado. Há várias opiniões de que não pode o Judiciário proceder deste modo. Outros, porém, manifestam-se favoravelmente, afirmando que, se a Justiça pode desconsiderar uma falta, por entendê-la não provada, pode igualmente minimizar seus efeitos, ainda porque estará atendendo ao princípio da manutenção do contrato de trabalho, que deve presidir a análise de qualquer problema entre empregado e empregador. É claro, como vimos, que só é possível reintegrar o empregado estável, pois é o único que tem entre nós a garantia de emprego.

12.4.2 Justas causas em relação ao empregador

Sabemos que, no contrato de trabalho, cabe exclusivamente ao empregador o poder de comando, pois é ele quem dirige a prestação de serviços. Daí decorre o poder de comando que se atribui ao empregador. Assim, está o empregado subordinado hierarquicamente ao empregador, de quem recebe ordens, diretamente ou por meio de seus prepostos.

Não existe, sob tal aspecto, um direito equivalente reconhecido ao empregado, sendo esta uma das circunstâncias que tornam o contrato de trabalho peculiar.

Portanto, não pode o empregado, no caso de uma falta praticada pelo empregador, impor-lhe advertência ou suspensão, como vimos, que é facultado ao empregador. Todavia, ainda assim, a lei aponta as faltas que, se praticadas pelo empregador, justificam ao empregado pleitear a rescisão contratual com pagamento de indenização. Tais hipóteses encontram-se descritas no art. 483 da CLT:

> "Art. 483. O empregado poderá considerar rescindido o contrato de trabalho e pleitear a devida indenização quando:
>
> a) forem exigidos serviços superiores às suas forças, defesos por lei, contrários aos bons costumes, ou alheios ao contrato;
>
> b) for tratado pelo empregador ou por seus superiores hierárquicos com rigor excessivo;
>
> c) correr perigo manifesto de mal considerável;
>
> d) não cumprir o empregador as obrigações do contrato;

---

[9] ***Súmula nº 77. Punição.***

Nula é a punição de empregado se não precedida de inquérito ou sindicância internos a que se obrigou a empresa por norma regulamentar (*RA* 69/1978, *DJ* 26-9-1978).

e) praticar o empregador ou seus prepostos, contra ele ou pessoas de sua família, ato lesivo à honra de boa fama;

f) o empregador ou seus prepostos ofenderem-no, salvo em caso de legítima defesa, própria ou de outrem;

g) o empregador reduzir o seu trabalho, sendo este por peça ou tarefa, de forma a afetar sensivelmente a importância dos salários."

Vê-se do texto legal que, no caso de prática pelo empregador de tais faltas, o que a lei reconhece ao empregado é o direito à rescisão contratual com recebimento da indenização, caso resulte provado daquela falta alegada.

Assim, se o empregado comete uma falta está sujeito a perder o emprego. No caso de prática de falta pelo empregador, o direito que se lhe reconhece é, igualmente, o de deixar o emprego. É verdade que, no primeiro caso, não receberá indenização, o que ocorrerá em caso de falta cometida pelo empregador. Todavia, em qualquer caso, deixa o emprego, que é o seu bem maior, já que o empregado sobrevive à custa de seu trabalho.

De forma diversa daquela examinada no art. 482 da CLT, as hipóteses da faltas cometidas pelo empregador que são elencadas pelo art. 483 são objetivas, não sendo necessária uma explicação de cada uma delas. E evidente, porém, que também aqui será preciso uma análise de cada caso concreto, a fim de verificar se resulta provado o fato em si e se inexiste qualquer elemento que o descaracterize.

Relativamente ao comportamento do empregado diante do procedimento faltoso do empregador, o art. 483, § 3º, da CLT, faculta-lhe a imediata suspensão do serviço em caso de descumprimento das obrigações contratuais pelo patrão ou redução do trabalho, se este for por peça ou tarefa, de modo a causar sensível diminuição de seu salário. Estas são as hipóteses das letras *d* e *g* do art. 483. Apenas em tais casos pode o empregado permanecer em serviço e pleitear judicialmente a rescisão contratual por falta patronal. Nos demais casos, o legislador entendeu incompatível a continuação do contrato, de tal modo que, se o empregado permanece em serviço, descaracteriza a falta alegada.

Nos casos dos §§ 1º e 2º do mesmo art. 483, não existe direito de o empregado receber indenização, mas apenas está liberado de cumprir o aviso-prévio. Com efeito, se por força de lei o empregado é obrigado a cumprir outra atribuição que o impede de continuar os serviços, ou se em caso de morte de empregador individual, continuando a atividade, pretender deixar os serviços, não faz jus à indenização, pois não ocorreu comportamento faltoso por parte do empregador.

As hipóteses constantes do art. 483 da CLT configuram os motivos que ensejam o pedido de rescisão indireta do contrato de trabalho pelo empregado, a que nos referimos quando tratamos da indenização devida pela ruptura contratual. Optando o empregado por cessar desde logo a prestação de serviços, o contrato terá como termo final aquela cessação. Já se continuar a trabalhar até que seja julgado seu pedido, a sentença colocará fim ao contrato de trabalho, se for favorável ao empregado.

Cuida ainda a CLT, no art. 484, da hipótese de culpa recíproca e, quando reconhecida a mesma, será a indenização reduzida à metade daquela devida se fosse a culpa exclusiva do empregador, pois ambos concorreram, com seu procedimento, para o desfazimento do contrato de trabalho.

Prevê afinal o art. 486 da CLT as hipóteses de impossibilidade da continuação do contrato por ato do Poder Público, quando, então, apurada efetivamente a responsabilidade governamental, no Juízo competente, será a indenização devida ao empregado paga pelo Poder Público e não pelo empregador.

Ressalte-se, ainda, que no caso de se tratar de empregado estável e, portanto, com garantia de emprego, poderá optar pelo ajuizamento de ação trabalhista visando à condenação do empregador na reposição do contrato de trabalho na situação anterior, ou que o mesmo seja obrigado a abster-se de agir em desacordo com a lei ou contrato, em vez de pleitear a rescisão contratual, caso não haja incompatibilidade na manutenção do vínculo de trabalho.

Verificação de aprendizagem

Questões para debate

1. *Preocupa-se o Direito do Trabalho com a manutenção do vínculo de emprego? Em que medida?*
2. *O aviso-prévio é devido também ao empregador? Em que caso?*
3. *Qual o conceito e a importância da estabilidade no emprego?*
4. *Qual o procedimento do empregador em relação ao empregado estável que comete falta grave?*
5. *O que se entende por estabilidade provisória? Exemplifique.*
6. *Explique as formas de indenização devida ao empregado, nos contratos sem prazo e a prazo, sendo ou não optante pelo regime do FGTS.*
7. *Quais as diferenças básicas entre o regime da indenização da CLT e o do FGTS?*
8. *Como é tratada legalmente a situação de um empregado que trabalha certo período sem optar pelo regime do FGTS e, a seguir, no curso do mesmo contrato de trabalho, opta pelo regime da Lei nº 5.107/66?*
9. *Dê três exemplos de justa causa para dispensa do empregado, comentando-os.*
10. *Quais as consequências do cometimento, pelo empregador, de uma das faltas do art. 483 da CLT? Justifique.*
11. *A nova Constituição Federal manteve a ideia de estabilidade no emprego? Justifique.*
12. *A partir do novo texto constitucional, passou a haver compatibilidade e coexistência dos regimes da indenização e do FGTS? Por quê?*
13. *Como passaram a ser regidos os contratos de trabalho dos empregados a partir da nova Constituição, quanto ao tempo de serviço? E relativamente aos empregados rurais? Justifique.*

Exercícios

I – Leia cada uma das assertivas abaixo e, a seguir, diga se verdadeira ou falsa, justificando brevemente sua opção:

1. *Os contratos de trabalho só excepcionalmente podem ter duração prefixada, porque o legislador privilegia a manutenção do vínculo de emprego.*
2. *É cabível o aviso-prévio do empregado ao empregador, quando aquele deixa imotivadamente o emprego.*
3. *O empregado chamado a ocupar cargo em comissão, ainda que tenha mais de 10 anos de serviço, perde a estabilidade no emprego.*
4. *Qualquer que seja o regime contratual quanto ao tempo de serviço, adquire o empregado a estabilidade aos 10 anos de serviço prestados ao mesmo empregador.*
5. *A nossa legislação reconhece atualmente alguns casos de estabilidade provisória.*
6. *O empregado com 20 anos de serviço em uma empresa, não sendo optante pelo regime do FGTS, ao pedir demissão perde o direito à indenização por tempo de serviço.*
7. *Por mais grave que seja a falta praticada por um empregado estável, não pode o empregador despedi-lo diretamente.*
8. *A partir da vigência da Lei nº 5.107/66 todas as empresas passaram a ser obrigadas a recolher os depósitos do FGTS, tanto em relação aos empregados optantes por aquele regime, quanto em relação aos não optantes.*
9. *A circunstância de ser optante pelo regime do FGTS não impede o empregado de ser estável em razão do tempo de serviço.*
10. *Só é possível despedir o empregado por justa causa após sua ausência imotivada por 30 dias seguidos.*
11. *Entre nós, após 5 de outubro de 1988, não mais é possível o aviso-prévio de oito dias.*
12. *Mesmo com o advento da nova Constituição, os empregados que já eram portadores de estabilidade decenal só podem ser desligados da empresa por decisão judicial.*
13. *Interessa à sociedade, dada a relevância do tema, saber se uma empresa despede inúmeros empregados arbitrariamente, por justa causa, ou, ainda, por justificado motivo.*
14. *O FGTS é regime aplicável a todos os contratos de trabalho urbanos e rurais, atualmente.*
15. *Atualmente, no Brasil, diante da legislação constitucional, é vedado o reconhecimento de estabilidade, quer por norma coletiva, quer por ajuste individual, entre empregado e empregador.*

II – Cada uma das afirmações abaixo tem por base um determinado artigo da CLT. Aponte o referido dispositivo legal, expondo, brevemente, se correta ou não a afirmativa e o fundamento de sua conclusão.

1. *A duração do aviso-prévio é variável a cada ano de serviço completado pelo empregado, até o máximo de 30 dias.*

2. *Pode o empregador descontar do salário a falta de aviso-prévio devido pelo empregado.*
3. *Quando o empregado cumpre o aviso-prévio, independentemente da iniciativa da rescisão contratual, tem o horário de trabalho reduzido.*
4. *Pode o empregador suspender o contrato de trabalho no caso de falta cometida pelo empregado estável.*
5. *A readmissão aos serviços é a consequência imediata da sentença judicial que não reconhece a falta imputada pelo empregador ao empregado estável.*
6. *Todo candidato a cargo de direção sindical tem estabilidade provisória desde o registro de sua candidatura àquele cargo.*
7. *O valor da indenização por dispensa injusta tem em conta o tempo de serviço do empregado.*
8. *Nos contratos a prazo, o empregado pode deixar a empresa, imotivadamente, antes de completado aquele prazo, sem qualquer ônus.*
9. *Pode ser cabível o aviso-prévio em certos contratos por prazo determinado.*
10. *A lei, de forma taxativa, aponta as faltas que justificam a dispensa do empregado por justa causa.*

13 Normas de Proteção ao Trabalho

O Direito do Trabalho caracteriza-se como um ramo do Direito de natureza marcadamente protecionista. E este caráter que o distingue dos demais ramos do Direito decorre, sem dúvida, da desigualdade existente entre os protagonistas da relação de trabalho. Com efeito, como já mencionamos em mais de uma oportunidade, sendo o contrato de trabalho uma relação que subordina o empregado ao empregador, atribui-se a este último o poder de comando da atividade a ser desenvolvida. Para tal finalidade, que é o exercício do poder de comando, é conferido ao empregador o poder de disciplinar, como meio eficaz de dirigir a prestação de serviços pelo empregado.

Assim, está o empregado subordinado hierarquicamente ao empregador, tornando a relação entre ambos desigual. É exatamente por este fato que o Direito do Trabalho assume, como um todo, o caráter protecionista em relação ao empregado.

Embora os princípios gerais que norteiam a aplicação das normas trabalhistas tenham caráter nitidamente protecionista, há capítulos específicos da CLT que têm natureza de proteção mais efetiva que outros, dada sua destinação.

Nada há de estranho nessa acentuada proteção ao trabalhador, se comparadas as normas trabalhistas com outras normas jurídicas, pois a relação a que elas são dirigidas é flagrantemente desigual, servindo o protecionismo adotado pelo legislador como forma de equilíbrio para essa mesma relação.

A CLT apresenta dois títulos que se ocupam das normas gerais e especiais de tutela ao trabalho (Título II e Título III). Ademais, o próprio Título I ocupa-se dos primeiros artigos que traçam aqueles princípios de aplicação das normas trabalhistas de que já falamos.

Entre as normas especiais de tutela do trabalho encontramos dois capítulos que se destinam à proteção específica do trabalho da mulher e do menor. No Título II, que se refere às normas gerais de proteção ao trabalho, há também um capítulo que se ocupa de segurança e medicina do trabalho, que se constitui, sem dúvida, num conjunto de regras protecionistas. Este, porém, tem aplicação a todos os trabalhadores indistintamente, enquanto os dois primeiros referem-se a um grupo de trabalhadores específicos, quais sejam a mulher e o menor.

Antes do exame específico de cada um destes capítulos, importa salientar alguns problemas deles decorrentes.

Quanto ao capítulo de proteção ao trabalho da mulher, surge um problema que hoje em dia se torna cada vez mais objeto de discussão. O fato de o legislador tratar a mulher trabalhadora de forma distinta do homem trabalhador é, efetivamente, uma forma de proteção, ou na realidade surge como mais uma forma de discriminação da mulher? Por outro lado, a circunstância de a mulher não poder prestar seu trabalho em determinados tipos de serviço e em horário noturno, salvo exceções, é efetivamente um meio de protegê-la, ou de tornar sua situação no mercado de trabalho mais difícil, obrigando-a até a aceitar salário inferior ao oferecido ao homem? De que modo a proteção ao trabalho da mulher, de forma diferente da proteção ao trabalho do homem, não favorece o empregador, que passa a contar com trabalhadores que aceitam condições menos favoráveis do que o homem trabalhador, barateando o custo da mão de obra?

Outras tantas questões poderíamos levantar sobre tal problema. O que importa, contudo, é suscitar a reflexão a respeito desse problema que já é antigo e que hoje passa a ter maior importância, à medida que a mulher, liberando-se, toma consciência de seu papel inclusive como trabalhadora.

Convém, todavia, refletir sobre qual a forma mais adequada de solucionar tais entraves. Abolir as normas de proteção ao trabalho da mulher seria piorar sua condição de trabalho. Considerando que a igualdade de direitos entre homem e mulher é necessária, ideal seria impedir, também ao homem, aqueles trabalhos nocivos e não franqueá-los à mulher.

De qualquer modo, resulta hoje evidente a necessidade de adequação da solução legal de tal questão à nova postura social diante do trabalho da mulher.

Do ponto de vista do trabalho do menor, a primeira questão séria que surge é o limite mínimo de idade para o trabalho do menor, que passou de 14 (na Constituição Federal de 1946 – art. 157, IX) para 12 anos (no art. 165, X, da Constituição Federal de 1967, com a Emenda Constitucional de 1969).

Aqui é evidente o retrocesso legislativo, já que aos menores o que se deve garantir é a escolaridade mínima (1º grau), sendo tal processo escolar completado, no mínimo aos 14 anos, por aquela parcela que alcança a escola e conclui o 1º grau.

Felizmente o legislador constitucional de 1988 retomou como idade mínima para o trabalho o limite de 14 anos, conforme o art. 7º, XXXIII, em harmonia com o direito ao ensino e à proteção à criança, como reafirma o art. 227, § 3º, também da Constituição Federal.

Recente alteração, como já dito no Capítulo 9, por meio da Emenda Constitucional nº 20, que alterou a redação do art. 7º, inciso XXXIII, da Constituição Federal, elevou a idade mínima para o trabalho para 16 anos, salvo na condição de aprendiz, a partir dos 14 anos.

Desse modo, desde 16 de dezembro de 1998, data da publicação e vigência da nova norma, 16 anos passou a ser a idade mínima para o trabalho entre nós, de acordo com a norma constitucional.

A elevação da idade mínima para o trabalho de 14 para 16 anos não nos parece estar de acordo com nossa realidade, pois crianças com idade muito aquém desse limite estão no chamado mercado informal de trabalho, dadas as péssimas condições de trabalho e salariais do nosso povo. Passamos a ter um texto constitucional de acordo com a diretriz da Convenção nº 138 da OIT, de 1973, que sugere como idade mínima para o trabalho 15 anos, embora admita para países mais pobres o patamar de 14 anos.

Outra questão que exige referência é aquela atinente ao menor aprendiz, que, como veremos, pode receber salário inferior ao mínimo legal durante o processo de aprendizagem. É necessária a fiscalização efetiva, a fim de que se evite a admissão de menores a título de aprendizagem e que, na prática, seja uma forma de exploração de mão de obra mais barata.

Mas, mesmo que se resolva o problema do aprendiz na prática, permanece a questão relativa às crianças que, antes de atingirem a idade mínima para trabalhar, são colocadas no mercado de trabalho. Tal fato estimula a evasão escolar, além de deseducar tais crianças para o trabalho, pois quase sempre são utilizados seus préstimos em atividades que em nada auxiliam em sua formação profissional e educacional. Aqui torna-se necessário novo tratamento legal a esse tipo de ocupação, integrando esta atividade das crianças dentro do processo educacional a que devem estar, obrigatoriamente, submetidas.

Quanto às normas de segurança e medicina do trabalho, determina o legislador a necessidade de adequação tanto do estabelecimento quanto dos métodos e equipamentos de trabalho e proteção da saúde do empregado. Paralelamente, as normas legais obrigam os empregadores à fiscalização das condições pessoais de cada empregado quanto a seu estado de saúde, submetendo-os, periodicamente, a exames médicos.

Ainda com tal objetivo, no que se refere ao trabalho em condições insalubres e perigosas, existe obrigação por parte das empresas quanto ao fornecimento de equipamento de proteção especial ao trabalho em tais condições.

Importa, contudo, que sejam eliminadas, o quanto possível, todas as formas de trabalho agressivas à saúde do trabalhador, de modo a assegurar a prestação de serviço em ambiente que não venha a causar danos físicos e mentais. Isto porque, ainda que recebam o competente adicional de remuneração pelo trabalho naquelas condições, por maior que seja o valor do acréscimo salarial, será sempre menor do que o valor da saúde do empregado.

Vejamos, a seguir, as normas legais de proteção ao trabalho da mulher, do menor e as relativas à segurança e medicina do trabalho.

13.1 O trabalho da mulher

Como já referido, dentro do Título III da CLT, o Capítulo III ocupa-se da proteção ao trabalho da mulher, nos arts. 372 a 401.

A regulamentação do trabalho da mulher na CLT merecia há muito ampla revisão, para adaptar as normas trabalhistas à evolução experimentada pela situação da mulher em nossa sociedade, ao longo dos tempos. Assim, várias restrições feitas ao trabalho da mulher, decorrentes de ignorância e preconceito, foram excluídas do texto legal.

A Lei nº 9.799, de 26 de maio de 1999, inseriu no texto da CLT o art. 373-A, que proíbe medidas discriminatórias contra a mulher empregada, desde os atos do empregador relativos a oferta de emprego, até os atos rotineiros no desenvolvimento do trabalho. Ademais, determina que os cursos de formação de mão de obra e programas de incentivo e aperfeiçoamento não podem discriminar a mulher trabalhadora.

Oportuno salientar que se adotou a técnica legislativa de criar artigo no próprio texto da CLT (373-A), de modo a não necessitar alterar toda a numeração dos artigos, nem lançar mão do recurso de edição de lei esparsa, o que dificulta o conhecimento e a consulta pelos interessados.

A proibição do trabalho da mulher em horário extraordinário e noturno foi eliminada, pela revogação dos arts. 374 e 375, 378, 379 e 380 da CLT pela Lei nº 7.855, de 24 de outubro de 1989, e pela revogação do art. 376 da CLT pela Lei nº 10.244, de 27 de junho de 2001. No mesmo sentido, a proibição do trabalho da mulher em subterrâneos, minerações em subsolos, pedreiras, construções e atividades perigosas ou insalubres foi eliminada pela Lei nº 7.855/89, já referida, que também revogou o art. 387 da CLT.

O tema em debate é complexo, pois, de um lado, era necessário retirar da CLT as limitações ao trabalho da mulher, que representavam séria diminuição de sua capacidade de colocação no mercado de trabalho. Por outro lado, contudo, passou o legislador a permitir o trabalho da mulher em locais e condições insatisfatórias, perigosas, agressivas à saúde, que deveriam ser vedadas também ao homem, daí porque o avanço é discutível.

Já os arts. 382 a 386 ocupam-se do intervalo entre jornadas de trabalho, do intervalo devido dentro da própria jornada de trabalho e do repouso semanal. Aqui o legislador observou as normas gerais de duração da jornada de trabalho e dos intervalos, nada acrescentando de especial, limitando-se a reproduzir aquelas garantias também à mulher. Evidencia-se a aplicação do disposto na Lei nº 605, de 5 de janeiro de 1949, que garante à mulher o pagamento do repouso semanal.

Trata-se de problema delicado, quanto a seu exame, pois se de um lado seria ideal a proibição de trabalho insalubre e agressivo tanto a homens quanto a mulheres, de outro lado, a vedação somente às mulheres serve como mais uma forma de discriminação no mercado de trabalho.

Ocupa-se o art. 389 com a obrigatoriedade de as empresas adotarem providências relativas à higiene dos estabelecimentos, bem como ao conforto e segurança do local de trabalho. Ademais, determina, igualmente, a obrigatoriedade quanto às instalações sanitárias adequadas, a existência de cadeiras ou bancos, a fim de diminuir o esgotamento físico daquelas que ali prestam serviços.

Ainda dispõe o mesmo artigo que a empresa deverá dispor de vestiários privativos às mulheres, com armários individuais, salvo quando desnecessária a troca de roupas, assegurando, porém, espaço para a guarda dos pertences da empregada durante a jornada de trabalho. É obrigatório, também, o fornecimento de equipamento individual de proteção, a fim de proteger a integridade física, nas atividades que assim exigirem, sempre a critério da autoridade administrativa.

Por força do art. 389, § 1º, da CLT, estão as empresas que possuem o mínimo de 30 mulheres com mais de 16 anos obrigadas à manutenção de local apropriado para guarda e vigilância de filhos em idade de amamentação. O § 2º do mesmo dispositivo permite que tal exigência seja suprida por meio de convênio com entidades autorizadas.

Aqui é importante salientar que de um lado torna-se necessária a efetiva fiscalização quanto às creches acima referidas, a fim de evitar a burla à determinação legal por parte de certos empregadores, ou de entidades com eles conveniadas e, de outro lado, é urgente a adequação efetiva de tal dispositivo à realidade.

É sabido que vez por outra a fiscalização autua empregadores ou entidades conveniadas porque, embora formalmente forneçam o espaço para guarda e vigilância das crianças em idade de amamentação, na prática o leito destinado a cada uma das crianças é destinado a dezenas delas. Isto significa que aquele espaço existe apenas formalmente, mas no dia a dia inexiste, não tendo a empregada onde deixar seu pequeno filho. Assim, não só a autuação, mas a efetiva medida exigindo, em prazo exíguo, que a empresa cumpra tal determinação solucionará esse problema.

Outra questão relativa à adequação desta norma jurídica à realidade diz respeito à necessidade de ampliação do conceito legal de creche ao local onde devem estar as crianças de zero a 6 anos e não apenas no período de amamentação. Tais creches deveriam abrigar as crianças até o início da idade escolar, de modo a permitir que os pais saiam para o trabalho, podendo deixar seus filhos em local seguro, e onde seja fornecida alimentação, hábitos de higiene, recreação e escolarização preparatória ao ensino obrigatório.

Este, em síntese, é um dos pontos que tem sido objeto das lutas dos grupos de mulheres engajados na melhoria das condições de vida e trabalho.

Como resultado da diretriz traçada pela Lei nº 9.779/99, foram inseridos os arts. 390-B, 390-C e 390-E, relativos aos procedimentos a serem observados pelas empresas para garantia de não discriminação da mulher no mercado de trabalho. Observou-se aqui também a mesma forma de alteração do texto legal, sem precisar recorrer a texto esparso, como anteriormente já referido.

Garante o art. 391 e seu parágrafo único o direito ao trabalho da mulher casada ou grávida, vedando qualquer tipo de discriminação. Assim, tanto o casamento quanto a gravidez, mesmo da mulher solteira, não podem ensejar nem a dispensa nem a recusa para o trabalho por parte da empresa.

Embora evidente tal garantia, é importante a manutenção deste dispositivo, pois, ainda hoje entre nós, frequentemente assistimos quer à dispensa, quer à recusa na admissão por tais motivos. Além do mais, como já mencionamos, foi preciso por meio de negociações coletivas garantir-se a estabilidade provisória à empregada gestante, diante de inúmeras dispensas em tal período, exatamente quando a empregada mais necessita do trabalho e não logra encontrá-lo.

Assegura a CLT o repouso remunerado à empregada gestante no período de quatro semanas antes do parto e oito semanas após. É o direito ao chamado salário-maternidade. Por força do art. 392 e seus parágrafos, deverá o afastamento da empregada ser autorizado por atestado médico, podendo ser ampliado em duas semanas antes e após o parto, igualmente por ordem médica. Mesmo na hipótese de parto antecipado, assegura o § 3º deste artigo o direito às 12 semanas de repouso remunerado. Já o § 4º permite, por determinação médica, a mudança de função da empregada gestante, em atenção a eventuais problemas na gravidez. Não se esqueça da ampliação do tema, pela Constituição (art. 7º), já referida quando cuidamos da extinção do contrato.

O direito ao salário-maternidade consiste no efetivo direito ao recebimento dos salários neste período, assim como o cômputo deste lapso para todos os efeitos, segundo o que dispõe o art. 393 da CLT, que estabelece a média dos últimos seis meses de trabalho para efeito de cálculo de salário variável, tendo em conta os valores que a empregada houver recebido em tal interregno.

Ocorrendo prejuízo à gravidez em razão do trabalho desenvolvido pela empregada, fica-lhe assegurado o direito de romper o contrato, por força do art. 394 da CLT. Em tal hipótese, a nosso ver, o rompimento pode ser imediato, estando a empregada dispensada do cumprimento do aviso-prévio, dada a motivação do rompimento contratual.

Se ocorrer aborto, desde que não criminoso, fará jus a empregada a um repouso remunerado de duas semanas, estando garantido o retorno à função que ocupava, do mesmo modo que a lei assegura àquela que retorna do descanso normal após o parto.

Por fim, assegura a lei o direito de dois intervalos de 30 minutos cada para a empregada amamentar a criança nos primeiros seis meses de vida, podendo tal período ser dilatado além dos seis meses, conforme o art. 396 e seu parágrafo único.

Para tanto, determina a lei que as empresas mantenham local apropriado para a amamentação, com os recursos mínimos necessários a tal finalidade.

Aqui, relembremos os problemas decorrentes do tratamento legal dispensado à questão da creche, salientados no início deste capítulo.

13.2 O trabalho do menor

Da mesma forma que faz em relação ao trabalho da mulher, dispensa a CLT um capítulo específico para cuidar das normas de proteção ao trabalho do menor. Aliás, a expressão *menor* é fruto de concepção ultrapassada, inclusive pelo texto do art. 227 da Constituição Federal, que adotou a expressão *criança e adolescente*.

Por força da alteração mencionada do art. 7º, XXXIII, da Constituição Federal, promovida pela Emenda Constitucional nº 20, o art. 402 da CLT sofreu igualmente modificação, passando a redação adequada a considerar menor para os efeitos da Consolidação o trabalhador de 14 a 18 anos.

Em decorrência da citada Emenda Constitucional nº 20/98, a Lei nº 10.097/00 deu nova redação aos arts. 402 e 403 da CLT, fixando a idade mínima para o trabalho aos 16 anos e excepcionando o trabalho como aprendiz aos 14 anos.

Em consequência disso, também a redação do art. 403 da CLT sofreu alteração, pois, referindo-se ao adolescente que pode ser empregado, refere-se ao maior de 16 anos, cujo trabalho, todavia, condiciona-se à frequência à escola, o que lhe assegura a formação primária mínima e a prestação de serviços de natureza leve, que não sejam nocivos à saúde e ao desenvolvimento normal.

Nesse sentido, o Estatuto da Criança e do Adolescente, Lei nº 8.069, de 13-7-90, em seu art. 2º estabelece distinção entre o adolescente, que é aquele situado na faixa dos 12 aos 18 anos, e a criança, que vai de zero a 12 anos. Assim, cuida-se exclusivamente do trabalho do adolescente e, nessa faixa, de 14 a 16 anos como aprendiz, exclusivamente, e de 16 aos 18 já como empregado.

De acordo com os arts. 404 e 405, é vedado o trabalho noturno e em locais insalubres ou perigosos, ou, ainda, em locais ou serviços prejudiciais à moralidade dos menores. Quanto ao trabalho em locais insalubres ou perigosos a vedação não alcança os menores aprendizes, desde que exista autorização expressa pela autoridade administrativa, além de vistoria e aprovação do local e que sejam os menores submetidos semestralmente a exame médico.

O trabalho externo, assim considerado aquele prestado em ruas, praças e demais logradouros públicos, porque em tese é prejudicial ao menor, dependerá de autorização do Juiz de Menores, desde que a ocupação seja indispensável à subsistência do menor ou de seus pais, irmãos ou avós, mas de forma alguma será o mesmo permitido se prejudicar sua formação moral.

Quanto ao trabalho considerado prejudicial à moralidade do menor, é assim considerado aquele prestado em teatros de revista, cinemas, boates, cassinos, cabarés, *dancings* e estabelecimentos análogos; o trabalho na produção, composição, entrega ou venda de impressos, cartazes, desenhos, gravuras, pinturas, emblemas, imagens ou outros objetos que possam prejudicar a formação moral do menor, a juízo da autoridade competente, ou ainda, o trabalho na venda e varejo de bebidas alcoólicas, consoante dispõe o art. 405, § 3º.

É vedado ao empregador exigir do menor, assim como da mulher, o trabalho que demande o emprego de força muscular superior a 20 quilos continuamente, ou 25 quilos ocasionalmente.

Também a critério do Juiz de Menores, poderá ocorrer autorização para o trabalho do menor em teatros, cinemas ou circos, desde que a representação tenha finalidade educativa, ou não seja prejudicial à formação moral, além de ser a ocupação indispensável à sua subsistência ou de seus pais, irmãos ou avós.

Por força do disposto no art. 407 da CLT, compete à autoridade pública determinar o abandono pelo menor de seu trabalho, quando for o mesmo prejudicial à moral, à saúde ou ao desenvolvimento físico, devendo a empresa, se for o caso, propiciar a mudança de funções. Descumprindo o empregador tais determinações da autoridade, configura-se hipótese de rescisão indireta do contrato de trabalho, conforme o parágrafo único do citado artigo.

Compete também ao responsável legal pelo menor, assim como à autoridade pública, pleitear a rescisão do contrato de trabalho, quando for o mesmo prejudicial ao menor.

O gozo dos intervalos de repouso, dentro do contrato de trabalho, a juízo da autoridade fiscalizadora, poderá ser proibido dentro do estabelecimento, desde que nocivo ao menor.

No que respeita à duração da jornada de trabalho do menor, deverá ser de oito horas, garantido o intervalo mínimo de 11 horas entre uma jornada e aquela subsequente. A prorrogação da jornada de trabalho só é permitida a título de compensação com outro dia de trabalho, como no caso da mulher, somente por meio de acordo coletivo e limitada a duração semanal ao máximo de 44 horas.

Poderá ocorrer ainda prorrogação da jornada de trabalho, até o limite máximo diário de 12 horas de trabalho, apenas em casos de força maior, com pagamento de adicional de, no mínimo 50% sobre a hora normal. Tal prorrogação será precedida de intervalo de 15 minutos, nos termos do art. 413, parágrafo único, e do art. 384 relativo ao trabalho da mulher, sujeitando-se, em tais casos, a prestação à autorização médica, por meio de atestado e anotação na CTPS.

Para efeitos da limitação de horas diárias de trabalho, determina também o art. 414 da CLT que sejam somadas as eventuais horas de trabalho prestadas pelo menor em mais de um estabelecimento.

Assim como é obrigatório para qualquer trabalhador, igualmente ao menor é necessária a Carteira de Trabalho e Previdência Social (CTPS) a fim de que o mesmo possa ser admitido e venha a prestar serviços como empregado, de acordo com as disposições dos arts. 416 a 423 da CLT. Sujeita-se o empregador que deixar de proceder às devidas anotações ao processo administrativo ou judicial e à autuação pelo descumprimento.

Consoante dispõem os arts. 424 a 427, tanto os responsáveis pelo menor quanto seus empregadores deverão zelar para que o trabalho não prejudique a formação escolar do menor. Deve-se propiciar, inclusive, mudança de funções com tal finalidade e impedir o trabalho do menor que lhe seja prejudicial à saúde, ao desenvolvimento e a sua formação moral.

Situando-se o estabelecimento a distância superior a dois quilômetros da escola e ocupando mais de 30 menores analfabetos entre 14 e 18 anos, estará o empregador obrigado a manter escola no local, a fim de assegurar a formação em nível primário, conforme determina o parágrafo único do art. 427 da CLT.

Para os estabelecimentos industriais de qualquer natureza é obrigatório empregar e matricular em cursos mantidos pelo Serviço Nacional de Aprendizagem Industrial (Senai) o mínimo de 5% e o máximo de 15% de menores aprendizes. O aprendiz deverá contar o mínimo de 14 anos de idade, ter concluído o curso primário ou possuir os conhecimentos mínimos necessários para a formação a que se submeterá, demonstrar aptidão física e mental em processo de seleção para a atividade a ser desenvolvida e não sofrer de doença contagiosa, além de haver sido vacinado contra varíola. Rejeitado, o candidato deverá ser orientado a atividade para qual demonstre maior aptidão, conforme o art. 431 da CLT.

É obrigatória a frequência do curso de aprendizagem, perdendo o aprendiz o pagamento dos dias de ausência não justificada, bem como dando ensejo à dispensa por justa causa por faltas reiteradas sem motivo. Os empregadores devem remeter anualmente ao Ministério do Trabalho a relação de todos os empregados menores, bem como devem afixar em lugar visível o quadro de horário e as disposições deste capítulo, segundo orientação dos arts. 432 e 433 da CLT.

É possível, ademais, que, devidamente autorizado pelo Ministério do Trabalho, o empregador promova o processo de aprendizagem no próprio local de trabalho, desde que existam condições materiais e humanas para tanto. Em tais casos deverá ser aprovado o programa de aprendizagem, sendo esta autorizada após constatação pela autoridade competente daquelas condições necessárias.

Além disso, quanto ao salário do menor aprendiz, conforme o art. 80 da CLT, será de metade do salário-mínimo na primeira metade da duração do curso de aprendizagem e de dois terços do salário-mínimo na segunda metade.

Convém lembrar, todavia, que como em qualquer aspecto no Direito do Trabalho, é necessário que, além das formalidades a serem cumpridas pelo empregador quanto à aprendizagem, o empregado menor esteja na prática efetivamente sendo submetido a processo de formação, sob pena de ser descaracterizado o contrato de aprendiz, sendo-lhe devida a integralidade do salário. Tal questão é relevante, seja porque importa a efetiva qualificação profissional do menor, seja porque não se pode permitir a exploração de mão de obra de menores falsamente admitidos como aprendizes e que, na prática, prestam serviços idênticos aos de qualquer outro trabalhador, percebendo salário inferior. Esse fato realmente ocorre.

A par do problema do aprendiz, que é empregado devidamente registrado e cuja única diferença é o salário em valor inferior, já que se submete a curso de formação profissional, há o problema dos menores ainda sujeitos à escolarização do primeiro grau e que são atirados no mercado de trabalho, em razão da necessidade de sobrevivência.

Esses últimos devem, por força de alteração da lei, ser tratados como crianças cuja obrigação essencial é a formação escolar e, dentro de um processo educacional mais amplo, podem vir a prestar algum tipo de serviço, mas não como empregados. Isto porque, como determina a própria Convenção nº 138 da Organização Internacional do Trabalho, não ratificada pelo Brasil, como informa Arnaldo Sussekind (1983:263), a idade mínima para o trabalho deve ser de 15 anos e, em países subdesenvolvidos, tal limite pode ser reduzido para 14 anos, mas sempre garantida a escolarização mínima.

Como no Brasil é obrigatória a escolarização de primeiro grau (de 1ª a 8ª série), o trabalho como empregado subordinado só deve ser permitido após o limite de idade necessário para a formação escolar, isto é, 14 ou 15 anos. Antes disso, porém, e como os salários são baixos, além de haver inúmeras crianças abandonadas, deve-se vincular o trabalho a um sistema de bolsas de estudo, sempre dirigido e fiscalizado por entidade oficial de assistência e proteção ao menor.

Com tal procedimento, evitamos, de um lado, a deformação profissional das crianças que desde logo são submetidas ao subemprego e que não têm qualquer formação profissional nem educacional, já que essas ocupações dificultam e desestimulam a frequência à escola. De outro lado, impede-se a ação inescrupulosa daqueles que arregimentam crianças, submetendo-as a toda sorte de ocupações nocivas, locupletando-se à custa dessas mesmas crianças. Só se permitirá o trabalho de menores sujeitos ao processo educacional obrigatório por meio daquelas entidades oficiais já referidas ou de convênios por elas firmados e fiscalizados, e sempre encarando-se o trabalho como parte da formação escolar e cívica a que todos têm direito.

13.3 Segurança e medicina do trabalho

As normas legais da segurança e da medicina do trabalho, que têm aplicação a todos os empregados e empregadores, encontram-se agrupadas nos arts. 154 a 201 da CLT, além de normas esparsas posteriores e referentes à matéria e atos do Poder Executivo que visam dar cumprimento a tais determinações legais.

Esse tema insere-se na importante questão do Direito Ambiental, que, a nosso ver, embora tenha sua própria unidade, pode ser estudado em seus vários aspectos, sendo aqui sublinhada a importância do meio ambiente do trabalho.

Com fundamento no art. 225 da Constituição Federal, igualmente, o ambiente de trabalho há de assegurar equilíbrio ecológico, para garantir qualidade de vida aos trabalhadores. O inciso V do mesmo dispositivo constitucional determina ao Poder Público o controle da produção, da comercialização e o emprego de métodos e substâncias que comportem risco para a vida, a qualidade de vida e o meio ambiente.

A CLT determina que as empresas devem obedecer às normas por ela editadas, sem prejuízo da observância de legislação estadual e municipal referente a disposições atinentes contidas nos códigos de obra e regulamentos sanitários da localidade em que se encontrem, além de cláusulas inseridas nas convenções coletivas de trabalho que igualmente tratem da matéria.

Referidas normas estabelecem obrigações ao órgão de âmbito nacional de segurança e medicina do trabalho e às Delegacias Regionais do Trabalho, aos quais incumbe fiscalizar o cumprimento da lei, adotar as medidas cabíveis e impor penalidades aos infratores. Aos empregados e empregadores cabe cumprir as normas, acatar as determinações do órgão fiscalizador e facilitar o trabalho deste.

Determina, ainda, o art. 160 da CLT que todos os estabelecimentos só poderão funcionar mediante inspeção prévia que comprove sua adequação às normas legais. De outra parte, sempre que pretender o empregador promover alteração nas construções e instalações deverá solicitar nova inspeção, estando sujeita a obra, a seção, a máquina ou o novo equipamento a embargo, por parte da autoridade administrativa, até que sejam adequados ao trabalho. Em tal período, sendo suspenso o trabalho, será garantido o salário dos empregados, como determina o art. 161 da CLT.

Em função da classificação elaborada pelo Poder Público, são as empresas divididas e agrupadas segundo o número de empregados e a natureza do risco de suas atividades. De acordo com a classificação de atividades, grau de risco e o número de empregados, devem as empresas manter serviços especializados em segurança e medicina do trabalho. Em função daquela classificação, estabelece-se o número mínimo de profissionais especializados a ser exigido, a qualificação dos mesmos e seu regime de trabalho, além das demais características que devem atender os serviços especializados em segurança e medicina do trabalho.

Além dos serviços especializados em segurança e medicina do trabalho, é obrigatória a constituição nas empresas da Comissão Interna de Prevenção de Acidentes (Cipa), composta por representantes eleitos pelos empregados e representantes designados pelo empregador. Os membros da Cipa cumprem mandato de um ano, sendo vedada a dispensa imotivada dos representantes dos empregados, consoante dispõem os arts. 163 a 165 da CLT. Este último foi revogado pelo art. 10, II, *a*, das Disposições Transitórias da Constituição Federal, que assegura estabilidade provisória.

Em caso de dispensa de representante dos empregados junto à Cipa, e recorrendo este à Justiça do Trabalho, caberá ao empregador comprovar a justa causa havida para a dispensa, sob pena de ser condenado a reintegrá-lo, ressaltando-se o interesse não só do empregado como de seus colegas em seu retorno ao emprego.

A constituição da Cipa tem importância em relação aos empregados, não só pelas suas atribuições como órgão que se ocupa da efetivação de medidas que visem prevenir acidentes do trabalho, como pelo próprio processo de escolha de seus membros. Com efeito, determinando o art. 164, § 2º, da CLT a eleição direta dos representantes dos empregados, independentemente de filiação sindical, surge um movimento interno na empresa para indicação e escolha daqueles representantes, o que constitui uma das formas de conscientização dos trabalhadores de seu direito de representação interna e defesa das melhores condições de trabalho.

É verdade que, sendo a Cipa uma forma de organização dos trabalhadores independente do sindicato, pode ocorrer divergência entre ambos no modo de condução das reivindicações dos trabalhadores. Ainda assim evidencia-se a prática saudável de convivência entre dois organismos de representação dos empregados.

Dada a importância política da Cipa no âmbito interno da empresa, entendeu o legislador de impedir a dispensa arbitrária ou injusta de seus membros, a fim de garantir, efetivamente, a atuação desses. Daí a necessidade de justa razão para a despedida de um membro da Cipa representante de empregados, conforme o texto constitucional já referido. Não se trata de justa causa, como vimos quando analisamos o art. 482 da CLT, mas de meio intermediário entre a despedida imotivada e a garantia de emprego do empregado estável.

A seguir ocupa-se a CLT das medidas de proteção à pessoa do empregado, no que respeita a sua saúde e integridade física no local de trabalho. Para tanto torna obrigatório o fornecimento de equipamento de proteção individual, em perfeito estado de conservação e uso e aprovado pelo Ministério do Trabalho, sempre que as medidas de ordem geral não sejam suficientes para protegê-lo dos riscos de acidentes e danos à saúde, como dispõem os arts. 166 e 167.

A título de medida preventiva de medicina do trabalho, determinam os arts. 168 e 169 da CLT que os empregados devem submeter-se a exame médico, sempre por conta do empregador, quando de sua admissão e anualmente, ou semestralmente, no curso do contrato, se prestarem serviços em atividades consideradas insalubres. Em função da análise do exame médico, outros exames podem ser determinados por solicitação médica. É exigida para admissão, igualmente, abreugrafia, que deverá ser renovada a cada dois anos, independentemente da renovação anual do exame médico, também obrigatória, como vimos. Para efeito de controle e atuação, deverá o Ministério do Trabalho ser informado, pelas empresas, das doenças profissionais e daquelas eventualmente produzidas por condições especiais de trabalho, a fim de que tome as devidas providências.

Ocupa-se, ademais, o legislador em estabelecer as regras mínimas a serem obedecidas pelas empresas quanto às edificações, à iluminação no local de trabalho, às normas de conforto térmico, às regras atinentes às instalações elétricas, bem como normatizar a movimentação, armazenagem e manuseio de materiais, a utilização de máquinas e equipamentos e caldeiras, fornos e recipientes sob pressão, como constatamos da leitura dos arts. 170 a 188 da CLT.

Como dissemos anteriormente, além dos artigos específicos da CLT em matéria de segurança e medicina do trabalho, existe, ainda, a legislação posterior e as portarias do Ministério do Trabalho, notadamente a Portaria nº 3.214, de 8 de junho de 1978. Visando dar cumprimento a tais determinações legais, tanto em relação aos locais de trabalho quanto aos equipamentos e condições individuais de prestação de serviços, há necessidade de adequar estas condições à preservação da saúde e da integridade dos empregados.

Paralelamente a tais determinações legais e à inspeção prévia do local de trabalho, as vistorias periódicas que devem ser efetuadas pelo órgão fiscalizador são as formas de garantia aos empregados de que as empresas mantenham tanto seus estabelecimentos quanto os métodos de produção adequados à regulamentação da segurança e da medicina do trabalho.

Além das normas já mencionadas, os arts. 198 a 200 da CLT ocupam-se da prevenção da fadiga, bem como de outras disposições complementares que devem ser editadas pelo Ministério do Trabalho, a fim de prevenir acidentes e garantir a integridade física dos empregados no local de trabalho, tendo em vista a especificidade das várias atividades desenvolvidas pelas empresas.

Mas, não obstante todas as determinações legais até aqui referidas, há determinados tipos de trabalho que são considerados insalubres ou perigosos, quer pelo local em que se desenvolvem quer pela forma de sua prestação.

Assim, conceitua o legislador, no art. 189 da CLT, o trabalho insalubre:

> "Art. 189. Serão consideradas atividades ou operações insalubres aquelas que, por sua natureza, condições ou métodos de trabalho, exponham os empregados a agentes nocivos à saúde, acima dos limites de tolerância fixados em razão da natureza e da intensidade do agente e do tempo de exposição aos seus efeitos."

Por força do art. 190, estabelece o Ministério do Trabalho um quadro de atividades ou operações insalubres, tendo em conta os limites de tolerância do empregado a cada agente agressivo, os meios de proteção para neutralizar a agressão e o limite de tempo de exposição a esses mesmos agentes. E, segundo o art. 191, resulta que a eliminação ou a neutralização dos efeitos da insalubridade ocorrem ou pela adoção de medidas que conservem o local de trabalho dentro dos limites de tolerância fixados ou com a utilização de equipamento individual de proteção que, diminuindo a intensidade da agressão, mantenham-se dentro daqueles limites de tolerância fixados.

Em síntese, determinado trabalho pode ser, em princípio, insalubre, mas, pela adoção de certas medidas, pode-se eliminar a insalubridade do ambiente de trabalho. De outra parte, ainda que mantida a insalubridade naquele ambiente, adotando-se equipamento de proteção individual, cessam os efeitos nocivos à pessoa do trabalhador, o que equivale a neutralizar a insalubridade ambiental.

Todavia, ainda que instada a empresa pela Delegacia Regional do Trabalho a minimizar os efeitos da insalubridade e não logrando fazê-lo, será obrigada a pagar o adicional de insalubridade, a que nos referimos no Capítulo 4, em grau máximo (40%), médio (20%) ou mínimo (10%), conforme determina o art. 192 da CLT.

Quanto à periculosidade, vem conceituada no art. 193 da CLT:

> "Art. 193. São consideradas atividades ou operações perigosas, na forma da regulamentação aprovada pelo Ministério do Trabalho, aquelas que, por sua natureza ou métodos de trabalho, impliquem o contato permanente com inflamáveis ou explosivos em condições de risco acentuado.
>
> § 1º O trabalho em condições de periculosidade assegura ao empregado um adicional de 30% (trinta por cento) sobre o salário sem os acréscimos resultantes de gratificações, prêmios ou participações nos lucros da empresa.
>
> § 2º O empregado poderá optar pelo adicional de insalubridade que porventura lhe seja devido."

Desde logo saliente-se que, ao contrário do sentido leigo da expressão "perigoso", em Direito do Trabalho, para os fins do recebimento do adicional respectivo, considera-se trabalho perigoso apenas aquele resultante do contato permanente com inflamáveis e explosivos em condições de risco acentuado. Assim, ainda que seja perigoso trabalhar na construção civil, sobre andaimes, a grandes alturas, não considera o legislador este trabalho como sujeito ao pagamento do adicional de que tratamos.

Mas, com o intuito de aperfeiçoar o conceito e a abrangência do adicional de periculosidade, editou o legislador ordinário a Lei nº 7.369, de 20 de setembro de 1985, que institui o adicional de periculosidade para aqueles que trabalham com energia elétrica em condições perigosas. Após regulamentação equivocada em 1985, definitivamente foi regulamentada referida Lei pelo Decreto nº 93.412, de 14 de outubro de 1986, ficando certo que devido o adicional aos que efetivamente têm contato com energia elétrica, pelo período em que tal fato ocorre, e ainda que trabalhem em empresa cuja atividade central não seja a de energia elétrica.

Diga-se, ademais, que não obstante o adicional de periculosidade seja devido aos que trabalhem em contato com equipamento energizado, ainda que não sejam empregados de empresa que produza ou distribua energia elétrica, nem todos têm direito ao adicional, conforme a jurisprudência consolidada do TST.

Com efeito, dispõe a Orientação Jurisprudencial nº 324, da SDI-I do TST, que "é assegurado o adicional de periculosidade apenas aos empregados que trabalham em sistema elétrico de potência em condições de risco, ou que o façam com equipamentos e instalações elétricas similares, que ofereçam risco equivalente, ainda que em unidade consumidora de energia elétrica".

Isto significa que têm direito ao adicional de periculosidade os empregados que trabalhem em sistema elétrico de potência, como diz o título da orientação jurisprudencial, assim entendido aqueles que têm contato direto com equipamento energizado que não pode ser desligado pelo próprio operador, mas apenas por terceiro, à distância. Aí sim é que se encontra o risco a que se refere a orientação jurisprudencial.

Já o empregado que trabalha com equipamento energizado, mas em unidade consumidora, e que pode desligar o circuito para realizar o serviço, não está exposto ao risco e, portanto, não tem direito ao adicional. Se prestar serviço mesmo em unidade consumidora, mas for obrigado a operar em "linha viva" (aquela que não permite o desligamento para realizar o serviço), faz jus ao benefício.

No mesmo enfoque, notemos o art. 7º, XXIII, da Constituição Federal, que reconhece o direito a adicional para atividades penosas, insalubres e perigosas. Quanto às duas últimas, já contempladas pelo legislador ordinário. Trata-se de inovação o adicional para atividades penosas, que, à evidência, haverão de ser conceituadas e regulamentadas pela lei ordinária.

Por outro lado, como os trabalhos insalubres, aqueles perigosos são objeto de quadro elaborado pelo Ministério do Trabalho. Já o adicional de periculosidade é de percentual fixo (30%), e não há graus diversos, como no trabalho insalubre.

Conforme estabelece o art. 193, § 2º, não é permitido ao empregado receber cumulativamente o adicional de insalubridade e o de periculosidade, ainda que o trabalho seja ao mesmo tempo insalubre e perigoso. Deverá optar pelo adicional que lhe seja mais favorável, em função do grau de insalubridade que for constatado.

O adicional devido será pago enquanto houver o risco à saúde ou à integridade física, cessando o pagamento com a eliminação da agressão, como determina o art. 194 da CLT.

Para a caracterização da insalubridade ou da periculosidade, a fim de ser devido o pagamento do adicional e para cessar tal pagamento, deverá, obrigatoriamente, ser efetuada perícia no próprio estabelecimento, por médico ou engenheiro do trabalho, que elaborará laudo técnico. Após a perícia, concluirá o médico ou o engenheiro sobre o enquadramento ou não daquela atividade no quadro de atividades insalubres ou perigosas, daí decorrendo o direito do empregado ao adicional respectivo.

Por derradeiro, saliente-se que, mesmo ocorrendo a discussão do direito a qualquer um dos adicionais perante a Justiça do Trabalho, deverá obrigatoriamente ser efetuada a perícia acima referida, que é o meio próprio para a prova da insalubridade e da periculosidade. Constatado fazer jus o empregado a um dos adicionais, serão devidas as diferenças desde dois anos anteriores à data do ajuizamento da ação, como acontece com qualquer outro direito trabalhista postulado em juízo, conforme os arts. 195 e 196 da CLT.

Determina ainda o legislador que as empresas tomem as devidas providências para alertar quanto à insalubridade ou periculosidade dos produtos por elas utilizados, tanto nos recipientes que os contêm quanto no próprio local de trabalho, bem como as medidas de socorro a serem tomadas em caso de acidente.

Apesar da importância das normas de segurança e medicina do trabalho, deve-se procurar, o quanto possível, eliminar o trabalho insalubre e perigoso, preferencialmente quanto à neutralização de seus efeitos, de modo a garantir efetivamente a proteção à saúde e à integridade física dos empregados.

Verificação de aprendizagem

Questões para debate

1. *Justifica-se o caráter protecionista do Direito do Trabalho? Por quê?*
2. *Qual o significado das normas especiais de tutela do trabalho contidas na CLT?*
3. *Como devem ser avaliadas, do ponto de vista político-social, as normas legais de proteção ao trabalho da mulher?*
4. *O tratamento legal dispensado às creches nas empresas atende às necessidades atuais da mulher? Por quê?*
5. *Em que consiste o repouso da gestante garantido pela CLT? É suficiente como garantia à mulher grávida? Por quê?*
6. *Qual a idade mínima para o trabalho no Brasil? É correto este limite? Por quê?*
7. *O trabalho do menor, segundo a lei, tem estreita vinculação com sua formação educacional? Por quê?*
8. *Analise o fundamento constitucional para proteção do meio ambiente do trabalho e explique seu significado.*

9. *Em que consistem as medidas preventivas de medicina do trabalho? São suficientes para proteção da saúde do trabalhador? Por quê?*
10. *Há limitações legais ao trabalho insalubre? Quais?*
11. *Qual o conceito legal de trabalho perigoso?*

Exercícios

Cada uma das afirmações a seguir tem por base um determinado artigo da CLT. Aponte o referido dispositivo legal, expondo, brevemente, se correta ou não a afirmativa e o fundamento de sua conclusão.

1. *É totalmente vedado o trabalho noturno da mulher.*
2. *Garante a lei à mulher igual período de repouso que assegura ao homem, durante a jornada de trabalho, salvo o período de amamentação de seu filho.*
3. *É proibido o trabalho da mulher às vésperas do parto e logo após o nascimento do filho.*
4. *É proibido o trabalho do menor de 14 anos.*
5. *Só após completar 16 anos é que o menor pode trabalhar em locais insalubres sem qualquer restrição.*
6. *O limite de horas diárias de trabalho do menor tem em conta eventual prestação de serviço em mais de um estabelecimento.*
7. *É facultado ao empregador industrial manter de 5 a 15% de empregados aprendizes em sua empresa.*
8. *Ao menor aprendiz pode ser pago salário inferior ao mínimo legal.*
9. *É vedado ao empregado, ainda que seu trabalho seja insalubre e perigoso, receber ambos os adicionais.*
10. *A caracterização ou não da insalubridade fica a cargo do empregador.*

14 *Formas de Solução dos Conflitos Coletivos do Trabalho*

O contrato de trabalho estabelece um vínculo entre o empregado e o empregador, que é uma das variadas formas de manifestação das relações sociais. De fato, a circunstância de vivermos em sociedade implica múltiplas relações em nível social. Assim o relacionamento do indivíduo, enquanto cidadão, com o Estado, as relações de vizinhança, as relações familiares, a vinculação entre os vários fornecedores e o consumidor, o relacionamento político, cultural, enfim, todas as formas de manifestação de cada pessoa que participa da vida em comunidade.

Ao analisarmos qualquer dessas formas de vinculação social constatamos que todas são objeto de uma disciplina, de tal modo a compatibilizar os vários interesses daqueles que participam dessas mesmas relações.

Relativamente ao Direito do Trabalho, podemos dividir essas relações em dois níveis, que são as de caráter individual e as de caráter coletivo.

Assim, todo problema que diga respeito aos interesses específicos de um empregado e de um empregador situa-se no plano do direito individual.

Já as questões que abrangem interesses de um grupo de trabalhadores relativamente a uma ou mais empresas têm natureza coletiva. Todavia, para a caracterização da ideia de "coletivo" em Direito do Trabalho não basta que certo evento diga respeito a vários empregados. É preciso que a referida questão interesse ao conjunto, abstratamente.

Na realidade, a caracterização de "coletivo" é um pouco difícil, pois se opõe à noção de "individual", que é a ideia difundida normalmente pelo direito. Quando estamos diante de um fato concreto que gera efeito a um ou mais empregados perfeitamente individualizados, trata-se de um direito individual. Já outro fato que seja de interesse de um grupo, como, por exemplo, os trabalhadores metalúrgicos de uma cidade, ou todos os trabalhadores de uma determinada empresa, ou, ainda, todos os trabalhadores do setor de escritório de outra empresa, trata-se de um direito coletivo.

Ainda à guisa de exemplificação, imaginemos determinada empresa que não tenha pago o 13º salário a todos os seus empregados. Pois bem, ainda que se trate da totalidade daqueles empregados, trata-se de vários direitos individuais desrespeitados e não de um direito coletivo. Isto porque, de início, o direito coletivo é assegurado à categoria profissional, e, em segundo lugar, porque podemos individualizar cada um dos empregados lesados com o não pagamento daquele 13º salário.

De outro lado, pensemos a respeito de uma norma que assegure a todos os empregados de certa categoria profissional, em determinada localidade, um adicional de 100% a título de horas extras, criando benefício além do reconhecido pela CLT. Neste caso, trata-se de uma norma de caráter genérico, pois obriga a todos os empregadores daquela categoria naquela localidade e beneficia a todos os empregados que igualmente prestem serviços naquele local a empregadores da categoria em questão. Aí estaremos diante de um direito coletivamente assegurado. Veja-se que, neste último caso, o direito é reconhecido a uma coletividade composta, de um lado, por todos os empregados da categoria profissional naquela localidade e, de outro, por todos os empregadores daquela região, que estão obrigados a respeitar a referida cláusula. O caráter abstrato deste direito coletivo reside no fato de que toda pessoa (empregado ou empregador) que passar a fazer parte desta categoria estará abrangida por tal norma e, de forma contrária, todo aquele que deixar a categoria deixa de ser por ela alcançado.

Entenda-se, portanto, que o direito coletivo, no âmbito do Direito do Trabalho, é aquele que cria normas para cada uma das relações individuais de trabalho no âmbito de sua aplicação. Por seu caráter genérico e abstrato, podemos identificar a categoria (profissional ou econômica) abrangida pela referida norma mas não cada uma das pessoas, pois a cada dia novos integrantes terá o grupo, do mesmo modo que outros deixarão de fazer parte dele.

Já no caso do não pagamento do 13º salário a todos os empregados daquela empresa referida, saberemos, sempre, quem são as pessoas que não tiveram satisfeito seu direito individual de receber aquele pagamento.

Todos sabemos que em tese os interesses do empregador e do empregado são conflitantes. Isto porque enquanto aquele pretende que seu empregado produza sempre mais pelo salário que recebe, este reivindica melhor salário pelo trabalho que executa. Não significa que obrigatoriamente estejam ambos em permanente conflito, mas não é possível ignorar a diversidade de interesses pessoais, apesar da preocupação maior com o desenvolvimento da nação.

De outra forma não poderia ser, no que respeita aos interesses conflitantes, já que o empregador objetiva o lucro, ao passo que o empregado pretende melhorias salariais, que diretamente diminuem aquele lucro de seu empregador.

Pois bem, quando se instaura um determinado conflito, se o mesmo disser respeito a um empregado especificamente, estamos diante de um conflito individual do trabalho.

Na hipótese de o conflito envolver a categoria a que pertencem determinados empregados (categoria profissional), trata-se de um conflito coletivo de trabalho, tanto no caso de envolver um ou mais empregadores, quanto no caso de envolver todos os empregadores da correspondente categoria (categoria econômica).

A questão que nos interessa de perto é o modo de solucionar um determinado conflito coletivo de trabalho.

Segundo a doutrina que se ocupa do tema, três são as formas de solução dos conflitos coletivos do trabalho: a *autocomposição*, a *autodefesa* e a *heterocomposição*, como informa, por exemplo, Amauri Mascaro Nascimento (1982a:248-250).

A *autocomposição*, como deflui do próprio termo, consiste na solução de determinado conflito pelas próprias partes nele envolvidas. Assim, havendo determinado problema que venha a gerar um impasse entre empregados e empregadores, pode-se alcançar um acordo por meio da negociação direta entre o sindicato representativo dos empregados e o empregador, ou os vários empregadores, ou, ainda, a totalidade dos empregadores envolvidos, por meio, também, de seu sindicato representativo.

Podemos afirmar que autocomposição é sinônimo de negociação direta. E esta se expressa pela convenção coletiva de trabalho ou pelo acordo coletivo de trabalho, dependendo do âmbito de sua aplicação, como veremos a seguir.

Importa ressaltar que, à unanimidade, reconhece-se que a negociação direta é a melhor e mais eficaz forma de solução de um conflito coletivo. Isto porque ninguém possui tantos conhecimentos a respeito do problema a ser resolvido quanto as próprias partes que nele se envolvem. O conhecimento a que aludimos refere-se tanto aos vários aspectos da questão, quanto à melhor forma de solucioná-la e à capacidade de as partes encontrarem o ponto comum que leva ao acordo.

Muitas vezes o conflito tem como fonte a questão salarial, mas inúmeros outros derivam de problemas relacionados com as condições de trabalho que podem, ou não, ter repercussão de natureza remuneratória. Assim, pode o conflito derivar de problemas relativos à dispensa imotivada de empregados em condições especiais (gestante, jovem em idade de prestação do serviço militar, empregado acidentado e readaptando-se em nova função); alteração das condições de trabalho por mudança dos métodos de produção ou troca de equipamento; falta ou insuficiência de segurança no local de trabalho; dificuldade de acesso pelos empregados às informações relativas aos seus interesses no local de trabalho; ato do empregador que dificulte ou impeça a verificação do cumprimento de obrigações legais ou contratuais, como, por exemplo, não fornecimento de comprovantes de pagamento, não permitir que o empregado confira as horas efetivamente trabalhadas com o número de horas que está recebendo, enfim, toda a gama de problemas que podemos imaginar e que digam respeito às condições de trabalho.

Exatamente em tais casos é que se verifica a preponderância da solução direta pelas partes do conflito em relação a outras formas de solução. E assim é porque, em se tratando de problemas específicos de determinada categoria ou de certa empresa, são os empregados e empregadores que conhecem o problema em si, seus variados aspectos e a melhor forma de solucioná-lo, dentro do que é possível e tendo em vista a realidade em que se encontram. Sabem os empregadores qual a forma de evitar a continuação do conflito e sabem os empregados quais as reais possibilidades do empregador, além do que é mais urgente e importante dentro dos vários pontos objetos da discussão.

A solução mais adequada para um conflito coletivo de trabalho é a *autocomposição*, pela via da negociação direta. Para tanto, porém, é essencial que ambas as partes envolvidas no conflito queiram celebrar o acordo pois, se qualquer uma delas negar-se à negociação ou ao ajuste, torna-se possível a composição.

Negando-se o empregador à negociação, reconhecem a doutrina e a lei o direito dos empregados de lançarem mão de outra forma de tentativa de solução do conflito coletivo, que é a *autodefesa*.

Entende-se, portanto, como *autodefesa* o meio reconhecido a uma das partes de utilizar de suas próprias forças para convencer a parte contrária a negociar. A forma de autodefesa mais conhecida é o exercício do direito de greve pelos trabalhadores.

Diga-se, inicialmente, que a greve é um direito reconhecido pela Constituição Federal, em seu art. 9º. Por meio da greve, objetivam os trabalhadores demover o empregador, ou os empregadores, da postura por eles adotada de não negociarem ou não acatarem as reivindicações daqueles.

É importante lembrar que a autodefesa consiste numa ação dos próprios interessados que diretamente procuram defender seus interesses, sem submetê-los à apreciação da Justiça ou de outro árbitro. A princípio parece o reconhecimento de um ato de violência, na medida em que as pessoas devem, quando não satisfeitos seus direitos, procurar a Justiça a fim de que sejam recolocadas as coisas nos seus devidos lugares, não se admitindo a ação direta para satisfação de nossos direitos.

Todavia, no caso de greve, trata-se de um interesse não de um indivíduo, nem de um simples grupo de pessoas, mas de uma categoria profissional. Eis porque o direito de greve assume maior relevância no rol dos direitos sociais reconhecidos pela Constituição Federal. Trata-se de um direito coletivo.

Não há por que negar, porém, que a deflagração de uma greve provoque prejuízos tanto ao empregador quanto aos empregados e à própria comunidade. Se assim não fosse, no entanto, de nada serviria a greve, pois sua força reside exatamente na possibilidade de causar aqueles prejuízos ao empregador, que para evitá-los cede e negocia. Ademais, dependendo da categoria que deflagra a greve, provoca também prejuízos a outros setores da economia, de tal modo que sofrem suas consequências outras empresas não envolvidas diretamente no impasse. Resulta, em tais casos, que esses outros empregadores passam a pressionar o empregador dos grevistas para que solucione o problema.

Tem-se nessa hipótese uma situação curiosa em que os grevistas, ainda que indiretamente, recebem o apoio de outros empregadores que igualmente passam a pressionar a empresa que é alvo da greve para resolver o impasse.

As duas principais armas dos grevistas são exatamente a possibilidade de causar prejuízos com a paralisação e a surpresa na deflagração do movimento, de modo a impedir, pelo decurso do tempo, que o empregador minimize os efeitos da greve, antecipando-se com medidas preventivas. Por essa razão, toda lei de greve que seja restritiva do exercício do direito recebe severas críticas dos trabalhadores, uma vez que neutraliza os efeitos do movimento.

De outra parte, se a greve constitui um poderoso instrumento nas mãos dos trabalhadores e junto com seu direito de associação revela o seu poder, é necessário que a sua utilização seja precisa e eficaz, sob pena de, ocorrendo um movimento grevista malsucedido na capacidade de mobilização e em momento inoportuno, representar um sério retrocesso para a categoria.

Não é de estranhar, porém, que em todos os países que vivem sob um regime democrático seja reconhecido o direito de autodefesa aos trabalhadores. Outros exemplos de ação direta, na defesa dos próprios interesses ou de terceiros, também são reconhecidos. Um deles é a legítima defesa que para efeitos trabalhistas descaracteriza a justa causa, como vimos anteriormente. De fato, não pode o empregado ofender física ou moralmente o empregador ou seus prepostos, nem outras pessoas no local de trabalho. Mas, se assim agir em legítima defesa, não há falta praticada pelo empregado. Do mesmo modo, no campo penal, uma vez provada a legítima defesa, inexiste a punição pelo ato praticado.

Não é demais lembrar, contudo, que para a caracterização da legítima defesa é necessário que a ação daquele que a invoca seja proporcional à agressão sofrida e que esta seja atual ou iminente, isto é, esteja ocorrendo ou prestes a ocorrer. Se alguém reage de forma completamente desproporcional à agressão que vai sofrer imediatamente, ou está sofrendo, não existe legítima defesa. Da mesma forma, não posso invocar legítima defesa em relação a uma agressão que sofri há uma semana se minha reação ocorreu apenas hoje.

Reconhece-se, também, o direito do uso da própria força para defender-se contra a invasão de sua propriedade. Reconhece o Código Civil Brasileiro o direito do possuidor que se vê molestado em sua posse de manter-se ou resistir por sua própria força, limitando, porém, sua ação aos atos indispensáveis para tanto.

Portanto, perfeitamente legítimo reconhecer aos trabalhadores o direito de autodefesa, por meio da greve.

Já a paralisação da atividade por parte do empregador e denominada *lock-out* não é reconhecida pelo Direito do Trabalho no Brasil. Assim, porque tem o empregador inúmeras formas de pressão de que pode lançar mão na defesa de seus interesses, além de dirigir a prestação de serviços e determinar os destinos de seu negócio. Os empregados, estando subordinados ao empregador, não detendo o poder econômico e alijados das decisões sobre o destino da empresa, têm, apenas, o direito de associação (também reconhecido aos empregadores) e o direito de greve como formas de luta na defesa de seus interesses.

A deflagração de uma greve, com a perspectiva de que seja bem-sucedida, isto é, de que em razão dela o empregador seja forçado a ceder e negociar, atende à capacidade de pressão que possui a categoria profissional, ao momento oportuno para sua realização, à forma de seu desenvolvimento e à capacidade atual de mobilização dos participantes do movimento, além de outros requisitos. Portanto, nem sempre o impasse leva à greve, o que ocorre se atendidos tais pressupostos em razão da decisão da assembleia dos trabalhadores.

Ocorrendo ou não a greve, há uma terceira forma de solução do conflito coletivo de trabalho, como referimos, que é a *heterocomposição.*

Significa a expressão *heterocomposição* a solução do conflito por um terceiro, estranho ao problema; isto é, decidem as partes envolvidas submeter a solução do litígio a uma terceira pessoa, ou a um grupo de pessoas que não pertença a qualquer uma das categorias envolvidas. Comprometem-se ambos a acatar a decisão apontada.

Nos países em que só se recorre à heterocomposição pela decisão dos envolvidos, dizemos que acolhem o sistema de arbitragem facultativa. Isto porque heterocomposição é sinônimo de arbitragem. Aquela pessoa escolhida pelos trabalhadores e pelos empregadores para pôr fim ao litígio é, na verdade, um árbitro. Tal é o sistema de inúmeros países europeus, onde existindo o conflito e não havendo solução direta, se as partes não resolverem indicar um árbitro, subsiste o impasse, sem interferência do Estado diretamente.

Já em outros países, embora exista a possibilidade de solução do conflito coletivo pela negociação direta ou pela arbitragem facultativa, com ou sem a utilização da greve, se persistir o impasse surge a arbitragem obrigatória como forma de solução do dissídio.

Este é o sistema que adotamos no Brasil. Entre nós o conflito coletivo não solucionado diretamente pelos envolvidos é, de forma obrigatória, resolvido pela Justiça do Trabalho.

Assim, ultrapassadas as várias etapas de tentativas de negociação direta e não sendo celebrada a convenção coletiva de trabalho ou o acordo coletivo de trabalho, será o caso submetido ao Poder Judiciário, via Justiça do Trabalho, que julgará o conflito, proferindo sentença.

Qualquer conflito de interesses há de merecer uma solução. Todavia, tratando-se de um conflito de natureza individual, podem as partes entender de não solucioná-lo e, inexistindo prejuízo a terceiro em razão de tal postura, permanece a situação como se encontra. Em Direito do Trabalho, esse é o caso, por exemplo, do dissídio individual do empregado que não recebeu o pagamento de suas férias. Se não pretender reclamá-las judicialmente, persiste aquela situação sem solução, que em princípio comportaria.

Mas em caso de conflito coletivo de trabalho, que diz respeito a toda uma categoria profissional, ainda que boa parte dos envolvidos não tenha intenção de solucioná-lo judicialmente ou extrajudicialmente, interessa ao Estado a referida solução, de modo a estabilizar as relações sociais. Eis o motivo da arbitragem compulsória como forma de solução dos conflitos coletivos do trabalho. Não obstante, com a Emenda Constitucional nº 45/04, foi inserida a expressão "comum acordo" no § 2º do art. 114 da Constituição Federal, influindo na ação estatal obrigatória de solução de conflito coletivo, como veremos no item 14.3, a seguir.

14.1 Autonomia privada coletiva

Além das fontes estatais de produção da norma jurídica trabalhista, como vimos no Capítulo 3, o Direito do Trabalho reconhece a autenticidade das fontes contratuais. E a esse respeito é necessário refletir sobre o fundamento jurídico dessas mesmas fontes. Qual a sustentação jurídica para que se autorize determinado grupo social a editar normas que obriguem os participantes desse mesmo grupo a respeitá-las e cumpri-las?

A esse respeito, já tivemos oportunidade de afirmar alhures (Manus, 2001: 102):

> "A autonomia privada coletiva, no âmbito do direito coletivo do trabalho, é o poder das entidades sindicais de auto-organização e autorregulamentação dos conflitos coletivos do trabalho, produzindo normas que regulam as relações atinentes à vida sindical, as relações individuais de trabalho e coletivas de trabalho entre trabalhadores e empregadores.
>
> Buscando conceituar a autonomia coletiva, afirma Antônio de Lemos Monteiro Fernandes (1980:28-33) que se trata de conceito fundamentado no que denomina de 'descentralização normativa', que significa atribuir a determinados organismos a capacidade de produzirem regras de conduta, na condição de 'centros normativos menores e periféricos relativamente ao centro normativo estadual'. Utiliza o autor português a expresão *centro normativo estadual*, no sentido que nós brasileiros entendemos como 'centro normativo estatal'. E aduz que a característica marcante do conceito constitui-se no fato de as normas produzidas pela entidade destinarem-se a aplicação no âmbito de atuação da própria entidade.
>
> Prossegue Monteiro Fernandes asseverando que conhecemos, portanto, a autonomia individual, que consiste na capacidade dos indivíduos de criarem direitos e obrigações, através das formas de manifestação da vontade; a autonomia pública, que significa a atuação estatal e a autonomia coletiva profissional, que se traduz pela possibilidade de solucionar conflitos coletivos de trabalho pelo estabelecimento da negociação coletiva.
>
> Sintetizando essas ideias, assim se expressa Monteiro Fernandes: '...*a autonomia colectiva é a capacidade reconhecida pelo Estado a certos grupos organizados de emitirem, por um processo próprio de expressão do confronto entre os interesses colectivos correspondentes (o negócio colectivo), normas que simultaneamente constituem fórmulas de equilíbrio entre esses interesses e padrões de conduta para os membros dos mesmos grupos nas suas relações individuais (isto é, limitações à autonomia privada)*'.
>
> Temos, pois, uma organização intermediária entre o organismo estatal e o indivíduo, organização esta que tem regras próprias e que interfere nas relações individuais de trabalho, de forma coercitiva, por força da autorização institucional que possui para assim agir.
>
> Giuliano Mazzoni (1972:62-64) afirma que a autonomia sindical é o direito à liberdade sindical, mas compreendida esta liberdade como a associação do grupo e não a liberdade individual de associar-se ou não a ele. Reconhece o autor entre a

autonomia pública ou institucional e a autonomia individual, o que denomina de autonomia coletiva ou autonomia dos grupos intermediários entre o Estado e os indivíduos. Assevera que: '... *o ordenamento jurídico do Estado reconhece aos grupos sociais intermediários o poder de regularem seus próprios interesses, da mesma maneira que o reconhece para os indivíduos...*'

Tratando do tema da autonomia coletiva, afirma Gino Giugni (1974: 63-68) que a categoria autonomia jurídica pode ser expressa de formas diversas.

Sob a óptica constitucional, a expressão *autonomia* é utilizada tanto para designar o poder normativo do Estado, quanto para designar o poder normativo reconhecido pelo Estado a entes públicos ou privados. Já no âmbito do direito civil, afirma o autor que autonomia significa a atividade dos indivíduos de desenvolvimento de suas relações contratuais, ou, como também se afirma, o poder de autorregulamentação de interesses privados.

Amauri Mascaro Nascimento (1998:123-129) identifica duas concepções de autonomia coletiva dos particulares, que define como concepção restrita e concepção ampla.

A concepção restrita da autonomia coletiva dos particulares significa o poder conferido aos representantes de organizações sindicais profissionais e patronais de criarem regulamentação às relações individuais de trabalho, através do procedimento da negociação coletiva de trabalho, expressando-se essa faculdade pelas convenções e acordos coletivos de trabalho. Como resultado dessa atividade cria-se um ordenamento jurídico não estatal, mas contratual.

Já a concepção ampla da autonomia coletiva dos particulares alcança não só o poder de elaboração da norma coletiva, mas inclui a liberdade sindical e a autotutela dos trabalhadores.

Nesse sentido, identifica o autor uma tríplice dimensão, consistente na faculdade de instituir normas regulamentadoras das relações entre empregado e empregador, que é o poder normativo; a liberdade de constituir, de organizar entidades sindicais e de nelas ingressar ou sair sem autorização nem interferência do Estado e, afinal, a prática de atos de autodefesa de seus interesses, como a greve e outros atos coletivos.

Quanto ao fundamento da autonomia coletiva, como expõe Amauri Mascaro Nascimento, para alguns autores é a lei, na medida em que a norma constitucional reconhece a atividade sindical e as convenções coletivas e acordos coletivos de trabalho, sem que tal reconhecimento venha a significar submissão do sindicato ao Estado. Para outros, o fundamento é a teoria do negócio jurídico. Traz ainda o fundamento da ordem intersindical, que significa a geração de normas independentemente da autorização estatal, com perfil privado, nada tendo a ver com princípios de ordem pública.

Acreditamos que o fundamento da autonomia privada coletiva é a ordem jurídica constitucional, que reconhece a existência da estrutura sindical e da atividade sindical consequente. Não há como negar a necessidade, no regime democrático, de autorização constitucional para a atuação individual ou dos grupos sociais, sob pena de colocar-se em risco o estado de direito. A garantia do respeito aos direitos individuais, coletivos e difusos reside no respeito ao sistema jurídico e, portanto, às normas constitucionais.

Por outro lado, a circunstância da autonomia privada coletiva ter como fundamento a norma constitucional não significa que esta possa permitir a interferência na atividade sindical, caso em que haverá conflito entre a norma que reconhece a autonomia e aquela que ofende o direito de autodeterminação.

Com efeito, será sempre a norma constitucional a estabelecer a existência lícita de determinada atividade. Sucede, contudo, que o regime político vigente no país é que determinará o tratamento jurídico a ser dado a determinada instituição, se democrático ou não."

Esses são os fundamentos do fenômeno que a doutrina denomina de autonomia privada coletiva, ou, como prefere Amauri Mascaro Nascimento (2000:267-360), "autonomia negocial das partes", que consiste na faculdade conferida aos grupos sociais, por permissão constitucional, de elaborar normas que regulem suas relações.

14.2 A convenção e o acordo coletivo de trabalho

A convenção e o acordo coletivo de trabalho são as formas de solução direta de um conflito coletivo, pois como já constatamos traduzem ambos o ajuste pela negociação direta entre empregados e empregadores.

Trata a CLT da convenção e do acordo nos arts. 611 a 625, estabelecendo as normas básicas para sua celebração e seu conteúdo.

Por meio de uma convenção coletiva, que é o ajuste entre um sindicato de empregados e um sindicato de empregadores, no mínimo (ou de vários sindicatos de ambas as partes), são estabelecidas normas genéricas que irão vigorar pelo prazo estipulado, sendo no máximo de dois anos (art. 614, § 3º, da CLT) e de aplicação obrigatória a todos os contratos individuais de trabalho dos empregados e empregadores abrangidos pelos sindicatos convenientes.

Já o acordo coletivo, que estabelece normas da mesma natureza, tem aplicação mais restrita, pois é celebrado entre o sindicato de empregados e uma ou mais empresas, mas não a totalidade dessas. No caso, o sindicato representa apenas os empregados daquela empresa ou daquelas empresas acordantes e, do outro lado, temos um ou mais empregadores.

Examinemos o conteúdo da convenção e do acordo, a fim de podermos distinguir claramente ambos.

De início é bom relembrar que na organização sindical brasileira, que é vinculada ao Estado, por meio do Ministério do Trabalho, só o sindicato tem poderes para realizar a negociação coletiva, isto é, celebrar convenções e acordo coletivo em nome de seus associados, conforme dispõe o art. 513 da CLT. Assim, embora possamos ter várias associações profissionais da mesma categoria e na mesma localidade, somente uma delas será reconhecida como sindicato, já que entre nós vigora o sistema do sindicato único.

Pois bem, periodicamente (na prática, cada ano), inicia-se o processo de negociação coletiva entre os empregados e empregadores. A data para tais negociações é determinada pelo término de vigência da norma coletiva que está para expirar. Esta data, chamada "data-base", é o momento a partir do qual terá vigência a nova negociação coletiva a ser celebrada e varia de categoria para categoria e de localidade para localidade, sendo, pois, diferente para os vários grupos de trabalhadores e empregadores.

Quanto ao objeto, a convenção coletiva de trabalho contém normas relativas ao aumento de salário e tantas outras cláusulas relativas a problemas variados e referentes às condições de trabalho, como já referimos anteriormente. Essas cláusulas versam sobre condições específicas de certos empregados (estabilidade para a gestante, para o acidentado readaptado em outra função); sobre obrigações do empregador no local de trabalho e inclusive sobre o aperfeiçoamento das garantias contidas na CLT. Discute-se ainda hoje sobre os limites de conteúdo das negociações coletivas de trabalho, mas a nosso ver tudo o que se refere direta ou indiretamente às condições de trabalho pode ser objeto de negociação direta.

São inúmeros os temas objetos dessas negociações e, além daqueles já mencionados, lembramos a questão da periodicidade dos reajustes salariais (trimestralidade), a estipulação de piso salarial para a categoria, a garantia de emprego para os beneficiários, o aumento do percentual de horas extras, enfim, tanto novas garantias aos trabalhadores quanto a melhoria daquelas já existentes na lei.

Não custa lembrar que a convenção coletiva de trabalho e o acordo coletivo de trabalho, do ponto de vista hierárquico, situam-se acima do contrato individual de trabalho, mas abaixo das normas legais (CLT). Portanto, os limites da negociação coletiva encontram-se exatamente no mínimo garantido pela lei, de tal modo que uma convenção ou um acordo não podem estipular condições menos favoráveis que aquelas asseguradas pela lei. Da mesma forma, sendo assegurada determinada vantagem pela norma coletiva, o contrato individual de trabalho deverá, obrigatoriamente, ser a ela adequado.

A atuação dos empregadores e empregados na elaboração de uma convenção coletiva de trabalho, por meio de seus sindicatos, equivale à atividade legislativa, pois criam leis de aplicação obrigatória a seus representados por um período determinado.

Assim, durante aquele lapso de vigência da norma coletiva, ela tem aplicação obrigatória a todos os empregados e patrões por ela abrangidos, não podendo estes escusarem-se de seu cumprimento.

As normas contidas na CLT são obrigatórias quanto a seu cumprimento, possibilitando, apenas, que as partes ajustem melhores condições que aquelas previstas pelo legislador. Portanto, exemplificativamente, é obrigatório o pagamento do salário-mínimo a todo empregado que preste serviço por seis dias semanais, durante oito horas diárias. Nada obsta, porém, que empregado e empregador ajustem um salário de valor superior. O que não é possível, no entanto, é ajustarem ambos, ainda que sem qualquer coação por parte do empregador, o pagamento, em tais condições, de salário inferior ao mínimo.

Note-se que a aplicação obrigatória da CLT refere-se, apenas, aos empregados e empregadores vinculados pelo regime do Direito do Trabalho, excluídos, por exemplo, os funcionários públicos. Portanto, a própria norma jurídica tem aplicação restrita a determinado grupo de pessoas.

Quanto à negociação coletiva o mesmo ocorre. Não se pode por meio de uma convenção coletiva estabelecer salário inferior ao mínimo legal, mas nada obsta, como acontece na prática, o acordo a respeito de um piso salarial, isto é, um salário-mínimo mais elevado para determinada categoria. Uma vez estabelecido, passa a ser obrigatório para todos os empregados e empregadores vinculados aos sindicatos convenientes. Excetuam-se, apenas, aqueles empregados que recebem salário superior ao mínimo estipulado pela norma coletiva, do memo modo que já a eles não se aplicava a regra do salário-mínimo, pois sua situação pessoal era melhor que a prevista em lei.

A fim de celebrar uma convenção coletiva, nos termos da CLT, o sindicato de empregados convoca uma assembleia de seus associados, para discussão e aprovação da pauta de reivindicações a ser levada ao sindicato de empregadores. Nessa assembleia discute-se, também, a forma de encaminhamento das negociações, relativamente aos poderes conferidos aos membros da diretoria do sindicato de empregados para aceitação da proposta patronal, ou para submetê-las à aprovação daquela assembleia.

De outra parte, reúnem-se igualmente os empregadores, por meio de assembleia de seu sindicato, para traçar seus próprios limites àquela negociação.

Exatamente porque a convenção coletiva a ser celebrada é fruto de decisão de ambas as assembleias, é que a mesma passa a ter força de lei para todos os empregados e empregadores daquela categoria.

Após aprovadas as reivindicações na assembleia dos empregados, aquela pauta é encaminhada ao sindicato dos empregadores, e têm início as negociações. Estas, assistidas pela Delegacia Regional do Trabalho, desenvolvem-se com a finalidade de celebração da convenção, discutindo ambas as partes o conteúdo da proposta. Após debates e novas consultas às respectivas assembleias, chegam as partes ao consenso, sendo celebrada a convenção coletiva de trabalho.

Muitas vezes, para chegar ao ajuste final não se encontram maiores dificuldades, quer pelo conteúdo das reivindicações dos empregados quer pela inexistência de pontos de maior resistência pelos empregadores.

No entanto, se assim é em muitos casos, não menos frequentes as hipóteses em que não se chega, por meio da simples negociação, a bom termo. Eis aí o surgimento da possibilidade de os empregados lançarem mão da autodefesa que lhes é reconhecida por lei e que se expressa pelo exercício do direito de greve.

Não significa, porém, que todo impasse leve, obrigatoriamente, à deflagração de greve. Isto porque, como vimos, nem sempre a categoria profissional tem condições reais para tanto. Às vezes essa impossibilidade decorre da ausência de mobilização momentânea. Outras vezes, a não deflagração resulta da própria falta de poder de pressão da categoria e, ainda em outros casos, entendem os trabalhadores não ser oportuna tal ação em razão de questões político-sindicais.

Retornando à noção de acordo coletivo, as normas ali inseridas têm a mesma força de vinculação que se reconhece às cláusulas da convenção coletiva, com a única diferença que o acordo abrange uma ou mais empresas de uma categoria econômica, em certa localidade, mas não toda a categoria. O motivo é que há certos problemas que podem ser de capital importância para os empregados de uma, duas ou três empresas, em razão das condições específicas de trabalho naqueles locais, mas que nada interessam aos demais empregados da categoria, que prestam serviços a outros empregadores em condições diversas, embora na mesma atividade.

Lembre-se, a propósito, de que os sindicatos no Brasil são reconhecidos pelo Ministério do Trabalho que lhes outorga por meio da carta sindical, que é a autorização para seu funcionamento, o poder de ação, dentro de certos limites territoriais (quase sempre um município), não podendo ultrapassar a ação sindical aqueles limites fixados e que constituem sua "base territorial". É verdade que há sindicatos de base territorial intermunicipal, estadual e até nacional, como autoriza o art. 517 da CLT, mas em regra têm base territorial municipal. Veja-se, a propósito, o item 16.3.

Pois bem, à guisa de exemplo, tomemos o Sindicato dos Trabalhadores na Indústria Metalúrgica, Mecânica e de Material Elétrico de São Paulo. Celebrando este sindicato uma convenção coletiva com o sindicato patronal correspondente, a sua aplicação alcançará todos os empregados e empregadores da indústria metalúrgica, mecânica e de material elétrico da Capital de São Paulo, que constitui sua base territorial. Imagine-se, no entanto, que há determinado problema relativo a horário de trabalho e que só interessa aos trabalhadores e às empresas do ramo da indústria mecânica. Não haveria motivo para não solucioná-lo em nível de convenção coletiva, mas seria mais adequado celebrar um acordo coletivo específico com os empregadores da indústria mecânica e o sindicato dos metalúrgicos representando apenas os empregados envolvidos naquele problema.

Veja-se no exemplo que a natureza das cláusulas ajustadas neste acordo coletivo é a mesma das cláusulas de uma convenção, residindo a diferença, tão só, no âmbito de aplicação do acordo, que alcança apenas algumas empresas da categoria e não toda ela, como já referimos.

Quando cuidamos de convenção e acordo coletivo estamos tratando de negociação direta, isto é, sem interferência do Estado, por meio do Poder Judiciário. Portanto, uma vez celebrado o ajuste, devem as partes apenas depositar uma via do instrumento escrito que consubstancia o acordo ou a convenção na Delegacia Regional do Trabalho, que é o órgão estadual representativo do Ministério do Trabalho, para que passe o ajuste a surtir seus efeitos.

A propósito da negociação coletiva, temos um tema que mereceu do legislador constituinte particular atenção. Com efeito, já o art. 7º da Constituição Federal sublinha a importância do sindicato, por meio do processo de negociação coletiva, possibilitando, até, a alteração de princípio fundamental para o Direito do Trabalho. Exemplo claro a respeito é o inciso VI, do art. 7º do texto constitucional, que consagra o princípio da irredutibilidade salarial, "salvo o disposto em convenção ou acordo coletivo". Isto significa que permite a Constituição até a redução dos salários, desde que ajustada de forma coletiva. Evidentemente, tal redução haverá de ser justificada, mas, ainda assim, existe uma preocupação clara em elevar o sindicato a uma posição que permite interferir, realmente, nas relações patrão e empregado.

Há outros exemplos de tal proceder do legislador no art. 7º da Constituição, mas é no art. 114 do mesmo texto que notamos o estímulo à negociação coletiva autônoma. Referido art. 114, após fixar a competência da Justiça do Trabalho, em seu *caput*, afirma no § 1º que frustrada a negociação coletiva podem as partes eleger árbitros. Isso equivale a pressupor a negociação direta como forma primeira e ideal de solução do conflito – a autocomposição – de que falamos anteriormente. E esta noção engloba também a ideia de arbitragem facultativa, igualmente já tratada.

Só a seguir é que o § 2º do mesmo art. 114 cogita do dissídio coletivo, isto é, da arbitragem compulsória já tratada por nós. Diz o texto legal com a redação da Emenda Constitucional 45/2004:

> "Art. 114. ...
>
> § 2º Recusando-se qualquer das partes à negociação coletiva ou à arbitragem, é facultado às mesmas, de comum acordo, ajuizar dissídio coletivo de natureza econômica, podendo a Justiça do Trabalho decidir o conflito, respeitadas as disposições mínimas legais de proteção ao trabalho, bem como as convencionadas anteriormente."

Vê-se, pois, que só é possível valer-se de solução heterônoma depois de esgotadas as tentativas de solução autônoma, o que significa privilegiar a atividade sindical, de que falamos. Ademais, trata-se o ajuizamento do dissídio de prerrogativa sindical. A nosso ver, inexistindo sindicato da categoria patronal, ou em se tratando de acordo coletivo e, portanto, versando sobre questão coletiva no âmbito apenas da empresa, não há necessidade de interferência sindical no dissídio coletivo, ainda porque estará alheio à questão, já que a mesma até então só foi tratada entre sindicato profissional e a empresa nele envolvida.

Dúvida não pode haver quanto ao reconhecimento do poder normativo da Justiça do Trabalho, isto é, o poder de estabelecer normas e condições de trabalho, o que até então suscitou muita polêmica. Esse poder normativo vem expressamente reconhecido pelo texto constitucional, nos limites ali impostos, apenas.

Tratamos anteriormente de autodefesa, como segunda forma de solução de um conflito coletivo do trabalho, após a autocomposição e como meio de evitar a heterocomposição. Eis por que, entendida a greve como forma de solução de conflito do trabalho, haveria a mesma de vir tratada junto com a arbitragem de que falamos, que se encontra no art. 114.

Mas, por se tratar a greve de direito eminentemente sindical, é que o legislador entendeu de reconhecê-la no art. 9º, logo após tratar do sindicato, no art. 8º do texto constitucional. Aqui o legislador afirma que compete aos trabalhadores decidir sobre a deflagração ou não da greve, a oportunidade da mesma e quais interesses devam por meio de greve defender. Eis por que eventual regulamentação não pode restringir tais direitos, sob pena de ofensa ao texto em exame. Por outro lado, dispõe no sentido de que serviços ou atividades essenciais devem ser definidos por lei, a fim de manter o atendimento inadiável da comunidade, no curso da greve. Ademais, em seu § 2º, o art. 9º proíbe abusos em decorrência da greve. Delicado, não há dúvida, o problema da regulamentação do direito de greve, mormente quando se sabe que só faz sentido tal regulamentação se de fato exequível.

14.3 O dissídio coletivo de trabalho

O dissídio coletivo é uma forma heterônoma de solução de um conflito coletivo do trabalho, pois resulta de um elemento externo ao próprio conflito, como mencionamos anteriormente.

Chegando as partes ao impasse, tanto em uma tentativa de celebração de convenção quanto de acordo coletivo de trabalho, determina a lei que o mesmo seja submetido à decisão da Justiça do Trabalho.

O art. 114 da Constituição Federal prevê expressamente a possibilidade, uma vez frustrada a tentativa de negociação direta, de arbitragem facultativa, conforme seu § 1º. Não há regulamentação alguma a respeito da arbitragem, o que faz prever a construção de procedimento pelas próprias partes, não obstante demorado tal processo, dada a tendência entre nós de deixarmos ao Estado a função de solucionar questões cujo encargo cabia às partes.

A seguir o art. 114, § 2º, da Constituição Federal cuida do dissídio coletivo, sendo esse dispositivo legal o fundamento objetivo do chamado "poder normativo" da Justiça do Trabalho.

Trata-se o poder normativo de atribuição constitucional aos Tribunais do Trabalho de, no mister de solucionar processos de natureza coletiva, fixar normas gerais para a categoria ou parcela da categoria representada pelas partes envolvidas no conflito, normas estas que irão integrar os contratos individuais de trabalho daquelas mesmas partes, pelo prazo de vigência da norma coletiva.

Quanto ao conceito de interesse coletivo, conflito coletivo e dissídio coletivo no âmbito do Direito do Trabalho, devemos examinar o art. 611 e seu § 1º da CLT e o art. 81, parágrafo único, do Código de Defesa do Consumidor, Lei nº 8.078, de 11 de setembro de 1990.

Quanto à tramitação do dissídio coletivo, dela cuidam os arts. 856 a 875 da CLT, sem, porém, especificar certos procedimentos cabíveis. Deles cuidava a Instrução Normativa nº 04/93 do TST, hoje revogada. Na prática continua sendo utilizada a IN 04/93.

De posse dessa documentação o Tribunal Regional do Trabalho forma um processo judicial, dando início ao procedimento do dissídio coletivo. Pode-se, portanto, afirmar que o dissídio coletivo é o resultado de uma negociação direta que não chegou a bom termo.

Também o processo de dissídio coletivo está regulado pela CLT, conforme seus arts. 856 a 875, com a ressalva aos arts. 856 e 857 referidos.

Tratando-se a Justiça do Trabalho de uma justiça eminentemente conciliatória, os dissídios coletivos, assim como os dissídios individuais, devem ser objeto de tentativas de conciliação, antes de se proferir o julgamento. Para o fim que deseja o legislador, deverá o Presidente do Tribunal Regional do Trabalho, como primeira medida a ser adotada no processo de dissídio coletivo, convocar os sindicatos envolvidos, a fim de que compareçam à audiência designada, no Tribunal, onde será novamente buscada a conciliação.

Na referida audiência, se infrutífera a tentativa de solução direta, caberá ao Presidente do Tribunal formular uma proposta conciliatória às partes.

Sendo aceita aquela proposta do Presidente, ou antes disto chegando as partes ao acordo no Tribunal, será lavrado o respectivo termo de conciliação, sendo homologado pelo Tribunal na primeira sessão subsequente. Tal homologação tem o mesmo efeito que o depósito de uma via do acordo, quando a conciliação ocorre perante a Delegacia Regional do Trabalho, a que anteriormente referimos. Há a necessidade dessa homologação pelo Tribunal, pois já se trata de um processo judicial e não um processo administrativo de negociação direta, como até então.

Mas, se não se lograr sucesso na tentativa judicial de conciliação, será o processo submetido a julgamento. Antes disso será remetido à Procuradoria Regional do Trabalho, que emitirá um parecer sobre a regularidade dos atos que foram praticados, bem como a respeito de cada uma das reivindicações dos trabalhadores.

Após o parecer, será sorteado um juiz relator, a quem caberá o exame detido do processo e a elaboração de seu voto. Examinado a seguir o processo pelo juiz revisor, a quem cabe também o exame atento da questão, será incluído em pauta para julgamento, dando-se publicidade ao fato pela publicação no *Diário Oficial*.

Na data de julgamento, após a manifestação da tribuna pelos advogados de ambos os sindicatos, o juiz relator procederá ao julgamento de cada uma das cláusulas reivindicadas, acolhendo-as ou rejeitando-as, seguindo-se a votação do juiz revisor e dos demais juízes. Ao final do julgamento, que consiste no exame de cada uma das reivindicações, será proferida a decisão, dando-se ciência das cláusulas acolhidas e daquelas rejeitadas pelo Tribunal.[1]

Por força do disposto na Lei nº 7.701, de 21 de dezembro de 1988, o Tribunal Superior do Trabalho passa a ter uma seção especializada em dissídio coletivo, o que resulta na revogação do art. 702 da CLT no que se refere à competência do Tribunal, que

[1] ***Súmula nº 277. Sentença normativa. Vigência. Repercussão nos contratos de trabalho.***
As condições de trabalho alcançadas por força de sentença normativa vigoram no prazo assinado, não integrando, de forma definitiva, os contratos (Res. 10/1988, *DJ* 1º-3-1988).

é revista pela mencionada lei. Por força do art. 61 do Regimento Interno são órgãos do TST o Tribunal Pleno, a Sessão Administrativa, a Seção Especializada em Dissídios Individuais (subdividida em Subseção I e Subseção II, que julgam embargos do art. 894 da CLT, mandados de segurança e ações rescisórias, respectivamente) e as Turmas. O art. 6º da Lei nº 7.701/88 possibilitou aos TRTs especializar seções para julgar processos de sua competência originária (dissídios coletivos, ações rescisórias, mandatos de segurança etc.), agilizando a prestação jurisdicional. Como os TRTs têm estruturas diversas, a especialização não cria instâncias internas, pois a legislação processual é una, sendo de competência privada da União.

Cumpre lembrar ainda que, atendendo a um princípio de aplicação a todas as questões submetidas à apreciação do Poder Judiciário, poderão as partes insatisfeitas com a decisão proferida interpor recurso para o Tribunal Superior do Trabalho, a fim de modificar a decisão recorrida.

Esta, em síntese, é a tramitação do processo de dissídio coletivo perante a Justiça do Trabalho.

Pensemos ainda um pouco na conveniência da decisão judicial sobre o conflito coletivo do trabalho.

No início do presente capítulo dissemos que a questão coletiva deve, preferencialmente, ser decidida pelas próprias partes envolvidas no conflito, pois ninguém melhor que elas conhece seus próprios problemas. Referíamo-nos exatamente à decisão judicial do conflito coletivo, comparativamente à decisão direta pelas partes.

No que se refere à questão salarial, excetuados os parâmetros fixados pela política governamental, é evidente que os empregados e empregadores têm maiores conhecimentos acerca da capacidade desses últimos para conceder este ou aquele índice de aumento real de salário, em relação aos dados de que dispõe o Tribunal Regional do Trabalho. De outra parte, no que diz respeito às demais cláusulas postuladas, o Poder Judiciário não possui dados reais que possam subsidiar o exame da oportunidade e da importância de cada uma das reivindicações dos trabalhadores relativamente à atividade específica de cada uma das categorias e ao momento vivido na região em que o trabalho se desenvolve.

Note-se, por outro lado, que conceder as pretensões de uma categoria profissional, aperfeiçoando as relações de trabalho, equivale a quase uma atividade legislativa, já que significa criar novos direitos e obrigações. Quando esse processo de verdadeira criação é vivido pelas partes, os limites que se colocam são o poder de pressão dos empregados e sua capacidade de convencer os empregadores a ceder e, da parte desses últimos, a avaliação da necessidade ou da oportunidade nas variadas concessões.

Já o mesmo processo em âmbito judiciário, isto é, o exame pelo Tribunal de cada uma das cláusulas, acolhendo-as ou rejeitando-as, envolve questões de natureza política, social, econômica, psicológica, enfim, uma série de fundamentos que embasam o processo decisório e que escapam do âmbito jurídico, que é aquele próprio do Poder Judiciário. Eis por que, na prática, os avanços dos trabalhadores são muito mais efetivos quando há negociação direta, se comparados com aquele verificado no nível das decisões judiciais.

A nosso ver não poderia ser de forma diferente, já que a atuação do Poder Judiciário é, essencialmente, a de examinar as várias questões que lhe são trazidas, a fim de verificar se houve desrespeito à lei, hipótese em que são as situações recolocadas dentro dos parâmetros legais. Assim, são as decisões judiciais, em matéria de direito coletivo, tímidas nos avanços sociais que autorizam, dada a função e a natureza do próprio Poder Judiciário.

O Tribunal Regional do Trabalho, ao decidir um processo de dissídio coletivo, julga formalmente, proferindo uma sentença. Entretanto, quanto ao conteúdo, cria normas para uma categoria, o que faz agir compreensivelmente com extrema cautela.

Por fim, lembre-se que até então, quanto ao dissídio coletivo, estamos tratando daquele que se ocupa da criação de normas para determinada categoria, o que é normalmente denominado dissídio coletivo de natureza econômica, pois traz consigo melhorias salariais diretamente. Há, porém, outros dois tipos de dissídio coletivo que merecem referência.

Trata-se o primeiro do dissídio coletivo de revisão, previsto nos arts. 873 a 875 da CLT. É o mesmo cabível, após um ano de vigência da norma coletiva, quando ocorra modificação nas condições de trabalho, de modo que certa cláusula em vigor torna-se inaplicável ou injusta. Ajuíza-se o dissídio a fim de adequá-lo à nova realidade ou excluí-la da norma coletiva em vigor. Pode esse tipo de dissídio coletivo ser ajuizado tanto pelo Tribunal que proferiu a decisão objeto da revisão quanto pela Procuradoria do Trabalho ou pelos sindicatos interessados.

Há, ainda, o dissídio coletivo de natureza jurídica, cuja finalidade é provocar o Tribunal sobre a correta interpretação de norma legal ou contratual, de interesse da categoria e que venha gerando interpretações diversas pelos empregados e empregadores. Pronuncia-se o Tribunal, por provocação de qualquer das entidades interessadas, a fim de esclarecer qual o entendimento correto sobre a norma em questão.

A Emenda Constitucional nº 45/2004 condiciona o exercício do poder normativo ao ajuizamento do dissídio coletivo por ambas as partes, de comum acordo, conforme o art. 114, § 2º, da CF.

Devemos compreender a expressão comum acordo, a nosso ver, à concordância da parte contrária e não obrigatoriamente ao ajuizamento conjunto do dissídio coletivo, o que tornaria na maior parte dos casos inviável o ajuizamento.

Verificação de aprendizagem

Questões para debate

1. *Qual o significado da expressão "coletivo" em Direito do Trabalho?*
2. *Há conflito entre os interesses do empregado e os do empregador? Por quê?*
3. *Quais as formas de solução dos conflitos coletivos do trabalho?*
4. *Qual a melhor forma de solução dos conflitos coletivos do trabalho? Por quê?*

5. *Pode haver um conflito coletivo do trabalho que envolva uma só empresa e seus empregados? Justifique.*
6. *Por que a greve é reconhecida como forma de autodefesa dos direitos dos trabalhadores?*
7. *Por que não se reconhece o direito ao lockout como forma de autodefesa dos direitos dos empregadores?*
8. *Quais as formas de arbitragem dos conflitos coletivos do trabalho reconhecidas pela doutrina? Explique-as.*
9. *Qual a forma de arbitragem dos conflitos coletivos do trabalho adotada no Brasil?*
10. *O que é a convenção coletiva de trabalho e qual o seu conteúdo?*
11. *Qual a diferença entre a convenção e o acordo coletivo do trabalho?*
12. *As normas coletivas têm aplicação obrigatória a todos os empregados e empregadores? Por quê?*
13. *O que é dissídio coletivo de trabalho? Como se processa?*
14. *Como se origina o processo de dissídio coletivo? Podem coexistir o dissídio coletivo e a convenção coletiva? Por quê?*
15. *Em caso de conflito entre a lei e a norma coletiva, qual deve prevalecer? Por quê?*

15 Direito de Greve

Como já referimos no capítulo anterior, o direito de greve está reconhecido no texto constitucional.

De fato, diz a Constituição Federal a propósito:

> "Art. 9º É assegurado o direito de greve, competindo aos trabalhadores decidir sobre a oportunidade de exercê-lo e sobre os interesses que devam por meio dele defender.
>
> § 1º A lei definirá os serviços ou atividades essenciais e disporá sobre o atendimento das necessidades inadiáveis da comunidade.
>
> § 2º Os abusos cometidos sujeitam os responsáveis às penas da lei."

Vê-se, portanto, que trata o direito de greve de garantia assegurada aos trabalhadores pela Constituição Federal.

Convém lembrar que nem sempre foi assim entre nós, o que constatamos pelo exame dos textos constitucionais precedentes.

A primeira Constituição Federal do Brasil a fazer referência à greve foi a de 10 de novembro de 1937, que em seu art. 139 afirmava: "A greve e o *lockout* são declarados recursos antissociais, nocivos ao trabalho e ao capital e incompatíveis com os superiores interesses da produção nacional."

Como vemos, não se reconhecia o direito de greve, mas, ao contrário, era tida a greve como um delito, o que, diga-se, estava de acordo com a filosofia do governo da época, que logo em seguida inspirou-se na legislação fascista italiana para elaborar nossa estrutura sindical.

A Constituição Federal de 18 de setembro de 1946, já sob a égide do estado democrático, em seu art. 158 reconhecia a greve como um direito, remetendo seu exercício à regulamentação legal.

A seguir, a Constituição Federal de 14 de janeiro de 1967, em seu art. 158, XXI, também assegurava o direito de greve. A Emenda Constitucional nº 1, de 17 de outubro de 1969, que alterou a Constituição anterior, também em seu art. 165, XX, assegurava o direito de greve.

Temos, pois, que desde 1946, entre nós, a greve tem o atributo de direito constitucionalmente assegurado.

Retornemos, por um instante, à ideia do capítulo anterior, das formas de solução dos conflitos coletivos do trabalho. Como já dissemos, são elas denominadas pela doutrina, genericamente: *autocomposição, autodefesa* e *heterocomposição.* Dada a importância do tema, aproveitemos o ensejo para recordar tais conceitos.

Entende-se por *autocomposição* a solução do conflito pelas próprias partes nele envolvidas. Assim, exemplificativamente, existindo um dissídio ou conflito coletivo que envolva o sindicato dos sapateiros e o sindicato das empresas fabricantes de calçados, podem eles mesmos solucionar tal conflito. Para tanto, é necessário que o sindicato de empregados, também chamado sindicato profissional, convoque e realize uma assembleia de seus associados, para resolver qual a pauta de reivindicações. Assim ocorrendo, a pauta é remetida ao sindicato de empregadores, também chamado sindicato patronal, que reúne os empresários associados para decidir sobre a aceitação, ou não, das pretensões profissionais.

Haverá, sem dúvida, debates e reuniões entre as duas partes e, possivelmente, chegarão a uma composição. Então celebram um contrato, que se denomina convenção coletiva de trabalho, que passa a ser de aplicação obrigatória a todos empregados e empregadores daquela categoria, na região abrangida pelos sindicatos convenentes (que celebram a convenção).

Pois bem, a esta composição realizada pelos envolvidos no conflito, sem a interferência de terceiros, é que se dá o nome de *autocomposição.*

Muitas vezes, infelizmente, não se chega a bom termo nesses processos de negociação. E aí existe a possibilidade de nomear um árbitro ou uma comissão de árbitros, a fim de pôr fim ao conflito. Quando os interessados socorrem-se espontaneamente de arbitragem, diz-se que se trata de arbitragem facultativa. Caso tal não ocorra, ou ainda assim não se chegando ao acordo, transforma-se esta tentativa num processo judicial, denominado dissídio coletivo, a ser solucionado pela Justiça do Trabalho entre nós, o que configura a arbitragem compulsória.

Dá-se o nome de *heterocomposição* à solução do conflito por um terceiro estranho, que pode ser um árbitro facultativo ou compulsório (Justiça do Trabalho).

Não se verificando a autocomposição, os empregados podem lançar mão da *autodefesa*, que é sinônimo de direito de greve. Assim, há de ser entendida a greve como um momento possível e legal dentro de um processo de negociação coletiva.

É necessário que se inicie a negociação, e no caso de os empregadores recusarem-se a negociar ou apresentarem uma proposta insatisfatória é que a greve tem lugar.

Note-se que o legislador constitucional disse claramente que são os empregados que decidem sobre a deflagração da greve ou não, bem como sobre qual interesse deva a greve se dirigir.

Mas, sem dúvida, a greve constitui um momento num processo de negociação, porque ela não é um fim em si mesma, mas um meio de tentar demover a parte contrária da posição em que se encontra no processo de negociação coletiva.

Após a vigência da atual Constituição Federal, foi necessária a alteração da legislação ordinária anterior sobre a greve, porque a antiga Lei nº 4.330, de 1º de junho de 1964, e o Decreto-lei nº 1.632, de 4 de agosto de 1978, eram por demais restritivos do efetivo exercício do direito de greve, não se harmonizando com o mandamento constitucional.

Hoje, entre nós, regula o exercício do direito de greve a Lei nº 7.783, de 28 de junho de 1989, cuja função, além de regular o exercício do direito, é definir as atividades essenciais e o atendimento às necessidades inadiáveis da comunidade.

O que vemos do exame dos textos constitucionais, desde 1937 até os dias de hoje, é que inicialmente a greve era considerada "um recurso anti-social", nas palavras do próprio legislador. Somente após a queda da ditadura getulista, com o final da Segunda Grande Guerra, é que passamos a ter uma Constituição Federal de caráter liberal, que incorporou a ideia da greve como um direito. Como sabemos, porém, ainda que com a mudança radical da conceituação legal da greve, a mentalidade das pessoas não se modificou com a mesma rapidez.

Ademais, a legislação ordinária, que o constituinte determinava que deveria regulamentar o exercício do direito de greve, na prática quase que impedia o exercício deste mesmo direito. Veja-se, à guisa de exemplo, a Lei nº 4.330, de 1º de junho de 1964, já referida, que fazia uma série de exigências burocráticas para possibilitar a deflagração da greve, o que impedia a existência de uma greve eficiente que fosse legal, formalmente falando. Não obstante, no auge das movimentações sindicais, no final da década de 70, a Lei nº 4.330/64 mostrava-se insuficiente para impedir as greves, o que fez com que o Governo Federal editasse o já mencionado Decreto-lei nº 1.632, de 4 de agosto de 1978, que impedia o exercício do direito de greve em inúmeras atividades que relacionava, conflitando com o texto constitucional.

Esse tratamento legal, aliado à nossa tradição de ter a greve como um delito, por quase toda a primeira metade do século, gerou, sem dúvida, na população o repúdio à ideia de greve como direito. Ainda hoje, paira no senso comum das pessoas a noção de que deflagrar e participar de uma greve constitui um ato repreensível.

É bom que se diga, porém, que duas são as questões que se colocam no exame do tema. A primeira diz respeito ao exame jurídico propriamente dito, que obrigatoriamente há de nos afastar dos preconceitos e dos interesses pessoais. A segunda é nossa opinião como cidadão e o exame da greve sob a óptica pessoal.

Aqui, tem lugar apenas o exame do tema sob o aspecto jurídico, é bom frisar, a fim de que se possa compreender o instituto.

Diga-se, também, que a greve, não obstante um direito com *status* constitucional, sempre que utilizada provoca prejuízos ao empregador, aí residindo sua força. Quanto maior o poder de pressão de uma greve, maiores as possibilidades de sucesso dos trabalhadores. Aí entram outros fatores, como também a oportunidade na deflagração. Iniciar uma greve quando os estoques da empresa estão saturados, pretendendo o empregador até conceder férias coletivas, é quase a certeza de um fracasso. O mesmo se diga quanto à deflagração de greve logo em seguida a uma anterior, cujos resultados tenham sido desastrosos, porque certamente haverá outro fracasso.

Os prejuízos causados pela greve não raro ultrapassam os interesses do empregador dos grevistas, mormente em determinadas categorias. Quando os trabalhadores em transportes, por exemplo, paralisam os serviços, isso reflete nas demais categorias, porque impedem ou dificultam a população de se locomover. Temos, então, uma situação curiosa, em que os outros empregadores pressionam os patrões dos grevistas para que solucionem rapidamente o conflito.

É evidente, em situações como esta, que a população sofre as dificuldades decorrentes da greve, o que, como já mencionado, estimula as pessoas a não admitir a greve como direito.

E, note-se, trata-se de direito coletivo, que tem importância maior do que um mero direito individual, ainda que de várias pessoas.

Retornando ao conceito de greve como forma de autodefesa, é fundamental compreender que a greve é sempre um meio de a categoria profissional pressionar a categoria econômica a negociar, ou a aceitar suas reivindicações. Repita-se, é sempre um meio a greve e nunca um fim em si mesma.

O fundamento do reconhecimento do direito de greve repousa na desigualdade em que se encontram empregados e empregador, sob a óptica do Direito do Trabalho, e que permeia toda a relação trabalhista. O empregador, por definição, detém o poder de comando, dirige e assalaria a prestação de serviços. Tem o poder disciplinar, de que já falamos, podendo, até, aplicar penalidades ao empregado, nos limites que a lei lhe impõe.

Não há, em contrapartida, um direito dos trabalhadores de punir o empregador, ou de lhe dar ordens, o que, como é óbvio, tornaria impossível a própria manutenção do vínculo. Surge, então, a necessidade de dotar os trabalhadores de um mecanismo que lhes permita fazer frente às atribuições cometidas ao empregador e que o colocam em posição de superioridade na relação de emprego.

Já sabemos que a relação empregado-empregador é desigual, pela sua própria natureza, e que só há igualdade entre ambos quando os empregados estão representados pelo sindicato. Assim, a negociação coletiva corporifica esta igualdade e a greve, sempre vista como um recurso de que podem lançar mão os trabalhadores no curso de uma negociação, também exprime a ideia de igualdade entre os participantes da relação de trabalho.

Por tudo o que se disse é que o *lockout*, que é a paralisação da atividade empresarial por ato do empregador, continua à margem da lei, pois não há, pelas características da relação de emprego que acabamos de referir, fundamento para admiti-lo como direito.

Frise-se, uma vez mais, que a paralisação do trabalho é sempre ato que visa trazer a outra parte à mesa de negociação, o que deixa evidente que o recurso é específico dos trabalhadores.

Como já dissemos, o direito de greve está regulamentado pela Lei nº 7.783, de 28 de junho de 1989, que reafirma as garantias asseguradas pelo legislador constitucional. Não obstante os vários tipos de greve que o movimento sindical conhece, o art. 2º da referida lei define a greve como a suspensão coletiva, temporária e pacífica, total ou parcial dos serviços. Já o art. 3º situa a greve, como já referimos, como recurso que pode ser utilizado quando frustrada a negociação direta ou a arbitragem facultativa.

A greve, de acordo com o art. 4º da Lei nº 7.783/89, deve ser decidida por assembleia convocada pela entidade sindical, na forma prevista em seus estatutos, sendo assegurado aos grevistas o emprego de meios pacíficos para convencer os colegas à adesão à greve, arrecadação de fundos e livre divulgação da greve, conforme o art. 6º da mesma lei.

Proíbe a lei que o empregador frustre a greve contratando pessoal em substituição aos grevistas, salvo hipótese de serviço inadiável, que define, ou manutenção da greve após decisão judicial. Ademais, impede a dispensa dos empregados durante o movimento.

Define o art. 10 da lei em exame os serviços e atividades essenciais, em que devem grevistas, empregadores e sindicatos garantir o atendimento às necessidades inadiáveis da comunidade. Se tal não ocorrer, o Poder Público poderá intervir para tal fim.

A definição de abuso do direito, que torna a greve abusiva, vem fixada no art. 14 da lei de greve e significa o desrespeito às normas contidas na lei, ou a manutenção da greve após decisão judicial, ou celebração de acordo objetivado pela paralisação.

Juridicamente, a greve suspende o contrato de trabalho, porque não há prestação de serviços nem o empregador está obrigado a pagar salários, não obstante subsista o contrato. Mas se houver pagamento de salários, por decisão das partes ou por determinação judicial, tratar-se-á de período de interrupção do contrato, em que não há trabalho mas há pagamento de salário. Esta situação ocorre também na hipótese de paralisação promovida pelo empregador, que é vedada pelo art. 17 da lei, tornando, se ocorrer, devidos os salários, já que, como referido, ilegal o *lockout* entre nós.

Quanto à greve no serviço público, a Constituição Federal, em seu art. 37, VII, a assegura, mas remete à lei complementar sua regulamentação. No mesmo sentido ressalva a lei de greve, que é lei ordinária, não podendo tratar do tema, expressamente remetido à lei complementar.

Ademais, o mencionado art. 37 da Constituição Federal assegura o direito de greve exclusivamente aos servidores públicos civis, já que os servidores públicos militares são proibidos de sindicalizarem-se e de fazer greve, como expressamente dispõe o art. 142, IV, da Constituição Federal.

Além da questão teórica do mérito da proibição do direito à sindicalização e de greve ao servidor público militar e seu reconhecimento ao servidor público civil, emerge outra questão de natureza prática, que é a demora excessiva da regulamentação do direito de greve ao servidor público civil, que tantos transtornos tem trazido à sociedade, já que não há como impedir o fato social pela não regulamentação. Ao contrário, a ausência de lei contribui para a dificuldade na equação dos conflitos e estimula os excessos de parte a parte.

Verificação de aprendizagem

Questões para debate

1. *Qual a primeira Constituição Federal do Brasil a tratar da greve e que tipo de tratamento dispensou?*
2. *Quando a greve passou a ser um direito reconhecido entre nós?*
3. *Qual a relação que existe entre a greve e os modos de solucionar um conflito coletivo do trabalho?*
4. *É possível juridicamente uma greve desvinculada de um processo de negociação? Por quê?*
5. *Por que se diz em Direito do Trabalho que a greve é uma forma de "autodefesa" dos trabalhadores?*
6. *Por que não se reconhece aos empregadores o direito ao lockout?*
7. *Qual a lei que regulamenta o direito de greve no Brasil e qual a definição de greve adotada pelo legislador?*
8. *Quais as garantias legais reconhecidas aos grevistas?*
9. *Que proibições o legislador faz ao empregador no curso de uma greve?*
10. *Que providências devem ser adotadas no curso da greve quanto às necessidades inadiáveis da comunidade? Por quê?*
11. *Podem os servidores públicos civis exercer atualmente o direito de greve, sob o ponto de vista jurídico? Por quê?*
12. *Os servidores públicos militares têm direito a organizarem-se em sindicato e exercer o direito e greve? Na sua opinião, é correto o tratamento constitucional desta questão? Por quê?*

16 Direito Sindical

O tema ora em análise, que é o direito sindical, constitui um aspecto dentro do Direito Coletivo do Trabalho.

Já examinamos no início desta Parte II do livro o direito individual do trabalho. A seguir cuidamos das formas de soluções dos conflitos coletivos do trabalho e o direito de greve, que somados ao exame do direito sindical possibilitam uma visão panorâmica do direito coletivo do trabalho.

E a propósito dos dois capítulos precedentes, a solução dos conflitos coletivos e o direito de greve, devemos ter em mente que os protagonistas de tudo o que então foi dito são os sindicatos. Efetivamente, quando se aborda qualquer tema em matéria de Direito Coletivo do Trabalho, está-se falando de Direito Sindical.

Eis por que ressalta a importância do sindicato no Direito do Trabalho, a ponto de ser necessário dedicar um capítulo específico para seu estudo.

É importante pensar, analisar e precisar o conceito de "coletivo" em Direito do Trabalho.

A noção de coletivo diz respeito ao grupo representado, ao qual interessa determinada questão. Esse grupo pode variar na sua dimensão, pois podemos cogitar de toda a categoria profissional, por exemplo, englobando todos os trabalhadores metalúrgicos. Mas, ainda sem perder a dimensão de coletivo, podemos não cogitar de toda a categoria, mas apenas de um setor dela. Veja-se, à guisa de exemplo, que entre nós a categoria profissional dos metalúrgicos abrange os trabalhadores nas indústrias metalúrgicas, mecânicas e de material elétrico, pelo critério adotado pelo legislador e que a seguir veremos detidamente.

Pois bem, no nosso exemplo, ao cogitarmos da categoria toda, tratamos de todos os trabalhadores nas indústrias metalúrgicas, mecânicas e de material elétrico, numa dada localidade. E como dizíamos, sem perder a ideia de coletivo, podemos estar falando não de toda a categoria, mas apenas de um setor, como só os trabalhadores nas indústrias metalúrgicas, ou só os que trabalham nas indústrias mecânicas, ou, ainda, só os que trabalham na indústria de material elétrico. Em qualquer destes casos estaremos no âmbito do direito coletivo, porque estamos tratando da categoria toda ou de uma parte dela. Aprofundando-nos um pouco mais, podemos cogitar não de um setor inteiro, mas apenas dos trabalhadores de certa empresa metalúrgica, que têm um problema comum e necessitam de uma solução coletiva, que se aplique a todos os que venham a se colocar naquela dada situação que ora motiva o conflito.

Vemos, pois, que a noção de "coletivo" não guarda relação com o número de pessoas, mas sim com um grupo individualizado enquanto tal, independentemente das pessoas de seus componentes.

Podemos afirmar que a ideia de coletivo em Direito do Trabalho guarda relação com a ideia de categoria. Com efeito, o grupo que se expressa por meio do sindicato é a categoria. E essa é uma verdade para nós, já que nosso sistema jurídico identifica a categoria como entidade que congrega os trabalhadores, os empregadores, ou ainda os profissionais liberais, segundo os critérios que a lei determina. Idealmente não há esta identificação, podendo organizarem-se os interessados segundo outros parâmetros que não a profissão ou a atividade desenvolvida, como se dá em países onde existe efetiva liberdade sindical.

Temos, então, que a noção de coletivo em Direito do Trabalho diz respeito a determinado grupo e, portanto, o Direito Coletivo do Trabalho cuida das questões jurídicas dos vários grupos, das relações destes grupos entre si e deles com o Estado. Em outra dimensão, o Direito Individual do Trabalho ocupa-se das questões jurídicas sob a ótica dos empregados e empregadores individualmente considerados.

Eis por que constitui um equívoco pretender vincular a noção de coletivo com uma quantidade de pessoas, porque os sujeitos são os grupos claramente delineados. No exemplo anterior da categoria metalúrgica, qualquer grupo que tomemos traz em si a noção de coletivo, porque constitui uma unidade. Desse modo, celebrando-se uma negociação coletiva, qualquer pessoa ou empresa que venha a integrar o referido grupo submete-se ao que foi decidido. Da mesma forma, qualquer pessoa que deixe de integrar a categoria deixa de ser abrangida pela norma em vigor.

Assim, a figura de cada pessoa individualmente considerada é irrelevante para o Direito Coletivo, que se ocupa, como visto, das relações dos grupos. Os reflexos dessas relações coletivas no plano individual, para cada empregado e cada empregador só têm relevância para o Direito Individual, como vimos em capítulos precedentes.

Pois, se estamos de acordo quanto à ideia de que a categoria é que sintetiza a noção de coletivo, é preciso saber como se manifesta essa mesma categoria. Como já referimos, a categoria é uma ficção jurídica que entre nós tem o contorno preciso que lhe dá a lei e, sendo mera ficção, não tem como manifestar-se, necessitando do sindicato para tanto.

Isso significa dizer que o sindicato é a própria corporificação da categoria, pois é ele que expressa a vontade da categoria e lhe dá vida.

Por outras palavras, é o sindicato a pessoa jurídica que tem por função principal expressar a vontade do grupo que representa, que é a categoria. Sob certo aspecto pode-se dizer que sindicato e categoria são a mesma entidade. Enquanto a categoria identifica-se com a alma do grupo, seu corpo é o sindicato. Sem categoria, o sindicato seria um corpo inerte. Sem o sindicato, a categoria seria uma ficção que não agiria concretamente, mas ficaria só no plano das ideias.

16.1 Natureza jurídica

Eis aí a importância do estudo do sindicato, que exige, desde logo, que pensemos um pouco sobre sua natureza. Afinal, que tipo de pessoa jurídica é o sindicato?

Muito discutida é a natureza do sindicato. Procura-se delinear que tipo de entidade é, sendo muito aprofundado o debate entre os doutrinadores. Octávio Bueno Magano (1982:13-16), após expor o pensamento de inúmeros doutrinadores, afirma que o sindicato tem como fundamento o espírito de associação, mas apresenta inúmeros traços institucionais, daí por que conclui que se trata de uma associação institucionalizada. Tantas são as teorias que convergem nesse sentido que, afinal, logra o ilustre professor sintetizar as características do sindicato, como conclui.

Se assim é, todavia, resulta claro que o sindicato, em sua essência, tem natureza de pessoa jurídica de direito privado, não obstante os traços institucionais a que a doutrina se refere. Sem dúvida, porque se origina da ideia de associação, tem suas raízes no âmbito privado. A ordem jurídica, dadas suas finalidades, dá-lhe atributos institucionais, mas que não o desnaturam, a nosso ver, enquanto pessoa jurídica de direito privado.

Ocorre, contudo, que em razão das circunstâncias políticas de determinado momento histórico, pode-se até deformar a natureza do sindicato, levando-o à condição de entidade quase pública. Quanto maior a intervenção estatal na estrutura sindical, tanto mais deformada estará a natureza jurídica do sindicato. É o que assistimos na nossa estrutura jurídico-trabalhista, desde o início até os dias de hoje, como a seguir veremos.

16.2 Evolução histórica

Ensinam os doutrinadores que a noção de sindicatos, como hoje entendemos, tem sua origem no fenômeno denominado Revolução Industrial.

Em realidade, o que dissemos no Capítulo 2 da Parte I deste livro, a propósito da evolução histórica do Direito do Trabalho, constitui a própria história do sindicato, que surgiu como meio de defesa das reivindicações dos trabalhadores.

Como afirma Amauri Mascaro Nascimento (1990:28), quando se cogita da evolução histórica do Direito do Trabalho retornamos à Revolução Industrial no século XVIII. E assim é porque, entendida aquela revolução com as significativas alterações no processo de produção, em decorrência do aparecimento da máquina a vapor e sua utilização para a produção em larga escala, torna-se esse momento histórico aquele de importância maior para o Direito do Trabalho.

É verdade que anteriormente, no início daquele século, em 1712, se deu o invento da máquina a vapor, por Thomas Newcomen, cuja finalidade era criar um engenho que pudesse bombear água nas minas de carvão inglesas. Todavia, somente na segunda metade do século XVIII é que o invento recebeu importantes aperfeiçoamentos, por obra de James Watt, sendo, então, utilizado pela indústria. Assim informam Orlando Gomes e Elson Gottschalk (1984:1). E prosseguem os autores demonstrando que a máquina a vapor, em realidade, não foi a causa da Revolução Industrial, mas um efeito. Isso porque à época, já inventadas grandes e pesadas máquinas para a indústria têxtil, necessitava-se de uma força motriz para aquelas máquinas, de modo que pudessem ser utilizadas com efetivo aproveitamento industrial.

Após o invento da máquina a vapor e com aquelas importantes alterações aperfeiçoando-a, como referimos, é que se acelera o processo industrial, caracterizando o que se denominou Revolução Industrial.

Entenda-se como revolução a mudança radical no modo de produção, em decorrência da utilização da máquina como fonte energética, em substituição à força humana, à força animal e à força hidráulica, usadas até então.

As unidades produtivas conhecidas até o advento da Revolução Industrial eram as pequenas corporações, onde havia diminutos grupos de pessoas produzindo certos bens.

A partir da introdução da máquina, à sua volta passaram a ser reunidos os meios de produção e, junto a esses, o contingente cada vez maior de pessoas que passou a trabalhar em função e no ritmo determinado pela própria máquina.

Examinemos, a propósito, a síntese dessa transformação que foi elaborada por Délio Maranhão (1976:14-15).

> "A Revolução Industrial, com o surgimento das grandes empresas, das grandes concentrações de capital, trouxe ao cenário da História um novo personagem: o assalariado, cônscio de sua significância como indivíduo e de sua realidade social como classe. O Direito do Código napoleônico – tradução, em termos jurídicos, do liberalismo econômico consagrado pelo triunfo da burguesia depois da Revolução Francesa – fundava-se na autonomia da vontade, na liberdade de contratar. 'Quem diz contratual, diz justo'. Ao *laissez-faire* no mundo econômico correspondia o *laissez-faire* no mundo jurídico."

O que afirma Délio Maranhão é que a introdução da máquina no processo industrial cria, por meio daquelas enormes concentrações de trabalhadores em redor da própria máquina, a figura do assalariado, e juridicamente instaura-se o princípio da ampla liberdade de contratação, sem qualquer limite à vontade das partes. Afirma ainda, que, embora o indivíduo continuasse a ser solicitado ao trabalho, não mais importava sua capacidade pessoal e sua habilidade, que eram fundamentais ao artesão. Deveria ser, apenas, treinado para operar a máquina, o que era possível igualmente às crianças de 10,

8 e até 6 anos (1976:15). Com essa nova realidade, o trabalhador passou a se encontrar em evidente desigualdade perante o patrão, além de socialmente perder a importância de que desfrutava até então como profissional.

Aquela hipotética igualdade entre empregado e empregador, tendo em conta a evidente disparidade entre ambos – o patrão detinha os meios de produção, a máquina, além do poder de dirigir a prestação de serviços –, representava na realidade uma desigualdade alarmante. Era claramente a liberdade de o patrão explorar sem limites e de o empregado ser explorado sem defesa.

Este é o cenário em que nasce o Direito do Trabalho. A produção industrial cria aquelas grandes concentrações de trabalhadores ao redor da máquina, de que já falamos, e a superexploração desses mesmos trabalhadores pelos patrões, sem qualquer limite, tornando insuportável a vida que passam a levar e estimulando a procura de uma solução para esses graves problemas.

Evaristo de Moraes Filho, citado por Délio Maranhão (1976:14), afirma que o Direito do Trabalho é um produto típico do século XIX, pois apenas neste século é que surgiram as condições necessárias para seu aparecimento como ramo autônomo e com características próprias em relação à ciência jurídica.

Lembre-se que o embrião do Direito do Trabalho encontra-se na segunda metade do século XVIII, a partir dos grandes aglomerados na indústria nascente. Todavia, relembrando a citação de Délio Maranhão, veja-se que àquela época, sob a inspiração da Revolução Francesa, imperava a ideia do liberalismo econômico, que influía na postura jurídica, igualmente liberal. Isto significa que por conta deste liberalismo ocorria total omissão do Estado no que se refere às relações entre as pessoas, dando-se total ênfase à autonomia da vontade.

A situação dos trabalhadores, nesse período dito liberal, como frisa Octávio Bueno Magano, por exemplo (1980:17), era de abandono à própria sorte, sem qualquer apoio de grupos sociais intermediários ou do Estado. Com efeito, estavam sujeitos os trabalhadores ao trabalho por jornadas diárias estafantes em troca de ínfimos salários, além da exploração do trabalho de mulheres e menores, igualmente sem qualquer limite. Inexistia em tal período respeito aos mínimos direitos do trabalhador, como hoje concebidos, sendo uma verdadeira violência a condição em que se encontravam esses empregados, quer no local de trabalho quer em relação à moradia, alimentação e à própria subsistência.

Fruto dessa superexploração no trabalho, começam a aparecer movimentos de associação entre os vários trabalhadores, como forma de defesa contra a ação do empregador. É importante notar que a concentração dos operários num só local de trabalho, que dá origem a esta mesma exploração, é que cria as condições para esse associacionismo. Eis aqui o embrião dos sindicatos atuais.

Evidentemente, esses movimentos são duramente reprimidos, com verdadeiros massacres de seus integrantes, à medida que os empregadores percebem que começa a surgir uma força que os ameaça em seu poder desmedido de exploração. Note-se, também, que no plano jurídico a repressão acompanha a ideologia dominante, configurando até um delito a associação dos operários na defesa de seus interesses. É a doutrina do individualismo servindo como fundamento jurídico para a repressão do que, posteriormente, passou a ser considerado um direito inalienável dos trabalhadores: a associação para defesa de seus direitos.

Em 1848, com a revolução popular francesa, fruto da situação insuportável decorrente do individualismo pregado pela revolução de 1789, e com a publicação do Manifesto Comunista de Marx e Engels, que estimula os trabalhadores à união, inicia-se um segundo período na história do Direito do Trabalho, que é aquele da contestação do liberalismo, como informa Bueno Magano (1980:18). Eis o motivo da afirmação acima mencionada, de Evaristo de Moraes Filho, de que o Direito do Trabalho é produto típico do século XIX. Somente a partir daí passam a existir as reais condições de luta pelo reconhecimento dos direitos do trabalhador.

Este segundo período, que se caracteriza pela contestação ao liberalismo, tem como marco final o início da Primeira Grande Guerra Mundial, em 1914. Assinala ainda Bueno Magano que o referido período, mercê da revolução popular francesa de 1848 e da publicação e divulgação do Manifesto Comunista, constitui-se num período de efetiva crítica e desafio à livre atuação da burguesia, fazendo com que esta percebesse que para a manutenção do poder haveria de, forçosamente, limitar a atuação dos patrões em relação a seus empregados. A partir dessa fase assiste-se a uma crescente intervenção do Estado nas relações trabalhistas, restringindo, paulatinamente, a autonomia da vontade e reconhecendo alguns direitos aos trabalhadores.

Mas a efetiva intervenção estatal nas relações entre empregados e empregadores dá-se com o final da Primeira Grande Guerra, quando, internacionalmente, é reconhecida a necessidade dessa intervenção, a fim de ser solucionada a questão social, como informa Bueno Magano (1980:19). O Tratado de Versalhes, cuja assinatura assinala o fim da guerra, prevê a criação da Organização Internacional do Trabalho, em seu título XIII, como organismo que se ocupa da proteção das relações entre empregados e empregadores, internacionalmente, a partir dos princípios básicos consagrados daquela Carta. Igualmente a Encíclica *Rerum Novarum*, do Papa Leão XIII, datada de 1890, traça diretrizes para a intervenção estatal nas relações patrão-empregado. Relembre-se, ademais, as Constituições do México, de 1917, e de Weimar, de 1919, que abrigam preceitos de natureza trabalhista.

Este último período, fortemente marcado pela intervenção estatal, torna universal o reconhecimento dos direitos básicos do trabalhador, frente ao empregador, e os mecanismos que visam coibir os abusos deste no desenvolvimento da relação de trabalho.

Assim, nesta fase intervencionista da história do Direito do Trabalho, após intensas lutas, passam os empregados a ter reconhecidos seus direitos, bem como os meios hábeis a fazer valer esses mesmos direitos, quando não respeitados.

Importa salientar que o nascimento do Direito do Trabalho deveu-se à formação das associações de trabalhadores, embora duramente reprimidas, como forma de defesa dos direitos individuais. Tanto assim que, mesmo no período de contestação ao liberalismo, de que falamos, e quando surgiu o reconhecimento de alguns direitos, estes eram apenas aqueles de natureza individual, já que aos empregadores sempre desagradou o reconhecimento legal daquelas associações que, afinal, deram origem aos atuais sindicatos.

Somente após a Primeira Grande Guerra e, posteriormente, com o advento da Declaração Universal dos Direitos do Homem, em 1948, e com a atuação da Organização Internacional do Trabalho por meio de suas convenções e recomendações, é que foram as entidades sindicais efetivamente reconhecidas como interlocutoras em nome dos trabalhadores.

Neste último período da história do Direito do Trabalho, não obstante mantidas as garantias legais aos trabalhadores, assistimos ao constante crescimento das entidades sindicais na defesa e coordenação dos interesses de seus associados, registrando-se, nos países de maior desenvolvimento econômico, onde os sindicatos são mais fortes, uma substituição da ação estatal pela ação sindical.

E ali dissemos o que ora se aplica inteiramente à história do sindicato. Nasce esta figura, que ora examinamos, exatamente do antagonismo de posições e interesses em que se encontram empregados e empregadores, daí por que a trajetória dos sindicatos é marcada pelos confrontos de ideias e interesses diversos entre patrões e empregados.

Relativamente aos fundamentos do sindicalismo, o Professor Amauri Mascaro Nascimento (1982a:19-25) diz que podem ser apontados cinco fundamentos.

Inicialmente, diz ele, o espírito liberal da Revolução Francesa de 1789 gerou a supressão das corporações de ofício, sob o fundamento de que não deveria existir qualquer intermediário entre o indivíduo e o Estado. Não obstante as corporações reunirem os mestres e os companheiros, que eram em realidade empregadores e empregados, em oposição aos sindicatos que reuniriam somente os assalariados, este foi um embrião do sindicato, na medida em que se sentiu um vazio no ordenamento jurídico.

A questão social é o segundo fundamento, de acordo com o Professor Amauri. O advento da Revolução Industrial causou sério desequilíbrio nas relações entre o trabalho e o capital. Com efeito, a já referida aglomeração dos trabalhadores em torno da máquina, a aceleração do processo de produção e a visão de ganhos extraordinários pelos empresários da época geraram uma superexploração da mão de obra, violentando a pessoa do trabalhador e causando o desequilíbrio referido. Essa situação, que levou os trabalhadores a situações deploráveis, tomou o nome de questão social e igualmente propiciou o surgimento do sindicato.

Como terceiro fundamento do sindicalismo, aponta o Professor Amauri o que chama de anomia do sistema legal. Trata-se de situação em que não há leis a regular as relações entre empregadores e trabalhadores, ou inadequação das leis existentes. A Revolução Industrial no século XVIII causou sensíveis mudanças na ordem econômica, tornando ineficazes a leis até então aplicadas. Eis aí mais um estímulo ao surgimento das entidades sindicais.

Por fim, aponta o Professor Amauri os dois últimos fundamentos, que são o reconhecimento do direito de associação e a necessidade da defesa do interesse coletivo. Sem dúvida, ao reconhecer o sistema jurídico a existência das entidades sindicais, dá real estímulo à consolidação das mesmas. Por outro lado, desde os primórdios sentiram os trabalhadores esta real necessidade de defesa de seus interesses. Assim, ao lado dos interesses individuais e dos interesses públicos, surgem os interesses coletivos das categorias representadas pelas entidades sindicais, a que no início nos referimos e cuja defesa também se coloca como fundamento do sindicato.

Desse modo, como nos dá conta o Professor Amauri, aí estão os principais motivos para o surgimento e desenvolvimento dos sindicatos, que constituem os fundamentos do sindicalismo.

16.2.1 Evolução histórica do sindicato no Brasil

Quanto à trajetória do sindicato no Brasil, é Roberto Barretto Prado (1984:131-132) quem nos dá conta, em oportuna síntese. Divide este esboço histórico que faz em cinco momentos.

O primeiro período, dos primórdios até a Revolução de 1930, caracteriza-se por dois diplomas legais. O Decreto-lei nº 979, de 6 de janeiro de 1903, permitiu aos profissionais da agricultura e das indústrias rurais de qualquer gênero que se reunissem em sindicato para estudo, custeio e defesa de seus interesses. A seguir, a Lei nº 1.637, de 5 de junho de 1907, criou as cooperativas, permitindo aos trabalhadores de quaisquer profissões e mesmo aos profissionais liberais a associação em sindicatos.

O segundo período, de 1930 até a Constituição Federal de 1934, caracteriza-se pelo Decreto nº 19.770, de 19 de março de 1931, que criou a organização sindical brasileira. Esta era estribada nos seguintes princípios: distinção entre sindicatos patronais e profissionais; prerrogativa sindical de celebração de convenções coletivas de trabalho; obrigação dos sindicatos de funcionarem como órgãos de colaboração com o Poder Público; direito de fundar e administrar caixas de beneficência, agências de colocação, cooperativas e outros órgãos assistenciais; estímulo à nacionalização do sindicato, que deveria ser composto de no mínimo 2/3 de brasileiros; proibição de filiação a organizações internacionais; proibição de propaganda de ideologias sectárias, de caráter social, político ou religioso, e mínimo de 30 associados. O Decreto nº 22.132, de 25 de novembro de 1932, criou as Juntas de Conciliação e Julgamento para conhecer e dirimir conflitos entre empregados sindicalizados e empregadores.

O terceiro período vai de 1934 até 1937 e não apresenta grandes modificações, mas apenas alguns complementos à organização sindical. O Decreto nº 24.694, de 12 de julho de 1934, passou a exigir o mínimo de 1/3 dos empregados para a formação de sindicato e, no caso de sindicato patronal, cinco empresas ou 10 sócios individuais. Também passou-se a exigir aprovação dos estatutos pelo Ministério do Trabalho.

O quarto período alcança de 1937 até a Constituição Federal de 1946, e se caracteriza pelo Decreto-lei nº 1.402, de 5 de julho de 1939. Referido texto legal passa a regular a constituição e funcionamento dos sindicatos, consagrando o princípio da unidade sindical. A fiscalização pelo Ministério do Trabalho das atividades sindicais passa a ser mais efetiva, sendo que a Consolidação das Leis do Trabalho incorpora quase que totalmente o referido Decreto-lei nº 1.402/39.

Por fim, ainda no esboço do professor Barretto Prado, o último período vai de 1946 até os nossos dias. Afirma que a Constituição Federal de 1946 consagrou a liberdade sindical, mas se omitiu sobre unidade ou pluralidade, o mesmo ocorrendo com as Constituições de 1967 e 1969. Assim, permaneceu em vigor a lei ordinária no tocante à unidade. Por fim, o Decreto-lei nº 229, de 28 de fevereiro de 1967, ampliou as prerrogativas do sindicato, reconhecendo-lhes o direito de celebrar acordos coletivos com uma ou mais empresas, tornando obrigatório o voto e dando garantias de emprego ao dirigente sindical.

Esta síntese do professor Barretto Prado deixa evidente que a partir de 1930 o governo brasileiro decidiu intervir de maneira efetiva no movimento sindical, traçando, daí em diante, seu perfil nitidamente corporativo, inspirado nas doutrinas de direita europeias, notadamente o facismo italiano, que produziu a chamada *Carta del Lavoro*, instrumento jurídico que orientou a nossa estrutura sindical.

A propósito das sensíveis mudanças a partir da Revolução de 1930 na nossa estrutura sindical, o professor Amauri Mascaro Nascimento (1982a:55-56) aponta quatro fatores determinantes para tanto. De início, o governo Getúlio Vargas, que implantou a política trabalhista; por outro lado, a necessidade de coibir as greves e agitações dos trabalhadores, que agravavam a situação das empresas, mormente numa economia que vinha de séria crise do ano de 1929. Em terceiro lugar, a certeza do governo de que deveria diminuir a influência de trabalhadores estrangeiros no movimento sindical, dada sua orientação de esquerda e extrema-esquerda, politizando sempre as questões sindicais e estimulando a greve. Por fim, o surgimento das doutrinas de direita já referidas, que reafirmavam a necessidade de evitar o florescimento de doutrinas revolucionárias.

Assim, afirma o professor Amauri, o governo viu-se na contingência de substituir a ideologia do conflito pela integração das classes profissional e patronal, por meio de um plano de organização da vida sindical em categorias, que denominou enquadramento sindical. Desse modo são atribuídas ao sindicato funções de colaboração com o governo, publicando-os e mantendo-os sob controle estatal, a fim de evitar a luta de classes.

Resta o exame da nossa estrutura sindical após a Constituição de 1988, mas deixaremos as modificações havidas para o exame a seguir, no panorama atual da nossa legislação.

16.3 Estrutura sindical

Como já referimos, a nossa estrutura sindical está fundada nos princípios estabelecidos da Constituição Federal de 1988 e no texto da Consolidação das Leis do Trabalho, naquilo que não foi revogado pelo novo texto constitucional.

Vejamos, então, as linhas gerais da estrutura sindical, como dispõe a Consolidação das Leis do Trabalho, para em seguida mencionar as modificações produzidas pelo texto constitucional, que, aliás, não foram muitas.

Ocupa-se a Consolidação da organização sindical nos arts. 511 a 610.

Assim dispõe o art. 511 da Consolidação das Leis do Trabalho:

> "Art. 511. É lícita a associação para fins de estudo, defesa e coordenação dos seus interesses econômicos ou profissionais de todos os que, como empregadores, empregados, agentes ou trabalhadores autônomos, ou profissionais liberais, exerçam, respectivamente, a mesma atividade ou profissão, ou atividades ou profissões similares ou conexas.
>
> § 1º A solidariedade de interesses econômicos dos que empreendem atividades idênticas, similares ou conexas constitui o vínculo básico que se denomina categoria econômica.
>
> § 2º A similitude de condições de vida oriunda da profissão ou trabalho em comum, em situação de emprego na mesma atividade econômica ou em atividades econômicas similares ou conexas, compõe a expressão social elementar compreendida como categoria profissional.
>
> § 3º Categoria profissional diferenciada é a que se forma dos empregados que exerçam profissões ou funções diferenciadas por força de estatuto profissional especial ou em consequência de condições de vida singulares.
>
> § 4º Os limites da identidade, similaridade ou conexidade fixam as dimensões dentro das quais a categoria econômica ou profissional é homogênea e a associação é natural."

Vemos, pois, que o legislador consolidado acolheu a ideia do governo Getúlio Vargas, a que já nos referimos, de compartimentar o movimento sindical, criando a noção de categoria, que passa a ser a base da atuação sindical e que impõe seus rígidos limites de atuação.

O art. 511 da Consolidação reconhece o direito de associação, mas circunscreve-o à identidade de profissão ou atividade, à similaridade ou conexidade. E os §§ 1º e 2º, partindo destes conceitos, fixam o que se denomina categoria econômica e profissional. Eleva a uma situação de tratamento especial o que chama de categoria diferenciada, que são aquelas atividades que têm regulamentação legal própria ou que se destacam pelas condições especiais de vida e trabalho. Eis aqui outro modo de seccionar o movimento sindical.

Como é o sindicato que está sob controle estatal, o art. 512 da Consolidação só permite às associações constituídas com observância das regras mencionadas transformar-se em sindicato. E o art. 513 da Consolidação só reconhece ao sindicato as prerrogativas que menciona, entre as quais celebrar convenções coletivas de trabalho, impor contribuições à categoria e participar de órgãos estatais. Assim, estimula as associações a transformarem-se em sindicato, de modo a gozarem das prerrogativas, ainda que sob o domínio do Estado.

Os arts. 516 e 517 da Consolidação determinam a obediência ao princípio da unicidade sindical, de modo que só pode haver um sindicato da mesma categoria na mesma localidade, chamada de base territorial e fixada esta como o distrito ou município, no mínimo, até o sindicato nacional, em casos especiais.

Já a estrutura sindical compõe-se do órgão de base ou municipal, que é o sindicato, a entidade estadual, como regra, que é a federação, e, por fim, a entidade nacional, que é a confederação, conforme dispõem os arts. 533 a 535 da Consolidação. A federação é constituída pelo número mínimo de cinco sindicatos, respeitados os requisitos de identidade, similaridade ou conexidade de profissões ou atividades. E a confederação será constituída de pelo menos três federações, como dispõe a lei.

Note-se que as organizações de grau superior, como denomina a lei consolidada, são constituídas pelas entidades de grau inferior e não pelos associados, o que gera uma estrutura piramidal. Com efeito, temos na base, que é o sindicato, todos os integrantes da categoria. Já na federação temos apenas os delegados dos sindicatos que a compõem, o que torna muito pequeno o número de integrantes. Igualmente na confederação, temos somente os delegados de federações, criando, assim, entidades muito distantes da base que devem representar. Não raro há conflito entre o sindicato e as entidades de grau superior, exatamente pela diversidade de óptica que têm sobre o mesmo tema, inclusive em razão da própria constituição.

Nos arts. 540 a 547 da Consolidação, encontram-se os artigos relativos aos direitos reconhecidos aos exercentes de profissões ou atividades e dos sindicalizados.

Já nos arts. 578 a 600, ocupa-se a Consolidação da contribuição sindical, nova nomenclatura do antigo imposto sindical. Trata-se de valor a ser pago por todos os integrantes da categoria profissional ou patronal, independentemente da condição de sócio. Causa espanto que uma entidade de direito privado possa cobrar contribuição de quem não é associado, e também por este fato é que se questiona sobre o caráter privado do sindicato.

No item 16.1, quando falamos da natureza do sindicato, dissemos que é ele, originariamente, pessoa jurídica de direito privado. Mas o que vemos entre nós é que a partir do governo Getúlio Vargas adulterou-se a natureza do sindicato, para colocá-lo sob controle do Estado, transformando-o em quase uma repartição estatal. Eis aí o motivo da contribuição sindical ser devida por todos integrantes da categoria, coercitivamente, tanto que no início chamava-se imposto sindical. Do mesmo modo, concede a lei a representação ao sindicato de toda a categoria, quando o correto seria a representação apenas dos sócios.

Tantos são os problemas decorrentes desta deformação da personalidade do sindicato, que seria cansativo narrar. Contudo, podemos ter certeza de que grande parte das polêmicas travadas sobre representação sindical em realidade é consequência desta deformação. Inúmeros os problemas, enfrentados no dia a dia das empresas e dos empregados, causados por esta situação.

Do ponto de vista constitucional, já a Constituição Federal de 16 de julho de 1934, em seu art. 120, afirmava que os sindicatos e associações profissionais eram reconhecidos de conformidade com a lei, que deveria assegurar a pluralidade sindical e autonomia dos sindicatos.

Já o art. 138 da Constituição Federal de 10 de novembro de 1937 afirmava que havia liberdade de associação profissional ou sindical, mas que só o sindicato reconhecido legalmente pelo Estado é que poderia representar a categoria, defender seus direitos, estabelecer contratos coletivos e impor contribuições, além de exercer funções delegadas do Poder Público. Eis aqui o atrelamento do sindicato ao Estado, determinado pela Constituição Federal.

A Constituição Federal de 18 de setembro de 1946, não obstante a queda do Estado Novo e o restabelecimento da democracia entre nós, não alterou a intervenção estatal no movimento sindical. De fato, seu art. 159 mantinha a liberdade de associação e sindical, remetendo à lei sua constituição, representação legal nas convenções coletivas de trabalho e exercício de funções delegadas do Poder Público.

O art. 159 da Constituição Federal de 24 de janeiro de 1967 manteve o texto da Carta anterior, apenas acrescentando que a cobrança de contribuições também se inseria no rol de funções delegadas do Poder Público, além de afirmar que obrigatório o voto nas eleições sindicais. O art. 166 da Emenda Constitucional de 17 de outubro de 1969 reproduziu literalmente o art. 159 da Carta de 1967.

Por fim, o art. 8º da Constituição Federal de 5 de outubro de 1988 assim dispõe:

> "Art. 8º É livre a associação profissional ou sindical, observado o seguinte:
>
> I – a lei não poderá exigir autorização do Estado para a fundação de sindicato, ressalvado o registro no órgão competente, vedadas ao Poder Público a interferência e a intervenção na organização sindical;
>
> II – é vedada a criação de mais de uma organização sindical, em qualquer grau, representativa de categoria profissional ou econômica, na mesma base territorial, que será definida pelos trabalhadores ou empregadores interessados, não podendo ser inferior à área de um Município;
>
> III – ao sindicato cabe a defesa dos direitos e interesses coletivos ou individuais da categoria, inclusive em questões judiciais ou administrativas;
>
> IV – a assembleia geral fixará a contribuição que, em se tratando de categoria profissional, será descontada em folha, para custeio do sistema confederativo da representação sindical respectiva, independentemente da contribuição prevista em lei;
>
> V – ninguém será obrigado a filiar-se ou a manter-se filiado a sindicato;
>
> VI – é obrigatória a participação dos sindicatos nas negociações coletivas de trabalho;
>
> VII – o aposentado filiado tem direito a votar e ser votado nas organizações sindicais;
>
> VIII – é vedada a dispensa do empregado sindicalizado a partir do registro da candidatura a cargo de direção ou representação sindical e, se eleito ainda que suplente, até um ano após o final do mandato, salvo se cometer falta grave nos termos da lei.
>
> Parágrafo único. As disposições deste artigo aplicam-se à organização de sindicatos rurais e de colônias de pescadores, atendidas as condições que a lei estabelecer."

Foi mantido o princípio da liberdade de associação das Constituições anteriores, mas as modificações ficaram a meio caminho da efetiva liberdade sindical, como consagrada pela Convenção nº 87 da Organização Internacional do Trabalho, de que nos ocuparemos adiante, na Parte III deste livro.

Realmente, ao dizer que o Estado não pode intervir na constituição e no funcionamento do sindicato, mas exige registro do sindicato, cria um problema de difícil solução. E tal proceder deriva do fato de que mantido o princípio da unicidade sindical, isto é, um só sindicato por categoria, em cada localidade. O registro obrigatório visa exatamente a fiscalizar a observância e respeito à unicidade sindical.

Ademais, como já mencionamos, foi mantida a ideia de categoria profissional e patronal, o que compartimenta o movimento sindical e atenta contra a ideia de liberdade e autonomia dos sindicatos, inerentes à autonomia privada coletiva.

Diga-se, ademais, que mantém a Constituição a contribuição sindical criada pela lei, o que sustenta o sindicato sem sócios, além de obrigar a manutenção da unidade sindical, revelando, desse modo, que em matéria de direito sindical pouco se avançou constitucionalmente.

Ainda assim, importante ressaltar que vários artigos da Consolidação foram revogados pelo texto do art. 8º da Constituição, como aqueles relativos aos estatutos sindicais, registro, investidura, bem como funcionamento do sindicato, passando toda a matéria aos estatutos da entidade. Mesmo no que se refere à contribuição sindical, entendemos que a parcela anteriormente destinada ao Estado agora pertence ao sindicato, retiradas que foram as limitações à vida sindical e a ingerência do Estado em seus negócios.

16.3.1 As centrais sindicais

Como vimos nosso ordenamento jurídico só reconhece como entidades sindicais legais o sindicato, a federação e a confederação. Não obstante, os trabalhadores, antes do golpe militar de 1964, organizavam-se também por meio de entidades suprassindicais, digamos assim, pois se colocavam em sua atuação acima das confederações, reunindo as próprias entidades sindicais, o que lhes dava maior representatividade e, portanto, maior poder de negociação trabalhista e política.

Ciente do poder que detinham as centrais sindicais, o Estado autoritário de 1964 cuidou desde logo de colocar na ilegalidade estas entidades, como ocorreu com a CGT, a Central Geral dos Trabalhadores, proibindo seu funcionamento, perseguindo seus dirigentes, prendendo-os, torturando-os e banindo alguns dos mais representativos e combatentes sindicalistas.

É bom lembrar que a CGT embora não tivesse personalidade sindical, pois era estranha às regras da nossa estrutura legal sindical rígida e vertical, tinha existência lícita como qualquer pessoa jurídica de direito privado.

Mesmo assim não resistiu à violência da ação golpista, encerrando suas atividades, diante da violência e do terror de que foi alvo.

A tenacidade dos trabalhadores militantes fez com que, à medida que se esboçava no país uma abertura política, voltassem a se organizar em centrais sindicais, que passaram a congregar sindicatos, federações e confederações.

A Lei nº 11.648, de 31 de março de 2008, dispõe sobre o reconhecimento das centrais sindicais, alterando a CLT no Título V, que se ocupa da organização sindical.

Estabelece os critérios para existência e reconhecimento da Central Sindical, em obediência aos parâmetros traçados pelo art. 8º da Constituição Federal, bem como fixa o percentual a ser retirado da contribuição sindical dos trabalhadores para manutenção das Centrais Sindicais, no importe de 10% do total arrecadado, a ser recolhido para a central a que o sindicato é filiado.

Temos hoje como entidades mais representativas, dentre outras, a CUT – Central Única dos Trabalhadores, a Força Sindical e a CGT – Central Geral dos Trabalhadores, que atualmente encontram-se dentro da estrutura legal sindical.

Não obstante o período anterior de ilegalidade, sob a ótica da estrutura sindical legal, a realidade fez a lei ceder à evidência, e já há tempos empregadores e o Estado não negociam com os trabalhadores sem a participação e o aval das centrais sindicais, pois são elas que têm a força política para efetividade das negociações, não obstante seja formalmente necessária a participação das entidades legais, para legalizar os atos praticados.

E observamos um fenômeno interessante, que impulsionou o reconhecimento legal das centrais que é o fato de as novas leis incorporarem as centrais sindicais como interlocutores. Veja-se o exemplo do Decreto nº 99.684, de 8-11-90, que é o regulamento do FGTS, que em seu art. 65, § 1º, atribui às centrais sindicais e confederações a faculdade de indicar titulares e suplentes da representação de trabalhadores para o Conselho Curador do FGTS.

16.3.2 O sistema "S"

Por iniciativa dos empresários nacionais, foram criados na indústria o SESI – Serviço Social da Indústria e o SENAI – Serviço Nacional de Aprendizagem Industrial, no ano de 1942. A seguir os empresários do comércio, em 1946, criaram o SESC – Serviço Social do Comércio e o SENAC – Serviço Nacional de Aprendizagem Comercial.

Tais iniciativas decorreram da situação que passamos a viver em razão da II Grande Guerra, que impulsionou a indústria e o comércio em nosso país e, em consequência, passou a exigir qualificação de mão de obra, necessitando a criação de cursos profissionalizantes, o que o Estado não lograva efetivar a contento.

Tais misteres passaram a ser desenvolvidos pelo SENAI e SENAC, cuidando o SESI e o SESC das questões culturais e assistenciais aos trabalhadores da indústria e do comércio. Dúvida não há de que tais instituições passaram a desempenhar importante papel na nossa sociedade, suprindo a ação estatal e desenvolvendo de forma marcante suas atividades por todo o país.

A manutenção deste sistema dá-se pela contribuição compulsória arrecadada dos empregadores, sendo a arrecadação feita pelo INSS, que pelos serviços recebe um percentual. Os valores arrecadados mantêm os serviços prestados e a estrutura necessária para tanto.

Atualmente discute-se acaloradamente a manutenção ou não do sistema e, paralelamente, a necessidade de fiscalização da destinação dos valores arrecadados também por representantes dos trabalhadores, que são os principais destinatários de tais recursos.

Ao longo dos anos outras entidades foram somando-se ao SESI, SENAI, SESC e SENAC e hoje temos: SENAR – Serviço Nacional de Aprendizagem Rural; SEBRAE – Serviço Brasileiro de Apoio às Micro e Pequenas Empresas; SENAT – Serviço Nacional de Aprendizagem do Transporte; SEST – Serviço Social do Transporte e SESCOOP – Serviço Nacional de Aprendizagem do Cooperativismo, compondo o que convencionou-se denominar sistema "S".

Verificação de aprendizagem

Questões para debate

1. *Qual o significado da palavra coletivo em Direito do Trabalho?*
2. *Que tipo de pessoa jurídica é o sindicato?*
3. *Por que se diz que os sindicatos têm origem na Revolução Industrial?*
4. *Explique qual o nexo existente entre a invenção da máquina a vapor e o aperfeiçoamento tecnológico e o Direito Sindical.*
5. *Qual a situação dos trabalhadores no período do liberalismo econômico?*
6. *Aponte alguns dos chamados fundamentos do sindicalismo, explicando cada um deles.*
7. *Em que período histórico ocorreu a estruturação sindical brasileira e por que motivo?*
8. *Qual o fundamento legal da estrutura sindical brasileira e qual a sua inspiração ideológica?*
9. *Por que se afirma que nossa estrutura sindical é do tipo piramidal?*
10. *Atualmente, pode o Estado intervir na administração sindical? Por quê?*
11. *É legal a criação de vários sindicatos da mesma categoria na mesma localidade? Por quê?*
12. *Qual o significado de categoria profissional e categoria econômica? Tais conceitos atualmente foram abolidos? Por quê?*
13. *Quais as fontes de renda dos sindicatos?*

14. *É compatível a nossa estrutura sindical com as determinações da Convenção nº 87 da Organização Internacional do Trabalho? Por quê?*
15. *É possível a sobrevivência de um sindicato que tenha um número mínimo de associados? Por quê?*
16. *Defina a situação legal e o papel das Centrais Sindicais.*

Exercícios

Leia cada uma das assertivas abaixo e, a seguir, diga se verdadeira ou falsa, justificando sua opção.

1. *A origem dos sindicatos e do próprio Direito do Trabalho remonta ao século XVIII.*
2. *O sindicato é o veículo de expressão do que se denomina categoria em Direito Sindical.*
3. *A noção de coletivo em Direito do Trabalho está intimamente ligada à ideia de multiplicidade de trabalhadores ou empregadores.*
4. *O sindicato, principalmente nos países da Europa, caracteriza-se como pessoa jurídica de direito público.*
5. *Os sindicatos, após a Revolução Francesa, foram substituídos pelas corporações de ofício.*
6. *Desde o século XVIII e até o final da Primeira Grande Guerra, os sindicatos não tiveram reconhecimento jurídico de sua personalidade de representantes dos trabalhadores.*
7. *A questão social teve maiores repercussões no âmbito do Direito Civil do que no do Direito do Trabalho.*
8. *As manifestações sindicais no Brasil só tiveram início após o governo de Getúlio Vargas.*
9. *A atual estrutura sindical brasileira tem suas bases firmadas na década de 30.*
10. *A Constituição Federal de 1988 revogou toda a Consolidação das Leis do Trabalho em matéria sindical.*
11. *O princípio da unidade sindical impõe atuação estatal no controle dos sindicatos, quanto ao seu registro, pelo menos.*
12. *Os sindicatos no Brasil, após a Constituição Federal de 1988, passaram a ter como receita somente as contribuições de seus associados.*
13. *O princípio constitucional da liberdade de associação só foi consagrado a partir da Constituição Federal de 1946.*
14. *A Constituição Federal de 1988 deixou aos sindicatos a decisão sobre a adoção da unidade ou da pluralidade sindical.*
15. *A Constituição Federal de 1988 deixou aos sindicatos o poder de decisão sobre sua participação no processo de negociação coletiva.*

Parte III

DIREITO CONSTITUCIONAL DO TRABALHO

Introdução

O advento de uma nova Carta Constitucional, por si só, é um fato da maior importância na vida de qualquer país.

Efetivamente, trata-se da nova ordem jurídica a presidir as relações internas de uma nação e, abstraído eventual juízo de valor, sem dúvida traz consigo a certeza de mudanças nestas mesmas relações.

Por outro lado, na medida em que retrocedemos no tempo, buscando identificar os fatos marcantes do processo que desemboca na necessidade de elaboração de uma nova Constituição, bem como no procedimento de convocação daqueles que terão o encargo de elaborá-la e na estrutura de trabalho a ser utilizada, passamos a valorar tal processo, quando, então, atribuímos maior ou menor importância ao acontecimento enquanto resultados.

Assim é que passamos, desde 5 de outubro de 1988, a ter uma nova Constituição Federal. Trata-se, não há dúvida, de um momento alvissareiro para todos nós, principalmente porque esta Carta foi elaborada por um Congresso Nacional escolhido livremente e vem substituir a Carta Constitucional de 1967 e a Emenda Constitucional de 1969, ambas impostas pelo regime militar. Portanto, sob a ótica do estado de direito, sob o prisma da liberdade democrática, é um momento auspicioso para o povo brasileiro.

Partimos agora, na efetiva implantação de um regime democrático no país, de um marco decisivo, qual seja a consagração do estado de direito pela nova Carta Constitucional.

Lembre-se, contudo, de que não se trata de uma Constituição elaborada por uma Assembleia Nacional Constituinte, isto é, um conjunto de homens e mulheres escolhidos especificamente para tal mister, cuja função cessaria tão logo completado o trabalho de elaboração da Carta. Tivemos, isso sim, a eleição de um Congresso Nacional Constituinte, ou seja, tivemos que votar em Deputados Federais e Senadores que, num primeiro momento, receberam o encargo de elaborar a Constituição Federal e, às vezes ao mesmo tempo, cuidavam da legislação ordinária e de outros assuntos. Note-se, ainda, que quanto ao Senado Federal nem toda sua composição foi renovada, já que, pelo sistema de renovação alternada de um terço após quatro anos e os restantes dois terços nos quatro anos seguintes, votamos somente em parte dos senadores, o que resulta que alguns dos que elaboraram a Constituição sequer receberam votos para tal função.

O problema da existência de um Congresso Constituinte e não uma Assembleia Constituinte reside, por um lado, no comprometimento que deputados e senadores têm pelo fato de que cumprem um mandato e representam grupos que os elegem. De outra parte, o Congresso elaborando a Constituição, surge a possibilidade de legislar cada um em causa própria, em nível constitucional. Inúmeros os momentos de debates e votações em que assistimos exatamente a esse problema como questão central, qual seja, o embate de posições pessoais com posições de interesse da própria nação, o que é, no mínimo, lamentável.

Já com a convocação de uma Assembleia Nacional Constituinte, pela qual tantos se debateram, ainda que seus integrantes igualmente viessem a representar grupos, o que é próprio do processo democrático, desde logo se esgotaria a função de cada integrante com a entrega da Carta, o que tornaria mínima a possibilidade de legislar em causa própria. Ademais, a representatividade seria maior, desde que democráticos os critérios de escolha, minimizando-se o poder econômico que foi decisivo na composição do Congresso.

É evidente que aqui estamos meditando sobre o processo em si e não sobre a pessoa de cada um dos integrantes do Congresso, ainda porque não há como imaginar que todo o país possa ficar à mercê da consciência de cada um, não dispondo de um sistema que garanta a eficácia das várias instituições.

Tais questões são de grande importância, quer como lição que a história está ministrando a cada um de nós, quer como ponto de partida para análise dos vários dispositivos constitucionais. É fundamental não perder a perspectiva histórica, ao analisar o texto constitucional, para podermos compreender o real alcance da norma.

Como dissemos, temos desde outubro de 1988 uma nova Constituição Federal, o que significa uma nova ordem jurídica. Não se trata de mera modificação da legislação, mas de mudança na própria base do ordenamento jurídico. Convém pensar um pouco a respeito.

Imaginemos um local até então desabitado e que a partir de determinado momento um grupo de pessoas passe a viver ali. Em pouco tempo – anarquismo à parte – o grupo sentirá a necessidade de normas que regulem a conduta dos vários integrantes, de modo a que se torne pacífica e harmônica a convivência deste mesmo grupo. O grupo, então, tem o chamado poder constituinte, isto é, o poder de elaborar as regras básicas que irão nortear a vida social. Reunindo-se todos, ou alguns escolhidos para a elaboração de tais normas, temos a Assembleia Constituinte, que não está submetida a qualquer poder anterior, pois inexistente.

A seguir, elaborada a Constituição deste grupo e posta em prática, havendo necessidade de elaboração de qualquer outra lei, esta forçosamente haverá de estar em consonância com aquela maior, sob pena de inconstitucionalidade e não aplicação.

Pois o mesmo processo se dá entre nós. Evidentemente que, quando se atribuiu poderes constituintes ao Congresso Nacional, havia uma Constituição em vigor (aquela de 1967, com a Emenda Constitucional nº 1, de 1969) e que viveu até 4 de outubro de 1988, véspera da vigência da nova Carta. Todavia, sem dúvida que enquanto se elaborava a nova Carta não havia qualquer limite jurídico ao Congresso Nacional, tendo em vista a própria essência do poder constituinte, que é de criação do direito. É do poder constituinte que emana a nova ordem a ser estabelecida em determinada sociedade.

Desse modo, ao passar a vigorar a nova Constituição Federal, tudo o que se encontrava contrário a ela deixou de ser aplicado, pois foi automaticamente derrogado pela nova ordem jurídica.

Num estado em organização, ou num grupo como o acima referido, tal problema de legislação anterior não se coloca, mas numa sociedade já organizada é o que se dá. Tem-se, então, um problema relativo à convivência da legislação anterior com a nova Constituição. Nesse caso, desde logo, como já dito, tudo o que for contrário à Constituição está imediatamente revogado. De outra parte, tratando-se de norma ordinária que trate de problema em consonância com a disposição constitucional, continua tendo inteira aplicação. Há, ainda, casos em que a Constituição é omissa sobre certo ponto, ou que deixa de abordá-lo exatamente por não se tratar de matéria constitucional, sendo este objeto de lei ordinária. Esta, também, irá substituir, até que venha a ser expressamente revogada, se tal ocorrer.

Trata-se, pois, de examinar cada tema e procurar saber se há incompatibilidade entre a norma ordinária e aquela constitucional. Se assim ocorrer há de se aplicar apenas o texto constitucional ou, se não for autoaplicável e estiver derrogada a lei velha, outro caminho não resta a não ser aguardar a nova lei ordinária, que tornará aplicável o dispositivo constitucional. Havendo compatibilidade entre ambas, continuamos a aplicar a mesma lei, revelando-se na prática inalterada aquela situação.

Examinemos, a propósito, a situação da Justiça do Trabalho ao longo das Constituições brasileiras.

Durante o século XIX, não obstante uma ou outra lei cogitar de normas específicas sobre procedimento em causas relacionadas com a locação de serviços, existia somente a Justiça Comum, nada havendo sobre qualquer organismo especializado em matéria do trabalho.

Após a criação de Conselhos de Arbitragem na primeira década deste século, em 1922 experimenta-se a criação dos Tribunais Rurais em São Paulo.

Os Tribunais Rurais eram compostos pelo juiz da comarca, que os presidia, por um representante dos trabalhadores e por um representante dos proprietários rurais. Estes últimos, além dos requisitos que deviam preencher para nomeação, tinham de comprovar tempo mínimo de residência no país. Ademais, tinham os Tribunais Rurais competência limitada até determinado valor da causa. A experiência, contudo, foi de curta duração.

Já em 1932 foram criadas as Comissões Mistas de Conciliação, para solucionar dissídios coletivos do trabalho, e as Juntas de Conciliação e Julgamento, para solução dos dissídios individuais. Ambos os organismos, que não integravam o Poder Judiciário mas cumpriam funções administrativas, tinham atuação bastante limitada. As Comissões Mistas de Conciliação não tinham poder coercitivo e, caso uma ou ambas as partes não se submetessem à sua decisão, o caso era solucionado pelo Ministro do Trabalho, Indústria e Comércio.

Já as Juntas de Conciliação e Julgamento estavam sujeitas à avocação, também pelo Ministro do Trabalho, de qualquer dissídio, além do que não podiam executar suas próprias decisões. Eventualmente, a Justiça Comum, à qual cabia o poder de executar aquelas decisões, poderia até anulá-las, proferindo outra decisão em substituição.

A propósito, a Constituição Federal de 1934, em seu art. 122, assim considerava a Justiça do Trabalho:

> "Art. 122. Para dirimir questões entre empregadores e empregados, regidas pela legislação social, fica instituida a Justiça do Trabalho, à qual não se applica o disposto no Capítulo IV, do Titulo I.
>
> Paragrapho unico. A constituição dos Tribunaes do Trabalho e das Commissões de Conciliação obedecerá sempre ao principio da eleição de seus membros, metade pelas associações representativas dos empregados, e metade pelas dos empregadores, sendo o presidente de livre nomeação do Governo, escolhido dentre pessoas de experiencia e notoria capacidade moral e intellectual."

O Capítulo IV do Título I da Constituição de 1934, que não se aplicava à Justiça do Trabalho, dizia respeito ao Poder Judiciário, pois, como dito, a Justiça do Trabalho não integrava o Judiciário.

Desde tal época, porém, e já quando da instituição dos Tribunais Rurais, presidia a ideia da representação paritária, de empregados e empregadores, até hoje mantida.

A partir de maio de 1941, com o Decreto-lei nº 1.237, de 2 de maio de 1939, entrando em vigor, assim como sua regulamentação de 1940, começou o processo de ingresso da Justiça do Trabalho no Poder Judiciário. Aperfeiçoa-se tal processo com o Decreto-lei nº 9.797, de 9 de setembro de 1946, que confere aos juízes do trabalho as garantias asseguradas aos juízes comuns, daí decorrendo a autonomia da Justiça do Trabalho.

Em âmbito constitucional, com a Carta de 1937, não houve alteração no tratamento dispensado à Justiça do Trabalho, em relação à Carta anterior.

Assim dispunha o art. 139 da Constituição de 1937:

> "Art. 139. Para derimir (*sic*) os conflitos oriundos das relações entre empregadores e empregados, reguladas na legislação social, é instituída a justiça do trabalho, que será regulada em lei e à qual não se aplicam as disposições desta

Constituição relativas à competência, ao recrutamento e às prerrogativas da justiça comum."

Vê-se, portanto, que quando do advento da Carta Constitucional de 1937 ainda permanecia a Justiça do Trabalho à margem do Poder Judiciário e somente a partir da legislação acima referida é que teve início o processo que levou-a a integrar o Judiciário, como culminou com a Carta de 1946.

A estrutura do Judiciário Trabalhista, como hoje nós o concebemos, teve início com a Constituição de 1946, que assim dispunha a respeito:

> "Art. 122. Os órgãos da Justiça do Trabalho são os seguintes:
>
> I – Tribunal Superior do Trabalho;
>
> II – Tribunais Regionais do Trabalho;
>
> III – Juntas ou juízes de conciliação e julgamento.
>
> § 1º O Tribunal Superior do Trabalho tem sede na Capital Federal.
>
> § 2º A lei fixará o número de Tribunais Regionais do Trabalho e respectivas sedes.
>
> § 3º A lei instituirá as juntas de conciliação e julgamento, podendo, nas comarcas onde elas não forem instituídas, atribuir as suas funções aos juízes de direito.
>
> § 4º Poderão ser criados por lei outros órgãos da Justiça do Trabalho.
>
> § 5º A constituição, investidura, jurisdição, competência, garantias e condições de exercício dos órgãos da Justiça do Trabalho serão reguladas por lei, ficando assegurada a paridade de representação de empregados e empregadores.
>
> Art. 123. Compete à Justiça do Trabalho conciliar e julgar os dissídios individuais e coletivos entre empregados e empregadores, e as demais controvérsias oriundas de relações de trabalho regidas por legislação especial.
>
> § 1º Os dissídios relativos a acidentes do trabalho são da competência da justiça ordinária.
>
> § 2º A lei especificará os casos em que as decisões, no dissídios coletivos, poderão estabelecer normas e condições de trabalho."

Vemos que desde 1946 foi mantida basicamente a mesma organização da Justiça do Trabalho, havendo algumas modificações apenas relativamente à competência. Ademais, quanto à atuação supletiva dos juízes estaduais em matéria trabalhista, tal ainda ocorre, uma vez que boa parte das localidades do país ainda não se encontra sob a jurisdição de uma determinada Junta de Conciliação e Julgamento.

Quanto à estrutura da Justiça do Trabalho, a Constituição Federal de 1967, em seus arts. 133 a 135, apenas fixou o número de ministros do Tribunal Superior do Trabalho, assim como a origem dos mesmos. Já quanto à composição dos Tribunais Regionais do Trabalho, limitou-se o legislador constitucional a fixar a proporção entre juízes togados e classistas e assegurar, relativamente aos primeiros, o chamado "quinto constitucional" de representação de advogados e de membros do Ministério Público.

Como se vê, do art. 141 até o 143, a Emenda Constitucional de 1969 não produziu qualquer alteração na Carta de 1967, no que respeita à estrutura da Justiça do Trabalho.

Afinal, quanto à Constituição de 1988, cuidou da Justiça do Trabalho em seus arts. 111 a 117 e, embora mantenha a linha mestra adotada desde 1946, produziu algumas alterações, embora nada de natureza estrutural. Assim, ampliou o número de ministros do Tribunal Superior do Trabalho; adequou o processo de escolha de advogados e membros do Ministério Público ao processo por ela anteriormente introduzido; determinou a criação de pelo menos um Tribunal Regional do Trabalho em cada Estado da Federação; ampliou a competência da Justiça do Trabalho, em razão da matéria, pondo fim ao foro privilegiado da União; referiu-se expressamente à arbitragem facultativa e à negociação coletiva; e, por fim, cogitou da questão da recondução dos juízes classistas. A propósito da profunda alteração na estrutura, pela eliminação da representação classista, por força da Emenda Constitucional nº 24, de 9 de dezembro de 1999, dela e do conjunto de artigos relativos à estrutura da Justiça do Trabalho adiante trataremos com o devido cuidado.

A partir de 30-12-2004, com a vigência da Emenda Constitucional nº 45, manteve-se a estrutura da Justiça do Trabalho, retornando a composição do Tribunal Superior do Trabalho a 27 ministros e com a criação do Conselho Superior da Justiça do Trabalho (Constituição Federal, art. 111-A, § 2º, II), como veremos a seguir no item 20.

Eis, em síntese, a trajetória constitucional da Justiça do Trabalho no Brasil. E a propósito convém relembrar que, na medida em que se inicia um processo de elaboração de uma nova Carta, subsistem vigentes as leis ordinárias havidas na vigência da ordem jurídica anterior. Estas só desaparecem do mundo jurídico se conflitarem com a nova Constituição.

No caso da Justiça do Trabalho, em momento algum a instituição deixou de existir ou atuar pelo advento de uma nova Carta, mas, apenas, sofreu as modificações determinadas daí em diante.

O mesmo se diga em relação às normas de Direito do Trabalho e de Direito Processual do Trabalho. Uma vez vigente uma nova Constituição, que introduz novos direitos ao trabalhador, adequa-se a legislação ordinária à nova situação. Veja-se, por exemplo, o caso das férias. Diz o art. 7º, XVII, da atual Constituição que o trabalhador terá direito ao gozo de férias anuais remuneradas com, pelo menos, um terço a mais do que o salário normal. Ora, a alteração havida, em nível constitucional, refere-se exclusivamente ao pagamento de um terço a mais nas férias do empregado. Eis por que todo o capítulo sobre férias da Consolidação da Leis do Trabalho permanece intacto, salvo aquela parte referente à remuneração das férias, dada a novidade constitucional, como visto na Parte II, item 9.5.2.2.

Desse modo não há por que criar o conflito onde o mesmo não se dá. Teria havido alteração quanto aos efeitos das faltas injustificadas na duração das férias, para efeito do abono constitucional? Trata-se, em realidade, de um falso problema, pois a Constituição apenas disse que é devido pelo menos 1/3 a mais da remuneração de férias, quando do gozo das mesmas pelo empregado. Assim, se fizer jus a 30 dias de férias, é evidente que receberá 1/3 de 30 dias. Já se houver faltado e fizer jus a 24 dias apenas, perceberá 1/3 de 24 dias. Se assim não for, poderemos chegar ao absurdo de o empregado não ter direito a férias num período, dado o excesso de faltas e pretender 1/3. Se a base de cálculo for zero, como no último caso, o resultado também será zero.

Veja-se, pois, que existe possibilidade efetiva de convivência da nova Carta com a lei ordinária a ela anterior, salvo uma outra hipótese de evidente conflito.

O que é preciso, no dia a dia, é que analisemos cada hipótese, de modo a verificar se há ou não conflito, para então podermos definir qual a lei aplicável.

Quanto à questão da análise de determinado dispositivo constitucional, no mais das vezes o texto é suficientemente claro para transmitir a ideia nele expressa. Todavia assim nem sempre é, e a razão de tal fato é variada.

Dissemos acima que não se pode perder a perspectiva histórica ao analisar o texto constitucional, porque muitos dispositivos que da simples leitura não nos dão a exata compreensão de sua mensagem podem ser explicitados se buscamos sua melhor leitura em sua história de elaboração. Quantas vezes na leitura dos debates que precederam a redação final do texto não encontramos a verdadeira intenção do legislador?

De outra parte, convém ressaltar que havemos de ser fiéis ao texto com o qual deparamos.

Em outras palavras, o que é necessário para a correta compreensão do texto legal é que façamos o esforço de ler determinado dispositivo como realmente ele se encontra escrito e não como gostaríamos que estivesse, ou, ainda, como precisaríamos que estivesse escrito para nosso intento.

17 Direitos dos Trabalhadores

17.1 Apresentação

Dispõe a Constituição Federal em seu art. 7º:

> "São direitos dos trabalhadores urbanos e rurais, além de outros que visem à melhoria de sua condição social:"

Desse modo, em linhas gerais, seguiu o novo texto constitucional a sistemática utilizada pelo texto anterior. Todavia, de forma mais ampla, não limita o legislador outros direitos "nos termos da lei", como fez o legislador de 1969. Vale dizer que estimula tal melhoria da condição social pela via negocial.

Assim, diante do texto do art. 7º a Constituição protege não só as garantias por ela asseguradas, mas outras que, tanto oriundas de contrato quanto de lei, venham a melhorar as condições de vida e trabalho.

De outra parte, enquanto o art. 165 da Constituição anterior referia-se genericamente aos trabalhadores, o texto atual faz menção expressa a trabalhadores urbanos e rurais. Assim, revela-se a preocupação em assegurar as garantias também de maneira clara aos trabalhadores rurais. Anteriormente, o tratamento dispensado a ambos era diverso, de tal modo que estes não tinham determinadas vantagens àqueles asseguradas, como o fundo de garantia do tempo de serviço, exemplificativamente.

Não se olvide, contudo, que eventuais outras garantias que o legislador ordinário ou mesmo as partes venham a estabelecer devem, por força da hierarquia das normas, estar adequadas à lei constitucional, sob pena de não lhes ser emprestada validade alguma. Com efeito, não se pode esquecer que no âmbito do direito do trabalho a lei constitucional, abaixo dela a lei complementar e abaixo desta a lei ordinária estabelecem o mínimo garantido ao trabalhador, nada obstando, porém, que outras vantagens venham a estas se agregar oriundas da vontade dos contratantes.

Por outras palavras, o art. 7º assegura com seus incisos o mínimo devido aos trabalhadores urbanos e rurais. Haverá, sem dúvida, quer pela lei complementar quer pela lei ordinária, outras garantias além destas. Ademais, nada obsta que o legislador ordinário venha a aperfeiçoar determinado direito consagrado em nível constitucional.

Por sua vez, as negociações coletivas buscarão outras vantagens além daquelas constitucionais e derivadas da lei complementar ou ordinária, assim como a adequação de direitos genericamente assegurados à realidade a que se destinam. Por fim, tal mecanismo também se reproduzirá em nível de contrato individual de trabalho, tendo inteira validade, desde que observados os mesmos parâmetros.

Tudo isso porque em Direito do Trabalho a liberdade contratual encontra seus limites naqueles mínimos assegurados pelo texto hierarquicamente superior. Desse modo, o contrato individual nada pode estabelecer aquém do estabelecido no acordo coletivo, assim como este em relação à convenção coletiva de trabalho. Esta tem seus limites na lei ordinária, que se subordina à lei complementar. Por fim, determina de forma soberana a Constituição o mínimo a ser respeitado, inclusive pelo legislador complementar.

17.2 Fontes

As fontes contratuais do Direito do Trabalho, isto é, a vontade individual e coletiva dos contratantes, merecem atenção especial neste particular. Ocorre que a regra acima enunciada tem aplicação efetiva no campo das relações individuais do trabalho, mercê da desigualdade das partes – empregado e empregador – quando individualmente considerados. Todavia, no que se refere às modificações das condições de trabalho pela via coletiva, assistimos, dia a dia, a uma mudança gradativa na análise dessas mesmas modificações, sob a ótica da hierarquia das fontes. Isso significa que o enfoque de uma alteração contratual individual não é o mesmo de uma alteração contratual de natureza coletiva. Já estudamos este tema, aliás, no Capítulo 3.

Não significa dizer que podem o empregador e o sindicato subverter a hierarquia das fontes do Direito do Trabalho, mas significa afirmar que pode haver mudança de certa garantia legal, ou até constitucional (vide art. 7º, XIV, da Constituição Federal), quando a mesma resultar benéfica direta ou indiretamente aos trabalhadores representados.

E aqui é preciso cuidado quando se analisa determinada situação contratual. Em oposição à clássica situação em que o empregado vê-se premido pelas circunstâncias a aceitar uma alteração que sabe ser prejudicial, temos o sindicato postado diante do empregador, ciente de todos os aspectos que envolvem certo problema, jamais aderindo a algo que venha prejudicar seus representados, sob pena de colocar em risco sua própria representação. E tal se dá porque não ocorre, quando a negociação é entabulada pelo sindicato, aquela submissão natural do empregado ao empregador.

É verdade que nem sempre tais situações são reproduzidas exatamente como estas mencionadas. Casos há em que o empregado tem total ciência do resultado de seus atos, o que pode não ocorrer com o empregador. De outra parte, é possível ao sindicato elaborar uma análise equivocada de certa situação. Só que se assim ocorrer estaremos diante da exceção, que não serve de base para o proceder do legislador.

Dada a evidente diversidade de situação em que se colocam o empregado sozinho e o sindicato diante do empregador é que a análise da validade de uma alteração contratual tem que ser diversa, sob pena de ser injusta. Trata-se, na realidade, do exame do art. 468 da Consolidação das Leis do Trabalho sob a ótica do empregado isolado e deste mesmo empregado representado devidamente por seu órgão de classe. Iguais análises em ambos os casos seriam incorretas, sem dúvida.

Passemos, então, à análise de cada um dos direitos assegurados aos trabalhadores, pela Constituição, em seu art. 7º.

17.3 Despedida arbitrária ou sem justa causa

> "I – relação de emprego protegida contra despedida arbitrária ou sem justa causa, nos termos de lei complementar que preverá indenização compensatória, dentre outros direitos."

Não há dúvida, pelo que examinamos no item 12.2, que o legislador constitucional deu tratamento bastante diverso à questão da garantia de emprego em relação ao que oferecia, até então, o texto consolidado.

Na realidade já cogitamos deste tema específico no item 12.3, mas retornemos ao seu exame como um dos assuntos no rol dos direitos dos trabalhadores assegurados pela Constituição Federal.

A diversidade de tratamento a que nos referimos é patente ao constatarmos que o empregador passa a ter limites ao seu poder de despedir, o que não ocorria antes, salvo com os empregados detentores de estabilidade no emprego.

Anteriormente, o direito que se reconhecia para celebrar um contrato de trabalho era igual ao direito para desfazer esse mesmo contrato, quer do ponto de vista do empregador, quer do ponto de vista do empregado.

Agora o legislador constitucional faz questão de distinguir a dispensa por justa causa, ou aquela motivada por outro fato, da dispensa que chama de arbitrária ou sem justa causa. Vale dizer que passam os trabalhadores a ter assegurado o direito a tratamento diverso quando a despedida tiver uma razão e quando não for motivada por qualquer fato considerável.

Em contrapartida, tal situação também aproveita ao empregador, que pode dispensar o empregado mas que não será tratado de igual forma quando a dispensa for motivada ou não, o que até então não ocorria. Via-se sempre a dispensa como um fato nocivo, ainda que o empregador tivesse motivos para fazê-lo, que não uma falta cometida pelo empregado.

Em realidade, passa-se a fazer uma distinção até então inexistente quanto à motivação do desfazimento do contrato de trabalho. O legislador constitucional determina a proteção do contrato de trabalho contra a dispensa arbitrária ou sem justa causa, o que significa que dá sentido diverso a ambas as hipóteses.

Com efeito, tínhamos já a ideia de dispensa com justa causa, que se verifica quando o empregado comete uma falta que a lei considera autorizadora da dispensa sem indenização e a dispensa sem justa causa, que se verifica quando não é motivada por ato faltoso cometido pelo empregado.

Agora, além da proteção à dispensa sem justa causa, temos a proteção da dispensa arbitrária.

Não se cuidou ainda de disciplinar legalmente tais situações, mas temos indícios do rumo que tomará tal providência legal. Isso porque o art. 165 da Consolidação das Leis do Trabalho, como mencionamos anteriormente, já conceituava a dispensa arbitrária como aquela não fundada em motivo disciplinar, técnico, econômico ou financeiro.

Eis, portanto, a novidade na distinção de que falávamos. A dispensa pode-se dar motivadamente, ainda que não por justa causa e, portanto, deverá ser o empregador, neste caso, tratado de forma diversa daquela que deve ocorrer quando dispensar arbitrariamente seu empregado.

Pode-se afirmar que houve por parte do legislador, ao editar o art. 7º, I, da Constituição Federal, a intenção de graduar a dispensa do empregado em função da motivação deste ato. Dispensado o empregado por justa causa, como sempre ocorreu, não fará jus à indenização. Já se a dispensa ocorrer não por justa causa, mas motivadamente, ainda que o empregador tenha de indenizá-lo, será um valor menor do que no caso de dispensa sem justa causa e sem motivação alguma, o que corresponde à dispensa injusta e, pelo texto constitucional, à dispensa arbitrária.

É, sem dúvida, um passo importante que o legislador dá no sentido de disciplinar a efetiva manutenção das relações de trabalho. Isso porque, como já tivemos oportunidade de ver, o regime da estabilidade decenal e depois a simples criação do FGTS não disciplinaram tal questão, mas, ao contrário, até agravaram o problema.

Todavia, como referido, depende ainda de regulamentação o referido dispositivo constitucional, inclusive para que se conceitue a chamada dispensa arbitrária. Até lá o art. 10 das disposições constitucionais transitórias assim dispõe:

> "Art. 10. Até que seja promulgada a lei complementar a que se refere o art. 7º, I, da Constituição:
>
> I – fica limitada a proteção nele referida ao aumento, para quatro vezes, da porcentagem prevista no art. 6º da Lei nº 5.107, de 13 de setembro de 1966;
>
> II – fica vedada a dispensa arbitrária ou sem justa causa:
>
> a) do empregado eleito para cargo de direção de comissões internas de prevenção de acidentes, desde o registro de sua candidatura até um ano após o final de seu mandato;
>
> b) da empregada gestante, desde a confirmação da gravidez até cinco meses após o parto."

Como se vê, não se cuida de distinguir dispensa sem justa causa de dispensa arbitrária, ainda porque remetia a distinção à lei complementar de que fala o artigo. Tratadas de forma igual, cuida o legislador de instituir a garantia de emprego ao membro da Comissão Interna de Proteção de Acidentes, a Cipa, assim como à empregada gestante.

O membro da Cipa possuía garantia de nível inferior pelo art. 165 da Consolidação das Leis do Trabalho e a gestante só possuía garantia por força de negociação coletiva ou sentença normativa.

De outra parte, transitoriamente, até o advento da lei complementar a que se refere, apenas cuidou o legislador de quadruplicar o valor da multa instituída pela lei do Fundo de Garantia do Tempo de Serviço, nos casos de dispensa considerada sem justa causa ou arbitrária.

17.4 Seguro-desemprego

O inciso II do art. 7º da Constituição Federal assim dispõe:

> "II – seguro-desemprego, em caso de desemprego involuntário,"

Trata-se de direito já assegurado anteriormente pelo texto constitucional. Com efeito, o art. 158, XVI, da Constituição Federal de 1967, bem como o art. 165, da Emenda Constitucional nº 1, de 1969, assegurava o benefício, como nos informa Wagner Balera (1992:40-42).

Após a regulamentação do benefício pelo Decreto-lei nº 2.284/86, atualmente tem sua regulamentação na Lei nº 7.998, de 11 de janeiro de 1990, com as alterações posteriores, promovidas pelas Leis nºs 8.900/94 e 10.608/02.

A redação atual da lei destina o seguro-desemprego a prover assistência financeira temporária ao trabalhador desempregado em virtude de dispensa sem justa causa, inclusive a indireta, e ao trabalhador comprovadamente resgatado de regime de trabalho forçado ou da condição análoga à de escravo.

Note-se que equipara a dispensa indireta àquela injusta, de maneira adequada, pois iguais seus efeitos e motivações. Ademais, atendendo a reclamo mais do que pertinente, socorre aqueles que tenham sido vítimas de trabalho escravo ou forçado e que necessitam de amparo imediato após o resgate de que cuida.

Cuida ainda o seguro-desemprego, por força das alterações sofridas pela redação original da lei, da sua destinação à busca de colocação profissional aos beneficiários, de modo a integrá-los socialmente, promovendo ações de orientação, recolocação e qualificação profissional.

17.5 Fundo de garantia do tempo de serviço

Ainda no Capítulo 11, também no item 11.3, afirmamos:

> "Assegura o texto constitucional, em seu art. 7º, inciso III:
>
> III – fundo de garantia do tempo de serviço."

Aqui, sem dúvida, diante da clareza e objetividade do texto, evidencia-se a manutenção de direito já assegurado. Por outro lado, lembrando o texto anterior, o art. 165, XIII, da Constituição Federal de 1969 dizia "estabilidade com indenização ao trabalhador despedido ou fundo de garantia equivalente", redação esta que deu origem a inúmeras interpretações conflitantes.

Com efeito, diante da redação imprecisa, discutiu-se muito o direito à equivalência econômica entre os regimes do Fundo de Garantia do Tempo de Serviço (Lei nº 5.107/66) e o regime da indenização da CLT, isto é, objetivaram os empregados receber diferenças entre os valores recebidos a título de fundo de garantia e o que receberiam se não fossem optantes pelo regime fundiário. Consolidou-se, porém, entendimento do Tribunal Superior do Trabalho de que tal equivalência seria jurídica e não gerava direitos pecuniários (Súmula 98). Ainda assim, todo aquele que objetivou reconhecer a condição de estável após 10 anos de opção pelo regime do fundo de garantia, em razão da mencionada equivalência jurídica, igualmente viu rechaçada sua pretensão. Tais decisões polêmicas, contudo, derivam da postura anterior do legislador constitucional de colocar como incompatíveis os regimes da indenização e do Fundo de Garantia do Tempo de Serviço.

O texto atual, porém, reconhece como direito o fundo de garantia, sem qualquer vinculação deste com outro direito, daí decorrendo sua compatibilidade tanto com a proteção contra a despedida considerada arbitrária, de que já falamos, quanto com eventual garantia de emprego.

Frise-se, ainda, que, na eventualidade de manutenção do sistema de estabilidade decenal, poderemos ter empregados com mais de 10 anos de serviços a um mesmo empregador e, ainda que submetidos ao regime do Fundo de Garantia, venham a ser estáveis.

Pensemos um pouco a respeito. Já vimos que no regime constitucional anterior havia incompatibilidade entre os regimes da estabilidade e do fundo de garantia, já que se colocavam como regimes excludentes. Atualmente, porém, inexiste vinculação em nível constitucional entre ambos, o que, a princípio, torna-os compatíveis.

Assim, uma questão séria que se coloca desde logo é saber se, desaparecendo a incompatibilidade entre os dois regimes, todo empregado que alcance 10 anos de casa tornar-se-á estável, ainda que optante pelo regime do fundo de garantia.

É preciso enfatizar sempre que o fato de estarmos diante de uma nova Constituição Federal, por si só, faz com que as normas inferiores, quando colidem com a norma constitucional, estejam automaticamente revogadas. Já aquelas que, embora anteriores, coincidem com a Lei Maior mantêm-se inalteradas. Há, porém, uma situação intermediária em que não existe de forma tão clara compatibilidade ou não da lei com a Constituição. É, por exemplo, o caso em que a estabilidade no emprego não vem assegurada pela Constituição, podendo, todavia, ser assegurada pela lei ordinária e, por outro lado, a coexistência do regime do Fundo de Garantia. Ambos hoje estão assegurados na lei ordinária (Consolidação das Leis do Trabalho, arts. 492 e seguintes, e Lei nº 5.107/66), mas como excludente, por força da norma constitucional anterior. Quer isto dizer que no regime atual convivem de forma harmônica tanto a estabilidade quanto a opção pelo regime fundiário. Significa ainda dizer que, sendo regimes compatíveis, deverão os empregados, mantidos ambos os sistemas, exercer sua opção, pois a mesma só benefícios trará, desde que não signifique abrir mão da estabilidade no emprego, como era no regime constitucional anterior.

Mas outro desdobramento podemos imaginar desta situação, qual seja a situação daqueles empregados optantes pelo regime fundiário que venham a completar 10 anos de casa, ou já os tenham, à luz da nova norma constitucional. Estarão eles assegurados com a estabilidade no emprego, ou não?

Para responder a esta indagação é preciso deixar de lado as conjecturas e retomar os próprios trabalhos do Congresso Constituinte. Sabemos que quanto à questão da garantia de emprego houve polarização nos debates, de tal modo que restou vitoriosa a tese contrária à manutenção do regime da estabilidade no emprego a todos os trabalhadores. Com efeito, venceu a ideia de que, pelo menos em nível constitucional, não se deveria assegurar a estabilidade.

Partindo desta premissa é que se torna possível equacionar a questão da compatibilidade do regime do fundo de garantia com aquele da estabilidade.

Constitucionalmente, não há atualmente entre nós a possibilidade de um empregado que venha a ser admitido após a vigência da nova Carta obter a estabilidade no emprego, salvo as exceções previstas nas disposições transitórias e a situação do dirigente sindical, ou por meio de negociação com seu empregador. Assim, quanto ao tempo de serviço passamos a ter um regime único, que é aquele do fundo de garantia. É verdade que amanhã poderá o legislador complementar ou ordinário assegurar a estabilidade no emprego, mas até lá tal benefício até então assegurado na lei ordinária não mais poderá ser atingido, eis que aplicável a todo o sistema fundiário.

Sucede que, estando protegido o direito adquirido, evidente que os poucos empregados estabilitários mantêm tal garantia. De outra parte, pelos mesmos fundamentos, aqueles empregados eventualmente não optantes pelo regime do fundo de garantia até a vigência da nova Carta terão seu tempo anterior regido pela indenização da Consolidação das Leis do Trabalho e, daí em diante, passarão a ter seus contratos de trabalho regidos pelo sistema fundiário. E se verdadeiras tais posições, aplicar-se-ão tanto para os trabalhadores urbanos, onde tais casos são raros, quanto para os trabalhadores rurais, aos quais, até o advento da nova Constituição, não se aplica o regime da Lei nº 5.107/66. É verdade, outrossim, que neste último caso haverá necessidade de regulamentação para empregados e empregadores, inclusive quanto à efetivação dos depósitos do Fundo de Garantia.

17.6 Salário-mínimo

Assegura, ainda, o art. 7º, em seu inciso IV: "salário-mínimo, fixado em lei, nacionalmente unificado, capaz de atender a suas necessidades vitais básicas e às de sua família com moradia, alimentação, educação, saúde, lazer, vestuário, higiene, transporte e previdência social, com reajustes periódicos que lhe preservem o poder aquisitivo, sendo vedada a sua vinculação para qualquer fim".

Várias são as inovações do texto em relação à garantia da Constituição anterior. Foi suprimida a ideia de salário-mínimo regional, unificando-o nacionalmente. Ademais, a par de conservar o conceito de salário para o trabalhador e sua família, foi assegurado o direito a reajustes periódicos, a fim de preservar seu valor real. Ainda mais, cuidou o legislador de impedir sua vinculação para outros fins, de modo a que com isso não exista empecilho a tais reajustes assegurados.

Diga-se, ainda, que o próprio texto constitucional determina o que sejam as necessidades básicas do trabalhador e de sua família, e aqui houve, de fato, uma ampliação significativa.

Embora o texto constitucional anterior não definisse o que seriam as necessidades básicas, fazia-o a Consolidação das Leis do Trabalho. Ali, embora houvesse referência somente à pessoa do trabalhador, quando a Constituição incluía a família no conceito de salário-mínimo, havia a seguinte ideia: o salário-mínimo deveria ser a contraprestação mínima paga diretamente pelo empregador ao trabalhador, por dia normal de serviço, em determinada época e região do país, para satisfação das necessidades normais de alimentação, habitação, vestuário, higiene e transporte.

Desse modo, temos incluídos no conceito de necessidades vitais: a educação, a saúde, o lazer e a previdência social. Dir-se-ia, como crítica ao conceito, que já existe o salário-educação, não se justificando tal inclusão, além do que o trabalhador tem repouso semanal e as férias remuneradas, dispensando-se inclusão do lazer. Ademais, poder-se-ia afirmar que a contribuição previdenciária já cumpre as funções relativas à saúde e à própria previdência. Contudo, tais argumentos não resistem à mais superficial análise de nossa realidade social.

De fato, tendo em vista o irrisório valor do salário-mínimo entre nós, resulta que o trabalhador não logra atender sequer suas necessidades básicas com alimentação, moradia e transporte, sem cogitar das necessidades outras e de sua própria família. E em razão deste mesmo valor do salário é que as demais prestações como saúde, educação e previdência social são igualmente insatisfatórias.

Eis por que importante assegurar, já em nível constitucional, que tanto as necessidades pessoais e familiares contempladas na lei anterior quanto as novas ora agregadas possam ser satisfeitas com o salário-mínimo.

É fato sem dúvida relevante, porque sério, que o valor do nosso salário-mínimo é até aviltante, daí por que soa de forma utópica pretender que sejam atendidas tais necessidades tanto do trabalhador quanto de sua família. Inobstante difícil tal objetivo, é fundamental que sejam asseguradas tais garantias, já em nível constitucional, como primeiro passo para que um dia tenhamos dignidade na vida daqueles que percebem o mínimo legal. Lembremos, ainda que por um instante, a impressionante massa de trabalhadores do mercado informal de trabalho que sequer alcança a remuneração mínima assegurada legalmente.

Diga-se, de outra parte, que surge como inovação importante no texto constitucional a desvinculação obrigatória do salário-mínimo para toda e qualquer finalidade, pois assistimos muitas vezes ao argumento de que impossível elevar-se seu valor a um nível aceitável, pois isso equivaleria a elevar outros índices nele baseados, tornando, como numa roda-viva, insuficiente de novo seu valor real.

Enfim, ainda que se possa afirmar distante tal realidade, ou até que meramente programática tal norma, insista-se na ideia de ser fundamental que a Constituição garanta de fato a dignidade do salário-mínimo.

17.7 Piso salarial

Em seguida cuida o art. 7º, em seu inciso V, do piso salarial proporcional à extensão e à complexidade do trabalho.

Como se vê, a redação do texto constitucional a respeito remete à necessidade de disciplinar o que venha a ser "extensão e complexidade do trabalho", de modo a permitir, efetivamente, a fixação do piso salarial às variadas categorias.

Não obstante tal obstáculo, constitui avanço do legislador assegurar, em nível constitucional, o direito ao piso. Este, sem dúvida, consiste em nível salarial superior ao mínimo legal, de aplicação específica a determinado grupo de trabalhadores. Na prática tem o mesmo efeito do salário profissional. Sucede que este último tem como fonte a lei, e o piso salarial deriva da vontade das partes. Por tal motivo vinham as Cortes superiores entendendo indevida sua fixação por norma coletiva, já que constituiria um modo indevido de fixação de salário profissional, cuja fonte teria de ser a lei.

De todo modo, utilizavam as partes o salário normativo como meio de contornar tal vedação jurisprudencial. Assim, ainda que na pendência de regulamentação, não existe mais aquele óbice à fixação do piso salarial.

17.8 Irredutibilidade do salário

O inciso VI do art. 7º assegura o princípio da "irredutibilidade do salário, salvo o disposto em convenção ou acordo coletivo", o que significa autêntica novidade em matéria constitucional. Com efeito, omissa era a Carta anterior a respeito desta garantia de grande importância. É claro que ao nível da lei ordinária há muito estava tal princípio consagrado, mas só agora atinge *status* constitucional.

Importante salientar que, mesmo diante da irredutibilidade salarial, possibilita o legislador constitucional eventual exceção ao princípio por meio de negociação coletiva.

De fato, permite-se que por meio de convenção ou acordo coletivo possam o sindicato de empregados e o de empregadores, ou aquele e o empregador individualmente considerado, celebrar convenção ou acordo coletivo, respectivamente, estabelecendo até redução salarial. É evidente que será necessário motivo relevante para tanto, bem como que se respeite o princípio que veda alteração contratual prejudicial ao empregado. Assim, claro está que a redução salarial haverá de atender situação peculiar de uma categoria, ou de parte dela, que justifique tal redução.

17.9 Garantia de salário-mínimo

Ainda o princípio do direito ao salário-mínimo vem assegurado no inciso VII, que estabelece "garantia de salário, nunca inferior ao mínimo, para os que percebem remuneração variável", sendo aqui enfatizada a garantia do mínimo legal aos que percebem remuneração variável, de modo a impedir que, em razão de uma determinada condição (no caso, a produção), haja possibilidade de o empregado perceber salário inferior à paga mínima. Isso porque a ideia de um salário-mínimo traz em si o ônus do empregador de ter de garanti-lo ao empregado, não podendo transferir tal obrigação a terceiros. Desse modo, em condições normais de mercado, tendo o empregado sucesso quanto a vendas e comissões, perceberá salário superior ao mínimo fixado. No entanto, ocorrendo retração desse mesmo mercado, deverá o empregador diretamente assegurar a remuneração mínima fixada.

17.10 Décimo terceiro salário

O inciso VIII assegura o direito ao 13º salário com base na remuneração integral ou no valor da aposentadoria, acolhendo dessa forma o entendimento jurisprudencial de que o cálculo da gratificação de Natal haverá de corresponder ao que efetivamente percebe o empregado habitualmente e não apenas ao salário-base.

Em realidade, a distinção que a doutrina tem feito entre salário e remuneração, que hoje já se tornou ultrapassada, no sentido de que o salário seria uma espécie do gênero remuneração, englobando esta a totalidade de seus ganhos, é que justifica a preocupação do inciso VIII do art. 7º da Constituição. Com efeito, impede-se que se utilizem expedientes condenáveis, como desmembrar o salário em várias parcelas, a fim de fugir aos encargos sociais. Esta a nítida preocupação do legislador neste particular.

17.11 Remuneração do trabalho noturno

Já o inciso IX do art. 7º mantém a ideia de remuneração do trabalho noturno superior à do diurno, em nada alterando o direito anterior. A propósito, é bom que se diga que a intenção do legislador com o conceito *noturno* é a de indenizar o empregado pelo trabalho em horário que se admite mais penoso do que o trabalho durante o dia. Aliás, a legislação consolidada, que neste passo não sofreu alteração alguma, concede não só o adicional noturno, como determina, no meio urbano, que a hora noturna tenha duração reduzida. Assim, duplo é o benefício aos que prestam serviços em horário noturno, pois, além do adicional sobre o valor da hora trabalhada, esta tem menor duração.

Não é demais lembrar que o texto atual do art. 73 da Consolidação das Leis do Trabalho foi alterado já pela Constituição Federal de 1946, que não excluiu o direito ao adicional noturno dos que prestavam serviços em regime de revezamento, o que ocorria no texto da Constituição de 1937. Daí a redação do art. 73 da Consolidação das Leis do Trabalho. Após, em 1946, em 1967, 1969 e agora em 1988, os textos constitucionais mantiveram o mesmo tratamento em relação ao adicional noturno aos que trabalham de forma fixa à noite, como para os que ali se revezam. Nesse sentido, aliás, há jurisprudência a respeito.

Relativamente ao adicional noturno e ao trabalho no meio rural, igualmente mantida a legislação ordinária, diante da aplicação, por força do *caput* do art. 7º da Constituição Federal, aos trabalhadores urbanos e rurais. Note-se, contudo, que no meio rural não há hora reduzida, sendo o adicional noturno de 25%, nos termos do art. 7º da Lei nº 5.889, de 8 de junho de 1973.

17.12 Proteção do salário

Já a garantia inserida no inciso X, relativamente à proteção do salário na forma da lei, constituindo crime sua retenção dolosa, consiste em norma de caráter programático, evidentemente dependendo de regulamentação expressa. Isso porque, para efetivamente configurar crime, mister se faz a inserção da figura penal na lei ordinária, inclusive com a cominação expressa de pena, a fim de que se possibilite o enquadramento devido.

Louve-se, por outro lado, a preocupação do legislador em agir de forma severa contra os que, indevidamente, venham a reter salário, dada a gravidade de tal ato relativamente às consequências dele advindas. É preciso, contudo, cautela ao tratar do assunto, pois possível a retenção como compensação pelo aviso-prévio não concedido pelo empregado, assim como ressarcimento de prejuízos ou adiantamentos havidos, desde que, evidentemente, autorizados. Eis por que, embora se deva agir de modo incisivo contra retenções indevidas, é preciso, sem dúvida, certificar-se de que é ilícito o proceder em cada caso.

17.13 Participação nos lucros

A Constituição Federal, em seu art. 7º, inciso XI, assegura, como direito dos trabalhadores, a "participação nos lucros, ou resultados, desvinculada da remuneração, e, excepcionalmente, participação na gestão da empresa, conforme definido em lei".

Evidentemente, trata-se de direito assegurado, mas não autoaplicável, pois é necessário que uma lei estabeleça regras concretas para a efetivação da participação nos lucros ou resultados.

Não obstante a necessidade de regulamentação, não se trata de tema urgente, nem relevante, a justificar a edição de medida provisória, como entendeu o Executivo Federal.

Com efeito, dispõe o art. 62 da Constituição Federal que, em caso de relevância e urgência, o Presidente da República poderá editar medidas provisórias, com força de lei, devendo submetê-las de imediato ao Congresso Nacional, que, se estiver em recesso, será convocado para sua apreciação, no prazo de cinco dias. Conforme o parágrafo único do referido dispositivo constitucional, a medida provisória perde sua eficácia se não convertida em lei no prazo de 30 dias a partir de sua publicação.

Assim, de início, importante frisar que a matéria, embora objeto de medida provisória, não deveria sê-lo, já que indiscutivelmente não se configuram os requisitos de urgência e relevância exigidos pelo mencionado art. 62 da Constituição Federal.

O Poder Executivo Federal editou sobre a matéria a primeira Medida Provisória, de nº 794, em 29 de dezembro de 1994, que não logrou submeter ao Congresso Nacional.

De lá para cá, dezenas de outras medidas provisórias foram editadas, tendo em vista a perda de eficácia a cada 30 dias, até a edição da Medida Provisória nº 1.982-77, de 2000, que se converteu na Lei nº 10.101, de 19 de dezembro de 2000. Assim, constata-se o uso indevido da medida provisória, pois somente seis anos após a edição da primeira é que o tema passou a ser objeto de lei.

Assemelha-se a situação àquela dos decretos-leis, que vivemos no período de 1964 a 1978. Como a regulamentação da participação nos lucros e nos resultados não é um modo de solucionar o grave problema do desemprego, ainda que esteja a participação desvinculada da remuneração, não justifica a edição de medida provisória.

Vê-se, no art. 1º da Lei nº 10.101/00, que reproduziu literalmente a ideia contida em todas as medidas provisórias anteriores, a integração entre o capital e o trabalho e o incentivo à produtividade, isto é, uma tentativa de procurar contornar o problema do desemprego, já que a Constituição Federal desvincula a participação nos lucros ou resultados da remuneração, desonerando as empresas quanto a eventuais encargos trabalhistas que não incidem sobre essa verba.

Busca-se assim instituir uma melhoria no padrão de vida dos trabalhadores, sem aumentar sua remuneração. Isso porque, do ponto de vista trabalhista, as verbas pagas "pelo" trabalho têm sempre natureza salarial. Já aquelas que são pagas "para" o trabalho não têm natureza de salário. Isso significa, por exemplo, que uma gratificação pela assiduidade ou pela produção tem natureza de salário, pois é instituída pelo trabalho. Já uma verba paga para cobrir despesas comprovadas no exercício de uma função não tem natureza salarial, porque é requisito para o desenvolvimento do trabalho, o que não ocorre no primeiro caso.

E, guardando natureza salarial, referida verba terá tratamento igual ao dispensado ao salário em sentido estrito, servindo de base de cálculo para todos os haveres trabalhistas.

Eis por que o legislador constitucional desvinculou a participação nos lucros ou resultados da remuneração, como forma de evitar tais reflexos e buscando estimular sua instituição por empresas e empregados.

A Constituição Federal de 1946, em seu art. 157, IV, cogitava de participação obrigatória e direta dos trabalhadores nos lucros, nos termos da lei, do mesmo modo que fez a Constituição Federal de 1967, em seu art. 158, V, bem como a Emenda Constitucional de 1969, em seu art. 165, V. Todavia, nenhuma delas excepcionava a natureza salarial da participação nos lucros, nem se editou a lei ordinária a que as normas constitucionais remetiam. Assim as empresas que instituíram participação nos lucros no período de 1946 a outubro de 1988 foram obrigadas a dar tratamento salarial a tal verba, ainda quando a mesma fosse efetivamente forma de participação nos lucros e não mera gratificação travestida de participação nos lucros.

Atualmente, diante do texto expresso da norma constitucional, não há como pretender, diante de autêntica participação nos lucros ou resultados, atribuir-lhe natureza salarial.

Note-se, a propósito, que o art. 3º da Lei nº 10.101/00 é taxativo ao afirmar que o benefício não substitui nem complementa o salário, não constituindo base de cálculo para qualquer encargo social, nem se sujeitando ao princípio da habitualidade, a fim de afastar a incidência da regra contida no já referido Enunciado 251, diante dos termos expressos da norma constitucional.

Ainda o § 2º do art. 3º da Lei nº 10.101/00 veda pagamento ou antecipação por período anterior a um semestre, como forma de garantir a finalidade do benefício.

O art. 2º prevê, como instrumento de instituição da participação nos lucros ou resultados, a negociação entre a empresa e uma comissão de trabalhadores, integrada por um representante sindical.

Originalmente o art. 2º da Medida Provisória nº 794, de 29 de dezembro de 1994, cogitava de convenção da empresa com seus empregados por meio de negociação coletiva. Isso significava a participação do sindicato profissional no processo de instituição e regramento da participação nos lucros e resultados, pois a expressão *negociação coletiva* pressupõe, obrigatoriamente, a presença do sindicato de trabalhadores, a quem o legislador confere a prerrogativa para negociar coletivamente, em nome da categoria que representa ou parte dela.

Posteriormente, a Medida Provisória nº 860, de 27 de janeiro de 1995, alterou o mencionado art. 2º, asseverando que a empresa deveria convencionar com seus empregados, por meio de comissão por eles escolhida. E não mais por meio de negociação coletiva, alijando, desse modo, o sindicato do processo de instituição e regramento da participação nos lucros e resultados.

Afinal, passou a medida provisória à redação referida, em seu art. 2º, que ficou a meio caminho das duas primeiras soluções apontadas, isto é, manteve a comissão de trabalhadores escolhida pelos próprios trabalhadores como negociadora, mas a ela agregou um representante indicado pelo sindicato profissional. Esta a redação que foi incorporada pelo art. 2º, I, da Lei nº 10.101/00.

Eis aí uma situação que pode trazer dificuldades para a instituição da participação nos lucros, sob a óptica da política sindical, já que nesse tema o sindicato deixa de conduzir as negociações, devendo, ainda, indicar representante seu, o que faz com que se comprometa com o decidido, sem deter o comando político das negociações.

De acordo com o art. 2º, § 1º, da Lei nº 10.101/00, o instrumento que institui a participação deve conter regras claras dos "direitos substantivos" e das "regras adjetivas". E o § 2º do mesmo texto determina a obrigatoriedade de arquivamento de uma cópia do avençado junto ao sindicato de trabalhadores.

Trata-se, à evidência, de redação não precisa do ponto de vista jurídico, mas que sugere a necessidade de clareza do avençado quanto ao que foi acordado, qual o fundamento da participação nos lucros ou resultados, bem como procedimento de aferição.

A redação atual da Lei nº 10.101/00, em seu art. 2º, prevê a negociação por meio de comissão escolhida pelas partes, com integração de um representante indicado pelo sindicato profissional ou por meio de acordo ou convenção coletiva de trabalho. Nesta segunda hipótese, à luz do art. 513, letra *b*, da CLT, a negociação há de ser da empresa com o sindicato, que detém o poder de celebrar acordos e convenções coletivas de trabalho.

Há de se compreender a participação nos lucros como direito que envolva todos os trabalhadores da empresa, desconsiderando aspectos pessoais dos trabalhadores, ou um grupo determinado quando se cogite de participação nos resultados, como bem afirma Paulo Sergio João (*A natureza jurídica da participação nos lucros ou resultados das empresas.* Tese de doutorado. São Paulo : PUCSP, 1998).

Não sendo assim, como afirma o ilustre Professor Doutor, estará o avençado sob suspeita de descumprimento da norma legal.

Exclui o mencionado art. 2º da instituição deste benefício os empregadores que pela norma consolidada se equiparam à empresa mas que, por não auferirem lucro, a ela não se equiparam para esse fim exclusivo.

Dispõe ainda a Lei nº 10.101/00, em seu art. 4º, sobre eventual impasse na instituição da participação nos lucros ou resultados, sugerindo a utilização de mediação ou arbitragem de ofertas finais, entendida esta última como opção pelo árbitro de uma das propostas concretas oferecidas pelas partes e não formulação de outra proposta intermediária.

Fixa, ademais, a força normativa do laudo arbitral, se for a hipótese, sendo desnecessária a homologação judicial.

Revela-se também aqui a tendência do liberalismo de extinguir o poder normativo da Justiça do Trabalho, que se verifica em suas variadas manifestações e, no caso particular, a proposital omissão de solução judicial no caso de impasse.

A norma constitucional criou um instituto que, segundo a lei, há de ser instituído por consenso entre empresa e trabalhadores. Coloca-se aí a questão concreta de eventual impasse e solução judicial.

O art. 5º da Constituição Federal, XXXV, assegura o direito de apreciação pelo Poder Judiciário de lesão ou ameaça de direito. Nesse contexto é que se coloca o exercício do poder normativo, inclusive para arbitrar as questões relativas à participação nos lucros ou resultados.

Não há em nosso ordenamento jurídico possibilidade de inibição da Justiça do Trabalho em caso de greve, por exemplo, à luz do art. 856 da CLT e do art. 8º da Lei nº 7.783/89. E sabemos que pode vir a ser motivada a greve por impasse na instituição de participação nos lucros ou resultados.

Do mesmo modo, não vemos como impedir que trabalhadores ou mesmo a empresa busquem amparo no dissídio coletivo para a solução da controvérsia, quando infrutífera a mediação ou a arbitragem facultativa de que fala o mencionado art. 4º da Medida Provisória.

Lembre-se, a propósito, o art. 114, § 2º, da Constituição Federal, que faculta o ingresso na Justiça do Trabalho no caso de recusa da parte contrária à negociação ou à arbitragem. Questão diversa, porém, diz respeito ao conteúdo da intervenção da Justiça do Trabalho em matéria de participação nos lucros ou resultados.

Quais os limites que deve a Justiça do Trabalho observar ao conhecer e julgar dissídio coletivo que envolva a questão relativa à participação nos lucros ou resultados? A nosso ver, a questão é bastante complexa, pois, se, de um lado, temos a convicção de que não pode a medida provisória, sob a óptica constitucional, pretender afastar a intervenção da Justiça do Trabalho, porque, assim fazendo, atrita com o texto maior, de outro lado estamos convictos igualmente de que a instituição da participação nos lucros ou resultados há de resultar sempre do consenso entre empregador e empregados.

Com efeito, a lei não estabelece sanção alguma pela não-instituição da participação nos lucros ou resultados, consignando seu art. 2º que esta "será objeto de negociação entre a empresa e seus empregados". Assim, não há imposição para que a empresa institua de forma obrigatória o benefício. Eis por que, uma vez instaurado o dissídio coletivo, entendemos que deva a Justiça do Trabalho limitar-se a decidir sobre questões controvertidas desde que demonstrado nos autos o consenso quanto à instituição e que a controvérsia se limita ao conteúdo do instrumento de que fala o art. 2º, § 1º, da Medida Provisória.

Por outras palavras, acreditamos que não pode a Justiça do Trabalho pretender substituir a vontade das partes, instituindo por iniciativa sua a participação nos lucros ou resultados, pois a tanto as partes não estão obrigadas por lei, tendo apenas a faculdade de instituir o benefício.

A eventual instituição por ato judicial, quer como tentativa de compor o conflito, quer como forma de punição ao empregador, desvirtua o instituto, não encontrando amparo legal, devendo ser suprimida pela via recursal.

Questão interessante diz respeito aos efeitos que a instituição da participação nos lucros gera nos contratos de trabalho, já que se trata de benefício que não tem natureza salarial, como visto. A nosso ver, embora não se trate de componente da remuneração, a instituição da participação nos lucros ou resultados constitui um benefício de natureza trabalhista, ainda que atípico, pois decorre da existência do contrato de trabalho entre empresa e empregado. Desse modo, na hipótese de dispensa do empregado antes que sejam distribuídos os valores a título de participação nos lucros ou resultados, embora a verba não tenha natureza salarial, fará jus o empregado à proporcionalidade referente ao período trabalhado em que concorreu para o sucesso do avençado, desde que injusta a dispensa. Caso a despedida se dê por justa causa, nada lhe será devido, pois seu é o ônus do desfazimento do contrato de trabalho.

Diga-se, afinal, que a participação nos lucros e resultados tem como fundamento a cooperação entre empresa e empregados, quer na instituição do benefício, quer na consecução de seus objetivos, daí por que não é estabelecida de forma obrigatória, o que também se verifica no direito estrangeiro, bem como depende de situação econômica que permita antever a possibilidade de lucros e resultados de que se possa participar. Não pode, pois, ser vista como forma alternativa de solucionar o problema.

17.14 Salário-família

Do mesmo modo que relativamente ao adicional noturno, manteve a legislação constitucional o texto da lei antiga quanto ao salário-família, como resultado do exame do inciso XII do art. 7º.

Todavia, a Emenda Constitucional nº 20/1998 limitou o benefício aos dependentes de segurado considerados de baixa renda, distinção esta que não havia na legislação anterior, daí por que, de modo acertado, limitou-se o benefício exatamente aos mais necessitados, pois insuficientes os recursos, dada a impressionante demanda entre nós.[1]

17.15 Duração do trabalho

Já o inciso XIII estabelece uma novidade em termos legais, ao dispor "duração do trabalho normal não superior a oito horas diárias e quarenta e quatro semanais, facultada a compensação de horários e a redução da jornada, mediante acordo ou convenção coletiva de trabalho". A afirmação de que se trata de novidade legal diz respeito ao fato de que diversas categorias já têm obtido redução da jornada semanal de trabalho por meio de negociações coletivas.

Assim, ainda que mantida a jornada de trabalho de oito horas, foi reduzido o limite de horas semanais de 48 (seis dias a oito horas cada um, com um dia de repouso remunerado a cada sete dias) para 44 horas por semana. Desde logo esclareça-se que inexiste determinação constitucional de que a redução de quatro horas ocorra em determinado dia, podendo tanto haver redução dessa forma quanto ocorrer uma redução em cada um dos dias de trabalho. Na prática, contudo, tem-se observado que a redução ocorre no sábado, passando a jornada desse dia a ser de apenas quatro horas.

Diga-se, ainda que evidente, que para aqueles que já gozavam de duração igual ou inferior do trabalho durante a semana, o inciso em questão não altera sua situação contratual.

Surge aqui outra vez a possibilidade vislumbrada pelo legislador constitucional de que a duração do trabalho semanal seja alvo de compensação. Quanto ao instrumento hábil para regular a compensação, já afirmamos anteriormente, quando cuidamos da jornada no art. 59, no item 11.2.1 A, que a modificação do § 2º consiste exatamente na ampliação do prazo para a compensação de uma semana para quatro meses, como já referimos anteriormente. Ademais, quanto ao instrumento necessário para tanto, havia polêmica a

---

1 ***Súmula nº 254. Salário-família. Termo inicial da obrigação.***

O termo inicial do direito ao salário-família coincide com a prova da filiação. Se feita em juízo, corresponde à data de ajuizamento do pedido, salvo se comprovado que anteriormente o empregador se recusara a receber a respectiva certidão (Res. 2/1986, *DJ* 2-7-1986).

Súmula nº 344. Salário-família. Trabalhador rural **– Revisão do Enunciado nº 227 –** Res. 14/1985, ***DJ* 19-9-1985.**

O salário-família é devido aos trabalhadores rurais somente após a vigência da Lei nº 8.213, de 24-7-1991 (Res. 51/1995, *DJ* 21-9-1995).

respeito da validade de contrato individual para compensação de horas. Sucede, a nosso ver, não obstante inúmeras opiniões contrárias, que tanto o art. 7º, XIII, da Constituição Federal, quanto o novo § 2º do art. 59 da CLT, referem-se expressamente a acordo ou convenção coletiva de trabalho. Parecia-nos que a intenção do legislador foi validar tanto o acordo individual quanto a convenção coletiva de trabalho. Tanto assim é que foi editada a Orientação Jurisprudencial nº 182 pela SDI – I do TST, hoje cancelada e substituída pela Súmula 85 do TST, que reconhece a validade do acordo individual em tais casos.

Há interpretação igualmente possível, sob a óptica das regras gramaticais, de que a expressão *coletiva* teria sido utilizada porque referente à convenção e de que o texto traz a ideia de que há de ser sempre um instrumento coletivo que irá referendar a compensação. A sedimentação da jurisprudência cuidará de orientar num ou noutro sentido.

Outra questão que deriva desse inciso XIII do art. 7º da Constituição é aquela relativa a saber se a redução de quatro horas de trabalho por semana implica redução proporcional do salário. A nosso ver, se o legislador tencionasse acompanhar a redução da jornada de redução salarial, teria sido explícito, mencionando que a remuneração seria correspondente ao período de trabalho. Não o fez porque entendeu beneficiar duplamente os trabalhadores. De fato, traz esse inciso o benefício da redução da carga horária semanal e aumento indireto de salário, na medida em que se passa a trabalhar menos pelo mesmo salário.

Note-se, a propósito, que as inúmeras negociações coletivas que culminaram com a redução de jornada mantiveram o valor do salário mensal.

Ademais, lembremos que o inciso VI já tratado consagra o princípio da irredutibilidade salarial, daí por que haveria incongruência na posição que sustentasse a redução proporcional.

Todavia, se por um lado a duração da semana passa a ser de 44 horas semanais, a jornada diária continua a ser de oito horas, pois o inciso diz claramente “duração do trabalho normal não superior a oito horas. . .”, daí por que em nada se altera a duração do repouso semanal remunerado, que há de corresponder a um dia de trabalho, observada a habitualidade da duração da jornada.

Relativamente à compensação do trabalho aos sábados, além do fato de ser necessário fazer acordo coletivo, como já mencionado, a partir da Nova Carta há de se compensar apenas quatro horas, o que significa 48 minutos diários, de segunda a sexta-feira. De outra parte, a negociação coletiva pode até ajustar a manutenção do sistema anterior (trabalho por uma hora e 36 minutos, além das oito normais, de segunda a sexta-feira), de modo a manter o mesmo ritmo da produção. Contudo os primeiros 48 minutos serão a título de compensação e os restantes constituirão horas extras. Isso equivale a dizer que, do mesmo modo que os empregados podem discordar do trabalho a título de compensação, podem com ele concordar, mas não se submeter à jornada extraordinária pretendida.

Outra questão que surge ao tratamento deste inciso XIII diz respeito à possibilidade de redução do salário dos que trabalham como horistas, tendo-se em conta a redução da jornada para 44 horas. Ora, para os que entendem que inexiste garantia de manutenção da remuneração anterior, dada a diminuição da carga horária, o problema não se coloca. Todavia entendemos, como já dito, que o legislador constitucional assegurou redução da jornada com manutenção do salário. E, por outro lado, em momento algum a constituição privilegia o mensalista ou discrimina o horista. Eis por que somos levados a acreditar que também ao empregado horista foi assegurada a redução de jornada com manutenção do salário. Se assim não fosse, a lei estaria criando uma forma de o empregador burlar o benefício assegurado.

É verdade que no caso do horista surge um problema de ordem prática, pois este recebe pagamento pelas horas trabalhadas ou à disposição do empregador. Como conceituar essas quatro horas pagas e não integrantes da jornada de trabalho? Por outro lado, não significaria tal postura estimular o empregador a dispensar seus empregados horistas, para evitar tais pagamentos?

Quanto ao primeiro problema, ainda se discute a respeito da base mensal de cálculo: 220 ou 240 horas? Cremos que o empregado há de receber 220 horas, inobstante a manutenção do salário, pois esta será a situação em que passará a se encontrar. Assim, em consequência, forçosamente será majorado o salário-hora, situação esta que resolve também o problema do empregado horista.

Já no que se refere à possibilidade de dispensas injustas de empregados horistas, tal fato não pode ser obstáculo, por si só, às mudanças na legislação. Ademais, utilizando-se novo valor do salário-hora, tornar-se-á inócuo dispensar antigos empregados como forma de evitar a aplicação da lei.

17.16 Turno de revezamento

Outra questão interessante introduzida pela Constituição Federal é aquela inserida no inciso XIV do art. 7º: "jornada de seis horas para o trabalho realizado em turnos ininterruptos de revezamento, salvo negociação coletiva de trabalho".

Na análise do referido inciso, que tem dado margem a inúmeras controvérsias, não é demais lembrar que o art. 7º consagra direitos dos trabalhadores urbanos e rurais, daí por que forçoso é analisar o texto legal sob a ótica dos empregados e não da empresa. Isso equivale a dizer que a expressão "turnos ininterruptos de revezamento" tem de ser compreendida como a situação de trabalho do empregado e não o sistema de funcionamento da empresa. É evidente que o empregado presta serviços dentro do regime instituído pelo empregador, mas sem dúvida que, analisando a garantia sob a óptica do empregador, chegaremos a conclusão diversa. Só que a garantia é do trabalhador, como dito, e não do empregador.

Assim, determinou o legislador constitucional que a jornada de trabalho daqueles empregados que têm regime mais penoso será de seis horas e não de oito horas, como a jornada normal de trabalho. Só que cuidou, desde logo, de dizer o que há de ser considerado jornada de trabalho penosa para tal fim: "turnos ininterruptos de revezamento".

Resta, pois, entender o que significa tal sistema de trabalho, para enquadrar aqueles que gozam da jornada de trabalho reduzida. A expressão "turno" significa período, ou até turma de trabalho. Assim, desde logo, é necessário que o empregado trabalhe em sistema de períodos de trabalho ou de turmas de trabalho. Ademais, o turno há de ser "ininterrupto" e aqui há grande polêmica a respeito. Entendemos que esta qualificação do turno diz respeito à habitualidade, à constância do trabalho em tais condições. Não pretendeu o legislador dizer que a empresa precisa trabalhar ininterruptamente (24 horas por dia), quer porque a garantia é do trabalhador, quer porque seria extremamente fácil ao empregador burlar tal exigência. Ademais, pouco importa se a empresa trabalha sete dias por semana ou não, pois o trabalhador tem garantido, já no inciso seguinte, o repouso semanal remunerado. Portanto, o que é essencial é que o sistema de turnos seja habitual, constante, ininterrupto, e não apenas esporádico, de curta duração, episódico.

Por fim, os turnos têm de ser em regime de revezamento, pois aí é que reside a penosidade do trabalho a justificar a redução da jornada. Para os que trabalham em turnos fixos, a situação é diversa. Para os que prestam serviços durante o dia não há qualquer penosidade e também para os que trabalham à noite a Constituição assegura o adicional noturno, como já visto.

Desse modo, pouco importa que três empregados utilizem a mesma máquina, em regime de turnos, desde que estes sejam fixos, pois aí o trabalho não é mais desgastante do que aquele realizado em um só período.

Em síntese, para que a jornada seja reduzida a seis horas diárias, é preciso que o empregado trabalhe normalmente em turnos (diurno e noturno), alternadamente, em regime de revezamento.

Por outro lado, é evidente que se o empregador alterar o sistema até então existente de turnos de revezamento para turnos fixos, sem que para tanto haja motivo ponderável, caracterizar-se-á a alteração ilícita, devendo ser reposta a situação anterior, com redução da jornada de trabalho.

Convém lembrar que igualmente neste inciso permite o legislador modificação do sistema de trabalho por meio de negociação coletiva. Sem dúvida que tal modificação há de atender às peculiaridades de uma categoria, ou de parte dela (até de uma empresa, ou setor de uma empresa), não podendo, é evidente, consistir a negociação em mera exclusão do benefício, sem uma razão que aproveite ao grupo representado, sob pena de nulidade da negociação.

Diga-se, ainda, a propósito, que a expressão "turnos" não tem obrigatoriamente a conotação de trabalho em grupo, embora mais utilizada nesse sentido. Eis por que é aplicável, a nosso ver, tal redução de jornada igualmente a um ou poucos empregados que trabalhem, por exemplo, em serviço de vigilância ou portaria, desde que o façam em regime alternado, isto é, em revezamento e de forma habitual.

Este entendimento, por nós esposado desde 1989 (*Direito do trabalho na nova constituição*. São Paulo : Atlas, p. 31-32) culminou, após interessante polêmica doutrinária e jurisprudencial, com posicionamento nesse mesmo sentido, tanto pelo Supremo Tribunal Federal quanto pelo Tribunal Superior do Trabalho, que, aliás, editou a Súmula nº 360:

> "Turnos ininterruptos de revezamento. Intervalo intrajornada e semanal. *A interrupção do trabalho destinada a repouso e alimentação, dentro de cada turno, ou o intervalo para repouso semanal, não descaracteriza o turno de revezamento com jornada de seis (6) horas previsto no art. 7º, inciso XIV, da Constituição da República de 1988.*"

Temos, pois, pacificado na jurisprudência que a concessão dos intervalos garantidos pelo texto constitucional e legal não descaracteriza a hipótese de turnos ininterruptos de revezamento, garantindo, no caso, a jornada de seis horas diárias de trabalho.

17.17 Repouso semanal remunerado

Já o inciso XV mantém o princípio de "repouso semanal remunerado, preferencialmente aos domingos". Lembre-se de que a Carta anterior assegurava em seu art. 165, VII, "repouso semanal remunerado e nos feriados civis e religiosos, de acordo com a tradição local". Este é, aliás, o texto, basicamente, desde a Constituição Federal de 1946.

Assim, ainda que mantido, em nível constitucional, o direito ao repouso semanal remunerado, silencia o texto atual sobre feriados civis e religiosos. Não obstante, acreditamos que inexiste conflito entre o texto referido e a lei ordinária, ainda porque cediço que esta pode consagrar benefícios, além daqueles expressamente referidos pelo texto constitucional. Eis por que não há, na prática, alteração a respeito.

17.18 Remuneração do serviço extraordinário

Assegura o inciso XVI "remuneração do serviço extraordinário superior, no mínimo, em cinquenta por cento à do normal". Assim, a partir da vigência do novo texto, o valor do adicional de horas extraordinárias passa a ser, no mínimo, em qualquer hipótese, 50% do valor da hora normal, desaparecendo aquelas distinções constantes dos arts. 59 e 61 da Consolidação das Leis do Trabalho.

Com efeito, hoje pouco importa se se trata de trabalho extraordinário previamente ajustado ou não, porque o adicional é de 50%, pela lei. É evidente o direito dos empregados a adicional em percentual mais elevado, quando por negociação individual ou coletiva ele lhes for assegurado, o que ocorre em relação a inúmeras categorias entre nós.

No caso das horas extras, quanto ao valor do adicional, a situação é a mesma em relação aos demais direitos assegurados pela legislação do trabalho, isto é, houve alteração somente no percentual relativo à remuneração da hora extraordinária, sem qualquer outra alteração, daí por que pemanecem inalterados todos os dispositivos não conflitantes com a norma constitucional, sendo específica a alteração havida.

17.19 Férias

Outro título que sofreu alteração específica é aquele relativo às férias. Diz o inciso XVII do art. 7º: "gozo de férias anuais remuneradas com, pelo menos, um terço a mais do que o salário normal".

Desse modo, fica evidente que a mudança promovida pelo legislador limitou-se ao valor da remuneração de férias a que faz jus o empregado. Vale dizer que aqui não se tocou no capítulo da CLT que regulamenta o direito às férias, exceção feita, como dito, à remuneração das mesmas, que agora é acrescida de um terço, no mínimo. Continuam, pois, em vigor os arts. 129 e seguintes da Consolidação, desde que não conflitem com o inciso XVII de que tratamos.

Exatamente por isso é que podemos, desde logo, afirmar que o direito ao terço a mais de férias é devido a todos os que gozarem férias a partir da vigência da nova Carta. E assim é porque sem dúvida tem aplicação imediata o inciso em questão, não dependendo de qualquer regulamentação, já que o empregado tem direito à remuneração que percebe no momento em que as férias são concedidas, pouco importando o salário do momento em que foram adquiridas essas mesmas férias.

Realmente, assim dispõe o art. 142 da CLT: "o empregado perceberá, durante as férias, a remuneração que lhe for devida na data da sua concessão".

Assim, todo empregado que gozou férias a partir da vigência da nova Carta tem direito à remuneração das férias acrescida de um terço, pouco importando se o período aquisitivo venceu-se na vigência da lei anterior. Aliás, além do art. 142 da Consolidação, que não deixa dúvida quanto ao acima afirmado, note-se que também o art. 136 da CLT dispõe que a época das férias será a que melhor consulte os interesses do empregador, daí por que arcará ele com o fato de as férias terem sido gozadas já na vigência da nova lei. E, como o marco para o direito ao terço é a data da concessão, aqueles que estavam no curso das férias quando do advento da Constituição fazem jus somente ao valor do terço relativo aos dias posteriores a 5 de outubro de 1988. Isso se dá, da mesma forma, quando o reajuste salarial alcança empregados no curso das férias, aos quais é devida a diferença somente do que excede ao lapso da vigência do novo salário.

O argumento de que o direito teria sido adquirido sob a égide da lei anterior não se sustenta, pois é evidente que as férias são um direito complexo, e que a remuneração há de ser a da época da concessão. Se assim não fosse, o empregador concederia as férias no décimo primeiro mês após o período concessivo pagando o salário de quase um ano antes, o que seria absurdo.

Outra questão que surge é saber da compatibilidade do abono de férias criado pela Constituição e o abono de férias de que trata o art. 143 da CLT. Entendemos que ambos são compatíveis, porque este último em realidade é a conversão de período de férias em pecúnia, enquanto o abono de férias constitucional é pagamento a maior do período. Veja-se que o art. 143 da Consolidação diz: "é facultado ao empregado converter 1/3 (um terço) do período de férias a que tiver direito em abono pecuniário, no valor da remuneração que lhe seria devida nos dias correspondentes".

Desse modo, a conversão a que tem direito o empregado é de um terço do período que lhe for devido de férias, em razão de eventuais faltas ao trabalho. Ora, a Constituição diz que a remuneração dessas férias será de no mínimo 1/3 a mais, daí por que pouco importa saber se o empregado terá o gozo integral ou converterá parte do repouso em pecúnia, para efeito do cálculo do abono constitucional. Este será sempre incidente sobre a totalidade dos dias de férias a que fizer jus o empregado.

Já a natureza deste abono do inciso XVII é diversa daquela do art. 143 da CLT, pois aqui o art. 144 do mesmo texto ordinário é expresso sobre a não incidência de encargos trabalhistas e previdenciários. Já a Constituição fala expressamente em remuneração em valor superior, o que significa dar natureza salarial ao abono, de forma exatamente oposta à que fez o legislador ordinário.

Ainda sobre o tema, os efeitos da cessação do contrato de trabalho. Não vemos como privar o empregado do direito ao terço constitucional de férias nos casos de férias vencidas ou proporcionais a que fizer jus. Isso porque, se assim não for, estaremos estimulando dispensas às vésperas da aquisição do período de férias, ou próximas ao final do período concessivo, como meios de não pagamento do abono. Parece-nos não ser esse o motivo que irá deter o empregador de dispensar, o que, por outro lado, não invalida o raciocínio. Ademais, necessário se faz lembrar que no caso das férias, como do décimo terceiro salário, a cada mês trabalhado o empregado adquire parte de tais direitos, daí por que não há como adquiri-los por metade ou de forma incompleta.

17.20 Licença à gestante

A seguir ocupa-se o inciso XVIII da "licença à gestante, sem prejuízo do emprego e do salário, com a duração de cento e vinte dias". Em realidade, o legislador, nesse inciso, limitou-se a ampliar o período anterior de 84 dias, dos arts. 392 e 393 da CLT, para 120 dias, como lapso em que a mulher gestante, pouco antes do parto e pouco depois, recebe salário sem que esteja obrigada à prestação de serviços.

Trata-se, como em outros casos, de período de interrupção do contrato de trabalho, já que inexiste prestação de serviço mas há pagamento de salário. Tanto assim é, que o próprio legislador constitucional cuidou de afirmar que se trata de licença "sem prejuízo do emprego e do salário". Assim, embora se trate de benefício de natureza previdenciária, há mera interrupção do contrato. Todavia, sendo benefício previdenciário não se trata de salário, além do que a lei estabelece teto máximo ao mesmo.

Temos neste caso mais uma hipótese em que a lei atenta para a situação peculiar da trabalhadora, em que é necessário seu afastamento para dar à luz, e é exatamente um momento em que mais precisa do salário para seu filho.

Note-se que, tanto no presente caso como em outros afins, o que norteia o legislador é sobretudo a proteção à criança, daí advindo alguns benefícios constitucionais à mãe e ao pai dessa mesma criança.

17.21 Licença-paternidade

Veja-se, a propósito, o inciso XIX que assegura "licença-paternidade, nos termos fixados em lei". Configura, como dito, intenção evidente de cercar a criança que acaba de nascer da melhor proteção que possa vir a ter, possibilitando ao pai, que anteriormente só gozava de um dia para registro do filho, um pequeno convívio mais prolongado logo após o parto.

Remete o referido inciso ao texto da lei, mas, até que a mesma venha a ser elaborada, o art. 10, § 1º, das disposições transitórias da Constituição assegura: "até que a lei venha disciplinar o disposto no artigo 7º, XIX, da Constituição, o prazo da licença-paternidade a que se refere o inciso é de cinco dias".

Desse modo, temos que a licença-paternidade é auto-aplicável, tendo em vista que sua duração já foi fixada pelo texto constitucional, até que a lei venha a ser elaborada.

Questão que pode surgir diz respeito ao momento em que tem início a licença. A nosso ver, dada sua finalidade, que é o convívio do pai e acompanhamento do parto e pós-parto, seu início é imediato, ou seja, no dia seguinte ao nascimento. Assim, pouco importa se tem início em dia útil ou feriado, sendo contínuo o lapso de cinco dias, cujo marco inicial é, por evidente, o nascimento da criança.

17.22 Proteção do mercado de trabalho da mulher

O inciso XX, que diz "proteção ao mercado de trabalho da mulher, mediante incentivos específicos, nos termos da lei", consagra uma norma de caráter geral, dependente de regulamentação por lei, à qual remete desde logo, visando minimizar a discriminação de que é alvo a mulher no mercado de trabalho. Assim, pretende-se que por meio de incentivos, mormente aos tomadores de serviço, venha a mulher a se situar em condições competitivas em relação ao homem nos vários setores de atividade.

17.23 Aviso-prévio

Já o inciso XXI assegura "aviso-prévio proporcional ao tempo de serviço, sendo no mínimo de trinta dias, nos termos da lei". Trata-se de instituto de que já cuida a CLT, em seus arts. 487 a 491. O que se sucede, com o advento da norma constitucional, é que a duração do aviso-prévio foi fixada, como mínimo, em 30 dias, daí por que evidentemente revogado o inciso I do citado art. 487 consolidado, já que não mais existe pré-aviso de oito dias. Note-se que, embora a Constituição remeta a regulamentação futura à lei, assegura, desde logo, o mínimo de 30 dias como duração do aviso-prévio. Eis por que a modificação no âmbito da lei ordinária está circunscrita à duração do instituto, permanecendo com inteira aplicação o conceito de aviso-prévio, a obrigação de sua concessão para ambas as partes em caso de desfazimento imotivado de contrato sem prazo, além da eventual reparação pela não concessão e a própria natureza do pré-aviso e consequentes.

Note-se, por fim, que como se dá em outros casos do artigo em exame, esta não é uma experiência inusitada, pois há normas coletivas que já asseguram aviso-prévio com duração superior a 30 dias, em função do tempo de casa do empregado e de sua idade.

17.24 Redução dos riscos do trabalho

O inciso XXII enuncia "redução dos riscos inerentes ao trabalho, por meio de normas de saúde, higiene e segurança". Eis aqui mais uma norma de caráter enunciativo e genérico, que determina a elaboração de outras normas que venham a tornar aplicáveis as garantias aqui enunciadas. Há, porém, a respeito, um avanço em relação à Constituição anterior. Esta assegurava, em seu art. 165, IX, "higiene e segurança do trabalho", o que tem, efetivamente, muito menor alcance do que a norma atual. Com efeito, ainda que em ambos os casos haja preocupação com a higiene e segurança do trabalho, atualmente a Constituição é expressa ao determinar à lei ordinária a redução dos riscos inerentes ao trabalho. Assim, o legislador constitucional posiciona-se pela defesa da saúde do trabalhador, o que não era explícito no texto anterior, bem como sublinha a necessidade de melhoria das condições ambientais de trabalho do ponto de vista da saúde dos que trabalham.

17.25 Adicional de insalubridade, periculosidade e penosidade

No mesmo tema, mas sob ótica diversa, dispõe o inciso XXIII do art. 7º: "adicional de remuneração para as atividades penosas, insalubres ou perigosas, na forma da lei". Há uma inovação, em relação ao texto anterior, que sobressai desde logo, qual seja, a elevação do direito a adicional por trabalho em tais condições ao *status* de direito constitucionalmente assegurado. De outra parte, cria o legislador constitucional a ideia de trabalho penoso, o que não há no nosso texto legal. Esse, por conseguinte, só será devido à medida que a lei ordinária a que se refere o inciso definir e regulamentar. Já em relação ao trabalho insalubre e perigoso, continuamos a nos valer da legislação ordinária vigente, até que outra venha a ser elaborada de forma mais abrangente.

Convém ressaltar que da conjugação dos incisos XXII e XXIII do art. 7º da Constituição é provável que venhamos a ter efetiva melhoria no nível das condições de saúde, higiene e segurança do trabalho, pois a par da amplitude do direito assegurado, além de onerar o empregador que permite e até estimula o trabalho em tais condições, como visto, há determinação de redução dos riscos do trabalho em tais condições. É verdade que sempre teremos trabalho penoso, insalubre ou perigoso, que necessitará ser executado, o que exigirá a instituição de adicionais para indenizar o trabalho em condições mais adversas, mas, sem dúvida, ideal que se limite ao máximo o trabalho em tais condições, além do que se reduzam, de fato, os riscos dos serviços prestados em tais condições.

17.26 Aposentadoria

Já o inciso XXIV foi bem mais conciso do que o equivalente da norma Constitucional anterior, ao assegurar apenas "aposentadoria", deixando sua especificação para o art. 201, dentro da Previdência Social. Ainda assim, mesmo que tal garantia seja de natureza previdenciária, sem dúvida, importante reafirmar o princípio de que devida sua garantia em função do trabalho, aí residindo a oportunidade da menção que faz o art. 7º em questão.

17.27 Creches e pré-escolas

O inciso XXV assegura "assistência gratuita aos filhos e dependentes desde o nascimento até seis anos de idade em creches e pré-escolas". Trata-se de dispositivo inovador do ponto de vista constitucional, embora já a Consolidação, no capítulo III, que cuida da proteção ao trabalho da mulher, fizesse referência ao tema. Agora a ideia é de creches e pré-escolas para as crianças de zero a 6 anos, que se encontram em idade pré-escolar.

É bem verdade que rápido exame do art. 208, IV, da Constituição Federal demonstra que o atendimento em creches e pré-escolas para as crianças de zero a 6 anos é dever do Estado, daí por que esta mesma garantia assegurada no inciso XXV do texto constitucional tem, por um lado, a vantagem de igualmente sublinhar que se trata de direito do trabalhador mas, de outro, alertar de que se trata de direito não autoaplicável, já que é evidente a necessidade da devida regulamentação.

17.28 Convenções e acordos coletivos de trabalho

O inciso XXVI, que assegura "reconhecimento das convenções e acordos coletivos de trabalho", amplia um pouco a garantia do art. 165, XIV, da Constituição de 1969, uma vez que aqui há referência expressa aos acordos coletivos de trabalho, o que anteriormente não ocorria.

Mas, além disso, outra questão bem mais relevante ressalta a respeito da leitura de todo o art. 7º da Constituição. Trata-se da importância extraordinária que o legislador dá à negociação coletiva. Não se trata de mero reconhecimento formal à negociação direta entre empregados e empregadores, como outrora ocorria, mas sim de assegurar, de fato e de direito, a solução direta dos conflitos do trabalho, permitindo até transação relativa a direitos essenciais do trabalhador, desde que por meio de negociação coletiva. A propósito, lembremos os incisos VI, XIII e XIV desse mesmo art. 7º, que se referem à irredutibilidade salarial, à duração diária e semanal do trabalho e à jornada de revezamento, respectivamente, e que permitem alterações do ali estabelecido via negociação coletiva.

A nosso ver, esses são exemplos evidentes do destaque constitucional à negociação direta entre sindicatos de trabalhadores e de empregadores como forma de solução dos conflitos do trabalho.

A esse respeito voltaremos a tratar quando do exame do art. 114 e seus parágrafos da Constituição Federal, que se ocupam não só da competência material e pessoal da Justiça do Trabalho como também das formas de negociação coletiva. Aí está estampada a primazia da autocomposição em relação à arbitragem compulsória, ou heterocomposição, como forma de solução dos conflitos coletivos do trabalho. Voltaremos, assim, ao tema, com mais vagar.[2]

17.29 Proteção em face da automação

O inciso XXVII consagra um princípio de natureza genérica, qual seja, "proteção em face de automação, na forma da lei". Trata-se, sem dúvida, apenas de um princípio, cujo

2 ***Súmula nº 349. Acordo de compensação de horário em atividade insalubre, celebrado por acordo coletivo. Validade.***

A validade de acordo coletivo ou convenção coletiva de compensação de jornada de trabalho em atividade insalubre prescinde da inspeção prévia da autoridade competente em matéria de higiene do trabalho (art. 7º, XIII, da CF/1988; art. 60 da CLT) (Res. 60/1996, *DJ* 8-7-1996).

objetivo é assegurar aos empregados o posto e as condições de trabalho, mesmo com o avanço na automação a que assistimos. E convém ressaltar que não se trata, absolutamente, de fazer carga contra o avanço tecnológico, mas tão somente proteger o empregado, como uma das inúmeras formas de proteção que está ele a merecer. Note-se que, a cada vez que determinada máquina passa a fazer um serviço até então desenvolvido pelo homem, é positivo tal fato, pois este passa a fazer outro mister de maior importância, com mais comodidade e menor sacrifício. Todavia, para que assim ocorra, é essencial o princípio protecionista de que ora tratamos. A referência expressa à lei demonstra não se tratar de norma autoaplicável, evidentemente.

É preciso atenção ao processo de elaboração da norma regulamentadora, no sentido de que seja garantida efetiva proteção ao trabalhador, de modo a evitar que outros interesses menores não se sobreponham ao espírito que preside ao presente art. 7º, que é a proteção aos direitos dos trabalhadores.

17.30 Seguro contra acidentes do trabalho

Prosseguindo, o inciso XXVIII assegura "seguro contra acidentes de trabalho, a cargo do empregador, em excluir a indenização a que este está obrigado, quando incorrer em dolo ou culpa". Aqui, além do seguro contra acidentes do trabalho, institui o legislador, em nível constitucional, a obrigação de o empregador indenizar o empregado quando agir com culpa ou dolo. Tal princípio é de grande importância, uma vez que obriga as empresas a agir com maior cuidado relativamente às condições de trabalho por elas oferecidas.

Com efeito, ainda que a ideia de dolo na ocorrência de acidente do trabalho seja remota, tal não se dá no caso de culpa. Esta, que se expressa pela negligência, imprudência e imperícia, não raro está presente quando da verificação do sinistro. Expressa-se pela negligência do empregador quanto a seu equipamento e, às vezes, relativamente ao próprio local de trabalho. Assim ocorrendo, além da contribuição previdenciária, arcará o empregador com o pagamento de indenização em favor do empregado, responsabilizado que será pela culpa com a qual concorreu para a verificação do acidente. Eis por que entendemos importante o inciso em questão, como forma eficaz de melhorar as condições de trabalho.

17.31 Prescrição

O inciso XXIX tem sido até agora o que mais polêmicas tem ensejado. Assim afirma:

> "XXIX – ação quanto aos créditos resultantes das relações de trabalho, com prazo prescricional de cinco anos para os trabalhadores urbanos e rurais, até o limite de dois anos após a extinção do contrato;"

Essa redação atual decorre da alteração promovida pela Emenda Constitucional nº 28, de 25 de maio de 2000. Até então a regra atual aplicava-se somente aos empregados urbanos, enquanto para os rurais a regra era no sentido de que a prescrição só começava a contar a partir da extinção do contrato de trabalho e fulminava direitos anteriores a dois anos da referida extinção contratual.[3]

---

[3] ***Súmula nº 153. Prescrição.***

Não se conhece de prescrição não arguida na instância ordinária. Ex-prejulgado nº 27 (*RA* 102/1982, *DJ* 11-10-1982 e *DJ* 15-10-1982).

Súmula nº 156. Prescrição. Prazo.

Da extinção do último contrato começa a fluir o prazo prescricional do direito de ação em que se objetiva a soma de períodos descontínuos de trabalho. Ex-prejulgado nº 31 (*RA*, 102/1982, *DJ* 11-10-1982 e *DJ* 15-10-1982).

***Súmula nº 268. Prescrição. Interrupção. Ação trabalhista arquivada* – Nova redação – Res. 121/2003, *DJ* 21-11-2003.**

A ação trabalhista, ainda que arquivada, interrompe a prescrição somente em relação aos pedidos idênticos.

Histórico:

Redação original – Res. 1/1988, *DJ* 1º-3-1988

Nº 268 Prescrição. Interrupção. Demanda trabalhista arquivada.

A demanda trabalhista, ainda que arquivada, interrompe a prescrição.

***Súmula nº 274. Prescrição parcial. Equiparação salarial* – Nova redação – Res. 121/2003, *DJ* 21-11-2003.**

Na ação de equiparação salarial, a prescrição só alcança as diferenças salariais vencidas no período de 5 (cinco) anos que precedeu o ajuizamento.

Histórico:

Redação original – Res. 7/1988, *DJ* 1º-3-1988

Nº 274 Na demanda de equiparação salarial a prescrição só alcança as diferenças salariais vencidas no período anterior aos dois anos que precederam o ajuizamento.

***Súmula nº 275. Prescrição. Desvio de função e reenquadramento* – Res. 129/2005, *DJ* 20-4-2005.**

I – Na ação que objetive corrigir desvio funcional, a prescrição só alcança as diferenças salariais vencidas no período de 5 (cinco) anos que precedeu o ajuizamento.

II – Em se tratando de pedido de reenquadramento, a prescrição é total, contada da data do enquadramento do empregado.

***Súmula nº 294. Prescrição. Alteração contratual. Trabalhador urbano* – Cancela os Enunciados nºs 168 (*RA* 102/1982, *DJ* 11-10-1982 e *DJ* 15-10-1982) e 198 (Res. 4/1985, *DJ* 1º-4-1985).**

Tratando-se de ação que envolva pedido de prestações sucessivas decorrente de alteração do pactuado, a prescrição é total, exceto quando o direito à parcela esteja também assegurado por preceito de lei (Res. 4/1989, *DJ* 14-4-1989).

***Súmula nº 308. Prescrição quinquenal.* Res. 129/2005 – *DJ* 20-4-2005.**

I – Respeitado o biênio subsequente à cessação contratual, a prescrição da ação trabalhista concerne às pretensões imediatamente anteriores a cinco anos, contados da data do ajuizamento da reclamação e, não, às anteriores ao quinquênio da data da extinção do contrato.

II – A norma constitucional que ampliou o prazo de prescrição da ação trabalhista para 5 (cinco) anos é de aplicação imediata e não atinge pretensões já alcançadas pela prescrição bienal quando da promulgação da CF/1988.

***Súmula nº 326. Complementação de aposentadoria. Prescrição total* (nova redação) – Res. 174/2011, DEJT divulgado em 27, 30 e 31-5-2011.**

A pretensão à complementação de aposentadoria jamais recebida prescreve em 2 (dois) anos contados da cessação do contrato de trabalho.

***Súmula nº 327. Complementação de aposentadoria. Diferenças. Prescrição parcial* (nova redação) – Res. 174/2011, DEJT divulgado em 27, 30 e 31-5-2011.**

A pretensão a diferenças de complementação de aposentadoria sujeita-se à prescrição parcial e quinquenal, salvo se o pretenso direito decorrer de verbas não recebidas no curso da relação de emprego e já alcançadas pela prescrição, à época da propositura da ação.

17.31.1 Trabalhador urbano e rural

Passemos, então, à análise e compreensão deste inciso.

Desde logo é importante frisar que a prescrição é a perda do direito de ação pelo decurso do tempo e a inércia do autor. Assim, tem o trabalhador, na vigência do contrato de trabalho, cinco anos para ingressar com a reclamação, contados esses a partir do momento que o direito passa a ser exigível. Exemplificativamente, no caso de férias, na vigência do contrato, após expirado o período concessivo, isso é, o lapso que a lei concede ao empregador para dar as férias ao empregado, é que tem início o prazo de cinco anos, findo o qual prescrito estará o direito de ação. Lembremos, ainda uma vez mais, que a prescrição alcança somente o direito de ação e não o direito material em si, já que este só é alcançado pela decadência. Seguindo no exemplo das férias, uma vez findo o contrato de trabalho o empregado tem o lapso máximo de dois anos para reclamar aquelas mesmas férias e não mais cinco anos, ainda porque qualquer título derivado do contrato, após sua extinção, há de ser reclamado até no máximo dois anos, como claramente decorre da letra *a* do inciso XXIX.

Não se trata, portanto, a toda evidência, de somar o lapso de cinco anos àquele de dois, pois nitidamente estabeleceu o legislador dois prazos distintos; a saber, cinco anos na vigência do contrato de trabalho e dois anos quando da extinção deste.

A polêmica tem início quando se questiona sobre o prazo prescricional que teve início anteriormente à Constituição, a fim de saber se ele é afetado pela nova forma de contagem.

A nosso ver, os prazos que estavam em curso quando do advento da nova Constituição foram por ela dilatados, o que significa dizer que a alteração alcança somente prazos relativos à vigência do contrato de trabalho. Isso porque, relativamente aos contratos findos, o prazo manteve-se nos dois anos de sempre.

Desse modo, alguém que não tenha recebido o 13º salário há um ano e meio teria pela lei anterior mais seis meses para reclamá-lo judicialmente. A partir da vigência da

---

Histórico:

Redação original – Res. 19/1993, *DJ* 21-12-1993

Nº 327 Em se tratando de pedido de diferença de complementação de aposentadoria oriunda de norma regulamentar, a prescrição aplicável é a parcial, não atingindo o direito de ação, mas, tão somente, as parcelas anteriores ao biênio.

Súmula nº 350. Prescrição. Termo inicial. Ação de cumprimento. Sentença normativa.

O prazo de prescrição com relação à ação de cumprimento de decisão normativa flui apenas da data de seu trânsito em julgado (Res. 62/1996, *DJ* 4-10-1996).

***Súmula nº 362. FGTS. Prescrição* – Nova redação – Res. 121/2003, *DJ* 21-11-2003.**

É trintenária a prescrição do direito de reclamar contra o não-recolhimento da contribuição para o FGTS, observado o prazo de 2 (dois) anos após o término do contrato de trabalho.

Histórico:

Redação original – Res. 90/1999, *DJ* 3-9-1999

Nº 362 FGTS – Prescrição.

Extinto o contrato de trabalho, é de dois anos o prazo prescricional para reclamar em Juízo o não-recolhimento da contribuição do Fundo de Garantia do Tempo de Serviço.

nova Carta, este prazo passou a ser de cinco anos, sendo dilatado em três anos e meio. Note-se que no caso havia mera expectativa do empregador de que daí a seis meses a situação jurídica se consolidasse, não havendo qualquer violência na aplicação imediata do novo prazo. Diversa seria a situação, se o direito de reclamar o 13º salário já houvesse sido alcançado pela prescrição, pois devido há dois anos e meio, por hipótese. Nesse caso não se poderia cogitar de dilação do prazo, já que o mesmo não mais existia. Tratar-se-ia de ressuscitar aquele prazo, o que não é possível.

A impossibilidade de "ressuscitar" o prazo reside no fato de não ser possível alterar uma situação jurídica consolidada, que se equipara, quanto aos efeitos, ao ato jurídico perfeito, protegido pelo art. 5º, XXXVI, da própria Constituição Federal. Não se pretende, com tal afirmação, asseverar que teria o empregador o direito de não cumprir a lei, direito esse adquirido. O que há, isso sim, é que na vigência da lei anterior cristalizou-se uma situação jurídica, pela qual não poderia mais o empregado ingressar em juízo buscando aquele direito já alcançado pela prescrição. Assim, lícito inclusive ao empregador, dada a certeza jurídica da relação, desfazer-se de provas da satisfação daquele direito, pois não mais exigível. Desse modo, não há como fazer retroagir o prazo em questão.

Nessa linha de raciocínio a solução é a mesma para as reclamações trabalhistas em curso, quando da vigência da nova Carta, relativamente à prescrição e eventual retroação do prazo ora estabelecido.

Anteriormente, conforme a letra *b* do incisco XXIX, do art. 7º da Constituição Federal, alterado pela referida Emenda Constitucional nº 28/00, a prescrição fluía somente após dois anos da extinção do contrato para o trabalhador rural, exatamente nos termos do art. 10, da Lei nº 5.889, de 8 de junho de 1973, que regula o trabalho rural.

17.32 Equivalência salarial

Já o inciso XXX do art. 7º da Constituição dispõe sobre "proibição de diferença de salários, de exercício de funções e de critérios de admissão por motivo de sexo, idade, cor ou estado civil". Comparativamente ao texto anterior (art. 165, III, da Constituição de 1969), acrescentou-se a proibição de exercício de funções, o que na prática ocorre, como forma de discriminação. Ademais, também foi inserida a idade como fator que não justifica a discriminação, o que já acontecia na Constituição de 1946, sendo suprimida em 1967 e 1969.

Assim, torna-se a proteção contra a discriminação mais abrangente no texto constitucional, o que permite ao legislador ordinário criar mecanismos de efetivo controle dos atos que venham a desrespeitar referida garantia.

17.33 Proibição de discriminação

Na mesma linha de evitar discriminação, o inciso XXXI afirma: "proibição de qualquer discriminação no tocante a salário e critérios de admissão do trabalhador portador de deficiência". Eis aqui uma questão que tem ficado à margem de garantias asseguradas aos trabalhadores, ressalvando-se apenas alguns casos de estabilidade provisória assegurada a acidentados que, em razão de sequelas, passam por processo de readaptação ao trabalho. Em realidade, a nosso ver, o inciso em questão surge como marco efetivo de atenção ao deficiente enquanto trabalhador.

17.34 Proibição de distinção entre trabalho manual, técnico e intelectual

Compondo o quadro de proteção contra a discriminação, junto com os dois incisos anteriores, assegura o inciso XXXII: "proibição de distinção entre trabalho manual, técnico e intelectual ou entre profissionais respectivos".

Este princípio, mantido de forma inalterada em relação ao texto constitucional anterior (art. 165, XVII), consagra a ideia de que todos os profissionais e suas atividades devem ser valorizados, sem que haja discriminação em virtude da maior ou menor especialização ou grau de escolaridade.

Todavia, reconhecendo a importância de tal princípio, o que se verifica é que a efetiva discriminação dá-se com o próprio salário que o mercado de trabalho oferece a cada profissional. É verdade que em função do grau de especialização de certa atividade, ou da própria necessidade do mercado, tornam-se mais atraentes as condições oferecidas a um ou outro setor da atividade. Nada há, por tal fato, de reprovável. O verdadeiro problema surge quando há algumas atividades cuja remuneração é efetivamente insuficiente para uma vida digna, como já o próprio salário-mínimo deveria garantir.

Quer nos parecer que nesse sentido é que há de ser compreendida a garantia contra a discriminação entre tipos de trabalho e seus exercentes e não como uma suposta isonomia salarial abstrata, o que é utópico. É preciso, isto sim, diminuir de forma sensível a pirâmide de salários entre nós, nivelando, o quanto possível, as condições salariais, possibilitando que as diferenças entre as várias faixas não provoquem situações até de difícil sobrevivência, como ocorre com muitos entre nós.

17.35 Proteção ao trabalho do menor

Já a proibição contida no inciso XXXIII tem outro enfoque em relação aos três incisos anteriores. Assim se expressa o referido inciso XXXIII do art. 7º: "proibição de trabalho noturno, perigoso ou insalubre aos menores de dezoito anos e de qualquer trabalho a menores de quatorze anos, salvo na condição de aprendiz".

Trata-se, como se vê, de preocupação do legislador exclusivamente com os menores de idade. E aqui, desde logo, houve significativa alteração em relação ao texto anterior (art. 165, X, da Constituição de 1969), qual seja, terminar com a proibição de trabalho insalubre para as mulheres, como ocorria no direito anterior.

Cuida-se neste particular de questão bastante delicada, pois se por um lado excluir tal proibição significa equiparar mulheres e homens neste aspecto, por outro lado tal equiparação, infelizmente, leva a mulher a um trabalho que deveria ser igualmente proibido para os homens, pois nocivo. É verdade que não se pode simplesmente acabar com toda sorte de trabalho insalubre ou perigoso, mas os esforços devem ser no sentido de minorar tais condições de trabalho.

De toda forma, atualmente não há mais tal distinção e, sob um certo prisma, existe menos um fator de discriminação na prática, em relação à mulher, no mercado de trabalho.

Relativamente à proibição de trabalho noturno, insalubre e perigoso a menores de 18 anos, houve apenas acréscimo de proibição de trabalho perigoso, que não constava do texto constitucional anterior. De todo modo, evidente que a legislação ordinária atual está de acordo com o texto constitucional, daí por que tem o inciso aplicação imediata a respeito. Igual efeito também tem a limitação da idade mínima para o trabalho, que passa a ser, em decorrência da citada Emenda Constitucional nº 20/98 e da Lei nº 10.097/00, que deu nova redação aos arts. 402 e 403 da CLT, 16 anos para qualquer trabalho, salvo como aprendiz, que é aos 14 anos. Retornamos, pois, ao princípio da Constituição de 1946, relativamente à idade mínima para o trabalho. E tal retorno é salutar, pois, de um lado, não se contribui para diminuir problemas de desajuste social com redução da idade para o trabalho, do mesmo modo que em nada contribui para tanto a redução da maioridade penal.

De outra parte, é preciso que haja coerência do legislador quanto aos vários aspectos do texto constitucional. Assim é que o já mencionado art. 208 da Constituição considera dever do Estado o "ensino fundamental, obrigatório e gratuito, inclusive para os que a ele não tiverem acesso na idade própria". Isso significa que o ensino de primeiro grau é direito de todo cidadão e, exceção feita à questão da evasão escolar, da falta de vagas, da desnutrição e outros fatores, em princípio as crianças concluem o primeiro grau aos 14 anos, daí por que não se pode fixar a idade mínima para o trabalho antes dos 14 anos.

É fato, por outro lado, que são inúmeras as exceções a esses limites que estamos tratando, mas, sem dúvida, descabido nortearmo-nos pelas exceções.

A verdade é que o retorno à idade mínima de 14 anos é salutar, só se permitindo o trabalho antes disso como aprendiz, o que significa vincular o trabalho nesse momento ao processo educacional, aqui especializado.

Há que se notar que o trabalho antes da conclusão do primeiro grau deve ser sempre encarado como um momento, apenas, no processo de educação da criança, quer quanto ao ofício em si, quer quanto à realidade do mundo do trabalho, que as nossas crianças recebem no "currículo oculto" que lhes ministramos em casa (horário, obediência, aprendizado, estudo, vida em grupo) e que a imensa maioria das crianças deste país, desafortunadamente, não têm. Pretender que essas crianças aos 15, 16, 17 ou 18 anos ingressem no mercado de trabalho e a ele se adaptem é utópico, para não dizer cruel.

Note-se ainda que, relativamente ao aprendiz, acreditamos que a exclusão da proibição diz respeito apenas ao fato de trabalhar em condições normais, porque a ele também é vedado o trabalho noturno, perigoso e insalubre, desde que seja menor de 18 anos. O fundamento da proibição diz respeito à formação física e mesmo moral da criança, que alcança, é obvio, também aquela que se submete a processo de aprendizagem. A propósito desse processo continuam em vigor as normas que o regulam, no nível da legislação ordinária, em tudo que for compatível com a garantia ora tratada.

17.36 Igualdade de direitos entre trabalhadores

A seguir, como último inciso do art. 7º, assegura o inciso XXXIV: "igualdade de direito entre o trabalhador com vínculo empregatício permanente e o trabalhador avulso". São avulsos aqueles que prestam serviços a empregador sem o requisito da continuidade, o que lhes impede de celebrar contrato de trabalho. Aqui encontramos o pessoal que presta serviços portuários, os que se dedicam à atividade de carga e descarga, entre outros. O que o mandamento constitucional estabelece é que lhes sejam assegurados os benefícios que possuem os empregados, mas, à evidência, excluída a questão da continuidade da prestação e seus reflexos, pois, se assim fosse, deixariam de ser avulsos.

17.37 Trabalhadores domésticos

Finalizando o art. 7º da Constituição, seu parágrafo único dispõe:

> "São assegurados à categoria dos trabalhadores domésticos os direitos previstos nos incisos IV, VI, VIII, XV, XVII, XVIII, XIX, XXI, e XXIV, bem como sua integração à previdência social."

Lembremos que por força da Lei nº 5.859, de 11 de dezembro de 1972, que regulamentou a profissão de empregado doméstico, este possuía direito ao registro do contrato de trabalho em sua Carteira de Trabalho e Previdência Social, a filiação à previdência e férias de 20 dias úteis, como fixou a jurisprudência. Assim, de um momento a outro, vários direitos foram assegurados ao doméstico e, lembrando que esta regulamentação anterior contava menos de 16 anos, boa parte dos empregados domésticos sequer era registrada, daí advindo, em grande parte, o espanto e até pânico de alguns pelo que dispõe o parágrafo em exame.

Vejamos, rapidamente, o que, efetivamente, assegura a Constituição aos empregados domésticos, já que nem todos os direitos reconhecidos aos empregados urbanos e rurais foram estendidos aos domésticos.

Desde logo o inciso IV assegura-lhes o direito ao salário-mínimo, que até então não lhes era garantido. Cumpre, contudo, lembrar que, uma vez assegurado o salário-mínimo ao empregado doméstico, aplica-se toda a regulamentação que a ele se agrega. Assim, a tábua de valores percentuais em que se decompõe o salário-mínimo, para efeito de assegurar as necessidades a que se refere o inciso IV do art. 7º, tanto é aplicável ao trabalhador rural e urbano quanto ao doméstico. Portanto, quer para acrescer o salário com tais utilidades, quer para deduzir valores pagos a tais títulos, aplicam-se os valores ali estabelecidos.

Também o princípio da irredutibilidade do salário é aplicável, conforme inciso VI.

Por meio do inciso VIII assegura-se o 13º salário, do mesmo modo que o inciso XV garante-lhes o repouso semanal remunerado.

Já o inciso XVII garante o direito a férias acrescidas da remuneração de um terço a mais. Todavia é bom aduzir que sendo as férias do empregado doméstico de 20 dias úteis, como já referido, e neste particular nada tendo sido alterado pelo texto constitucional, o terço há de incidir sobre os 20 dias no máximo.

A licença à gestante de 120 dias igualmente é assegurada à empregada doméstica, por força do inciso XIX, expressamente referido pelo parágrafo único do art. 7º.

Ainda por força do inciso XXI, assegurado o direito ao aviso-prévio, proporcional ao tempo de serviço, como o mínimo de 30 dias, nos termos da lei. Por fim, assegurada a aposentadoria.

Esses são os direitos reconhecidos pelo art. 7º da Constituição que foram estendidos ao trabalhador doméstico, excluídos, por consequência, os demais não referidos expressamente pelo parágrafo único do art. 7º.

Cumpre notar, em alguns casos, questões interessantes que surgem, quer na aplicação dos dispositivos, quer na interpretação dos mesmos.

Assim, desde logo, a questão do salário-mínimo comporta a possibilidade de compensação das utilidades fornecidas pelo empregador, desde que previamente ajustadas e obedecidos os percentuais para tanto fixados, como já mencionado.

O direito ao repouso semanal remunerado atinge imediatamente o disposto no art. 5º, letra *a*, da Lei nº 605, de 5 de janeiro de 1949, que tornou o repouso semanal remunerado, já que ali excluído o empregado doméstico. Por outro lado, igualmente subordinado o direito ao trabalho integral no curso da semana anterior, sob pena de não pago o repouso. E, acrescente-se, sendo mensalista o empregado, já se considera remunerado o repouso, eis que pago à base de 30 dias por mês. Em realidade, objetivou o legislador, principalmente, consagrar o direito ao repouso, não observado em todos os casos.

Quanto às férias, como já dito, o terço a mais criado pela norma constitucional incide sobre o período de 20 dias úteis, que consiste no lapso de férias asseguradas ao empregado doméstico, já que no particular não houve alteração constitucional.

A licença à gestante, assegurada pelo inciso XVIII, cria um problema de autoaplicabilidade que diz respeito à inexistência de fonte de custeio, já que se trata de benefício de natureza previdenciária, daí por que este benefício, a nosso ver, não é autoaplicável, tendo em vista o que determina o art. 195, § 5º, da Constituição Federal.

Relativamente à extensão do aviso-prévio ao empregado doméstico, quer-nos parecer que com ele cria-se um problema mais amplo. Sucede que a noção de aviso-prévio contida nos arts. 487 e seguintes da CLT diz respeito a contrato sem determinação de prazo e a exigência feita a ambas as partes quando pretenderem desfazer contrato de trabalho imotivadamente. Eis por que o aviso-prévio está ligado à ideia de inexistência de justa causa. Portanto, havendo justa causa para o empregado ou empregador doméstico, o aviso-prévio não será devido. Trata-se, por um lado, de aplicar o instituto do pré-aviso em sua totalidade sob pena de inviabilizá-lo. Outra questão é relativa à prova que empregado e empregador doméstico terão de fazer, eventualmente, em processo judicial, com referência à justa causa que os isenta do pré-aviso.

É verdade que o problema não é restrito apenas às relações de trabalho doméstico, mas a todas as relações de trabalho que além do vínculo profissional estabelecem um vínculo de natureza pessoal.

Assim é que em tais casos não há como tratar da mesma maneira com que se trata determinado problema em que a relação é estritamente profissional, como se dá nas grandes empresas.

É sabido que em pequenas unidades de trabalho, como empresas individuais ou familiares, a rigidez no cumprimento de determinadas normas (como horário, por exemplo) é muito menor, o que seria impossível em um aglomerado de milhares de trabalhadores. No entanto, se isso é verdade em favor do empregado, momentos há em que também é verdade em seu desfavor, quando é solicitado, à guisa da saída mais cedo ontem, de um prolongamento da jornada hoje.

Pois bem, abstraindo a questão da justiça a um ou a outro, o fato é que a prova, na grande empresa, é muito mais fácil a ambos, enquanto na pequena empresa a dificuldade às vezes é extrema.

Pois em nível do trabalho doméstico tais problemas se agravam, ainda porque o laço pessoal da relação havida é muito mais presente, tornando inviável, até, a própria equação do problema pelas partes. Ainda a questão da prova é dificultada, pois todos os envolvidos encontram-se no âmbito do art. 829 da CLT, o que pode mesmo inviabilizar a prova oral, que no mais das vezes é a única possível.

Enfim, assistimos a uma transformação interessante nesta forma de relação de trabalho, que é o doméstico, relevando aduzir que em certos centros populacionais, de grandes cidades entre nós, esta realidade já se faz sentir, com profundas mudanças no relacionamento empregado e empregador doméstico. A Constituição Federal, no particular, vem chancelar tais modificações.

Verificação de aprendizagem

Questões para debate

1. *É correto afirmar que a Constituição Federal em seu art. 7º prestigia a negociação coletiva como via de melhoria das condições de trabalho? Por quê?*
2. *Deve-se dar a mesma interpretação a uma situação que envolva o empregado e seu empregador e outra que envolva o sindicato representando os empregados e o empregador?*

3. *Segundo a Constituição Federal de 1988, o empregador tem igual direito de admitir e dispensar empregados? Por quê?*
4. *Qual a diferença entre dispensa sem justa causa e dispensa arbitrária?*
5. *Quais as medidas concretas adotadas pela Constituição Federal de 1988 contra as dispensas arbitrárias e sem justa causa?*
6. *Houve alteração na jornada de trabalho pela Constituição Federal de 1988?*
7. *Qual o real significado da expressão "turno ininterrupto de revezamento?*
8. *Houve modificação constitucional em relação à remuneração do trabalho extraordinário?*
9. *E relativamente às férias, também ocorreu mudança pela Constituição Federal de 1988?*
10. *Relativamente ao trabalhador urbano, quais as principais mudanças operadas pela Constituição Federal de 1988 quanto à prescrição do direito de ação, em relação ao que dispunha a esse respeito a CLT?*

Exercícios

Leia cada umas das assertivas abaixo e, a seguir, diga se verdadeira ou falsa, justificando brevemente sua opção:

1. *A Constituição Federal promoveu profundas modificações na proteção legal ao trabalhador doméstico, reconhecendo-lhe todos os direitos dos empregados protegidos pela CLT.*
2. *O art. 7º da Constituição Federal de 1988 prestigia a negociação coletiva à medida que protege os direitos dos trabalhadores, não restringindo tal proteção "aos limites da lei".*
3. *Atualmente, do ponto de vista constitucional, o empregador não tem o direito de despedir empregados como bem entender, dependendo de alteração judicial para tanto.*
4. *O legislador constitucional protege o empregado que se encontra em determinadas situações pessoais, impedindo sua dispensa arbitrária e sem justa causa.*
5. *O fundo de garantia do tempo de serviço passou a ser direito de todos os empregados, após 5 de outubro de 1988, independentemente de manifestação expressa nesse sentido.*
6. *É possível, por meio da negociação sindical, a redução dos salários dos empregados representados pelo sindicato, diante do texto constitucional.*
7. *A Constituição Federal, em matéria de trabalho noturno, não produziu qualquer inovação.*
8. *Já em relação à duração do trabalho, houve importante alteração pelo texto constitucional.*
9. *A jornada de seis horas é devida apenas aos que trabalham em turnos de revezamento, nas hipóteses de empresas que trabalhem ininterruptamente, durante toda a semana.*
10. *Os dias de férias a que o empregado faz jus não têm relevância para se estabelecer o valor do terço constitucional que lhe é assegurado.*

18 Questão Sindical

O Capítulo II da Constituição ocupa-se também da questão sindical, tema que vem tratado no art. 8º, que assim dispõe:

"Art. 8º É livre a associação profissional ou sindical, observado o seguinte:

I – a lei não poderá exigir autorização do Estado para a fundação de sindicato, ressalvado o registro no órgão competente, vedadas ao Poder Público a interferência e a intervenção na organização sindical;

II – é vedada a criação de mais de uma organização sindical, em qualquer grau, representativa de categoria profissional ou econômica, na mesma base territorial, que será definida pelos trabalhadores ou empregadores interessados, não podendo ser inferior à área de um Município;

III – ao sindicato cabe a defesa dos direitos e interesses coletivos ou individuais da categoria, inclusive em questões judiciais ou administrativas;

IV – a assembleia geral fixará a contribuição que, em se tratando de categoria profissional, será descontada em folha, para custeio do sistema confederativo da representação sindical respectiva, independentemente da contribuição prevista em lei;

V – ninguém será obrigado a filiar-se ou a manter-se filiado a sindicato;

VI – é obrigatória a participação dos sindicatos nas negociações coletivas de trabalho;

VII – o aposentado filiado tem direito a votar e ser votado nas organizações sindicais;

VIII – é vedada a dispensa do empregado sindicalizado a partir do registro da candidatura a cargo de direção ou representação sindical e, se eleito, ainda que suplente, até um ano após o final do mandato, salvo se cometer falta grave nos termos da lei;

Parágrafo único. As disposições deste artigo aplicam-se à organização de sindicatos rurais e de colônias de pescadores, atendidas as condições que a lei estabelecer."

18.1 Organização sindical

O tema é bastante amplo e, pela forma com que foi tratado pelo legislador constitucional, muito polêmico, ensejando inúmeras considerações.

O *caput* do art. 8º consagra o princípio da liberdade de associação profissional ou sindical, do mesmo modo que o direito anterior (art. 166 da Constituição Federal de 1969). Há, todavia, nítida diferença entre os dois dispositivos, pois no direito anterior, ainda que sob o regime da liberdade, a constituição das entidades sindicais, sua representação e o exercício de funções delegadas do Poder Público eram reguladas por lei. Atualmente não mais cumpre o sindicato funções delegadas do Poder Público, além do que tanto sua constituição quanto o exercício de suas atribuições não se submetem ao crivo do Estado.

Não obstante, na realidade o legislador constitucional ficou a meio caminho da efetiva liberdade sindical, sob a óptica da Convenção 87 da Organização Internacional do Trabalho (OIT). De fato, consagrado o princípio da liberdade sindical, como já referido. Ademais, o inciso I do art. 8º impede que o Estado exija autorização para fundação de sindicato, bem como interferência ou intervenção estatal em entidade sindical. Mas submete o sindicato a registro "perante o órgão competente", o que significa, ainda que não expressamente, uma forma de interferência na fundação do sindicato.

E, adiante, o inciso II mantém o princípio da unidade sindical, vedando a criação de uma organização, em qualquer grau, representante da mesma categoria. Eis por que a exigência do registro "no órgão competente" do inciso anterior, para manter a unicidade sindical. Todavia, aqui encontramos várias noções do direito corporativo do trabalho, o que equivale dizer, expressões que revelam a manutenção da filosofia que inspirou o legislador dos anos 30 na criação da estrutura sindical brasileira.

A manutenção do princípio da unidade sindical, ainda que fruto de inúmeros debates no meio sindical, revelando as várias tendências, impõe a necessidade do registro referido mais de uma vez, como forma de controle do próprio princípio. E aí, a nosso ver, temos um conflito com o art. 7º da Convenção 87 da OIT, que não permite que a aquisição de personalidade das entidades sindicais profissionais e patronais esteja sujeita a qualquer tipo de restrição. Além disso, a própria ideia de categoria econômica e profissional, de que cogita o inciso II do art. 8º significa manter os conceitos dos parágrafos do art. 511 da CLT. Segue-se a manutenção do princípio da base territorial, como balizamento à criação de novas entidades sindicais.

Tendo em vista esses conceitos, a nosso ver obsoletos, como afirmar que há liberdade sindical entre nós, se a Constituição proíbe a criação de sindicatos por empresas, já que a menor base territorial não pode ser inferior à área do município? E, a respeito da criação de sindicatos cujo polo atrativo seja outro que não a categoria profissional ou econômica, encontramos igualmente óbice constitucional. Como, então, coexistirem o princípio da liberdade sindical com essas limitações?

Em realidade, sob o ponto de vista da parte I da Convenção 87 da OIT, entre nós ainda não há liberdade sindical. Houve, isso sim, início de simplificação dos atos da vida sindical e proibição de ingerência do Estado na vida sindical, mormente na gestão financeira, tanto assim que o sindicato deixa de arrecadar parte de sua contribuição ao Estado.

Mas, do ponto de vista prático, como proceder a tal registro? Qual será o "órgão competente" de que fala o legislador constituinte? Temos para nós que o Ministério do Trabalho continua com a incumbência de proceder a tais registros, ainda porque mantida a noção de categoria profissional e econômica; a ele caberá diligenciar sobre a possibilidade ou não do registro, tendo em vista o princípio da unidade sindical. É evidente que os limites da atuação ministerial deverão ser objeto de regulamentação. Queremos crer, ademais, que a Comissão de enquadramento sindical, ainda que venha a ser extinta, como se preconiza, haverá de ser substituída por órgão equivalente, já que, como dito, mantida a ideia de categoria no direito sindical.

18.2 Atividade sindical

Já o inciso III amplia o poder sindical no que respeita à representação dos interesses individuais e coletivos da categoria. A lei ordinária (art. 513, *a*, da CLT) cogitava de o poder do sindicato representar interesses gerais da categoria e individuais dos associados, o que significava que o sindicato não podia agir em nome de não associado em questões de natureza individual. Temos que tal limitação cessa com a nova redação constitucional, ampliando-se, como dito, o poder de representação sindical.

Note-se, a propósito, que já o art. 5º da Constituição, em seu inciso LXX, assegura a prerrogativa da organização sindical de ingressar com mandado de segurança coletivo em defesa dos interesses de seus membros ou associados.

Assim, entendemos que em nível judicial devem cessar as discussões sobre a possibilidade de o sindicato agir como substituto processual em questões outras que não as ações de cumprimento de norma coletiva e processos relativos à insalubridade e periculosidade, quer em nome de associados, quer em nome de outros integrantes da categoria não associados ao sindicato. Evidentemente, a par da prerrogativa ampla de representação, coloca-se a necessidade inafastável de instrução adequada do pedido inicial, com a qualificação de todos os representados. Tal exigência, longe de significar uma forma de limitação ao poder de representação sindical, é meio de garantir o princípio da ampla defesa, pois evidente que a reclamada haverá de examinar cada um dos substituídos, a fim de poder formular defesa abrangendo inclusive as situações peculiares de cada um, sob pena de não atender por completo ao princípio do contraditório.[1]

[1] ***Súmula nº 286. Sindicato. Substituição processual. Convenção e acordo coletivos*** **– Redação dada pela Res. 98/2000, *DJ* 18-9-2000.**

A legitimidade do sindicato para propor ação de cumprimento estende-se também à observância de acordo ou de convenção coletivos.

Ademais, como a assembleia representa os sócios, decidindo apenas por eles, os não sócios devem outorgar procuração ou realizar assembleia, expressando efetivamente a autorização para a ação judicial do sindicato.

18.3 Receita sindical

A questão da arrecadação do sindicato, via contribuições, já acima referida, vem tratada no inciso IV, que estabelece que a assembleia fixará uma contribuição específica para custeio do sistema confederativo sindical. Essa contribuição, que não se confunde com a contribuição sindical propriamente dita (antigo imposto sindical), é inédita, motivo por que, não dependendo de lei, deverá ser regulamentada pela própria assembleia que a fixar, possibilitando tratamentos diversos de uma para outra entidade.

A propósito dos percentuais a serem destinados à federação relativamente à nova contribuição criada pelo inciso em exame, igualmente será matéria a ser analisada e decidida pela assembleia sindical.

Com referência à contribuição sindical prevista e regulamentada nos arts. 578 e seguintes da CLT, houve sérias modificações. Desde logo, diga-se, foram revogados ou alterados os artigos que se tornaram incompatíveis com o novo texto constitucional. A matéria, porém, continua, no restante, a ser regulamentada pela lei ordinária, lembrando, porém, que vedada de ora em diante ao Estado a interferência na administração financeira do sindicato. Assim, por exemplo, não há mais o percentual previsto no art. 589, IV, da Consolidação, em favor da "conta especial emprego e salário", do Ministério do Trabalho. Tal valor, a nosso ver, reverte ao sindicato, mantidos inalterados os demais valores à federação e confederação, até que a assembleia decida o contrário, se for o caso. Do mesmo modo, desaparece a obrigação de recolher tais valores em instituições bancárias oficiais, assim como toda a burocracia quanto a recolhimentos, saques e, igualmente, quanto à destinação da contribuição pela lei.

É fato que na prática ainda teremos algum tempo até que a burocracia compreenda a mudança sensível e que, por exemplo, a agência bancária receba orientação de seu empregador autorizando movimentação de valores de forma diversa daquela que sempre existiu. De toda sorte, esse é um reflexo da sensível mudança decorrente do inciso I do art. 8º da Constituição.

Relativamente à receita sindical, além da contribuição sindical até então existente, como vimos, a Constituição diz que a assembleia fixará o valor de outra contribuição, esta para manter o sistema federativo de representação. Não obstante isso, já o antigo imposto sindical tinha e tem também tal finalidade. Além de ambas as contribuições derivadas de

---

Histórico:

Redação original – Res. 19/1988, *DJ* 18-3-1988

Nº 286 Sindicato – Substituição processual – Convenção coletiva.

O sindicato não é parte legítima para propor, como substituto processual, demanda que vise à observância de convenção coletiva.

lei, poderá a entidade sindical, por sua assembleia, criar outras, como, aliás, entre nós já existe a contribuição ou taxa assistencial, fixada em norma coletiva. Não se olvide, ainda, da mensalidade paga pelo associado, que igualmente representa receita.

Diga-se além disso, a respeito da receita sindical, que, já não podendo o Estado intervir na administração do sindicato, não persistem vigentes as normas legais que traziam regras de ação da entidade sindical quanto a sua gestão financeira, bem como obtenção de recursos. Eis por que, quer nos parecer, outros podem vir a ser os modos pelos quais cada entidade venha a obter aqueles mesmos recursos, desde que na conformidade de suas normas estatutárias e autorizada por assembleia.

18.4 Filiação

O princípio trazido no inciso V do art. 8º, e que significa liberdade individual de filiação e desligamento de uma entidade sindical, constitui ideia já presente entre nós, como se vê dos arts. 540 e 544 da CLT, por exemplo. Ganha, contudo, tal princípio maior importância, à medida quc passa a ser constitucionalmente assegurado.

18.5 Sindicato e negociação coletiva

Já a ideia contida no inciso VI, que é a da obrigatoriedade de participação dos sindicatos nas negociações coletivas de trabalho, igualmente vinha contida no art. 616 da CLT. Não obstante isso, trata-se tal tema de questão de extraordinária relevância, tanto assim que em todos os momentos que entendeu pertinentes o legislador enfatizou a participação do sindicato na solução dos conflitos, inclusive dando liberdade de negociação até contra certos direitos assegurados no próprio art. 7º da Constituição (incisos VI, XIII e XIV), exemplificativamente. Notável, a nosso ver, a preocupação de sublinhar a importância da solução pelas próprias partes dos conflitos surgidos.

Veja-se, a propósito da ênfase dada pelo legislador ao processo de negociação direta, os §§ 1º e 2º do art. 114 da Constituição Federal. A seguir serão objeto de análise detida, mas desde logo é importante frisar que da leitura de ambos fica evidenciado que a intervenção estatal nos conflitos coletivos do trabalho só se dará como última forma de solução e, o que é mais importante, por provocação das partes, o que lhes é facultado e não imposto, como claramente decorre do citado art. 114, § 2º, da Constituição. Eis aí mais um momento em que o legislador entendeu de privilegiar as formas autônomas de solução dos conflitos coletivos do trabalho.

18.6 O aposentado e o sindicato

Adiante, o inciso VII do art. 8º da Constituição afirma que o aposentado, desde que filiado ao sindicato, tem direito a votar e ser votado, o que consagra ideia já aceita pela coletividade e evita a existência de um tipo de associado com parte apenas dos direitos dos demais. De certa forma este inciso também acentua a importância da vida sindical, embora de forma impositiva, tratando de questão que poderia ficar para ser decidida pelas assembleias e estatutos. Não obstante isso, temos como princípio que prestigia a atividade e a vida sindical.

18.7 Estabilidade do dirigente sindical

A estabilidade provisória assegurada no inciso VIII do art. 8º ao candidato a cargo de direção sindical e ao próprio dirigente é a mesma que assegurava o art. 543, § 3º da CLT. Esta, aliás, foi fruto de conquista dos processos de negociações diretas entre empregados e empregadores. Após, quando já havia se tornado comum nas negociações diretas, os tribunais do trabalho passaram a acolhê-la nas suas sentenças normativas. A seguir, foi convertida em texto legal. Hoje, porém, assume maior importância, na medida em que se tomou garantia constitucional.

É bom lembrar que a estabilidade é assegurada desde o momento em que o empregado registra sua candidatura, mas, como tem-se manifestado a jurisprudência, uma vez provado efetivamente que a dispensa ocorreu às vésperas do registro, com o fim exclusivo de evitá-lo, há de se garantir o emprego ao empregado, sob pena de tornar a garantia letra morta.

E o espírito que preside à Constituição em matéria de negociação coletiva, a que seguidamente temos aludido, reforça tal entendimento, isto é, os atos que visem dificultar a ação sindical ou frustrá-la devem ser coibidos, tendo em conta a intenção de estimular as negociações diretas entre trabalhadores e patrões.

Não há como esquecer, por outro lado, que a estabilidade provisória do dirigente sindical alcança também o suplente eleito, como vem expresso no inciso VIII, o que igualmente já era garantido. E tal entendimento tem sido adotado por alguns em outros casos semelhantes, como forma de efetiva garantia de representação dos trabalhadores, tendo como requisito para reconhecer a estabilidade e outras vantagens do representante o fato de ter sido eleito.

Por fim, nunca é demais lembrar, tanto a estabilidade provisória quanto aquela definitiva cessa quando do cometimento de justa causa, que leve à ruptura do contrato por justa causa. O que se discute é se aos estabilitários portadores de estabilidade provisória também se aplica a necessidade de inquérito judicial para apuração de falta grave, que é exigido aos que têm estabilidade decenal, como determina o art. 494 da CLT.

O Tribunal Superior do Trabalho, por força de seu Enunciado 244, firmou entendimento de que a empregada gestante, portadora de estabilidade provisória, há de ser ressarcida com salários e vantagens e não reintegrada, dado o caráter provisório da estabilidade de que é portadora. Tal posicionamento poderia levar a crer não ser necessário o inquérito judicial, como aliás tem-se entendido. De todo modo, poderia o empregador ingressar com o inquérito, afastando desde logo o empregado, como forma, inclusive, de se precaver contra eventual alegação de burla à garantia de emprego. Não há, porém, a nosso ver, obrigatoriedade de tal proceder. Lembre-se, porém, de que, no caso de empregados que gozem de estabilidade por cargo de representação, há interesse na manutenção do vínculo que extrapola as próprias partes, atingindo os demais representados. Daí por que, cremos, deva o empregador, em tais hipóteses, agir com maior cautela, inclusive em seu procedimento judicial.

18.8 Abrangência

Por fim, dispõe o parágrafo único do art. 8º que o mesmo se aplica tanto aos sindicatos rurais quanto às colônias de pescadores, nos termos da lei. Portanto, tais garantias de natureza individual, bem como a disciplina a que o sindicato há de se submeter, deverão ser objeto de lei ordinária. Não obstante isso, relativamente à liberdade sindical, à atuação do sindicato na defesa dos interesses coletivos e individuais da categoria e aos poderes de assembleia para instituir e fixar contribuição, entendemos que são dispositivos autoaplicáveis, ainda porque a base em que se assentam é exatamente a não interferência e não intervenção estatal nos negócios sindicais, razão por que descabida a elaboração de lei a respeito.

Verificação de aprendizagem

Questões para debate

1. *É correto afirmar que a Constituição Federal de 1988 reconhece o princípio da liberdade sindical? Por quê?*
2. *O sistema jurídico brasileiro reconhece o princípio da pluralidade sindical?*
3. *O aposentado está alijado pela Constituição Federal de 1988 da atividade sindical? Por quê?*
4. *Existe alguma garantia constitucional, de caráter pessoal, ao empregado sindicalizado? Em que situação?*
5. *Houve alguma inovação constitucional no tema referente à atividade sindical? De que modo?*
6. *Que mudanças a Constituição Federal de 1988 provocou na questão da receita sindical?*
7. *Como são destinadas as quantias arrecadadas pelos sindicatos e qual o poder do Estado na fiscalização a respeito?*
8. *O legislador constitucional teve alguma preocupação especial com a atuação sindical no processo de negociações coletivas? De que forma?*
9. *Está o texto do art. 8º da Constituição Federal de 1988 em harmonia com a Convenção 87 da Organização Internacional do Trabalho? Por quê?*

10. *Qual a modificação que a Constituição Federal de 1988 promoveu quanto à questão da filiação a sindicato?*

Exercícios

Leia cada uma das assertivas abaixo e, a seguir, diga se verdadeira ou falsa, justificando brevemente sua opção:

1. *Entre nós é proibida a exigência legal de autorização para funcionamento de entidade sindical.*
2. *É possível no Brasil a existência de vários sindicatos da mesma categoria na mesma região, porque entre nós há o princípio da liberdade sindical.*
3. *O sindicato não pode defender interesses individuais de seus associados judicialmente, mas apenas aqueles de natureza coletiva.*
4. *A filiação a sindicato é obrigatória no Brasil.*
5. *Cabe à diretoria do sindicato decidir se participa, ou não, do processo de negociação coletiva.*
6. *A assembleia sindical tem poderes para instituir e fixar contribuição visando ao sistema confederativo.*
7. *A contribuição sindical fixada em lei, após o advento da Constituição Federal de 1988, passou a ser optativa para os trabalhadores.*
8. *O aposentado pode votar e ser votado em eleição sindical, desde que associado do sindicato.*
9. *O dirigente sindical, mesmo que suplente, goza de estabilidade provisória no emprego.*
10. *A assembleia sindical tem poderes para decidir, impondo obrigações aos associados, inclusive de natureza pecuniária.*

19 Relações Coletivas de Trabalho

19.1 Greve

Tema da maior importância e que tem gerado um sem-número de polêmicas é aquele que diz respeito à greve. Dispõe o art. 9º da Constituição: "É assegurado o direito de greve, competindo aos trabalhadores decidir sobre a oportunidade de exercê-lo e sobre os interesses que devam por meio dele defender." O § 1º remete à lei a definição dos serviços ou atividades essenciais e disposição sobre o atendimento das necessidades inadiáveis da comunidade. Por fim, o § 2º afirma que os abusos cometidos sujeitam os responsáveis às penas da lei.

Diga-se, desde logo, que, mantido o reconhecimento do direito de greve como direito constitucionalmente assegurado, vê-se que não há categoria excluída do exercício do direito de greve, nem, tampouco, formalidade a ser cumprida para sua deflagração, uma vez que compete aos trabalhadores decidir sobre a oportunidade de deflagrá-la.

Todavia, do ponto de vista doutrinário, é evidente que não se pode compreender a greve a não ser como um eventual momento dentro de um processo de negociação coletiva. De fato, a negociação coletiva direta surge como a primeria forma lógica e cronológica de tentativa de solução de um conflito coletivo do trabalho. É evidente que, se chegar a bom termo, não há necessidade de qualquer outro meio a ser utilizado, já que alcançado o objetivo buscado: logrou-se automaticamente celebrar um acordo ou convenção coletiva de trabalho. Há, porém, inúmeros casos em que as tratativas diretas para a solução do conflito não frutificam, surgindo, aí, o mecanismo de autodefesa, que é a greve. Eis por que afirmamos que esta só pode ser compreendida como um eventual momento em um processo de negociação. Eventual porque à categoria compete decidir sobre a conveniência e oportunidade da greve. Podem os trabalhadores concluir que o momento não é propício à greve por inúmeras razões. Todavia, julgando oportuno, lançam mão da greve como forma de impelir a parte contrária à negociação.

Havendo ou não greve, uma vez que persiste o impasse, surge a possibilidade de solução heterônoma, isto é, uma forma de solução do conflito por um terceiro estranho. Eis aí a arbitragem de que trata o art. 114, § 1º, da Constituição, de que falaremos detidamente mais adiante. Evidente que a arbitragem pode ser facultativa, quando as partes podem ou não dela lançar mão, ou obrigatória, quando o dissídio é submetido ao Poder Judiciário, como entre nós, quando frustradas as tentativas anteriores de solução.

Retornando à ideia primeira, a greve há de ser compreendida, a nosso ver, como uma forma de tentar solucionar um conflito coletivo, constituindo um momento dentro do processo de negociação. Eis por que não se aceita uma greve deflagrada sem que antes tenha havido tentativa de conciliação. Do mesmo modo, como já vimos, descabida a permanência da greve após celebrado acordo entre as partes, tendo em vista que a greve existiu exatamente para forçar a realização do acordo.

Em atenção à determinação constitucional, o legislador ordinário editou a Lei nº 7.783, de 28 de junho de 1989, que dispõe sobre o exercício do direito de greve, define as atividades essenciais de que fala a Constituição e também regula o atendimento às necessidades inadiáveis da comunidade.

A lei de greve revoga expressamente a Lei nº 4.330, de 1º de junho de 1964, e o Decreto-lei nº 1.632, de 4 de agosto de 1978, que regulavam o direito de greve mas que, a nosso ver, já estavam revogados pela Constituição Federal de 1988.

Referida lei hoje em vigor, não obstante as críticas procedentes que sofre, estando adequada à nova Constituição, permite o exercício do direito de greve, o que, anteriormente, na prática não ocorria. Há, sem dúvida, quando se legisla, uma restrição no direito ilimitado de greve, o que em absoluto significa impedir seu exercício.

Mesmo a análise detida do § 1º do art. 9º, que remete à lei ordinária a definição de serviços ou atividades essenciais e disposição sobre o atendimento das necessidades inadiáveis da comunidade, não restringe o direito ou impede seu exercício pelas categorias a que se refere. Apenas a lei dispõe sobre quais os serviços que não poderão ser paralisados, exigindo atendimento de emergência em caso de greve. Atente-se para a diferença de tratamento deste dispositivo em relação aos equivalentes das Constituições de 1967 e 1969 (art. 157, § 7º, e art. 162, respectivamente). Ali proibia-se a greve nas atividades essenciais, o que ora não ocorre.

E, de fato, não cogitou o legislador constitucional, em momento algum, de proibir o exercício do direito de greve a qualquer categoria de trabalhadores ou setor da atividade produtiva. Os servidores públicos, inclusive, passam pelo novo texto a gozar dessa prerrogativa, já que não há vedação, como ocorria com o art. 162 da Constituição Federal de 1967.

Trata-se, a nosso ver, de postura correta, pois a prática tem-nos mostrado que não se evita a greve por meio de vedação legal, como no passado pretendeu-se. Veja-se, a respeito, que a Lei nº 4.330, de 1º de junho de 1964, estabelecia condições para o exercício do direito, obrigando a categoria a publicar editais, realizar assembleia, comunicar o empregador e o Ministério do Trabalho; fixava quórum e prazo mínimos para a realização de tais atos, o que tornava na prática inviável o exercício da greve. Ademais, distinguindo algumas atividades como "fundamentais", para essas aumentavam as exigências. Como tornou-se letra morta toda a série de obstáculos, foi editado o já referido Decreto-lei nº 1.632, de 4 de agosto de 1978, que, sem mascarar, impedia a greve nas atividades a que se referia. Ambos os textos legais continham normas de caráter punitivo, tratando a greve mais como delito do que como direito.

Todavia, em abono ao acima alegado, a prática sindical ignorou ambos os textos e as greves sucediam-se, inclusive, nos serviços públicos, em que eram proibidas expressamente. A par da desobediência à lei expressa, tal fato social revela o descompasso entre a própria norma jurídica e as relações travadas entre empregados e empregadores. A necessidade era de solucionar os conflitos entre as partes e nem de longe aquela legislação a tanto se prestava. Ao contrário, a lei de greve acirrava os ânimos, o que fazia recrudescer o conflito.

Eis por que, diante de todos os fatos apontados, temos a convicção de que o legislador constitucional não pensou sequer em proibir o exercício da greve em setor algum. E tal postura revela, mais uma vez, ao menos a intenção de romper com o modelo antigo de tratamento das questões coletivas, que trazia em si a nocividade do paternalismo no trato de tais temas.

Com efeito, em meio a toda repressão que expressava a legislação anterior, escondia-se a responsabilidade dos empregados e empregadores na conduta de determinado conflito. Isso porque a circunstância da lei não permitia nem ao menos a deflagração normal de greve. Impelia, de um lado, o empregador a recorrer ao Poder Judiciário, negando-se a participar do processo de negociação; de outro lado, em razão deste mesmo fato, os empregados não se sentiam responsáveis pelo movimento grevista em seu aspecto formal, pois já se sabia que era vedado, na prática, pela lei.

Tratava-se, sem dúvida, da estrutura legal negando a importância da negociação direta entre empregados e empregadores e estimulando o procedimento ilegal de ambos.

Tal postura paternalista chegava ao ponto de criar até a figura da interrupção do contrato de trabalho tão logo a greve fosse julgada legal, sendo devido o pagamento dos dias de paralisação; e a suspensão do contrato, uma vez julgada ilegal a greve, hipótese em que os dias parados não seriam pagos pelo empregador. O paternalismo residia exatamente no fato de que ficava a critério da lei, do empregador e da Justiça do Trabalho pagar os dias aos empregados, à medida que fosse obedecida rigorosamente toda a burocracia da lei de greve. No caso em que o empregador resolvia não proceder aos descontos, ou ainda quando o Judiciário decidia pelo proceder correto dos empregados. Em resumo, não competia aos próprios grevistas, jamais, decidir sobre o que colocariam em risco no processo de deflagração da greve. Isso equivalia a não responsabilizá-los pelos seus atos, como forma de compensar o direito que apenas formalmente era reconhecido.

A nosso ver, atualmente, como devem os trabalhadores decidir sobre a greve e sua oportunidade, evidente que os dias de paralisação não são dias de trabalho e, portanto, não são pagos. Apenas quando houver negociação direta que envolva tal questão é que se poderá cogitar de tais pagamentos. Veja-se que a greve para ser eficaz há de trazer prejuízo ao empregador, devendo, portanto, surpreendê-lo, sob pena de não se prestar ao que se destina. Portanto, nada mais normal que, uma vez negando-se os trabalhadores ao trabalho, mesmo que como forma de autodefesa, não lhes sejam pagos os dias de greve. É razoável que tal postura não seja normalmente aceita, pois há muito que estamos acostumados a raciocinar como se o pagamento desses dias significasse o sucesso da greve. E, ao contrário, os dias parados são mera decorrência do processo de greve, cujos objetivos devem ser muito mais relevantes do que tal questão. O sistema anterior é que supervalorizou esse aspecto, como forma de desviar a atenção do problema principal.

Em síntese, para que exista efetiva liberdade do exercício do direito de greve, necessário que se entenda que os grevistas não necessitam de aval do empregador ou de outro terceiro para deflagrar o movimento, o que, em contrapartida, responsabiliza-os por todos os seus atos, desde a perda dos dias parados até eventuais ressarcimentos a que sejam condenados por excessos que ocasionem.

Eis por que preocupa-nos a regulamentação por lei de que trata o § 1º do art. 9º da Constituição. Corre-se sempre o risco de tentar impedir ou dificultar a greve em certos setores, o que, como já dito, não permite a Constituição. Note-se que a criação de medidas preparatórias à greve também não tem respaldo constitucional. Eventuais providências para os setores essenciais em caso de greve é o que objetiva o legislador constitucional, e não mecanismos de ingerência do Estado no processo de greve ou criação de forma de supressão de direitos.

A propósito de tal problema delicado, que é o tratamento da greve pela lei, é bom se refletir sobre a forma de solução de uma greve e o dissídio que a motiva pelo Poder Judiciário. Não houve modificação entre nós relativamente ao processo de arbitragem compulsória nos casos de dissídios coletivos do trabalho, de modo que continua competindo à Justiça do Trabalho conhecer e decidir os conflitos que não tiverem solução direta pelas partes envolvidas.

Quanto à solução de um dissídio de greve pela Justiça do Trabalho, convém pensar um pouco. Antes de mais nada, não nos esqueçamos de que, como dito, a greve é tratada como um momento dentro de um processo de negociação. Portanto, surge no bojo de um dissídio entre empregados e empregador (ou empregadores, dependendo de sua abrangência). Eis por que a CLT em seu art. 856 e a seguir o art. 23 da Lei nº 4.330/64 previram a possibilidade de o dissídio de greve ser instaurado tanto pela Procuradoria do Trabalho quanto pelo próprio Presidente do Tribunal Regional do Trabalho. Não se excluía, é claro, a instauração pelas próprias partes, sendo evidente que nesse caso só ao empregador interessava tal instauração.[1]

---

[1] ***Súmula nº 189. Greve. Competência da Justiça do Trabalho. Abusividade*** **– Nova redação – Res. 121/2003, *DJ* 21-11-2003.**

A Justiça do Trabalho é competente para declarar a abusividade, ou não, da greve.

Histórico:

Redação original – Res. 11/1983, *DJ* 9-11-1983

Nº 189 Greve. Competência da Justiça do Trabalho. Legalidade

A Justiça do Trabalho é competente para declarar a legalidade ou ilegalidade da greve.

Ademais, no que respeita ao rito a ser seguido em caso de dissídio de greve, havia previsão, inclusive regimental, de julgamento tão logo quanto possível, no prazo de 48 horas a partir do sorteio do juiz relator, o que significa que este e o juiz revisor dispunham somente de 24 horas cada um para exame e elaboração de voto.

É evidente que o poder de suscitar o dissídio tanto da Procuradoria do Trabalho quanto do Presidente do Tribunal e o julgamento imediato consistiam em formas de impedir ou abreviar ao máximo a greve. Tratava-se, dessa forma, de procedimentos incompatíveis com a ideia de efetivo exercício do direito de greve.

Atualmente, tendo em vista a nova Carta Constitucional, entendemos não mais ter sentido o julgamento "acelerado" do dissídio de greve, não obstante a necessidade de que ao mesmo se dê prioridade, eis que, sem dúvida, sua solução interessa diretamente à coletividade, de forma mais acentuada do que outros tipos de processos judiciais.

Relativamente à legitimidade do Presidente do Tribunal do Trabalho para suscitar dissídio coletivo, dúvida não temos de que cessou, por completo, com a edição do novo texto constitucional.

Do mesmo modo, acreditamos que igualmente a Procuradoria do Trabalho não poderia suscitar dissídio coletivo de greve, salvo as exceções que assim exigem. E essas exceções limitam-se aos casos em que é parte, como empregador, uma empresa pública, uma sociedade de economia mista ou o próprio Poder Público, que, como evidente, não têm sindicato que os represente. Aí, e só aí, é que se justificaria a intervenção do Ministério Público, provocando o julgamento do dissídio. Isso se dá com base no texto expresso do art. 114, § 2º, da Constituição Federal, que faculta somente ao sindicato o ajuizamento do dissídio coletivo, o que também se aplica em caso de greve. Não obstante, assim não é, conforme o art. 8º da Lei nº 7.783/89.

Note-se que tais colocações têm em vista a ideia de que a greve configura um momento no processo de negociação direta, como já referido tantas vezes, e, estando garantido pela própria Constituição, é preciso a garantia de que venha a ser realmente possível exercê-la.

Mas nem sempre a negociação direta constitui o meio pelo qual se soluciona um dissídio coletivo, o que também já mencionamos. O legislador constitucional, já prevendo tal situação, não so cuidou da autocomposição e da autodefesa como se referiu à heterocomposição. De fato, os §§ 1º e 2º do art. 114 da Constituição cogitam da negociação, da arbitragem facultativa e da arbitragem compulsória, por meio do dissídio coletivo.

Portanto, aliando o art. 7º, XXVI, o art. 9º e o art. 114, §§ 1º e 2º, da Constituição, temos todo o caminho a percorrer por um conflito coletivo do trabalho.

Não logrando as partes chegar a bom termo diretamente, permite o § 1º do art. 114 da Constituição que sejam eleitos árbitros, a fim de compor o conflito. Não há qualquer regulamentação entre nós pertinente à arbitragem facultativa em conflitos coletivos do trabalho. De qualquer modo, como igualmente não temos um quadro de árbitros, que se faz necessário criar, basta um protocolo de intenção de ambos no sentido de se submeterem às conclusões arbitrais, e essas, uma vez apresentadas, produzem os mesmos efeitos que a negociação direta, com igual procedimento.

Como foi dito, o procedimento arbitral do art. 114, § 1º, da Constituição é facultativo, daí por que podem as partes recorrer, mas não mais do que isso. Entre nós, porém, vige o regime de arbitragem compulsória dos conflitos coletivos do trabalho e, frustradas tanto a negociação direta quanto a arbitragem facultativa, é o dissídio (até então em nível administrativo) remetido ao Poder Judiciário, passando a consistir num processo judicial, que é o dissídio coletivo.

O citado art. 114, § 2º, da Constituição assim dispõe: "recusando-se qualquer das partes à negociação ou à arbitragem, é facultado aos respectivos sindicatos ajuizar dissídio coletivo, podendo a Justiça do Trabalho estabelecer normas e condições, respeitadas as disposições convencionais e legais mínimas de proteção ao trabalho". O sentido da expressão "recusa" é amplo, significando tanto a negativa da prática de negociação quanto a aceitação das condições mínimas impostas pela parte contrária.

Tal proceder vale tanto para os dissídios coletivos em que há paralisação quanto para aqueles que visam solucionar um ou mais pontos que envolvem uma ou mais empresas e seus empregadores (que por meio da negociação direta seria expresso pelo acordo coletivo) quanto aqueles que envolvem as reivindicações de toda uma categoria, envolvendo sindicato profissional de um lado e sindicato patronal do outro (que em negociação direta seria expresso pela convenção coletiva).

Esses dissídios que se referem às reivindicações de caráter geral (nos quais pode ou não ter havido greve) são os chamados dissídios de natureza econômica, ou preponderantemente econômica. Aí discutem-se cláusulas econômicas (reajuste salarial, piso de categoria, aumento real etc.), além de várias outras cláusulas referentes a condições de trabalho. Ressalte-se nesses casos o reconhecimento expresso do legislador constitucional do chamado poder normativo da Justiça do Trabalho, ao afirmar que esta "pode estabelecer normas e condições", significando tal expressão o amplo poder conferido à Justiça do Trabalho de criar novas condições de trabalho, novas cláusulas, e até alterar disposições legais ou contratuais em função das peculiaridades de certa categoria. Não se deve esquecer, porém, que tal poder normativo encontra seus limites nas disposições legais e convencionais mínimas, como estabelece o próprio texto constitucional.

Há, contudo, outros limites que se fazem sentir no poder normativo e que são, a nosso ver, da própria essência do Poder Judiciário. Trata-se, de um lado, da cautela sábia com que se posicionam os tribunais nesta matéria, de modo a não criar situações irreais ou insustentáveis para as empresas, o que poderia levar uma categoria até o colapso. De outra parte, tendo em vista os limites legais e convencionais que o legislador constitucional sublinhou, têm os tribunais procurado reproduzir aquilo que as partes diretamente ajustam. Tal prática, sob a nossa ótica, é muito acertada, pois ninguém melhor que as próprias partes poderá saber o que para elas é mais adequado e necessário. Por fim, acresça-se a total falta de condições materiais e de assessoria que têm os tribunais, o que os impede de saber exatamente a situação em que se encontram as partes que se envolvem em determinado dissídio. Esta constatação leva, quase sempre, a uma retração dos julgadores, diante do desconhecimento da realidade de fato.

Afinal, ainda dentro da questão do desempenho dos tribunais em matéria de dissídio coletivo, não nos esqueçamos que este dissídio é resultado de uma convenção ou acordo em que não se realizaram e que objetivaram o estabelecimento de normas de conduta para o grupo abrangido, o que, por outras palavras, significa a criação de novas leis para o grupo envolvido. Assim, por meio do dissídio coletivo criam-se leis para uma categoria, o que sob um certo aspecto contraria a prática dos tribunais, que consiste na manutenção da ordem jurídica e não em sua alteração, como se faz por força de uma negociação coletiva. Ocorre, pelo dissídio coletivo, quase que uma subversão da função jurisdicional, que é de manutenção do ordenamento jurídico e não de sua mudança, não obstante a função inovadora da jurisprudência.

Eis aí as razões pelas quais categorias profissionais mais atuantes e com maior poder de pressão sempre conquistam mais negociações diretas, desde que comparadas aos resultados da arbitragem compulsória.

Retornando ao dissídio coletivo de greve, já referimos que não cabe mais seu ajuizamento pelo Presidente do Tribunal ou pelo Ministério Público, uma vez que constitui prerrogativa exclusiva do sindicato, por força do citado art. 114, § 2º, da Constituição. Ressalvam-se aqueles casos em que não existe organização sindical patronal, permitindo-se aí o Ministério Público suscitá-lo, já que descabido alijar tais empregadores da apreciação pelo Poder Judiciário deste fato jurídico. Igualmente, aquele procedimento apressado e no mais das vezes atabalhoado, do mesmo modo, não mais tem qualquer justificativa.

Quanto à apreciação do processo de dissídio coletivo, ressalte-se, desde logo, que o importante é solucionar o conflito, sendo secundário perquirir sobre o processo em si. Ocorre tal menção, pois à luz da lei velha cansamo-nos de assistir a julgamentos em que se resolvia o processo (procedimentalmente falando), mas nem sequer se mencionava o conflito, e muito menos dava-se ao mesmo qualquer solução. Tratava-se do procedimento calcado na Lei nº 4.330/64, que considerava ilegal a greve quando não havia obediência aos prazos por ela previstos (art. 22, I), por exemplo. Aí o tribunal limitava-se a julgar a greve ilegal e não apreciava qualquer uma das reivindicações, salvo um ou outro caso de não pagamento de salário, se tanto. É evidente que tal procedimento, ressalvada sua valoração em nível jurídico, de nada serve tanto a empregados quanto a empregadores. Se esses últimos podiam valer-se da ilegalidade imediatamente, persistiam os problemas que levariam à greve, inexistindo qualquer pronunciamento do Judiciário a respeito, o que, no mínimo, daria fundamento a um ou a outro para agir daí em diante.

Então, sem dúvida, cumpre examinar o processo de dissídio coletivo de greve pensando realmente no conflito que deu origem à paralisação e, por consequência, ao próprio processo.

19.2 Órgãos públicos: direito de participação de empregados e empregadores

O art. 10 da Constituição assegura aos trabalhadores e empregadores a participação nos colegiados dos órgãos públicos em que seus interesses profissionais ou previdenciários sejam objeto de discussão e deliberação.

Do exame do texto constitucional anterior vê-se que o referido artigo constitui inovação em nível constitucional. É verdade que o art. 513 da CLT, ao tratar das prerrogativas do sindicato, induzia à ideia de participação de empregados e empregadores em órgãos colegiados. Todavia, a nosso ver, trata-se aqui de noção diversa daquela, na sua essência. Com efeito, diz o legislador constitucional que, desde que exista interesse trabalhista ou previdenciário de trabalhadores e empregadores em discussão, os interessados terão direito a participar do colegiado ao qual incumbir tal mister.

Assim, não se cogita de mera participação para compor o colegiado, mas da oportunidade de influir e fiscalizar as decisões que aos mesmos digam respeito. É verdade que o sucesso dessa participação dependerá do modo pelo qual os representantes venham a ser fiscalizados, por sua vez. É que estamos convencidos de que somente o mecanismo de representação e efetivo controle dos representantes, de modo contínuo, é que assegura a democratização das decisões e do poder, por consequência, sendo a forma de moralização das nossas instituições.

A sociedade mostra-se mais ou menos fortalecida à medida que conta com núcleos representativos nos vários setores, aos quais se reconhece o direito de fiscalização e cobrança, o que torna possível responsabilizar socialmente, além de judicialmente, os que devem representar essa mesma sociedade. Aí está, acreditamos, o embrião da moralização da função pública.

É nesse sentido que compreendemos a importância do art. 10 da Constituição, criando o direito constitucional de controle por empregados e empregadores de um setor da nossa sociedade que a eles interessa mais de perto.

19.3 Representação de empregados na empresa

Por derradeiro, no Capítulo II, que se ocupa dos direitos sociais, dispõe o art. 11: "Nas empresas de mais de duzentos empregados, é assegurada a eleição de um representante destes com a finalidade exclusiva de promover-lhes o entendimento direto com os empregadores."

Inúmeras as questões que derivam deste artigo, tendo-se em vista que o mesmo é sucinto e não remete à lei regulamentadora. Assim, desde logo, afirma que o representante por ele instituído tem uma função única, que é a promoção do entendimento entre empregados e empregador. Note-se que não há óbice para que existam outras instâncias de integração entre empregados e empresa.

Outra questão resolvida no texto do art. 11 é aquela relativa ao processo de escolha desse representante. É taxativo o artigo no sentido de que o mesmo há de ser eleito e, como é óbvio, o colégio eleitoral será a totalidade dos representados.

Fixa o legislador o número mínimo de 200 empregados para que a empresa tenha esse representante. Assim, evidente que naquelas empresas com menor número não há obrigatoriedade dessa eleição. Mas, quer nos parecer, nada impede que a empresa reconheça o representante ainda que conte com 100 ou 150 empregados, por exemplo. De outra parte, neste exemplo acima, será mera faculdade da empresa, pois a tanto só será obrigada se contar o mínimo de 200 empregados.

Dúvida que surge é saber se numa empresa com 2 mil empregados teremos 10 representantes (um para cada 200), ou se será sempre um apenas para todos os empregados, independentemente do número de trabalhadores. A dúvida persiste, quer porque a redação deixa margem a tanto, quer porque, como dito, o artigo não se refere à regulamentação. Temos a impressão de que, se a finalidade é o efetivo entendimento entre empregados e empregador, deverá haver tantos representantes quantos setores existam, de modo a aperfeiçoar a representação, tomando-se como base o número de 200 trabalhadores. Todavia, como dito, não deve haver regulamentação, devendo empregados e empregadores decidir esta e outras questões que surjam.

Verificação de aprendizagem

Questões para debate

1. *A greve, pelo Direito brasileiro, é reconhecida como um direito?*
2. *A quem cabe decidir sobre a oportunidade de deflagração da greve e sobre os interesses a serem por ela defendidos?*
3. *Como deve ser entendida a greve, no âmbito do Direito do Trabalho, dentro de um processo de negociação coletiva?*
4. *Os dias de paralisação em razão de greve devem ser pagos aos trabalhadores? Por quê?*
5. *Qual o procedimento a seguir, nos casos de conflito coletivo de trabalho, buscando a sua solução?*
6. *O que significa a expressão "dissídio coletivo de natureza econômica"?*
7. *Comparativamente, é melhor para uma categoria profissional a negociação direta ou a solução dada pela Justiça do Trabalho? Por quê?*
8. *Os trabalhadores de órgãos públicos passaram a ter alguma garantia constitucional, em termos de representação de seus interesses, após 5 de outubro de 1988?*
9. *Qual a regulamentação entre nós do exercício do direito de greve?*
10. *O que são, do ponto de vista legal, serviços ou atividades essenciais?*

20 Organização da Justiça do Trabalho

A Constituição Federal ocupa-se no Capítulo III do Poder Judiciário e, em sua seção V, cuida especificamente dos Tribunais e Juízes do Trabalho, em seus arts. 111 a 116.

Em sua essência, a estrutura da Justiça do Trabalho sofreu importante alteração, pois, embora tenham sido mantidos os três graus de jurisdição, a eliminação da representação classista, por força da Emenda Constitucional nº 24, de 9 de dezembro de 1999, representou sensível modificação em sua composição e funcionamento.

Até então os órgãos que compunham a Justiça do Trabalho eram integrados por juízes de direito e por juízes leigos, ou de fato. Os oriundos da carreira da magistratura do trabalho e, nos tribunais, representantes dos advogados e do Ministério Público, como ocorre em todos os tribunais que integram o Poder Judiciário.

Deixaram de integrar os três graus de jurisdição os representantes sindicais de empregados e empregadores, indicados por períodos de três anos pelos sindicatos para compor as antigas Juntas de Conciliação e Julgamento; pelas federações para compor os Tribunais Regionais do Trabalho; e pelas confederações para compor o Tribunal Superior do Trabalho.

Desse modo, remanescem como característica da estrutura da Justiça do Trabalho apenas os referidos três graus de jurisdição, representados pelo Tribunal Superior do Trabalho, Tribunais Regionais do Trabalho e Varas do Trabalho. Estas últimas, que eram denominadas Juntas de Conciliação e Julgamento, constituíam juízos colegiados, compostos por um juiz de direito e dois juízes de fato, agora são denominadas Varas do Trabalho, pelo art. 116 da Constituição Federal, e passaram a ser, como em todo o nosso Poder Judiciário, juízos singulares.

20.1 Tribunal Superior do Trabalho – TST

Houve modificação na composição do Tribunal Superior do Trabalho, pois o art. 141 da Constituição Federal de 67/69 fixava em 17 o número de ministros, enquanto o original art. 111, § 1º, da Constituição Federal de 1988, ampliou esse número para 27, sendo 17 vitalícios e 10 classistas à época, hoje já excluídos. Os vitalícios serão escolhidos 11 deles entre os juízes de carreira, três dentre advogados e três entre membros do Ministério Público do Trabalho. O chamado "quinto constitucional" de representação de advogados e de membros do Ministério Público foi mantido em relação à antiga Carta, mas o critério de escolha foi aperfeiçoado. De fato, anteriormente o preenchimento de tais vagas era objeto de livre escolha do Presidente da República, enquanto agora, por força do art. 94 da Constituição, referido expressamente pelo art. 111, § 2º, da mesma Carta, cada órgão de representação do setor interessado elabora uma lista sêxtupla, que será reduzida a tríplice pelo Tribunal, e desta é que o Executivo escolherá o ministro. Há, ao menos, algum controle da categoria interessada no processo de escolha.

Desse modo compõe-se o Tribunal Superior do Trabalho de 27 Ministros e, desde a edição da Medida Provisória nº 24/99, que extinguiu a representação classista, essa composição abrange 21 Ministros oriundos da carreira da Magistratura do Trabalho, 3 Ministros oriundos da classe dos Advogados e 3 Ministros oriundos do Ministério Público do Trabalho, nos termos do art. 111-A da Constituição Federal.

Outro aspecto interessante foi a fixação da idade máxima para o ingresso em tribunal, como vitalício ou temporário, aos 65 anos, em atenção ao art. 93, VI, da Constituição, que exige o tempo mínimo de cinco anos de exercício para a aposentadoria. Assim, sendo a idade limite máxima para a atividade 70 anos, impossível a indicação de alguém com mais de 65 anos de idade.

Relativamente à competência funcional do Tribunal Superior do Trabalho, o atual art. 111-A, em seu § 1º, remete expressamente à lei ordinária. Desde logo, vê-se que o aumento do número de ministros implica a criação de outras duas turmas, que se somam às três já existentes. Surge a questão da subdivisão do Tribunal Superior em grupos de turmas, como já ocorre com alguns Tribunais Regionais, como o de sede em São Paulo. Tal fato implica, então, a modificação da lei ordinária, assim como a adaptação do Regimento Interno do Tribunal Superior do Trabalho. A Lei nº 7.701, de 21 de dezembro de 1988, cuidou do tema, criando duas seções especializadas em dissídios individuais e coletivos, que se mantêm, após a Emenda Constitucional nº 45/04.

Por força da Emenda Constitucional nº 24/99, já referida, houve alteração do art. 111 da Constituição Federal, como decorrência da extinção da representação classista. Assim, o inciso III do referido art. 111 deixou de referir-se às Juntas de Conciliação e Julgamento, referindo-se aos Juízes do Trabalho. E seu § 1º reduziu o número de ministros de 27 para 17, exatamente pela exclusão dos antigos ministros classistas.

Quanto a essa redução do número de integrantes do Tribunal Superior do Trabalho, que também alcançou os tribunais regionais, foi temporária, pois a Emenda Constitucional nº 45/04 faz retornar o número de ministros a 27. Nos tribunais regionais, as antigas vagas dos juízes classistas foram preenchidas por juízes de carreira, por força de interpretação normativa do Tribunal Superior do Trabalho.

Assim, a estrutura introduzida pela mencionada Lei nº 7.701/88 foi mantida pelo Tribunal Superior do Trabalho até o retorno ao número de ministros fixado pela Carta de 1988, por força da Emenda Constitucional nº 45/04.

A propósito do tema, a Lei nº 7.701, de 21 de dezembro de 1988, dispõe sobre a especialização de turmas dos Tribunais do Trabalho em processos coletivos e dá outras providências. Vê-se, desde logo, que a referida lei determina a criação de turma e seções especializadas em matéria coletiva, no Tribunal Superior do Trabalho, em processos de sua competência, evidentemente, com respeito ao princípio da paridade.

Ademais, como já referido, o parágrafo único do art. 1º da referida lei delega ao Regimento Interno do Tribunal Superior do Trabalho a competência para dispor sobre constituição e funcionamento das seções especializadas, obedecidos os parâmetros que fixa.

Trata-se, a rigor, de procedimento já adotado quando da subdivisão do mesmo Tribunal em turmas, o que significa agilização nos julgamentos, do mesmo modo que, nos Tribunais Regionais, o mesmo se verifica quando há subdivisão em turmas, seção especializada e composição plenária.

O art. 112 da Constituição Federal determina que cabe à lei ordinária dispor sobre a criação das Varas do Trabalho, podendo sua jurisdição ser atribuída aos juízes de direito nas comarcas por elas não abrangidas. Esclarece, todavia, o referido artigo que nesta hipótese os recursos cabíveis das decisões proferidas pelos juízes de direitos serão da competência do Tribunal Regional do Trabalho.

O art. 115 do texto constittucional estebelece o número mínimo de sete juízes para a composição dos Tribunais Regionais do Trabalho, devendo estes, quando possível, ser recrutados na respectiva região.

Os juízes dos tribunais regionais serão escolhidos entre representantes da OAB e do Ministério Público do Trabalho, na proporção de um quinto das vagas, conforme a regra do art. 94 da Constituição Federal, a de juízes do trabalho de carreira, promovidos pelos critérios alternativos de antiguidade e merecimento.

Introduziu a EC nº 45/04 o § 2º do art. 115 da Constituição Federal, que possibilita aos Tribunais Regionais do Trabalho funcionarem descentralizadamente, constituindo Câmaras regionais, com o objetivo de assegurar acesso do jurisdicionado à justiça em todas as fases do processo.

20.2 Competência da justiça do trabalho e negociação coletiva

O art. 114 da Constituição merece atenção especial, eis que trata da competência material da Justiça do Trabalho, tema objeto de importantes alterações promovidas pela EC nº 45/04.

Dispõe o texto constitucional:

> "Art. 114. Compete à Justiça do Trabalho processar e julgar:
>
> I – *as ações oriundas da relação de trabalho, abrangidos os entes de direito público externo e da administração pública direta e indireta da União, dos Estados, do Distrito Federal e dos Municípios.*"

Verifica-se desde logo que o legislador constitucional referiu-se à "*relação de trabalho*" e não à *relação de emprego*, como se referia o texto anterior. Significa pois que ampliada em muito a competência material da Justiça do Trabalho.

Isso porque sabemos que a expressão "relação de trabalho" é um gênero que abrange as variadas formas de trabalho da pessoa fisica, aí incluída a relação de emprego, que se refere especificamente ao trabalho subordinado. Portanto, não só os conflitos envolvendo empregados e empregadores, mas também todos aqueles que envolvam outros trabalhadores sem vínculo de emprego, passam à competência da Justiça do Trabalho.

Discute-se muito sobre o exato conceito e dimensão da expressão "relação de trabalho", entendendo os adeptos da corrente mais abrangentes que são alcançados os conflitos que envolvam tanto trabalhador pessoa física quanto os pequenos empresários, como as empresas individuais e os microempresários.

Já os adeptos da corrente moderada posicionam-se no sentido de que o eixo central a nortear a interpretação do referido inciso I do art. 114 da Constituição Federal é a circunstância do trabalho ser prestado por pessoa física, constituindo tal fato o limite da abrangência da competência da Justiça do Trabalho. Desse modo, havendo trabalho, mas prestado por pessoa jurídica de qualquer porte, trata-se de relação que continua sob a jurisdição da Justiça Estadual comum.

Acreditamos que a corrente moderada adota a posição que reflete a intenção do legislador constitucional, na medida em que reproduz o entendimento anteriormente já manifestado de trazer para a Justiça do Trabalho os dissídios que envolvem trabalhadores (pessoas físicas), cujos valores por eles auferidos têm natureza alimentar, justificando, assim, o deslocamento da competência para a Justiça do Trabalho, cujo processo é mais simples e célere.

Esse foi o motivo de o art. 652, *a*, III, da CLT incluir na competência da Justiça do Trabalho os conflitos envolvendo os pequenos empreiteiros operários ou artífices, bem como de a Lei nº 5.859/72 assim proceder com o trabalhador doméstico e a Lei nº 6.019/74 adotar o mesmo procedimento quanto ao trabalhador temporário.

Desse modo acreditamos que para a delimitação da competência material da Justiça do Trabalho deve-se adotar o critério da prestação de serviços por pessoa física. Já quanto à possibilidade de o trabalho prestado configurar uma relação de consumo, cuja competência é da Justiça Estadual comum, deverão a doutrina e a jurisprudência estabelecer regras de delimitação da competência em exame, fato este que demandará sedimentação dos entendimentos.

Convém, porém, observar que em princípio os conflitos envolvendo representantes comerciais autônomos, corretores, prestadores de serviços, cooperativados, meeiros e parceiros rurais, dentre outros, passam à competência da Justiça do Trabalho.

Não obstante acreditamos, como anteriormente referido, que a motivação do legislador constitucional foi a simplificação e a celeridade do processo do trabalho, daí porque, embora tratando-se de conflitos de natureza civil, aplicar-se-á para sua solução as regras do processo do trabalho, como até então tem sido.

Outro tema que merece registro no inciso I é a abrangência aos entes de direito público externo e a administração pública. Mantida neste particular a redação do texto do *caput* do art. 114 da lei constitucional anterior, resulta que os funcionários públicos em sentido estrito, isto é, aqueles regidos por regras administrativas, não têm ação na Justiça do Trabalho, o que se dá apenas com os servidores celetistas ou os que pretendem o reconhecimento deste vínculo, não obstante também aqui ocorram interpretação mais amplas, de que discordamos.

Dispõe o inciso II:

> *"II – as ações sobre representação sindical, entre sindicatos, entre sindicatos e trabalhadores, e entre sindicatos e empregadores;"*

Eis aqui outra importante ampliação da competência da Justiça do Trabalho. Isso porque até então competia-lhe apenas conhecer das ações que visavam cumprimento de norma coletiva autônoma (acordos e convenções coletivas) ou heterônomas (sentenças normativas dos tribunais), por força do texto do *caput* do art. 114 da Constituição Federal de 1988 e da Lei nº 8.984/95.

Com a mudança do texto constitucional todas as ações que envolvam disputas de sindicatos, sua constituição regular e o monopólio da representação da categoria ou de setor da categoria passam da Justiça estadual comum para a Justiça do Trabalho, além daquelas referentes ao cumprimento de norma coletiva.

O inciso III assim determina:

> *"III – os mandados de segurança,* habeas corpus *e* habeas data, *quando o ato questionado envolver matéria sujeita à sua jurisdição."*

Importante inovação promove o inciso III, pois coloca fim a conflitos de competência relativamente aos *habeas corpus* decorrentes de prisão civil determinada por juiz do trabalho, fato este que ensejava na prática dúvidas quanto à competência do TRT ou do TRF. O legislador constitucional apenas esclarece que só o tribunal a que está vinculado o juiz é que pode rever suas decisões judiciais. O mesmo se diga quanto ao *habeas data*, mas sempre alertando ao fato de que tais instrumentos na Justiça do Trabalho são cabíveis no limite da sua jurisdição.

Outro tema interessante diz respeito ao mandado de segurança, que até então no processo do trabalho era cabível somente contra ato judicial, daí porque sempre seria da competência originária do TRT ou do TST.

Agora, por força do inciso III anteriormente examinado e do inciso VI, que traz para a Justiça do Trabalho as ações decorrentes de autuações da fiscalização do Ministério do Trabalho e Emprego, são da competência da Justiça do Trabalho os mandados de segurança contrato ato omissivo ou comissivo de autoridade federal do Poder Executivo. Com efeito, atos do Delegado do Trabalho, por exemplo, poderão ensejar mandado de segurança no âmbito da competência da Justiça do Trabalho, o que implicará em competência funcional da Vara do Trabalho para conhecer e decidir referidos mandados de segurança, com a possibilidade de recurso ordinário de suas decisões para o Tribunal Regional do Trabalho.

Determina o inciso IV:

> *"IV – os conflitos de competência entre órgãos com jurisdição trabalhista, ressalvado o disposto no art. 102, I, o."*

Reafirma o referido inciso o entendimento anterior, de que a Justiça do Trabalho soluciona seus próprios conflitos. Assim, ocorrendo o conflito entre os juízes do trabalho vinculados à mesma região trabalhista, competente será o TRT a que se vinculam ambos. Sendo ele de regiões trabalhistas diferentes será competente o TST. O mesmo se diga nestas hipóteses, mas envolvendo juiz de direito investido na jurisdição trabalhista. Caso, porém, o conflito envolva juízo civil ou federal comum e juízo trabalhista de 1º ou 2º grau, a competência será do STJ. E, caso esteja envolvido no conflito o TST, competente será o STF.

Dispõe o inciso V:

> *"V – as ações de indenização por dano moral ou patrimonial, decorrentes da relação de trabalho."*

Ampliou o legislador aqui o conceito já anteriormente sedimentado pela jurisprudência e pela doutrina, no sentido de que as ações de dano moral ou patrimonial decorrentes de contratos de trabalho são da Justiça do Trabalho. Ampliada a competência para alcançar os conflitos decorrentes da relação de trabalho, além daqueles decorrentes de relação de emprego, como vimos, as ações referentes a dano moral ou patrimonial delas decorrentes passam todas para a competência da Justiça do Trabalho. Veja-se que aqui a conclusão decorre da fixação da competência a partir das partes envolvidas, que são o tomador de serviços e o prestador pessoa física. Não se está a considerar como norteador da competência o evento em si, como o acidente do trabalho, com base no art. 7º, XXVIII, da Constituição Federal, que levou o Supremo Tribunal Federal a entender competente a Justiça Estadual comum.

Determina o inciso VI:

> *"VI – as ações relativas às penalidades administrativas impostas aos empregadores pelos órgãos de fiscalização das relações de trabalho."*

Importante novidade traz o inciso VI, pois obedece a regra de que ao ordenamento jurídico convém que ocorra harmonia e coerência entre as decisões judiciais. Assim, anteriormente à modificação legislativa, era possível ao juízo federal comum decidir sobre existência de relação de emprego ao julgar cobrança judicial de multa pela ausência de registro de trabalhador considerado empregado pela fiscalização, ao mesmo tempo em que este mesmo trabalhador discutia no juízo do trabalho a pretensão de reconhecimento do vínculo e consequentes.

Com a modificação da competência material o juízo do trabalho passa a ser competente para decidir ambos os dissídios, evitando-se o conflito de decisões. Ademais, outro fator positivo é a circunstância da Justiça do Trabalho rever as posições adotadas pela fiscalização trabalhista, o que provocará rapidamente um entrosamento do Ministério do Trabalho com o Judiciário Trabalhista, passando a fiscalização a adotar conceitos uniformes com aqueles judiciais trabalhistas, o que até então não ocorria.

O inciso VII disciplina:

> *"VII – a execução, de ofício, das contribuições sociais previstas no art. 195, I,* a, *e II, e seus acréscimos legais, decorrentes das sentenças que proferir."*

Trata-se de manutenção da regra inserida no antigo § 3º, do art. 114 da Constituição Federal de 1988, que trouxe para a competência da Justiça do Trabalho o encargo de executar as contribuições previdenciárias decorrentes das sentenças proferidas e acordos por ela homologados. Desse modo houve a recepção pelo texto constitucional da Lei nº 10.035/00, que alterou alguns dispositivos da CLT para permitir a fixação dos valores devidos, bem como as regras para sua cobrança judicial.

Por fim, o inciso VIII determina:

> *"VIII – na forma da lei, outras controvérsias decorrentes de dissídios individuais e coletivos nas relações de trabalho."*

Acreditamos que o inciso VIII refira-se a determinados tipos de conflitos que não sejam da competência da Justiça do Trabalho por força de lei expressa e que no futuro o legislador decida alterar. Neste caso a Constituição possibilita a modificação pela própria lei, evitando-se, assim, modificação no texto constitucional.

Como já referido, houve significativa modificação na competência material da Justiça do Trabalho, com sensível ampliação de sua competência material, comparada aos limites estabelecidos pelo art. 114 anteriormente ao advento da EC nº 45/04.

Igualmente em matéria de direito coletivo do trabalho, quanto ao desenvolvimento do processo de negociação coletiva, trouxe a EC nº 45/04 alteração relevante.

Dispõe o § 1º do art. 114 da Constituição Federal:

> § 1º *Frustrada a negociação coletiva, as partes poderão eleger árbitros.*

Neste aspecto apenas reproduziu o legislador constitucional o texto anterior, mantendo a possibilidade de empregados e empregadores, no caso de tornar-se inviável a negociação direta, buscarem a solução heterônoma do conflito, isto é, a solução com o concurso de um terceiro estranho ao litígio.

Assim, manteve a faculdade das partes solucionarem o conflito coletivo do trabalho através da forma autônoma, que é a negociação direta, materializada pela convenção coletiva de trabalho, quando se tratar de conflito que envolva toda a categoria econômica e profissional, ou através de acordo coletivo de trabalho quando o conflito envolver apenas uma parcela da categoria.

Trata-se da aplicação dos arts. 611 e seguintes da CLT, que cuidam da negociação coletiva e que encontram fundamento constitucional no art. 7º, XXVI, da Constituição Federal, que reconhece as convenções e acordos coletivos de trabalho.

Temos aí a concretização do exercício da autonomia privada coletiva, de que tratamos no item 14.1, que se constitui no reconhecimento pelo ordenamento jurídico da prerrogativa dos grupos sociais organizados de instituírem normas para autorregulamentação de suas relações.

Não obstante, na hipótese de se tornar inviável a solução autônoma do conflito, possibilita a norma constitucional que as partes lancem mão da arbitragem facultativa, que significa concordarem com a instituição de um árbitro, de escolha de ambos, que terá a missão de solucionar o conflito, obrigando-se ambos os litigantes a acatar a decisão arbitral. A possibilidade de assim agirem e de escolher o árbitro é que caracteriza a hipótese como arbitragem facultativa.

Frustrada esta, podem as partes submeter o conflito à decisão judicial, e aqui a EC nº 45/04 trouxe modificação relevante.

Com efeito, assim dispõe o § 2º do art. 114 da Constituição Federal:

> "*§ 2º Recusando-se qualquer das partes à negociação coletiva ou à arbitragem, é facultado às mesmas, de comum acordo, ajuizar dissídio coletivo de natureza econômica, podendo a Justiça do Trabalho decidir o conflito, respeitadas as disposições mínimas legais de proteção ao trabalho, bem como as convencionadas anteriormente.*"

O texto anterior, nesta hipótese, facultava aos sindicatos ou ao empregador o ajuizamento do dissídio coletivo, que é o processo judicial de solução do conflito coletivo de trabalho. A alteração reside exatamente na condição imposta de que o dissídio seja ajuizado de comum acordo pelas partes.

Isso significa que se pode, à primeira vista, imaginar que a petição inicial do dissídio coletivo deva ser subscrita por ambos os litigantes, já que a legitimação ativa só é conferida a ambos. Todavia, entender dessa forma levaria na prática a vedar o exercício do poder normativo, pois no momento em que a negociação coletiva chega ao impasse é evidente que não há clima para que empregados e empregadores concordem com a iniciativa de provocar a Justiça do Trabalho. Basta lembrar que a esta altura já se constatou o fracasso da negociação direta e a inviabilidade da arbitragem facultativa, não havendo condições reais de ajuizamento conjunto.

Assim, acreditamos que a intenção do legislador ao inserir a expressão "*de comum acordo*" no § 2º do art. 114 da Constituição Federal foi de condicionar o exercício do poder normativo pela Justiça do Trabalho à aceitação de ambos os litigantes, não obstante seja possível o ajuizamento do dissídio coletivo por qualquer das partes, com a ratificação em audiência pela parte contrária. Contudo, se a parte contrária discordar, acreditamos que não se poderá cogitar de sentença normativa válida, por ausência de legitimação ativa processual de uma só das partes.

Convém lembrar que, quando do ajuizamento do dissídio por uma das partes, caso ocorra resistência pela parte contrária, tal proceder poderá levar o conflito a um impasse, que cause problemas graves, o que indica que a concordância deverá ser o caminho preferencialmente escolhido. Caso contrário poder-se-á estimular a greve em qualquer processo de negociação para evitar que a parte contrária obste a solução judicial do conflito.

A nosso ver, contudo, tal mudança legislativa decorre da insatisfação ao longo dos tempos de empregados a empregadores com a solução judicial dos conflitos coletivos do trabalho, naquela hipótese em que os tribunais, por desconhecimento da situação real da categoria, ou da empresa envolvida, profere decisão formal que coloca fim ao processo, mas demonstra não ter compreendido o conflito existente.

Eis porque é preferível que o tribunal do trabalho busque inicialmente, em caso de ajuizamento de dissídio coletivo, a mediação do conflito, através de um procedimento de aproximação das partes, e com o concurso de assessoria econômica do tribunal procure reaproximar as partes, devolvendo a confiança nas informações de ambos, a fim de dirigir o processo a uma solução negociada.

Em tais casos, como tem sido praticado no Tribunal Regional do Trabalho da 2ª Região, com sede em São Paulo, desde o ano de 2002, tanto em dissídios coletivos de greves motivadas por falta de pagamento de salários, quanto em dissídios coletivos de natureza econômica, o índice de soluções por acordo alcança a maioria dos conflitos. Ademais, ainda que não se concretize o acordo, após tal procedimento, denominado de *monitoramento*, as partes adquirem segurança na solução judicial, em razão de o tribunal passar a conhecer o conflito.

Desse modo, ideal seria possibilitar a qualquer dos interessados buscar a mediação judicial e, uma vez em juízo, aí sim condicionar o arbitramento judicial à manifestação conjunta dos litigantes.

Afinal, cuida o § 3º do art. 114 da ação do Ministério Público do Trabalho em caso de greve e assim dispõe:

> *"3º Em caso de greve em atividade essencial, com possibilidade de lesão do interesse público, o Ministério Público do Trabalho poderá ajuizar dissídio coletivo, competindo à Justiça do Trabalho decidir o conflito."*

O texto constitucional refere-se à hipótese que já era prevista pelo art. 856 da CLT, incumbindo o Ministério Público do Trabalho, na sua missão de velar pelo interesse público, de ajuizar o denominado dissídio coletivo de greve, nos casos de atividade essencial e de possibilidade de lesão do interesse público. Tal proceder, aliás, igualmente está previsto pela Lei nº 7.783/89, que regula o exercício do direito de greve. Há de se conjugar a noção legal de atividade essencial do art. 10 da Lei nº 7.783/89 com a possibilidade de lesão ao interesse social, o que pode alargar a ação do Ministério Público do Trabalho na sua função de ajuizamento do dissídio coletivo.

Advirta-se, contudo, que em se tratando de simples dissídio coletivo de greve a função do tribunal é de arbitrar a solução do movimento, nem sempre havendo reivindicação econômica a solucionar. Ademais, lembre-se de que o exercício do direito de greve é reconhecido pelo art. 9º da Constituição Federal, não se podendo utilizar o processo como meio de impedir o exercício do direito coletivo, não obstante o impasse reclame solução.

20.3 Composição dos tribunais regionais do trabalho

O art. 115 da Constituição Federal institui o número de sete juízes como mínimo de componentes dos Tribunais Regionais do Trabalho. Isso porque, em razão do variado volume de serviço nas 24 regiões trabalhistas do país, o número de componentes dos TRTs varia de sete até 64 integrantes, como é o caso do TRT da 2ª Região, com sede em São Paulo.

Quanto aos juízes que o integram, dispõe o legislador que deverão ser recrutados quando possível na respectiva região, o que favorece o jurisdicionado pelo conhecimento da realidade pelo juiz. Um quinto dos integrantes é oriundo da representação dos advogados e do Ministério Público do Trabalho, observadas as regras do art. 94 da Constituição Federal, e os restantes quatro quintos serão juízes do trabalho de carreira, promovidos alternadamente por antiguidade e merecimento.

Inovação trazida no § 1º diz respeito à instalação da justiça itinerante, de modo a garantir o acesso à Justiça aos que vivem em regiões mais distantes da sede do tribunal. No mesmo sentido, o § 2º faculta a atuação descentralizada do tribunal regional, com a instituição de Câmaras regionais, o que facilita o acesso das partes e dos advogados nas regiões trabalhistas de grande extensão territorial.

20.4 Composição das varas do trabalho

Ocupa-se o art. 112 da Constituição Federal das Varas do Trabalho, estabelecendo que a lei ordinária criará as varas a serem instaladas nas diversas comarcas, possibilitando, no mesmo sentido que a norma anterior, atribuir jurisdição trabalhista aos juízes estaduais nas localidades não abrangidas pela jurisdição de uma Vara do Trabalho, de modo a garantir o acesso ao Judiciário assegurado pelo art. 5º, XXXV, da Constituição Federal.

Verifica-se, pois, que a antiga denominação do órgão jurisdicional de 1º grau da Justiça do Trabalho, Junta de Conciliação e Julgamento, cedeu lugar à denominação atual, Vara do Trabalho, por força da EC nº 24/99. Foi extinta a representação classista nos órgãos que compõem a Justiça do Trabaho, passando a ser composta por um juiz de direito, excluídos os antigos juízes de fato, representantes de órgãos sindicais de empregados e empregadores, o que resultou mantido pela EC nº 45/04.

Verificação de aprendizagem

Questões para debate

1. *Quais as duas características básicas da Justiça do Trabalho mantidas pela Constituição Federal de 1988?*
2. *Que modificação ocorreu no Tribunal Superior do Trabalho quanto a sua composição?*
3. *E relativamente ao funcionamento, houve modificação no Tribunal Superior do Trabalho provocada pela Constituição Federal? Qual?*
4. *O acesso à Justiça do Trabalho é assegurado somente aos trabalhadores com vínculo empregatício? Por quê?*
5. *Os conflitos judiciais entre sindicatos devem ser da competência da Justiça do Trabalho? E as ações decorrentes de multas impostas pela fiscalização do trabalho? Por quê?*
6. *Qual a justiça competente para conhecer de ações de indenização por dano moral ou patrimonial decorrente de relação de trabalho? Fundamentar a resposta.*
7. *Quais os meios de que dispõe o Tribunal Regional do Trabalho para garantir efetivo acesso do jurisdicionado à Justiça do Trabalho?*
8. *O que significa a expressão heterocomposição?*
9. *O que significa arbitragem facultativa, arbitragem compulsória e matéria de dissídio coletivo?*
10. *A solução de um conflito coletivo de trabalho pela Justiça do Trabalho é a forma mais adequada? Por quê?*

Exercícios

Leia cada uma das assertivas abaixo e, a seguir, diga se verdadeira ou falsa, justificando brevemente sua opção:

1. *A Constituição Federal dispõe sobre a estrutura e o funcionamento da Justiça do Trabalho.*
2. *A Constituição Federal, embora tenha alterado a composição do Tribunal Superior do Trabalho, não provocou mudanças no seu funcionamento.*
3. *Por força de mandamento constitucional, foi ampliado o número de Tribunais Regionais do Trabalho no País.*
4. *O Poder Público em matéria trabalhista tem foro privilegiado, por força de dispositivo constitucional.*
5. *A competência material da Justiça do Trabalho diz respeito somente aos empregados com vínculo celetista.*
6. *A arbitragem de um conflito coletivo pode ser facultativa ou compulsória.*

7. *A intervenção da Justiça do Trabalho em matéria de direito coletivo do trabalho só ocorre por provocação das partes envolvidas no conflito.*
8. *Não se cogita de greve, quando em curso um processo de negociação coletiva, sem a intervenção da Justiça do Trabalho.*
9. *A autocomposição é a forma ideal de solução dos conflitos coletivos do trabalho.*
10. *A Vara do Trabalho é presidida por um juiz do trabalho, não havendo atuação de representantes sindicais na estrutura da Justiça do Trabalho.*

Anexo I

Constituição da República Federativa do Brasil

Artigos diretamente relacionados com o Direito do Trabalho:

TÍTULO II – **DOS DIREITOS E GARANTIAS FUNDAMENTAIS**

Capítulo I – **Dos Direitos e Deveres Individuais e Coletivos**

Art. 5º Todos são iguais perante a lei, sem distinção de qualquer natureza, garantindo-se aos brasileiros e aos estrangeiros residentes no País a inviolabilidade do direito à vida, à liberdade, à igualdade, à segurança e à propriedade, nos termos seguintes:

I – homens e mulheres são iguais em direitos e obrigações, nos termos desta Constituição;

II – ninguém será obrigado a fazer ou deixar de fazer alguma coisa senão em virtude da lei;

III – ninguém será submetido a tortura nem a tratamento desumano ou degradante;

IV – é livre a manifestação do pensamento, sendo vedado o anonimato;

V – é assegurado o direito de resposta, proporcional ao agravo, além da indenização por dano material, moral ou à imagem;

VI – é inviolável a liberdade de consciência e de crença, sendo assegurado o livre exercício dos cultos religiosos e garantida, na forma da lei, a proteção aos locais de culto e a suas liturgias;

VII – é assegurada, nos termos da lei, a prestação de assistência religiosa nas entidades civis e militares de internação coletiva;

VIII – ninguém será privado de direitos por motivo de crença religiosa ou de convicção filosófica ou política, salvo se as invocar para eximir-se de obrigação legal a todos imposta e recusar-se a cumprir prestação alternativa, fixada em lei;

IX – é livre a expressão da atividade intelectual, artística, científica e de comunicação, independentemente de censura ou licença;

X – são invioláveis a intimidade, a vida privada, a honra e a imagem das pessoas, assegurado o direito a indenização pelo dano material ou moral decorrente de sua violação;

XI – a casa é asilo inviolável do indivíduo, ninguém nela podendo penetrar sem consentimento do morador, salvo em caso de flagrante delito ou desastre, ou para prestar socorro, ou, durante o dia, por determinação judicial;

XII – é inviolável o sigilo da correspondência e das comunicações telegráficas, de dados e das comunicações telefônicas, salvo, no último caso, por ordem judicial, nas hipóteses e na forma que a lei estabelecer para fins de investigação criminal ou instrução processual penal;

XIII – é livre o exercício de qualquer trabalho, ofício ou profissão, atendidas as qualificações profissionais que a lei estabelecer;

XIV – é assegurado a todos o acesso à informação e resguardado o sigilo da fonte, quando necessário ao exercício profissional;

XV – é livre a locomoção no território nacional em tempo de paz, podendo qualquer pessoa, nos termos da lei, nele entrar, permanecer ou dele sair com seus bens;

XVI – todos podem reunir-se pacificamente, sem armas, em locais abertos ao público, independentemente de autorização, desde que não frustrem outra reunião anteriormente convocada para o mesmo local, sendo apenas exigido prévio aviso à autoridade competente;

XVII – é plena a liberdade de associação para fins lícitos, vedada a de caráter paramilitar;

XVIII – a criação de associações e, na forma da lei, a de cooperativas independem de autorização, sendo vedada a interferência estatal em seu funcionamento;

XIX – as associações só poderão ser compulsoriamente dissolvidas ou ter suas atividades suspensas por decisão judicial, exigindo-se, no primeiro caso, o trânsito em julgado;

XX – ninguém poderá ser compelido a associar-se ou a permanecer associado;

XXI – as entidades associativas, quando expressamente autorizadas, têm legitimidade para representar seus filiados judicial ou extrajudicialmente;

XXII – é garantido o direito de propriedade;

XXIII – a propriedade atenderá a sua função social;

XXIV – a lei estabelecerá o procedimento para desapropriação por necessidade ou utilidade pública, ou por interesse social, mediante justa e prévia indenização em dinheiro, ressalvados os casos previstos nesta Constituição;

XXV – no caso de iminente perigo público, a autoridade competente poderá usar de propriedade particular, assegurada ao proprietário indenização ulterior, se houver dano;

XXVI – a pequena propriedade rural, assim definida em lei, desde que trabalhada pela família, não será objeto de penhora para pagamento de débitos decorrentes de sua atividade produtiva, dispondo a lei sobre os meios de financiar o seu desenvolvimento;

XXVII – aos autores pertence o direito exclusivo de utilização, publicação ou reprodução de suas obras, transmissível aos herdeiros pelo tempo que a lei fixar;

XXVIII – são assegurados, nos termos da lei:

a) a proteção às participações individuais em obras coletivas e à reprodução da imagem e voz humanas, inclusive nas atividades desportivas;

b) o direito de fiscalização do aproveitamento econômico das obras que criarem ou de que participarem aos criadores, aos intérpretes e às respectivas representações sindicais e associativas;

XXIX – a lei assegurará aos autores de inventos industriais privilégio temporário para sua utilização, bem como proteção às criações industriais, à propriedade das marcas, aos nomes de empresas e a outros signos distintivos, tendo em vista o interesse social e o desenvolvimento tecnológico e econômico do País;

XXX – é garantido o direito de herança;

XXXI – a sucessão de bens de estrangeiros situados no País será regulada pela lei brasileira em benefício do cônjuge ou dos filhos brasileiros, sempre que não lhes seja mais favorável a lei pessoal do *de cujus*;

XXXII – o Estado promoverá, na forma da lei, a defesa do consumidor;

XXXIII – todos têm direito a receber dos órgãos públicos informações de seu interesse particular, ou de interesse coletivo ou geral que serão prestadas no prazo da lei, sob pena de responsabilidade, ressalvadas aquelas cujo sigilo seja imprescindível à segurança da sociedade e do Estado;

XXXIV – são a todos assegurados, independentemente do pagamento de taxas:

a) o direito de petição aos Poderes Públicos em defesa de direitos ou contra ilegalidade ou abuso de poder;

b) a obtenção de certidões em repartições públicas, para defesa de direitos e esclarecimento de situações de interesse pessoal;

XXXV – a lei não excluirá da apreciação do Poder Judiciário lesão ou ameaça a direito;

XXXVI – a lei não prejudicará o direito adquirido, o ato jurídico perfeito e a coisa julgada;

XXXVII – não haverá juízo ou tribunal de exceção;

XXXVIII – é reconhecida a instituição do júri, com a organização que lhe der a lei, assegurados:

a) a plenitude de defesa;

b) o sigilo das votações;

c) a soberania dos veredictos;

d) a competência para julgamento dos crimes dolosos contra a vida;

XXXIX – não há crime sem lei anterior que o defina, nem pena sem prévia cominação legal;

XL – a lei penal não retroagirá, salvo para beneficiar o réu;

XLI – a lei punirá qualquer discriminação atentatória dos direitos e liberdades fundamentais;

XLII – a prática do racismo constitui crime inafiançável e imprescritível, sujeito à pena de reclusão, nos termos da lei;

XLIII – a lei considerará crimes inafiançáveis e insuscetíveis de graça ou anistia a prática da tortura, o tráfico ilícito de entorpecentes e drogas afins, o terrorismo e os definidos como crimes hediondos, por eles respondendo os mandantes, os executores e os que, podendo evitá-los, se omitirem;

XLIV – constitui crime inafiançável e imprescritível a ação de grupos armados, civis ou militares, contra a ordem constitucional e o Estado Democrático;

XLV – nenhuma pena passará da pessoa do condenado, podendo a obrigação de reparar o dano e a decretação do perdimento de bens ser, nos termos da lei, estendidas aos sucessores e contra eles executadas, até o limite do valor do patrimônio transferido;

XLVI – a lei regulará a individualização da pena e adotará, entre outras, as seguintes:

a) privação ou restrição da liberdade;

b) perda de bens;

c) multa;

d) prestação social alternativa;

e) suspensão ou interdição de direitos;

XLVII – não haverá penas:

a) de morte, salvo em caso de guerra declarada, nos termos do art. 84, XIX;

b) de caráter perpétuo;

c) de trabalhos forçados;

d) de banimento;

e) cruéis;

XLVIII – a pena será cumprida em estabelecimentos distintos, de acordo com a natureza do delito, a idade e o sexo do apenado;

XLIX – é assegurado aos presos o respeito à integridade física e moral;

L – às presidiárias serão asseguradas condições para que possam permanecer com seus filhos durante o período de amamentação;

LI – nenhum brasileiro será extraditado, salvo o naturalizado em caso de crime comum, praticado antes da naturalização, ou de comprovado envolvimento em tráfico ilícito de entorpecentes e drogas afins, na forma da lei;

LII – não será concedida extradição de estrangeiro por crime político ou de opinião;

LIII – ninguém será processado nem sentenciado senão pela autoridade competente;

LIV – ninguém será privado da liberdade ou de seus bens sem o devido processo legal;

LV – aos litigantes, em processo judicial ou administrativo, e aos acusados em geral são assegurados o contraditório e ampla defesa, com os meios e recursos a ela inerentes;

LVI – são inadmissíveis, no processo, as provas obtidas por meios ilícitos;

LVII – ninguém será considerado culpado até o trânsito em julgado de sentença penal condenatória;

LVIII – o civilmente identificado não será submetido a identificação criminal, salvo nas hipóteses previstas em lei;

LIX – será admitida ação privada nos crimes de ação pública, se esta não for intentada no prazo legal;

LX – a lei só poderá restringir a publicidade dos atos processuais quando a defesa da intimidade ou o interesse social o exigirem;

LXI – ninguém será preso senão em flagrante delito ou por ordem escrita e fundamentada de autoridade judiciária competente, salvo nos casos de transgressão militar ou crime propriamente militar, definidos em lei;

LXII – a prisão de qualquer pessoa e o local onde se encontre serão comunicados imediatamente ao juiz competente e à família do preso ou à pessoa por ele indicada;

LXIII – o preso será informado de seus direitos, entre os quais o de permanecer calado, sendo-lhe assegurada a assistência da família e de advogado;

LXIV – o preso tem direito à identificação dos responsáveis por sua prisão ou por seu interrogatório policial;

LXV – a prisão ilegal será imediatamente relaxada pela autoridade judiciária;

LXVI – ninguém será levado à prisão ou nela mantido, quando a lei admitir a liberdade provisória, com ou sem fiança;

LXVII – não haverá prisão civil por dívida, salvo a do responsável pelo inadimplemento voluntário e inescusável de obrigação alimentícia e a do depositário infiel;

LXVIII – conceder-se-á *habeas-corpus* sempre que alguém sofrer ou se achar ameaçado de sofrer violência ou coação em sua liberdade de locomoção, por ilegalidade ou abuso de poder;

LXIX – conceder-se-á mandado de segurança para proteger direito líquido e certo, não amparado por *habeas-corpus* ou *habeas-data*, quando o responsável pela ilegalidade ou abuso de poder for autoridade pública ou agente de pessoa jurídica no exercício de atribuições do Poder Público;

LXX – o mandado de segurança coletivo pode ser impetrado por:

a) partido político com representação no Congresso Nacional;

b) organização sindical, entidade de classe ou associação legalmente constituída e em funcionamento há pelo menos um ano, em defesa dos interesses de seus membros ou associados;

LXXI – conceder-se-á mandado de injunção sempre que a falta de norma regulamentadora torne inviável o exercício dos direitos e liberdade constitucionais e das prerrogativas inerentes à nacionalidade, à soberania e à cidadania;

LXXII – conceder-se-á *habeas-data*:

a) para assegurar o conhecimento de informações relativas à pessoa do impetrante, constantes de registros ou bancos de dados de entidades governamentais ou de caráter público;

b) para a retificação de dados, quando não se prefira fazê-lo por processo sigiloso, judicial ou administrativo;

LXXIII – qualquer cidadão é parte legítima para propor ação popular que vise a anular ato lesivo ao patrimônio público ou de entidade de que o Estado participe, à moralidade administrativa, ao meio ambiente e ao patrimônio histórico e cultural, ficando o autor, salvo comprovada má-fé, isento de custas judiciais e do ônus da sucumbência;

LXXIV – o Estado prestará assistência jurídica integral e gratuita aos que comprovarem insuficiência de recursos;

LXXV – o Estado indenizará o condenado por erro judiciário, assim como o que ficar preso além do tempo fixado na sentença;

LXXVI – são gratuitos para os reconhecidamente pobres, na forma da lei:

a) o registro civil de nascimento;

b) a certidão de óbito;

LXXVII – são gratuitas as ações de *habeas-corpus* e *habeas-data*, e, na forma da lei, os atos necessários ao exercício da cidadania;

LXXVIII – a todos, no âmbito judicial e administrativo, são assegurados a razoável duração do processo e os meios que garantam a celeridade de sua tramitação.

§ 1º As normas definidoras dos direitos e garantias fundamentais têm aplicação imediata.

§ 2º Os direitos e garantias expressos nesta Constituição não excluem outros decorrentes do regime e dos princípios por ela adotados, ou dos tratados internacionais em que a República Federativa do Brasil seja parte.

§ 3º Os tratados e convenções internacionais sobre direitos humanos que forem aprovados, em cada Casa do Congresso Nacional, em dois turnos, por três quintos dos votos dos respectivos membros, serão equivalentes às emendas constitucionais.

§ 4º O Brasil se submete à jurisdição de Tribunal Penal Internacional a cuja criação tenha manifestado adesão.

Capítulo II – **Dos Direitos Sociais**

Art. 6º São direitos sociais a educação, a saúde, a alimentação, o trabalho, a moradia, o lazer, a segurança, a previdência social, a proteção à maternidade e à infância, a assistência aos desamparados, na forma desta Constituição.

Art. 7º São direitos dos trabalhadores urbanos e rurais, além de outros que visem à melhoria de sua condição social:

I – relação de emprego protegida contra despedida arbitrária ou sem justa causa, nos termos de lei complementar, que preverá indenização compensatória, dentre outros direitos;

II – seguro-desemprego, em caso de desemprego involuntário;

III – fundo de garantia do tempo de serviço;

IV – salário mínimo, fixado em lei, nacionalmente unificado, capaz de atender a suas necessidades vitais básicas e às de sua família com moradia, alimentação, educação, saúde, lazer, vestuário, higiente, transporte e previdência social, com reajustes periódicos que lhe preservem o poder aquisitivo, sendo vedada sua vinculação para qualquer fim;

V – piso salarial proporcional à extensão e à complexidade do trabalho;

VI – irredutibilidade do salário, salvo o disposto em convenção ou acordo coletivo;

VII – garantia de salário, nunca inferior ao mínimo, para os que percebem remuneração variável;

VIII – décimo terceiro salário com base na remuneração integral ou no valor da aposentadoria;

IX – remuneração do trabalho noturno superior à do diurno;

X – proteção do salário na forma de lei, constituindo crime sua retenção dolosa;

XI – participação nos lucros, ou resultados, desvinculada da remuneração, e, excepcionalmente, participação na gestão da empresa, conforme definido em lei;

XII – salário-família pago em razão do dependente do trabalhador de baixa renda nos termos da lei;

XIII – duração do trabalho normal não superior a oito horas diárias e quarenta e quatro semanais, facultada a compensação de horários e a redução da jornada, mediante acordo ou convenção coletiva de trabalho;

XIV – jornada de seis horas para o trabalho realizado em turnos ininterruptos de revezamento, salvo negociação coletiva;

XV – repouso semanal remunerado, preferencialmente aos domingos;

XVI – remuneração do serviço extraordinário superior, no mínimo, em cinquenta por cento à do normal;

XVII – gozo de férias anuais remuneradas com, pelo menos, um terço a mais do que o salário normal;

XVIII – licença à gestante, sem prejuízo do emprego e do salário, com a duração de cento e vinte dias;

XIX – licença-paternidade, nos termos fixados em lei;

XX – proteção do mercado de trabalho da mulher, mediante incentivos específicos, nos termos da lei;

XXI – aviso prévio proporcional ao tempo de serviço, sendo no mínimo de trinta dias, nos termos da lei;

XXII – redução dos riscos inerentes ao trabalho, por meio de normas de saúde, higiene e segurança;

XXIII – adicional de remuneração para as atividades penosas, insalubres ou perigosas, na forma da lei;

XXIV – aposentadoria;

XXV – assistência gratuita aos filhos e dependentes desde o nascimento até cinco anos de idade em creches e pré-escolas;

XXVI – reconhecimento das convenções e acordos coletivos de trabalho;

XXVII – proteção em face da automação, na forma da lei;

XXVIII – seguro contra acidentes de trabalho, a cargo do empregador, sem excluir a indenização a que este está obrigado, quando incorrer em dolo ou culpa;

XXIX – ação, quanto aos créditos resultantes das relações de trabalho, com prazo prescricional de cinco anos para os trabalhadores urbanos e rurais, até o limite de dois anos após a extinção do contrato de trabalho;

a) (Revogada pela EC nº 28, de 26 de maio de 2000, retificada no *DOU* de 29 de maio de 2000);

b) (Revogada pela EC nº 28, de 26 de maio de 2000, retificada no *DOU* de 29 de maio de 2000);

XXX – proibição de diferença de salários, de exercício de funções e de critério de admissão por motivo de sexo, idade, cor ou estado civil;

XXXI – proibição de qualquer discriminação no tocante a salário e critério de admissão do trabalhador portador de deficiência;

XXXII – proibição de distinção entre trabalho manual, técnico e intelectual ou entre os profissionais respectivos;

XXXIII – proibição de trabalho noturno, perigoso ou insalubre a menores de dezoito e de qualquer trabalho a menores de dezesseis anos, salvo na condição de aprendiz, a partir de quatorze anos;

XXXIV – igualdade de direitos entre o trabalhador com vínculo empregatício permanente e o trabalhador avulso.

Parágrafo único. São assegurados à categoria dos trabalhadores domésticos os direitos previstos nos incisos IV, VI, VIII, XV, XVII, XVIII, XIX, XXI e XXIV, bem como a sua integração à previdência social.

Art. 8º É livre a associação profissional ou sindical, observado o seguinte:

I – a lei não poderá exigir autorização do Estado para a fundação de sindicato, ressalvado o registro no órgão competente, vedadas ao Poder Público a interferência e a intervenção na organização sindical;

II – é vedada a criação de mais de uma organização sindical, em qualquer grau, representativa da categoria profissional ou econômica, na mesma base territorial, que será definida pelos trabalhadores ou empregadores interessados, não podendo ser inferior à área de um Município;

III – ao sindicato cabe a defesa dos direitos e interesses coletivos ou individuais da categoria, inclusive em questões judiciais ou administrativas;

IV – a assembleia geral fixará a contribuição que, em se tratando de categoria profissional, será descontada em folha, para custeio do sistema confederativo da representação sindical respectiva, independentemente da contribuição prevista em lei;

V – ninguém será obrigado a filiar-se ou manter-se filiado a sindicato;

VI – é obrigatória a participação dos sindicatos nas negociações coletivas de trabalho;

VII – o aposentado filiado tem direito a votar e ser votado nas organizações sindicais;

VIII – é vedada a dispensa do empregado sindicalizado a partir do registro da candidatura a cargo de direção ou representação sindical e, se eleito, ainda que suplente, até um ano após o final do mandato, salvo se cometer falta grave nos termos da lei.

Parágrafo único. As disposições deste artigo aplicam-se à organização de sindicatos rurais e de colônias de pescadores, atendidas as condições que a lei estabelecer.

Art. 9º É assegurado o direito de greve, competindo aos trabalhadores decidir sobre a oportunidade de exercê-lo e sobre os interesses que devam por meio dele defender.

§ 1º A lei definirá os serviços ou atividades essenciais e disporá sobre o atendimento das necessidades inadiáveis da comunidade.

§ 2º Os abusos cometidos sujeitam os responsáveis às penas da lei.

Art. 10. É assegurada a participação dos trabalhadores e empregadores nos colegiados dos órgãos públicos em que seus interesses profissionais ou previdenciários sejam objeto de discussão e deliberação.

Art. 11. Nas empresas de mais de duzentos empregados, é assegurada a eleição de um representante destes com a finalidade exclusiva de promover-lhes o entendimento direto com os empregadores.

. . . .

TÍTULO IV – **DA ORGANIZAÇÃO DOS PODERES**

. . . .

Capítulo III – **Do Poder Judiciário**

Seção I – DISPOSIÇÕES GERAIS

Art. 92. São órgãos do Poder Judiciário:

I – o Supremo Tribunal Federal;

I-A – o Conselho Nacional de Justiça;

II – o Supremo Tribunal de Justiça;

III – os Tribunais Regionais Federais e Juízes Federais;

IV – os Tribunais e Juízes do Trabalho;

V – os Tribunais e Juízes Eleitorais;

VI – os Tribunais e Juízes Militares;

VII – os Tribunais e Juízes dos Estados e do Distrito Federal e Territórios.

§ 1º O Supremo Tribunal Federal, o Conselho Nacional de Justiça e os Tribunais Superiores têm sede na Capital Federal.

§ 2º O Supremo Tribunal Federal e os Tribunais Superiores têm jurisdição em todo o território nacional. (NR)

Art. 93. Lei complementar, de iniciativa do Supremo Tribunal Federal, disporá sobre o Estatuto da Magistratura, observados os seguintes princípios:

I – ingresso na carreira, cujo cargo inicial será o de juiz substituto, mediante concurso público de provas e títulos, com a participação da Ordem dos Advogados do Brasil em todas as fases, exigindo-se do bacharel em direito, no mínimo, três anos de atividade jurídica e obedecendo-se, nas nomeações, à ordem de classificação;

II – promoção de entrância para entrância, alternadamente, por antiguidade e merecimento, atendidas as seguintes normas:

a) é obrigatória a promoção do juiz que figure por três vezes consecutivas ou cinco alternadas em lista de merecimento;

b) a promoção por merecimento pressupõe dois anos de exercício na respectiva entrância e integrar o juiz a primeira quinta parte da lista de antiguidade desta, salvo se não houver com tais requisitos quem aceite o lugar vago;

c) aferição do merecimento conforme o desempenho e pelos critérios objetivos de produtividade e presteza no exercício da jurisdição e pela frequência e aproveitamento em cursos oficiais ou reconhecidos de aperfeiçoamento;

d) na apuração de antiguidade, o tribunal somente poderá recusar o juiz mais antigo pelo voto fundamentado de dois terços de seus membros, conforme procedimento próprio, e assegurada ampla defesa, repetindo-se a votação até fixar-se a indicação;

e) não será promovido o juiz que, injustificadamente, retiver autos em seu poder além do prazo legal, não podendo devolvê-los ao cartório sem o devido despacho ou decisão;

III – o acesso aos tribunais de segundo grau far-se-á por antiguidade e merecimento, alternadamente, apurados na última ou única entrância;

IV – previsão de cursos oficiais de preparação, aperfeiçoamento e promoção de magistrados, constituindo etapa obrigatória do processo de vitaliciamento a participação em curso oficial ou reconhecido por escola nacional de formação e aperfeiçoamento de magistrados;

V – o subsídio dos Ministros dos Tribunais Superiores corresponderá a noventa e cinco por cento do subsídio mensal fixado para os Ministros do Supremo Tribunal Federal e os subsídios dos demais magistrados serão afixados em lei e escalonados, em nível federal e estadual, conforme as respectivas categorias da estrutura judiciária nacional, não podendo a diferença entre uma e outra ser superior a dez por cento ou inferior a cinco por cento, nem exceder a noventa e cinco por cento do subsídio mensal dos Ministros dos Tribunais Superiores, obedecido, em qualquer caso, o disposto nos artigos 37, XI e 39, § 4º;

VI – a aposentadoria dos magistrados e a pensão dos seus dependentes observarão o disposto no artigo 40;

VII – o juiz titular residirá na respectiva comarca, salvo autorização do tribunal;

VIII – o ato de remoção, disponibilidade e aposentadoria do magistrado, por interesse público, fundar-se-á em decisão por voto de maioria absoluta do respectivo tribunal ou do Conselho Nacional de Justiça, assegurada ampla defesa;

VIII-A – a remoção a pedido ou a permuta de magistrados de comarca de igual entrância atenderá, no que couber, ao disposto nas alíneas *a*, *b*, *c* e *e* do inciso II;

IX – todos os julgamentos dos órgãos do Poder Judiciário serão públicos, e fundamentadas todas as decisões, sob pena de nulidade, podendo a lei limitar a presença, em determinados atos, às próprias partes e a seus advogados, ou somente a estes, em casos nos quais a preservação do direito à intimidade do interessado no sigilo não prejudique o interesse público à informação;

X – as decisões administrativas dos tribunais serão motivadas e em sessão pública, sendo as disciplinares tomadas pelo voto da maioria absoluta de seus membros;

XI – nos tribunais com número superior a vinte e cinco julgadores, poderá ser constituído órgão especial, com o mínimo de onze e o máximo de vinte e cinco membros, para o exercício das atribuições administrativas e jurisdicionais delegadas da competência do tribunal pleno, provendo-se metade das vagas por antiguidade e a outra metade por eleição pelo tribunal pleno;

XII – a atividade jurisdicional será ininterrupta, sendo vedado férias coletivas nos juízos e tribunais de 2º grau, funcionando, nos dias em que não houver expediente forense normal, juízes em plantão permanente;

XIII – o número de juízes na unidade jurisdicional será proporcional à efetiva demanda judicial e à respectiva população;

XIV – os servidores receberão delegação para a prática de atos de administração e atos de mero expediente sem caráter decisório;

XV – a distribuição de processos será imediata, em todos os graus de jurisdição.

Art. 94. Um quinto dos lugares dos Tribunais Regionais Federais, dos Tribunais dos Estados, e do Distrito Federal e Territórios será composto de membros do Ministério Público, com mais de dez anos de carreira, e de advogados de notório saber jurídico e de reputação ilibada, com mais de dez anos de efetiva atividade profissional, indicados em lista sêxtupla pelos órgão de representação das respectivas classes.

Parágrafo único. Recebidas as indicações, o tribunal formará lista tríplice, enviando-a ao Poder Executivo, que, nos vinte dias subsequentes, escolherá um de seus integrantes para nomeação.

Art. 95. Os juízes gozam das seguintes garantias:

I – vitaliciedade, que, no primeiro grau, só será adquirida após dois anos de exercício, dependendo a perda do cargo, nesse período, de deliberação do tribunal a que o juiz estiver vinculado, e, nos demais casos, de sentença judicial transitada em julgado;

II – inamovibilidade, salvo por motivo de interesse público, na forma do art. 93, VIII.

III – irredutibilidade de subsídios, ressalvado o disposto nos artigos 37, X e XI, 39, § 4º, 150, II, 153, III e 153, § 2º, I.

Parágrafo único. Aos juízes é vedado:

I – exercer, ainda que em disponibilidade, outro cargo ou função, salvo uma de magistério;

II – receber, a qualquer título ou pretexto, custas ou participação em processo;

III – dedicar-se à atividade político-partidária;

IV – receber, a qualquer título ou pretexto, auxílios ou contribuições de pessoas físicas, entidades públicas ou privadas, ressalvadas as exceções previstas em lei;

V – exercer a advocacia no juízo ou tribunal do qual se afastou, antes de decorridos três anos do afastamento do cargo por aposentadoria ou exoneração.

Art. 96. Compete privativamente:

I – aos tribunais:

a) eleger seus órgãos diretivos e elaborar seus regimentos internos, com observância das normas de processo e das garantias processuais das partes, dispondo sobre a competência e o funcionamento dos respectivos órgãos jurisdicionais e administrativos;

b) organizar suas secretarias e serviços auxiliares e os dos juízos que lhes forem vinculados, velando pelo exercício da atividade correicional respectiva;

c) prover, na forma prevista nesta Constituição, os cargos de juiz de carreira da respectiva jurisdição;

d) propor a criação de novas varas judiciárias;

e) prover, por concurso público de provas, ou de provas e títulos, obedecido o disposto no art. 169, parágrafo único, os cargos necessários à administração da Justiça, exceto os de confiança assim definidos em lei;

f) conceder licença, férias e outros afastamentos a seus membros e aos juízes e servidores que lhes forem imediatamente vinculados;

II – ao Supremo Tribunal Federal, aos Tribunais Superiores e aos Tribunais de Justiça propor ao Poder Legislativo respectivo, observado o disposto no art. 169:

a) a alteração do número de membros dos tribunais inferiores;

b) a criação e a extinção de cargos e a remuneração dos seus serviços auxiliares e dos juízos que lhes forem vinculados, bem como a fixação do subsídio de seus membros e dos juízes, inclusive dos tribunais inferiores, onde houver;

c) a criação ou extinção dos tribunais inferiores;

d) a alteração da organização e da divisão judiciárias;

III – aos Tribunais de Justiça julgar os juízes estaduais e do Distrito Federal e Territórios, bem como os membros do Ministério Público, nos crimes comuns e de responsabilidade, ressalvada a competência da Justiça Eleitoral.

Art. 97. Somente pelo voto da maioria absoluta de seus membros ou dos membros do respectivo órgão especial poderão os tribunais declarar a inconstitucionalidade de lei ou ato normativo do Poder Público.

Art. 98. A União, no Distrito Federal e nos Territórios, e os Estados criarão:

I – juizados especiais, providos por juízes togados, ou togados e leigos, competentes para a conciliação, o julgamento e a execução de causas cíveis de menor complexidade e infrações penais de menor potencial ofensivo, mediante os procedimentos oral e sumaríssimo, permitidos, nas hipóteses previstas em lei, a transação e o julgamento de recursos por turmas de juízes de primeiro grau;

II – justiça de paz, remunerada, composta de cidadãos eleitos pelo voto direto, universal e secreto, com mandato de quatro anos e competência para, na forma da lei, celebrar casamentos, verificar, de ofício ou em face de impugnação apresentada, o processo de habilitação e exercer atribuições conciliatórias, sem caráter jurisdicional, além de outras previstas na legislação.

§ 1º Lei federal disporá sobre a criação de juizados especiais no âmbito federal.

§ 2º As custas e emolumentos serão destinados exclusivamente ao custeio dos serviços afetos às atividades específicas da Justiça.

Art. 99. Ao Poder Judiciário é assegurada autonomia administrativa e financeira.

§ 1º Os tribunais elaborarão suas propostas orçamentárias dentro dos limites estipulados conjuntamente com os demais Poderes na lei de diretrizes orçamentárias.

§ 2º O encaminhamento da proposta, ouvidos os outros tribunais interessados, compete:

I – no âmbito da União, aos Presidentes do Supremo Tribunal Federal e dos Tribunais Superiores, com a aprovação dos respectivos tribunais;

II – no âmbito dos Estados e no do Distrito Federal e Territórios, aos Presidentes dos Tribunais de Justiça, com a aprovação dos respectivos tribunais.

§ 3º Se os órgãos referidos no § 2º não encaminharem as respectivas propostas orçamentárias dentro do prazo estabelecido na lei de diretrizes orçamentárias, o Poder Executivo considerará, para fins de consolidação da proposta orçamentária anual, os valores aprovados na lei orçamentária vigente, ajustados de acordo com os limites estipulados na forma do § 1º deste artigo.

§ 4º Se as propostas orçamentárias de que trata este artigo forem encaminhadas em desacordo com os limites estipulados na forma do § 1º, o Poder Executivo procederá aos ajustes necessários para fins de consolidação da proposta orçamentária anual.

§ 5º Durante a execução orçamentária do exercício, não poderá haver a realização de despesas ou a assunção de obrigações que extrapolem os limites estabelecidos na lei de diretrizes orçamentárias, exceto se previamente autorizadas, mediante a abertura de créditos suplementares ou especiais.

Art. 100. Os pagamentos devidos pelas Fazendas Públicas Federal, Estaduais, Distrital e Municipais, em virtude de sentença judiciária, far-se-ão exclusivamente na ordem cronológica de apresentação dos precatórios e à conta dos créditos respectivos, proibida a designação de casos ou de pessoas nas dotações orçamentárias e nos créditos adicionais abertos para este fim.

§ 1º Os débitos de natureza alimentícia compreendem aqueles decorrentes de salários, vencimentos, proventos, pensões e suas complementações, benefícios previdenciários e indenizações por morte ou por invalidez, fundadas em responsabilidade civil, em virtude de sentença judicial transitada em julgado, e serão pagos com preferência sobre todos os demais débitos, exceto sobre aqueles referidos no § 2º deste artigo.

§ 2º Os débitos de natureza alimentícia cujos titulares tenham 60 (sessenta) anos de idade ou mais na data de expedição do precatório, ou sejam portadores de doença grave, definidos na forma da lei, serão pagos com preferência sobre todos os demais débitos, até o valor equivalente ao triplo do fixado em lei para os fins do disposto no § 3º deste artigo, admitido o fracionamento para essa finalidade, sendo que o restante será pago na ordem cronológica de apresentação do precatório.

§ 3º O disposto no *caput* deste artigo relativamente à expedição de precatórios não se aplica aos pagamentos de obrigações definidas em leis como de pequeno valor que as Fazendas referidas devam fazer em virtude de sentença judicial transitada em julgado.

§ 4º Para os fins do disposto no § 3º, poderão ser fixados, por leis próprias, valores distintos às entidades de direito público, segundo as diferentes capacidades econômicas, sendo o mínimo igual ao valor do maior benefício do regime geral de previdência social.

§ 5º É obrigatória a inclusão, no orçamento das entidades de direito público, de verba necessária ao pagamento de seus débitos, oriundos de sentenças transitadas em julgado, constantes de precatórios judiciários apresentados até 1º de julho, fazendo-se o pagamento até o final do exercício seguinte, quando terão seus valores atualizados monetariamente.

§ 6º As dotações orçamentárias e os créditos abertos serão consignados diretamente ao Poder Judiciário, cabendo ao Presidente do Tribunal que proferir a decisão exequenda determinar o pagamento integral e autorizar, a requerimento do credor e exclusivamente para os casos de preterimento de seu direito de precedência ou de não alocação orçamentária do valor necessário à satisfação do seu débito, o sequestro da quantia respectiva.

§ 7º O Presidente do Tribunal competente que, por ato comissivo ou omissivo, retardar ou tentar frustrar a liquidação regular de precatórios incorrerá em crime de responsabilidade e responderá, também, perante o Conselho Nacional de Justiça.

§ 8º É vedada a expedição de precatórios complementares ou suplementares de valor pago, bem como o fracionamento, repartição ou quebra do valor da execução para fins de enquadramento de parcela do total ao que dispõe o § 3º deste artigo.

§ 9º No momento da expedição dos precatórios, independentemente de regulamentação, deles deverá ser abatido, a título de compensação, valor correspondente aos débitos líquidos e certos, inscritos ou não em dívida ativa e constituídos contra o credor original pela Fazenda Pública devedora, incluídas parcelas vincendas de parcelamentos, ressalvados aqueles cuja execução esteja suspensa em virtude de contestação administrativa ou judicial.

§ 10. Antes da expedição dos precatórios, o Tribunal solicitará à Fazenda Pública devedora, para resposta em até 30 (trinta) dias, sob pena de perda do direito de abatimento, informação sobre os débitos que preencham as condições estabelecidas no § 9º, para os fins nele previstos.

§ 11. É facultada ao credor, conforme estabelecido em lei da entidade federativa devedora, a entrega de créditos em precatórios para compra de imóveis públicos do respectivo ente federado.

§ 12. A partir da promulgação desta Emenda Constitucional, a atualização de valores de requisitórios, após sua expedição, até o efetivo pagamento, independentemente de sua natureza, será feita pelo índice oficial de remuneração básica da caderneta de poupança, e, para fins de compensação da mora, incidirão juros simples no mesmo percentual de juros incidentes sobre a caderneta de poupança, ficando excluída a incidência de juros compensatórios.

§ 13. O credor poderá ceder, total ou parcialmente, seus créditos em precatórios a terceiros, independentemente da concordância do devedor, não se aplicando ao cessionário o disposto nos §§ 2º e 3º.

§ 14. A cessão de precatórios somente produzirá efeitos após comunicação, por meio de petição protocolizada, ao tribunal de origem e à entidade devedora.

§ 15. Sem prejuízo do disposto neste artigo, lei complementar a esta Constituição Federal poderá estabelecer regime especial para pagamento de crédito de precatórios de Estados, Distrito Federal e Municípios, dispondo sobre vinculações à receita corrente líquida e forma e prazo de liquidação.

§ 16. A seu critério exclusivo e na forma de lei, a União poderá assumir débitos, oriundos de precatórios, de Estados, Distrito Federal e Municípios, refinanciando-os diretamente.

....

Art. 103-A. O Supremo Tribunal Federal poderá, de ofício ou por provocação, mediante decisão de dois terços dos seus membros, após reiteradas decisões sobre a matéria, aprovar súmula que, a partir de sua publicação na imprensa oficial, terá efeito vinculante em relação aos demais órgãos do Poder Judiciário e à administração pública direta e indireta, nas esferas federal, estadual e municipal, bem como proceder à sua revisão ou cancelamento, na forma estabelecida em lei.

§ 1º A súmula terá por objetivo a validade, a interpretação e a eficácia de normas determinadas, acerca das quais haja controvérsia atual entre órgãos judiciários ou entre esses e a administração pública que acarrete grave insegurança jurídica e relevante multiplicação de processos sobre questão idêntica.

§ 2º Sem prejuízo do que vier a ser estabelecido em lei, a aprovação, revisão ou cancelamento de súmula poderá ser provocada por aqueles que podem propor a ação direta de inconstitucionalidade.

§ 3º Do ato administrativo ou decisão judicial que contrariar a súmula aplicável ou que indevidamente a aplicar, caberá reclamação ao Supremo Tribunal Federal que, julgando-a procedente, anulará o ato administrativo ou cassará a decisão judicial reclamada, e determinará que outra seja proferida com ou sem a aplicação da súmula, conforme o caso.

Art. 103-B. O Conselho Nacional de Justiça compõe-se de quinze membros com mandato de dois anos, admitida uma recondução, sendo:

I – um Ministro do Supremo Tribunal Federal, indicado pelo respectivo tribunal;

II – um Ministro do Superior Tribunal de Justiça, indicado pelo respectivo tribunal;

III – um Ministro do Tribunal Superior do Trabalho, indicado pelo respectivo tribunal;

IV – um desembargador de Tribunal de Justiça, indicado pelo Supremo Tribunal Federal;

V – um juiz estadual, indicado pelo Supremo Tribunal Federal;

VI – um juiz de Tribunal Regional Federal, indicado pelo Superior Tribunal de Justiça;

VII – um juiz federal, indicado pelo Superior Tribunal de Justiça;

VIII – um juiz de Tribunal Regional do Trabalho, indicado pelo Tribunal Superior do Trabalho;

IX – um juiz do trabalho, indicado pelo Tribunal Superior do Trabalho;

X – um membro do Ministério Público da União, indicado pelo Procurador-Geral da República;

XI – um membro do Ministério Público estadual, escolhido pelo Procurador-Geral da República dentre os nomes indicados pelo órgão competente de cada instituição estadual;

XII – dois advogados, indicados pelo Conselho Federal da Ordem dos Advogados do Brasil;

XIII – dois cidadãos, de notável saber jurídico e reputação ilibada, indicados um pela Câmara dos Deputados e outro pelo Senado Federal.

§ 1º O Conselho será presidido pelo Ministro do Supremo Tribunal Federal, que votará em caso de empate, ficando excluído da distribuição de processos naquele tribunal.

§ 2º Os membros do Conselho serão nomeados pelo Presidente da República, depois de aprovada a escolha pela maioria absoluta do Senado Federal.

§ 3º Não efetuadas, no prazo legal, as indicações previstas neste artigo, caberá a escolha ao Supremo Tribunal Federal.

§ 4º Compete ao Conselho o controle da atuação administrativa e financeira do Poder Judiciário e do cumprimento dos deveres funcionais dos juízes, cabendo-lhe, além de outras atribuições que lhe forem conferidas pelo Estatuto da Magistratura:

I – zelar pela autonomia do Poder Judiciário e pelo cumprimento do Estatuto da Magistratura, podendo expedir atos regulamentares, no âmbito de sua competência, ou recomendar providências;

II – zelar pela observância do art. 37 e apreciar, de ofício ou mediante provocação, a legalidade dos atos administrativos praticados por membros ou órgãos do Poder Judiciário, podendo desconstituí-los, revê-los ou fixar prazo para que se adotem as providências necessárias ao exato cumprimento da lei, sem prejuízo da competência do Tribunal de Contas da União;

III – receber e conhecer das reclamações contra membros ou órgãos do Poder Judiciário, inclusive contra seus serviços auxiliares, serventias e órgãos prestadores de serviços notariais e de registro que atuem por delegação do poder público ou oficializados, sem prejuízo da competência disciplinar e correicional dos tribunais, podendo avocar processos disciplinares em curso e determinar a remoção, a disponibilidade ou a aposentadoria com subsídios ou proventos proporcionais ao tempo de serviço e aplicar outras sanções administrativas, assegurada ampla defesa;

IV – representar ao Ministério Público, no caso de crime contra a administração pública ou de abuso de autoridade;

V – rever, de ofício ou mediante provocação, os processos disciplinares de juízes e membros de tribunais julgados há menos de um ano;

VI – elaborar semestralmente relatório estatístico sobre processos e sentenças prolatadas, por unidade da Federação, nos diferentes órgãos do Poder Judiciário;

VII – elaborar relatório anual, propondo as providências que julgar necessárias, sobre a situação do Poder Judiciário no País e as atividades do Conselho, o qual deve integrar mensagem do Presidente do Supremo Tribunal Federal e ser remetida ao Congresso Nacional, por ocasião da abertura da sessão legislativa.

§ 5º O Ministro do Superior Tribunal de Justiça exercerá a função de Ministro Corregedor e ficará excluído da distribuição de processos no Tribunal, competindo-lhe, além das atribuições que lhe forem conferidas pelo Estatuto da Magistratura, as seguintes:

I – receber as reclamações e denúncias, de qualquer interessado, relativas aos magistrados e aos serviços judiciários;

II – exercer funções executivas do Conselho, de inspeção e de correição geral;

III – requisitar e designar magistrados, delegando-lhe atribuições, e requisitar servidores de juízos ou tribunais, inclusive nos Estados, Distrito Federal e Territórios.

§ 6º Junto ao Conselho oficiarão o Procurador-Geral da República e o Presidente do Conselho Federal da Ordem dos Advogados do Brasil.

§ 7º A União, inclusive no Distrito Federal e nos Territórios, criará ouvidorias de justiça, competentes para receber reclamações e denúncias de qualquer interessado contra membros ou órgãos do Poder Judiciário, ou contra seus serviços auxiliares, representando diretamente ao Conselho Nacional de Justiça.

. . . .

Seção V – DOS TRIBUNAIS E JUÍZES DO TRABALHO

Art. 111. São órgãos da Justiça do Trabalho:

I – o Tribunal Superior do Trabalho;

II – os Tribunais Regionais do Trabalho;

III – Juízes do Trabalho.

Art. 111-A. O Tribunal Superior do Trabalho compor-se-á de vinte e sete Ministros, escolhidos dentre brasileiros com mais de trinta e cinco e menos de sessenta e cinco anos, nomeados pelo Presidente da República após aprovação pela maioria absoluta do Senado Federal, sendo:

I – um quinto dentre advogados com mais de dez anos de efetiva atividade profissional e membros do Ministério Público do Trabalho com mais de dez anos de efetivo exercício, observado o disposto no art. 94;

II – os demais dentre juízes dos Tribunais Regionais do Trabalho, oriundos da magistratura da carreira, indicados em lista tríplice elaborada pelo próprio Tribunal Superior.

§ 1º A lei disporá sobre a competência do Tribunal Superior do Trabalho.

§ 2º Funcionarão junto ao Tribunal Superior do Trabalho:

I – a escola nacional de formação e aperfeiçoamento de magistrados do Trabalho, cabendo-lhe, dentre outras funções, regulamentar os cursos oficiais para o ingresso e promoção na carreira;

II – o Conselho Superior da Justiça do Trabalho, cabendo-lhe exercer, na forma da lei, a supervisão administrativa, orçamentária, financeira e patrimonial da Justiça do Trabalho de primeiro e segundo graus, como órgão central do sistema, cujas decisões terão efeito vinculante. (NR)

Art. 112. A lei criará varas da Justiça do Trabalho, podendo, nas comarcas não abrangidas por sua jurisdição, atribuí-la aos juízes de direito, com recurso para o respectivo Tribunal Regional do Trabalho. (NR)

Art. 113. A lei disporá sobre a constituição, investidura, jurisdição, competência, garantias e condições de exercício dos órgãos da Justiça do Trabalho.

Art. 114. Compete à Justiça do Trabalho processar e julgar:

I – as ações oriundas da relação de trabalho, abrangidos os entes de direito público externo e da administração pública direta e indireta da União, dos Estados, do Distrito Federal e dos Municípios;

II – as ações que envolvam exercício do direito de greve;

III – as ações sobre representação sindical, entre sindicatos, entre sindicatos e trabalhadores, e entre sindicatos e empregadores;

IV – os mandados de segurança, *habeas corpus* e *habeas data*, quando o ato questionado envolver matéria sujeita à sua jurisdição;

V – os conflitos de competência entre órgãos com jurisdição trabalhista, ressalvado o disposto no art. 102, I, *o*;

VI – as ações de indenização por dano moral ou patrimonial, decorrentes da relação de trabalho;

VII – as ações relativas às penalidades administrativas impostas aos empregadores pelos órgãos de fiscalização das relações de trabalho;

VIII – a execução, de ofício, das contribuições sociais previstas no art. 195, I, *a*, e II, e seus acréscimos legais, decorrentes das sentenças que proferir;

IX – outras controvérsias decorrentes da relação de trabalho, na forma da lei.

§ 1º Frustrada a negociação coletiva, as partes poderão eleger árbitros. (NR)

§ 2º Recusando-se qualquer das partes à negociação ou à arbitragem, é facultado às mesmas, de comum acordo, ajuizar dissídio coletivo de natureza econômica, podendo a Justiça do Trabalho decidir o conflito, respeitadas as disposições mínimas legais de proteção ao trabalho, bem como as convencionadas anteriormente.

§ 3º Em caso de greve em atividade essencial, com possibilidade de lesão do interesse público, o Ministério Público do Trabalho poderá ajuizar dissídio coletivo, competindo à Justiça do Trabalho decidir o conflito.

Art. 115. Os Tribunais Regionais do Trabalho compõem-se de, no mínimo, sete juízes do trabalho, recrutados, quando possível, na respectiva região, e nomeados pelo Presidente da República dentre brasileiros com mais de trinta e menos de sessenta e cinco anos, sendo:

I – um quinto dentre advogados com mais de dez anos de efetiva atividade profissional e membros do Ministério Público do Trabalho com mais de dez anos de efetivo exercício, observado o disposto no art. 94;

II – os demais, mediante promoção de juízes do trabalho por antiguidade e merecimento, alternadamente.

§ 1º Os Tribunais Regionais do Trabalho instalarão a justiça itinerante, com a realização de audiências e demais funções de atividade jurisdicional, nos limites territoriais da respectiva jurisdição, servindo-se de equipamentos públicos e comunitários.

§ 2º Os Tribunais Regionais do Trabalho poderão funcionar descentralizadamente, constituindo Câmaras regionais, a fim de assegurar o pleno acesso do jurisdicionado à justiça em todas as fases do processo.

Art. 116. Nas Varas do Trabalho, a jurisdição será exercida por um juiz singular.

Art. 117. (Revogado pela EC nº 24, de 9 de dezembro de 1999.)

. . . .

TÍTULO VIII – **DA ORDEM SOCIAL**

. . . .

Capítulo II – **Da Seguridade Social**

Seção I – DISPOSIÇÕES GERAIS

Art. 195. A seguridade social será financiada por toda a sociedade, de forma direta e indireta, nos termos da lei, mediante recursos provenientes dos orçamentos da União, dos Estados, do Distrito Federal e dos Municípios, e das seguintes contribuições sociais:

I – do empregador, da empresa e da entidade a ela equiparada na forma da lei, incidentes sobre:

a) a folha de salários e demais rendimentos do trabalho pagos ou creditados, a qualquer título, à pessoa física que lhe preste serviço, mesmo sem vínculo empregatício;

b) a receita ou o faturamento;

c) o lucro;

II – do trabalhador e dos demais segurados da previdência social, não incidindo contribuição sobre aposentadoria e pensão concedidas pelo regime geral de previdência social de que trata o art. 201;

III – sobre a receita de concursos de prognósticos.

IV – do importador de bens ou serviços do exterior, ou de quem a lei a ele equiparar.

§ 1º As receitas dos Estados, do Distrito Federal e dos Municípios destinadas à seguridade social constarão dos respectivos orçamentos, não integrando o orçamento da União.

§ 2º A proposta de orçamento da seguridade social será elaborada de forma integrada pelos órgãos responsáveis pela saúde, previdência social e assistência social, tendo em vista as metas e prioridades estabelecidas na lei de diretrizes orçamentárias, assegurada a cada área a gestão de seus recursos.

§ 3º A pessoa jurídica em débito com o sistema da seguridade social, como estabelecido em lei, não poderá contratar com o poder público nem dele receber benefícios ou incentivos fiscais ou creditícios. (*Vide Lei nº 12.453, de 2011*)

§ 4º A lei poderá instituir outras fontes destinadas a garantir a manutenção ou expansão da seguridade social, obedecido o disposto no art. 154, I.

§ 5º Nenhum benefício ou serviço da seguridade social poderá ser criado, majorado ou estendido sem a correspondente fonte de custeio total.

§ 6º As contribuições sociais de que trata este artigo só poderão ser exigidas após decorridos noventa dias da data da publicação da lei que as houver instituído ou modificado, não se lhes aplicando o disposto no art. 150, III, *b*.

§ 7º São isentas de contribuição para a seguridade social as entidades beneficentes de assistência social que atendam às exigências estabelecidas em lei.

§ 8º O produtor, o parceiro, o meeiro e o arrendatário rurais e o pescador artesanal, bem como os respectivos cônjuges, que exerçam suas atividades em regime de economia familiar, sem empregados permanentes, contribuirão para a seguridade social mediante a aplicação de uma alíquota sobre o resultado da comercialização da produção e farão jus aos benefícios nos termos da lei.

§ 9º As contribuições sociais previstas no inciso I do *caput* deste artigo poderão ter alíquotas ou bases de cálculo diferenciadas, em razão da atividade econômica, da utilização intensiva de mão de obra, do porte da empresa ou da condição estrutural do mercado de trabalho.

§ 10. A lei definirá os critérios de transferência de recursos para o sistema único de saúde e ações de assistência social da União para os Estados, o Distrito Federal e os Municípios, e dos Estados para os Municípios, observada a respectiva contrapartida de recursos.

§ 11. É vedada a concessão de remissão ou anistia das contribuições sociais de que tratam os incisos I, *a*, e II deste artigo, para débitos em montante superior ao fixado em lei complementar.

§ 12. A lei definirá os setores de atividade econômica para os quais as contribuições incidentes na forma dos incisos I, *b*; e IV do *caput*, serão não cumulativas.

§ 13. Aplica-se o disposto no § 12 inclusive na hipótese de substituição gradual, total ou parcial, da contribuição incidente na forma do inciso I, *a*, pela incidente sobre a receita ou o faturamento.

. . . .

TÍTULO IX – **DAS DISPOSIÇÕES CONSTITUCIONAIS GERAIS**

Art. 233. Para efeito do art. 7º, XXIX, o empregador rural comprovará, de cinco em cinco anos, perante a Justiça do Trabalho, o cumprimento das suas obrigações trabalhistas para com o empregado rural, na presença deste e de seu representante sindical.

§ 1º Uma vez comprovado o cumprimento das obrigações mencionadas neste artigo, fica o empregador isento de qualquer ônus decorrente daquelas obrigações no período respectivo. Caso o empregado e seu representante não concordem com a comprovação do empregador, caberá à Justiça do Trabalho a solução da controvérsia.

§ 2º Fica ressalvado ao empregado, em qualquer hipótese, o direito de postular, judicialmente, os créditos que entender existir, relativamente aos últimos cinco anos.

§ 3º A comprovação mencionada neste artigo poderá ser feita em prazo inferior a cinco anos, a critério do empregador.

ATO DAS DISPOSIÇÕES CONSTITUCIONAIS TRANSITÓRIAS

. . . .

Art. 10. Até que seja promulgada a lei complementar a que se refere o art. 7º, I, da Constituição:

I – fica limitada a proteção nele referida ao aumento, para quatro vezes, da porcentagem prevista no art. 6º, *caput*, e § 1º, da Lei nº 5.107, de 13 de setembro de 1966;

II – fica vedada a dispensa arbitrária ou sem justa causa:

a) do empregado eleito para cargo de direção de comissões internas de prevenção de acidentes, desde o registro de sua candidatura até um ano após o final de seu mandato;

b) da empregada gestante, desde a confirmação da gravidez até cinco meses após o parto.

§ 1º Até que a lei venha a disciplinar o disposto no art. 7º, XIX, da Constituição, o prazo da licença-paternidade a que se refere o inciso é de cinco dias.

§ 2º Até ulterior disposição legal, a cobrança das contribuições para o custeio das atividades dos sindicatos rurais será feita juntamente com a do imposto territorial rural, pelo mesmo órgão arrecadador.

§ 3º Na primeira comprovação do cumprimento das obrigações trabalhistas pelo empregador rural, na forma do art. 233, após a promulgação da Constituição, será certificada perante a Justiça do Trabalho a regularidade do contrato e das atualizações das obrigações trabalhistas de todo o período.

. . . .

Art. 27. O Superior Tribunal de Justiça será instalado sob a Presidência do Supremo Tribunal Federal.

§ 1º Até que se instale o Superior Tribunal de Justiça, o Supremo Tribunal Federal exercerá as atribuições e competências definidas na ordem constitucional precedente.

§ 2º A composição inicial do Superior Tribunal de Justiça far-se-á:

I – pelo aproveitamento dos Ministros do Tribunal Federal de Recursos;

II – pela nomeação dos Ministros que sejam necessários para completar o número estabelecido, na Constituição.

§ 3º Para os efeitos do disposto na Constituição, os atuais Ministros do Tribunal Federal de Recursos serão considerados pertencentes à classe de que provieram, quando de sua nomeação.

§ 4º Instalado o Tribunal, os Ministros aposentados do Tribunal Federal de Recursos tornar-se-ão, automaticamente, Ministros aposentados do Superior Tribunal de Justiça.

§ 5º Os Ministros a que se refere o § 2º, II, serão indicados em lista tríplice pelo Tribunal Federal de Recursos, observado o disposto no art. 104, parágrafo único, da Constituição.

§ 6º Ficam criados cinco Tribunais Regionais Federais, a serem instalados no prazo de seis meses a contar da promulgação da Constituição, com a jurisdição e sede que lhes fixar o Tribunal Federal de Recursos, tendo em conta o número de processos e sua localização geográfica.

§ 7º Até que se instalem os Tribunais Regionais Federais, o Tribunal Federal de Recursos exercerá a competência a eles atribuída em todo o território nacional, cabendo-lhe promover sua instalação e indicar os candidatos a todos os cargos da composição inicial, mediante lista tríplice, podendo desta constar juízes federais de qualquer região, observado o disposto no § 9º.

§ 8º É vedado, a partir da promulgação da Constituição, o provimento de vagas de Ministros do Tribunal Federal de Recursos.

§ 9º Quando não houver juiz federal que conte o tempo mínimo previsto no art. 107, II, da Constituição, a promoção poderá contemplar juiz com menos de cinco anos de exercício do cargo.

§ 10. Compete à Justiça Federal julgar as ações nela propostas até a data da promulgação da Constituição, e aos Tribunais Regionais Federais bem como ao Superior Tribunal de Justiça julgar as ações rescisórias das decisões até então proferidas pela Justiça Federal, inclusive daquelas cuja matéria tenha passado à competência de outro ramo do Judiciário.

Emenda Constitucional nº 45, de 08.12.04

Art. 3º A lei criará o Fundo de Garantia das Execuções Trabalhistas, integrado pelas multas decorrentes de condenações trabalhistas e administrativas oriundas da fiscalização do trabalho, além de outras receitas.

Art. 5º O Conselho Nacional de Justiça e o Conselho Nacional do Ministério Público serão instalados no prazo de cento e oitenta dias a contar da promulgação desta Emenda, devendo a indicação ou escolha de seus membros ser efetuada até trinta dias antes do termo final.

§ 1º Não efetuadas as indicações a escolha dos nomes para os Conselhos Nacional de Justiça e do Ministério Público dentro do prazo fixado no *caput* deste artigo, caberá, respectivamente, ao Supremo Tribunal Federal e ao Ministério Público da União realizá-las.

§ 2º Até que entre em vigor o Estatuto da Magistratura, o Conselho Nacional de Justiça, mediante resolução, disciplinará seu funcionamento e definirá as atribuições do Ministro-Corregedor.

Art. 6º O Conselho Superior da Justiça do Trabalho será instalado no prazo de cento e oitenta dias, cabendo ao Tribunal Superior do Trabalho regulamentar seu funcionamento por resolução, enquanto não promulgada a lei a que se refere o art. 111-A, § 2º, II.

Art. 7º O Congresso Nacional instalará, imediatamente após a promulgação desta emenda Constitucional, comissão especial mista, destinada a elaborar, em cento e oitenta dias, os projetos de lei necessários à regulamentação da matéria nela tratada, bem como promover alterações na legislação federal objetivando tornar mais amplo o acesso à Justiça e mais célere a prestação jurisdicional.

Art. 8º As atuais súmulas do Supremo Tribunal Federal somente produzirão efeito vinculante após sua confirmação por dois terços de seus integrantes e publicação na imprensa oficial.

Art. 9º Ficam revogados o inciso IV do art. 36; a alínea *h* do inciso I do art. 102; o § 4º do art. 103; os §§ 1º a 3º do art. 111; e o art. 113.

Art. 10. Esta Emenda à Constituição entra em vigor na data de sua publicação.

Bibliografia

ARAUJO, Luiz Alberto David; SERRANO NUNES JUNIOR, Vidal. *Curso de direito constitucional*. São Paulo: Saraiva, 1998.

AROUCA, José Carlos. *A nova constituição e os trabalhadores*. São Paulo: Federação dos Trabalhadores na Indústria de Alimentação do Estado de São Paulo, 1989.

BALERA, Wagner. *O seguro-desemprego no direito brasileiro*. São Paulo: LTr, 1993.

BANDEIRA DE MELLO, Celso Antonio. *Conteúdo jurídico do princípio da igualdade*. 3. ed. São Paulo: Malheiros, 1999.

BARROS, Alberto da Rocha. *Origens e evolução da legislação trabalhista*. Rio de Janeiro: Lammert, 1969.

BARROS JÚNIOR, Cássio de Mesquita. Anotações de aula – curso de gradução em Direito do Trabalho. São Paulo: Faculdade de Direito da PUC, 1977.

______. *Transferência de empregados urbanos e rurais*. São Paulo: LTr, 1980.

BATALHA, Wilson de Souza Campos. *Tratado de direito judiciário do trabalho*. São Paulo: LTr, 1977.

BELTRAN, Ari Possidonio. *A autotutela nas relações de trabalho*. São Paulo: LTr, 1996.

______. *Os impactos da integração econômica no direito do trabalho*: globalização e direitos sociais. São Paulo: LTr, 1998.

CARRION, Valentin. *Comentários à Consolidação das Leis do Trabalho*. São Paulo: Revista dos Tribunais, 1979.

CATHARINO, José Martins. *Compêndio de direito do trabalho*. São Paulo: Saraiva, 1981.

CESARINO JÚNIOR, Antonio Ferreira. *Direito social brasileiro*. Rio de Janeiro: Freitas Bastos, 1957.

DOBB, Maurice. *Os salários*. São Paulo: Cultrix, 1977.

DONATO, Messias Pereira. *Curso de direito do trabalho.* São Paulo: Saraiva, 1981.

FERNANDES, Anníbal. *O trabalhador autônomo*. São Paulo: Atlas, 1992.

FERNANDES, Antonio de Lemos Monteiro. *Noções fundamentais de direito do trabalho*. Coimbra: Almedina, 1980. 2 v.

FERRANTE, Vera Lucia B. *FGTS*: ideologia e repressão. São Paulo: Ática, 1978.

FERRARI, Irani. *O trabalhador avulso e o profissional autônomo*. São Paulo: LTr, 1972.

GENRO, Tarso Fernando. *Contribuição à crítica do direito coletivo do trabalho*. Porto Alegre: Síntese, s.d.

GIGLIO, Wagner D. *Natureza jurídica da indenização de antiguidade*. São Paulo: LTr, 1974.

GIUGNI, Gino. *Diritto sindacalle.* Bari: Cacucci Editore, 1974.

GOMES, Orlando; GOTTSCHALK, Elson. *Curso de direito do trabalho*. Rio de Janeiro: Forense, 1984.

JOÃO, Paulo Sergio. *Participação nos lucros ou resultados das empresas*. São Paulo: Dialética, 1998.

LAMARCA, Antonio. *Contrato de trabalho*. São Paulo: Revista dos Tribunais, 1959.

______. *Curso expositivo de direito do trabalho.* São Paulo: Revista dos Tribunais, 1972.

______. *Manual das justas causas*. São Paulo: Revista dos Tribunais, 1977.

______. *O livro da competência*. São Paulo: Revista dos Tribunais, 1979.

MAGANO, Octávio Bueno. *Lineamentos de direito do trabalho.* São Paulo: LTr, 1972.

______. *Os grupos de empresas no direito do trabalho*. São Paulo: Revista dos Tribunais, 1979.

______. *Manual de direito do trabalho*. São Paulo: LTr, 1980. v. I.

______. *Manual de direito do trabalho*. São Paulo: LTr, 1981. v. II.

______. *Organização sindical brasileira.* São Paulo: Revista dos Tribunais, 1982.

MANUS, Pedro Paulo Teixeira. Autonomia do direito processual do trabalho. *Revista de Direito do Trabalho*, São Paulo, nº 17, 1979.

______. *Direito do trabalho na Nova Constituição*. São Paulo: Atlas, 1989.

______. *CLT Universitária*. São Paulo: Atlas, 1995.

______. *Negociação coletiva e contrato individual de trabalho*. São Paulo: Atlas, 2001.

MARANHÃO, Délio. *Direito do trabalho*. Rio de Janeiro: FGV, 1976.

MARTINS, Sergio Pinto. *A terceirização e o direito do trabalho*. São Paulo: Malheiros, 1995.

MARX, Karl. *Trabalho assalariado e capital*. São Paulo: Vitória, 1954.

MAZZONI, Giuliano. *Relações coletivas de trabalho*. Trad. Antonio Lamarca. São Paulo: Revista dos Tribunais, 1972.

MORAES FILHO, Evaristo de. *Tratado elementar de direito do trabalho*. Rio de Janeiro: Freitas Bastos, 1960.

______. *Introdução ao direito do trabalho*. São Paulo: LTr, 1971.

NASCIMENTO, Amauri Mascaro. *O salário*. São Paulo: LTr, 1968.

______. *Contrato de trabalho*. São Paulo: LTr, 1970.

______. *O salário no direito do trabalho*. São Paulo: LTr, 1975.

______. *Conflitos coletivos de trabalho*. São Paulo: Saraiva, 1978.

______. *Compêndio de direito sindical*. 2. ed. São Paulo: LTr, 2000.

______. *Curso de direito processual do trabalho*. São Paulo: Saraiva, 1978b.

______. *Curso de direito do trabalho*. São Paulo: Saraiva, 1981.

______. *Direito sindical*. São Paulo: LTr, 1982a.

______. Conceito de salário na teoria contemporânea. *Revista LTr*, São Paulo, nº 4, 1982b.

______. *Curso de direito do trabalho*. São Paulo: Saraiva, 1984.

______. *Direito do trabalho na Constituição de 1988*. São Paulo: Saraiva, 1989.

______. *Iniciação ao direito do trabalho*. São Paulo: LTr, 1990.

______. *Teoria geral do direito*. São Paulo: LTr, 1998.

PRADO, Roberto Barretto. *Tratado de direito do trabalho*. São Paulo: Revista dos Tribunais, 1971.

______. *Comentários à nova lei do trabalho rural*. São Paulo: Revista dos Tribunais, 1975.

______. *Curso de direito sindical*. São Paulo: LTr, 1984.

PRUNES, José Luiz Ferreira. *Salário sem trabalho*. São Paulo: LTr, 1976.

ROMITA, Arion Sayão. *Direito sindical brasileiro*. Rio de Janeiro: Editora Brasília/Rio, 1976.

RUSSOMANO, Mozart Victor. *Comentários à CLT*. Rio de Janeiro: Forense, 1982.

SAMPAIO, Aluysio. *Fundo de garantia do tempo de serviço e estabilidade com indenização*. São Paulo: Revista dos Tribunais, 1971.

______. *Estatuto do trabalhador rural comentado*. São Paulo: Revista dos Tribunais, 1972.

______. *Brasil síntese da evolução social*. São Paulo: Hucitec, 1974.

______. *A nova lei de férias*. São Paulo: Revista dos Tribunais, 1977.

______. *Contrato individual de trabalho em sua vigência*. São Paulo: Revista dos Tribunais, 1982.

SILVA, Carlos Alberto Barata. *Compêndio de direito do trabalho*. São Paulo: LTr, 1978.

SILVA, Floriano Corrêa Vaz da. *Direito constitucional do trabalho*. São Paulo: LTr, 1977.

SILVA, José Afonso da. *Curso de Direito constitucional positivo*. São Paulo: Malheiros, 1995.

SILVA, Plácido e. *Vocabulário jurídico*. Rio de Janeiro: Forense, 1981. v. I.

SIMÃO, Azis. *Sindicato e estado*. São Paulo: Dominus, 1976.

SUSSEKIND, Arnaldo; LACERDA, Dorval; VIANA, José de Segadas. *Direito brasileiro do trabalho*. Rio de Janeiro: Livraria Jacinto Editora, 1943.

______. MARANHÃO, Délio; VIANA, José de Segadas. *Instituições de direito do trabalho*. Rio de Janeiro: Freitas Bastos, 1963.

______. *Direito internacional do trabalho*. São Paulo: LTr, 1983.

VILHENA, Paulo Emilio Ribeiro de. *Relação de emprego*. São Paulo: Saraiva, 1975a.

______. *O contrato de trabalho com o estado*. São Paulo: LTr, 1975b.

Formato	17 x 24 cm
Tipografia	Charter 10/12
Papel	Alta Alvura 63 g/m² (miolo)
	Supremo 250 g/m² (capa)
Número de páginas	376
Impressão	Escolas Profissionais Salesianas

bre aqui

Cole aqui

Sim. Quero fazer parte do banco de dados seletivo da Editora Atlas para receber informações sobre lançamentos na(s) área(s) de meu interesse.

Nome: ______________________________

______________ CPF: ______________ Sexo: ○ Masc. ○ Fem.

Data de Nascimento: ______________ Est. Civil: ○ Solteiro ○ Casado

End. Residencial: ______________________________

Cidade: ______________ CEP: ______________

Tel. Res.: ______________ Fax: ______________ E-mail: ______________

End. Comercial: ______________________________

Cidade: ______________ CEP: ______________

Tel. Com.: ______________ Fax: ______________ E-mail: ______________

De que forma tomou conhecimento deste livro?

☐ Jornal ☐ Revista ☐ Internet ☐ Rádio ☐ TV ☐ Mala Direta

☐ Indicação de Professores ☐ Outros: ______________

Remeter correspondência para o endereço: ○ Residencial ○ Comercial

bre aqui

Indique sua(s) área(s) de interesse:

○ Direito Civil / Processual Civil
○ Direito Penal / Processual Penal
○ Direito do Trabalho / Processual do Trabalho
○ Direito Financeiro Tributário / Processual Tributário
○ Direito Comercial
○ Direito Administrativo
○ Direito Constitucional
○ Direito Difusos e Coletivos
○ Outras Áreas ______________

Comentários

____

____

____

Corte aqui

Direito do Trabalho / Manus

ISR-40-2373/83

U.P.A.C Bom Retiro

DR / São Paulo

CARTA - RESPOSTA

Não é necessário selar

O selo será pago por:

atlas

01216-999 - São Paulo - SP

ENDEREÇO:

REMETENTE: